日本新聞通史

四訂版

1861年――2000年

春原昭彦［著］

新泉社

四訂版　日本新聞通史●目次

第一章　新聞の誕生　7

第二章　政党新聞時代　38

第三章　パーソナル・ジャーナリズム　64

第一章　新聞の誕生　文久元年〜明治九年

官板バタヒヤ新聞

日本に初めて新聞があらわれたのは幕末のことである。もっとも新聞類似物はそれ以前にも存在していた。いちばん有名なのは読売瓦版で、これはドイツのフルックブラットに似た一枚刷りの印刷物で、現存最古の瓦版《かわらばん》は一六一五年の大坂安部之合戦を描いたものである。この瓦版は当時の庶民の唯一のニュース伝達機関として江戸時代を通じて連続発行されている。幕府はこれに対して、時には禁止令を出し（内容によって）取り締まりを厳しくしたこともあったが、多くは黙認する態度をとっていた。

日本に最初にあらわれた新聞は、文久二年正月、幕府の蕃書調所《ばんしょしらべしょ》が発行した「官板《かんぱん》バタヒヤ新聞」である。この新聞は、オランダ政庁が「和蘭風説書《おらんだふうせつがき》」の代わりに幕府に献上したバタビヤの和蘭総督府機関紙 Javasche Courant を翻訳、編集したもので、内容は諸外国のニュースとオランダ国内の重要ニュースであった。発売所は江戸の本所堅川三之橋老皀館萬屋兵四郎で、正月（一八六一年八月三十一日〜十月九日分を翻訳）から二月（同年十月十二日〜十一月十六日分を翻訳）にかけて発行されている。続いて八月（一八六二年一月一日〜十五日の分）と九月（同年一月十八日〜二十九日分）に、今度は「官板海外新聞」と題して発行した。

『日本に在留する合衆国使節の取次にて墺地利政府へ五月朔日の日附にて日本政府より書翰を達せり　其文をアウストリアと題せる交易通商に関かる新聞紙中に載たり　之を訳するに　曰《いわく》我帝国は殆んど三百年の間外国と交通することなく　我国の産物は我国民の所用に充るに足るのみ　故に日用の諸品其価相当にして時々変化することなく全国兵に安全無事なり　然るに　合衆国大統領の勧に由て外国人を拒むの舊例を変じ　合衆国特派公使水師提督彼理と條約を取結び　合衆国人と日本人と通商するの道理を開てより　其後追々他の五箇国とも一様の條約を取結び今方に之を執行ふ可きことと成れり　然るに諸港を開き外国通商を許せしより　我が見込とは大に違ひたる種々の大事出来し　富める者は通商の利益あるを知らず　富ざる者の為にも少しの利益あるを見ず　次第に輸出する者多きが故に日用缺く可からざる物価は日増に騰貴し　貧者は是までの如く品物を買ふこと能はず　或は飢寒に迫る者あり　因て終に咎を外国通商と政府の処置の善からざるとに帰せり　抑ゝ外国人を拒んで交らざる事は久しく行へる法則なれば　日本人の心皆之に染りて此事は一定して替ふべからざるの典刑の如く思へり　故に縦令右等の難事なきも此外交の一事に就ては　国人一統の思込だる所を翻へさしめ　外国と偏く交易の交を結ぶを咎めて不和を生ずるの故習を除かしめんこと　政府は勿論其他誰人も之を救ふの策なかる可きは一見して知易き所なり

但し遠からずして我人民も外国と通商にて利益を知る時節到来すること疑なかる可し　然れ共当今の事情にては他の外国と新に條約を結ぶ事国人一統の好まざる所なれば　強て之を為んとせば容易ならざる事を引出し或は動乱を生ずるに至る可し……此書の趣意は我国の模様を虚飾なく真実に通して我政府とのに條約を結ばんが為めに使節を送り越すことあらんを豫め防がんが為めなり　今示す所の事を世界の重立たる国々の諸政府へ告げんことを是れ我が政府の企望むなり』

（「官板海外新聞」巻之二　文久二年八月印刷）

この海外新聞には、八、九、十月に発行された「官板海外新聞別集」（上、中、下）があるが、上、下巻は、一八六二年四月五日と五月二十四日に掲載された米国の南北戦争の記事を訳載したもの、中巻はバタビヤ、アムステルダム、ロッテルダムの蘭字新聞に掲載された遣欧使節竹内下野守一行の記事である。

英字紙の発行と翻訳　英字紙の起源はそれより一年早く、文久元年五月十五日（一八六一年六月二十二日付け）、長崎で The Nagasaki Shipping List and Advertiser が発行されている。発行者はA・W・ハンサード（A. W. Hansard）（注1）週二回刊で水・土曜発行の商業新聞だった。だがハンサードは、この新聞を八月二十七日（一八六一年十月一日付け第二十八号）で終刊、十月二十一日（一八六一年十一月二十三日付け）から横浜で The Japan Herald（注2）を創刊している。当時、神奈川、長崎、箱館の三港が開港されていたが（安政六年六月以降）江戸に近い横浜に外人が移転しつつあったので、主として経済上の理由で移転したものと思われる。

この「ジャパン・ヘラルド」は〃完全なる独立〃を標榜する週刊紙（土曜）で、編集者は、後に「日新真事誌」を創刊したジョン・R・ブラックだった。

（注1）ニュージーランドで "The Southern Cross" を発行した経験をもち、文久元年来日、長崎で印刷業と競売による物品販売業を営む。慶応元年帰英。

（注2）大正にはいって日独戦争がおこると、ドイツ系紙のため一九一四年九月十四日発行禁止（編集発行人オスワルド国外退去）となる。

文久三年（一八六三年五月）になると Japan Commercial News が、ポルトガル人エフ・ダ・ローザ（F. da Roza）によって発行される。この新聞は毎週水曜日発行の週刊紙だったが、慶応元年四月三十日（一八六五年五月二十四日）廃刊、その印刷設備を、チャールズ・リッカビー（Charles Rickerby）に譲渡したので、リッカビーはこれを利用して九月 Japan Times を創刊する（現在のジャパンタイムズとは別）。この「ジャパン・コマーシャル・ニュース」を会訳社（注1）の連中が翻訳して出したのが「日本貿易新聞」（注2）で、「ジャパン・コマーシャル・ニュース」が廃刊になると、訳本の「日本貿易新聞」も第一〇七号で終わり、今度は「ジャパン・タイムズ」を「日本新聞」と題して訳載した。「ジャパン・コマーシャル・ニュース」は『我等此書ヲ以テ、遠ク有ル人ニ示サント欲スル日本ノ新聞ヲ略記シテ速ニ廣メントス。勿論此国ノ危キ有様又必要ナルヲ略記セリ』（一八六三年五月十三日我文久三年三月二十五日）とあるように、日本国内のニュースをおもに掲載しており（広告も出ている）、外人が日本の国情を知ると同時に、日本人もこれによって国内、国外の事情を知ることができた。

つぎは、会津薩摩両藩が、朝廷内の反長州派を擁して、尊攘派一掃のクーデターを起こし、ついに三条実美らの七卿都落ちに至る「八月十八日政変」の時のニュースである。

『……長州党は屢　天子に嘆願して謂らく　諸大名の攘夷説を助けん為めにハ　一ヶの殿堂を修復して諸神を拝するに如かずと　但し天子ハ長州の隠謀ありて其　天子を却し政府を奪ひて自ら将軍職に任せられんと企る事を知れりと雖も　已む事を得すして其宮室を出んと欲するに至れり　且ツ長州ハ野戦砲三二挺を得て以て　天子の宮室其都府を焼打したり

細川越中守ハ長州に敵対して　暫次の間に彼をして余儀なく京地を退かしめたり

越前守其他高貴の諸人殺害せられたるを以て雙方共に死せる者少からす　長州ハ天子及ひ大君に向ひて一揆を起せる事明白なり　是を以て大君の船下ノ関を過る者あれハ　則チ盡く之を奪ひ或ハ之に発砲せり

大君ハ全権酒井侯及ひ其他の諸人を長州に遣し盡く其領地等を奪ひ取らしめんとす　且天子ハ長州の官位等を除き国中の最も賎き者に貶す可き命を下したり　然レとも此事に就て大君心を用ふる事甚た少きを以て　天子の命も唯中途に止りて遂に此暴逆を屈伏せしむるに至らさる可し……』（日本貿易新聞第二十三号　千八百六十三年十月十四日即我文久三年亥九月二日　神奈川開板）

（注1）文化八年天文台中に洋学所を設け、蛮書和解方と称した（この係りにおいて和蘭風説書を翻訳）。安政三年二月蕃書調所と改め、さらに文久二年五月洋書調所となり、文久三年八月開成所と改称される。この開成所の教授連を中心

にして組織されたのが会訳社で、海外諸新聞の翻訳などを行なっている。

（注2）　初めは無題号であった。後に、日本交易新聞、横浜新聞、神奈川新聞紙なども題す。

元治元年になると、長州藩は尊王攘夷をかかげていよいよ反幕的になるが、前年下関で攻撃をうけた英米仏蘭四国の連合艦隊十七隻は、八月五日長州藩の諸砲台を攻撃、六日には陸戦隊が上陸して各砲台を破壊した。ここに至って長州藩は八日、連合艦隊に和議を申し入れ、以後尊王攘夷派は、討幕派へと進んで行く。

つぎは、この下関海戦を伝えた号外速報である。

『中国海戦始末

英国船ペルシウス中国海より帰帆せしに依て聞き得たる新報を取あへす筆録して布告する事左の如し

英国女王殿下の蒸気軍艦イウリヤリユスに乗組たる水師提督は今月朔日の夕方に仏蘭西の船隊と共に豊後海峡の入口に達せり……翌二日の昼前に又一組の軍船来着せり……諸国の軍艦此一昼夜に此所に集り　三日は石炭分配に一日を費せり

四日総軍艦を分ちて三隊となし　英国の水師提督其中隊に在りて諸船を導き　当朝姫島を進発して下関海峡の入口に臨みて碇を下せり……五日諸船各戦争の用意を為すが為めに端船を卸し　或は綱具を捌きなどして兵卒勇気常に倍し　進て必勝を期せんと欲す

昼後二時碇を上けよと號令を為し　船々兼ての議定の如く速に進発せり

昼後四時諸船此の如く備を立て　日本の陸地よりは未だ砲を発せざるに　提督の旗を建たる船より掛れと號令を下すや同時に其船の舳の方より四千三百ヤルト隔りたる前田村に向て砲を打出せしかば　陸地よりも速に砲を打返し是より双方互に烈しく打ち合ひたり……斯くて暫時の間に味方の砲火に依て諸所の砲台悉く打すくめられて　音もせずなりにけり……甲必丹キングストン流底南ヒット同フロウト大砲方ユクライン等同勢廿人を率ひて上陸し其近傍の森の内より砲手の発砲せさらんか為めに　大砲十四挺の火門に釘を打ちて之を廃物となせり……六日……

午後海軍の兵士前田村砲台の方よりサホの方へ進み行きて頗る戦功をあらはせり
七日にはタルタル　ヂュプレイ　メタリスコロイス　ヂャンビの四艘此海峡の上に溯り暫時の間に式島のキブ子と名くる所に在る砲台を打潰し大砲を奪ひ取れり……
八日は海岸に降旗を建てしに依て　諸船悉く発砲を休め一同無事なり　扨長門よりは説話を望むの趣を申し出たり……』（別段新聞＝日本貿易新聞　西暦一千八百六十四年第九月十八日我元治元年甲子第八月十八日神奈川開板）

日本最初の民間新聞　翌慶応元年になると、日本最初の民間新聞「海外新聞」が横浜で創刊（注）される。発行者は、播州の漂流民で米国籍をもつ（米国に帰化）ジョセフ・ヒコ（Joseph Heco）である。この新聞は、毎月二回横浜に入港する英船のもたらす新聞を翻訳、発行したもので、翌二年八月廿五日の入船によって出した二十四号までが現存している。

『元治二丑年
三月十三日イギリス飛脚船此港に入りしを以て左の新聞を得たり
〇フランス事情
…………
〇フロ井セン国の部
…………
〇ロシヤ国の部
…………
〇オランダ国の部
…………

○イタリヤ国の部
…………
○イスパニヤ国の部
…………
○ポルトガル国の部
…………
○イギリス国の部
…………
○アメリカ国の部
…………　』（海外新聞　第一号）

『右のことく各国の新聞誌を日本のことはになほし出す趣意は　各国の珍ら敷噺をも知り且物の価の相場高下をも辨へ知れは　貿易の為に辨利多きを思ひてなり　英国の飛脚舟は一月に二度つゝは此港に來るものなれは　便り有る度に速に出版す　尤も速なるを専一にすることなれは検板の暇もなき故誤謬のみ多して通し難からん　且夫に童子の如きにも読なんことを欲すれは　文章の雅俗は問はずして唯元書の大意を撮とりて話の如くなせしもの故読者幸に之に就て論することなかれ　又今よりしては横浜在留の英人より出す引札等をも訳して添可申候敬白
百四十一番　　華押　』（海外新聞　第三号）

『薬種類を求むと要する諸君子ハ運上所の脇なる第二十七番を問給へ若し持合なき品誂を得バ早速本国より取よせ可呈候
アレン謹啓

病の治療を受むと望む人ニハ爾後九ツ半時より七時迄に第百八番をとひ給へ

バダール啓

……………

ホール謹啓』

（海外新聞　第十八号）

（注）　この新聞の創刊については、ヒコの自伝（『アメリカ彦蔵自伝2』平凡社）では、一八六四年六月（元治元年）に「海外新聞を創刊した」とある。

＊ジョセフ・ヒコ（天保八―明治三〇）　のち浜田彦蔵と称す。兵庫県に生まれ、十三歳の時遠州灘で遭難しアメリカ船に救助されてアメリカに渡る。のち領事館の通訳として帰国、民間最初の新聞「海外新聞」を創刊した。

慶応二年になると、長州征討の失敗、将軍家茂の死去などがあって、幕府の権威は急速に失墜する。このような政情の不安とあいまってこの年には京阪地方に大風雨あり、また前年の凶作によって米騒動各地におこり、農民一揆の数も幕末最高を示している。

『〇米一揆の事

前週此　江戸にて米一揆といふもの出来たり今は全く治りたりといふ　抑ゝ此一揆は十月の晩方一時に起り、鳶の者は先見すの荒者数多と　坊主衆四五十人群を為し　処々の寺社杯に集会して夫ゟ品川へ行きけり、其総勢五六百人　米屋　砂糖屋　酒屋及ひ茶屋　両替屋と押し懸け　戸を打ち毀ちて蔵を覆し　翌晩また乱妨して町内処々を破却したり　又金杉本芝浜松町　浅草其外東海道筋　所々にて大に斯の如き乱妨ありたりといふ　然るに此一揆は皆盗賊の所業をなささるは奇妙にして　元来只店家の表を毀ち　以て法外に物を高売したるものに報ふのみとそ…一揆を企つるものは其罪却而盗賊より稍軽しといふ　召捕へらるゝもの慥に三百余人と聞けり　江戸にて米の価一俵にて二分つゝ下落したるよし　是は全く一揆の力に出つると見ゆ　然るに御老中は之を悪み　萬民を喩さるゝには米価の下落したるは一揆の所為にあらす　是迄諸方にて津留ありたるか此度皆開きたるを以て　固より自然此の如くなるへき筈なり杯其他戦争あらむと気遣しけれとも今は全く治り長州より大君へ莫大の米を償ひとして差上ると定まりたり　是等は米価下落の源なりと丁寧に触られけるよし……彼一揆騒敷比は政府にて外国公使の警衛を増しイウスラン市中に出てけるときは　是迄役人五人付きたる今は二十人となりたりといふ』（日本新聞　第四十五号　西暦一千八百六十六年七月廿一日我慶応二年六月十日）

慶応三年正月、英人宣教師ベーリー（Buckworth M. Bailey）によって「萬国新聞紙」が創刊された。この新聞は、郵船のもたらす外国新聞紙の中から主なでき事を訳出して、英米仏露等に国わけして出しているが、国内ニュース速報の使命も充分に発揮している。

『凡　例

一　此ノ新聞紙ハ日本ノ諸君子ニ萬国ノ事情ヲ告ゲシメン為ニ編成セルナリ

一　日本ノ開化スル事速ニシテ方今有志ノ諸子萬国ニ遊歴学問スルヲ官許アルハ　実ニ余輩ノ慶スル所ナリ　此時ニ当テ諸君子ノ事情ニ通スルハ　実に缺ベカラザル急務ナリ

一　毎月二三回飛脚船ノ新聞ヲ得ルヤ否直ニ上木スベシ

一　此新聞ハ諸人ノ報告ヲ集メテ編スル者故ニ　其報告間〻疑アリテ其説ノ確ナルヤ否ヲ知ラサル者アリト雖トモ編者是ニ辨スル事態ハズ

一　諸君若シ珍説奇談ヲ聞カバ　本村通百六十新聞紙へ加へ出版スベシ

一　飛脚船到着次第外国諸物価ノ相場報告ヲ得バ　是亦一同上木スベシ

一　横浜市中物価相場モ　上木ノ度ビ毎ニ此後ニ附スベシ』（萬国新聞紙　初集　慶応三年正月中浣）

広告にもかなり力を入れているが、注目すべきことは、日本人の出稿した広告が初めてあらわれていることである。

『パンビスケットボットル右品物私店ニ御座候間多少ニ寄らす御求被成下度奉願候

横浜元町一丁目　中川屋嘉兵衛』

（萬国新聞紙　第四集　慶応三年五月下浣）

『「イギリス」「ミニストル」「ハルリー、パークス」と其妻幷ニ朋友とともに富士山ニ行て帰れり。女人にて登山せしハ外国人にてハ此人最初なり

○此度より新聞紙の価を減せり　何卒世上に広まることを希ふ　○翻訳に熟し人あらバ予抱へん　其労ニ報ゆるの金ハ贈り且読書も教ゆべし』（萬国新聞紙　第七集　慶応三年十月上旬）

《慶応四年＝明治元年》

新政府、新聞私刊禁止

慶応四年になると、初めて、〃日本人による、国内ニュースを中心とした新聞〃が江戸、大阪、京都、長崎などにあらわれてくる。代表的なものは、柳河春三の発行した「中外新聞」で、これが内容、売れ行き、影響などの点からみて、いちばん新聞らしい新聞の最初のものであった。だが官軍が江戸にはいると、新聞の私刊禁止を布告すると同時に、江戸の全新聞紙の板木、擢溜を没収、発行禁止を命じたため、幕末新聞紙はいったん殆んど姿を消してしまう。

宮さん宮さんお馬の前にひらひらするのはなんじゃいな　トコトンヤレトンヤレナ

慶応四年三月東征大総督有栖川宮熾仁《ありすがわのみやたるひと》親王は東山、東海両道より幕府軍を駆逐しつつ江戸へ入城、江戸を東京と改名するとともに、東京遷都の方針を定め、ここに明治の幕が開かれた。九月八日、慶応四年は明治と改まり十月十三日天皇が東京に到着、江戸城は皇居として、東京城と改称された。この時の模様を「横浜新報もしほ草」によ

ってみると、

『皇帝陛下は今度かな川駅へ御通輦につき、日本人はいふにおよばず、我輩まで御くるまをはいし奉ることを得て、いとありがたきことにこそありける。されどもをしむべし、御輦の四方、みすとかいへるものにておほひければ、たれもまさしく拝したてまつるものなきこそ、のこりをしけれ。……開化の二字をおもんじたまはんには、おひ〳〵に帝は神のみすゐにて人るゐとはかはりたまふなどいへる避言をいはず、民の父母たることを忘れ給はず、よきまつりごとをしきたまふにおいては、あやしきたび寝のわが輩にまで、大ひなるさいはひならんかし。』（第廿八篇　十月廿八日）

『主上御東幸に付、東京市中一同へ酒をたまはり、十一月六日七日の間に之を頂戴し、市中大に賑ひ祭礼の景色なり』（第廿九篇　十一月十三日）

この明治元年（慶応四年）という年は、わが国近代新聞誕生の年（注1）として、新聞史上特筆すべき年である。もちろん以前にも新聞と名づけられるものは幾つか存在したが、これらは幕府で発行したものとか、外国新聞・雑誌の翻訳が中心で、読者といえるものもきわめて少数にすぎなかった。だが慶応四年に出た新聞は、いずれも国内ニュースの報道に力を入れた民間発行の新聞で、読者もかなり多く（「中外新聞」第九号に「既に購求する人千五百名に及べり」（注2）とある）、発行も三—五日ごとの定期刊行で、中には「日々新聞」や「内外新聞」などのように、日刊、週刊の意図をもつものさえあった。もっともこれらは、新聞紙といっても、今の雑誌のような体裁のものばかりで、印刷は木版彫刻刷りであった。

だが江戸で発行されたこれらの新聞はすべて佐幕派の新聞であったので、新政府は書籍出版物の許可制（注3）を厳達、そのためほとんどが六月で影をひそめた。したがって明治改元後に残った新聞は、横浜の居留地で米人ヴァン・リードが主宰した「横浜新報もしほ草」、長崎の「崎陽雑報」、それに「太政官日誌」など十数種の官版の日誌（新聞に近い一種の官報）だけ（注4）である。

当時の文体はほとんど漢文調で社会雑報記事もその例にもれない。つぎに掲げる記事はその一例だが、「内外新聞」第十七号（慶応四年戊辰八月）——内容は九月（明治元年）のもの——に掲載されたもので、金を落としたものが叱られたうえ、罰として入牢を命ぜられたという記事である。

『淡路町にてある女の髪結楮幣千両拾ひし故、此事を早速公廳へ同訴へしに、其始末御聞糺しに相成候處に、落したる主漸後より公廳へ同訴へしに、粗相之致方厳敷御叱之上、入牢被仰付候との事』

（注1） この年に発行されたおもな新聞を列挙してみるとつぎのようになる。

中外新聞（二月二十四日〜六月八日第四五号で終刊）　柳河春三が江戸で発行した新聞で、内容や影響力などの点からみて当時もっとも有力な新聞。五月に発行した「別段中外新聞」は、新聞号外の元祖といわれている。

内外新報（四月十日〜六月一日第五〇号で終刊）　海軍会社執事の朱印があり橋爪貫一らが関与。三日に二冊の割で発行されている。

公私雑報（四月二十七日〜五月第一五号で終刊）　体裁、内容とも「中外新聞」の姉妹紙。

江湖新聞（閏四月三日〜五月二十二日第二二集で終刊）　福地源一郎、西田伝助、条野伝平、広岡幸助らが江戸で発行。この新聞の記事のため、福地は五月二十三日官軍に捕えられ、江湖新聞は発行禁止、板木は没収の処分をうけた。これがわが国最初の新聞筆禍事件である。

横浜新報もしほ草（閏四月十一日〜明治三年三月十三日第四二篇で廃刊）　横浜居留地の米人 Van Reed が発行した新聞で岸田吟香、後に栗田萬次郎が編集にたずさわる。内乱の虚に乗ぜんとする外国の勢力の恐るべきことを繰返し論議し、国民に警告を発している。

内外新聞（閏四月十七日〜八月第一七号で廃刊）　大阪で発行された勤王派の新聞で、だいたい週刊で発行（表紙に「第七日目毎に出板」と記載）されている。

日々新聞（閏四月十八日〜六月五日第一八号で禁止終刊）　毎日刊行の意図をもっていたが、実際は五月の上旬に毎日発行を続けた以外休刊がち。江戸で橋爪貫一らが発行。

曽よ吹風（五月一日〜六月三日第一一号で禁止）　開成所の洋学者が発行したもの。

（注2） 中外新聞第九号（三月二十八日）

……此度吾等の社中にて海内海外の事を雑へ記し出板して公刊せしに市中は更なり近国にも速に弘まりて、僅に一ヶ月の間既に購求する人千五百名に及べり　世人新聞を好むの時勢これに依て察すべく文運の開けたるも亦推して知るべし　近頃京都にては太政官日誌という書板行ありて世に行はる　然れども是は朝廷の公告なれば吾等が会社の著述を以て竊に比較せん事恐れ有り　されば民間に行はるる日本新聞紙の濫觴は此中外新聞なりと言はんも亦過言には非るべき歟

（注3）　慶応四年閏四月二十八日、明治政府は「新著幷飜刻書類官許之上刊行可致之処近来種種之書類猥ニ刊行致候段不謂事ニ候以後総テ官許ヲ不経候品売買堅被差停候事」との布告を発したが、検閲機関の所在を明示せず、かつ当時新聞が続生した江戸には威令が及んでいなかった。しかし新政府が江戸を占拠すると六月五日、市政裁判所は、

「近来新聞紙類種々之名目にて陸続発行いたし頗る財利を貪、大に人心を狂惑動揺せしめ候条不埒之至に候、以来官許無之分は一切被禁候間、此度取糺可申旨御沙汰候事

六月

右之通被仰出候間、板木並摺溜之分御取上相成候に付、来る十日迄不残町役人共方え取揃市政北裁判所え差出可申筈、隠し置候もの有之おいては可為曲事もの也」との町触を発し、ついで八日「近日新聞紙類頻ニ刊行人心ヲ惑シ候品不少ニ付先達テ不経官許書類刊行被差停候段御沙汰候処猶且陸続上梓致候趣ニ付官許無之分ハ御吟味之上版木製本トモ取上以後相背候節ハ刊行書林ハ勿論頭取幷ニ売弘候者迄屹度御咎可被仰付候間此旨可相心得候事」との布告を出している。これによって江戸の編集者はすべて裁判所で取調べをうけ、全新聞紙が板木摺溜を没収され、発行禁止を命ぜられている。

（注4）　崎陽雑報（八月〜明治二年第一三号）　長崎で府当局のすすめで発行された新聞。

太政官日誌（二月二十三日〜明治十年一月二十二日廃刊）　明治政府が、新政府の政策、戦況を知らせるために京都の御用書林村上勘兵衛に発行させた新聞で、後の官報にあたる。

＊**柳河春三**《やながわしゅんさん》（天保三—明治三）　名古屋生まれの洋学者で、新聞雑誌文化輸入の先覚者。元治元年、開成所（洋書調所を改称）の教授職となり、外字新聞の翻訳にあたる。慶応三年最初の雑誌といわれる「西洋雑誌」、翌四年「中外新聞」を創刊した。この新聞は内容、売れ行き、影響などの点で、もっとも〝新聞〟らしい新聞の最初

のものである。「写真鏡図説」ほか、西洋文化紹介の著書、訳書も多い。

《明治２年》

新聞復刊――新聞紙印行条例発布　前年の布達のもとに事実上、新聞を禁止していた政府は、流言飛語に悩まされた結果、新聞の発行をすすんで許可することにし、つぎのような御沙汰書を出す（東京城日誌　二ノ四）。

『二月八日御沙汰書写〔学校へ〕世上新聞紙出版御許相成候間、学校ニ於テ都テ取締可致候事』

この布達を受けた当時の教育行政機関である学校は、布達の施行細則ともいうべき『新聞紙印行条例』を制定し「発行許可制をとるが、毎号の検閲不要、編集人の責任、事後の処罰、内容規定」などを行なった。

（当時は、東京で発行する出版物は開成学校、各府県にて出版の新聞紙は、その府県裁判所で検閲をした。）

慶応四年発行の新聞紙は六月に発行を差し止められたまま廃刊したものが多かったが、この規則が出ると「中外新聞」「遠近新聞」「都鄙新聞」「内外新報」が許可を得て再刊、また新しく「明治新聞」「六合新聞」「博問新報」「開知新報」などが創刊されている。これらは形式内容とも幕末と大差なかったが、佐幕的傾向の記事はまったく跡を絶ち、新政府の施策を謳歌し、維新の変革や先進諸外国の文化を紹介する記事が目立つのが特徴である。

○封土を返上して新政府に協力しようとする薩藩の努力を伝えた記事

『勤王の勲労を褒賞し玉はんが為に、先づ薩長両藩へ西京より勅使を遣はされたり薩長にては兼て朝廷へ建言せし如く、封土を返上し、朝裁を仰ぐの意一決せしに、此度勅使下向に付、其御逗留中に封土返上の実功を顕はさんとて、国の執政を始め役名を改め、薩州侯仮に自ら知事となり、郡県の体裁に依て薩隅日三ケ国の領地を区分する等、至急の所置有之由、右は風聞なれども慥なる話なり』（中外新聞　三月廿二日）

○外国文化の輸入紹介の記事

『小石川御門内元陸軍所、此度開成学校の添地となりたり。是は博物園幷にビブリヨテーキ等を追々取建つる為なりと云ふ。

ビブリヨテーキは訳して書房とも書庫とも云ふ、但し只書物を貯へ置くのみならず、古今の書籍何にても類を以て聚め、一々本箱或は棚にならべ置き、誰にても其の本を一見したきときとか、某の本に参考すべき事有りとか云ふ時、随意に借覧を許し、一見済たる後は元の本箱へ納むるなり。尤著述家など参考、或は引証の為に、往きて観る事は毎日にても苦しからず。只一片紙たりとも場所より外へは持出すことを許さず。是れ西洋ビブリヨテーキの常例なり。』（中外新聞　三月廿二日）

この年の明治政府の課題は、新政権の制度的確立と旧幕藩体制の解体であった。五月箱館五稜郭に立てこもっていた榎本武揚らが降伏して国内の平定が完了、新政府は京都の諸官庁を東京に移して実質的に東京遷都を断行するとともに、藩籍奉還によって新政府は国内の行政府を掌握した。

『〇松前表戦争に付海軍参謀より御届書うつし

昨十七日暁天より甲鉄、春日、陽春、朝陽の諸艦一同三馬屋より発艦昼まへ六字松前沖に達す春日丸は先つ江ざしに進撃して陸軍に応援すこれによりて陸軍は速かに進軍に及ぶ其他の軍艦は松前城下北口立石の台場へ碇射す然る処賊しきりに防戦するゆえ各艦転じて城下に向ひ烈しく発砲す然れども賊更に屈せず十二字に至りて暫く休戦す各艦又引返して立石の台場へ向ひ再び碇射に及ぶ賊もしきりに応砲して五字四十分に至る夫より海軍陸軍ひとしく進で激戦良久しかりしが賊遂にささへずして台場を捨て逃去たり六字三十分海陸軍一同城下に衝入るここに於て賊軍いよいよ狼狽して大敗に至り松前城終に陥れり』（明治新聞　第八号　五月廿三日）

《明治３年》

徐々に文明開化の影響　この年は、開国進取の国是に基づき、外国との交通実現に努めるとともに、工部省を新設し、鉱山、製鉄、電信、鉄道等の実際的事務を管掌させ、文明開化の恩恵が、徐々に浸透してきた。

『爰に日本の諸人東海道を旅行せしに　一丈五六尺ばかり地をはなれて　すべて障碍を除るため棒の上に引渡せし伝信機《テレガラフ》の線を見出せり　各々におゐては　こは如何用達ものやと驚嘆せり　扨又右を委敷解明さん　先づアメリカに於て　フランクリンと呼びなせし人最初に澆墨ながす　かんだち雲のあはいより　電光のさしくる　ありさまによりて発明せり　其他モルスと名付し人　其後に針金の設けによりて　流動を遠隔せし場所に　送り込む事の器械を発明せり　右に付往復は多分に出来るべし　ある仕事に巧者なる人の仕方を以て　一時間に二千言を送る事相叶ふべし』（横浜新報もしほ草　第四十一篇　正月十三日）

『横浜東京の間に　テレガラフをかけてより　甚ダ都合よく相成たり　纔ヵ一時斗りにて　東京中にはなしの往返をなすにいたるべし　其価もなみ〳〵の使賃より半分程なり　今にテレガラフの線も　大阪より東京にかゝるべし　然る時は至而諸人の為めに便利なるべし　且又当今世界の人民は　一般にテレガラフの　なくてならぬことを知りたり○若しも箱館幷長崎にこれを仕掛しなれば　暫時間にしてかく遠くはなれし場所に於ても　早速に返答を取ることを得べし』（同第四十二篇　三月十三日）

☆

『仏普両国近日ノ騒乱ハ実ニ輓近欧州未曽有ノ一大戦争ニ及ントスルノ形状タレハ　急ニ之レヲ訳出シテ世ニ布キ人ニ知ラシムルニ在リ　唯此新聞前後齟齬スル所アリテ明瞭完全ナラザルハ遺憾ナキニ非ラスト雖トモ率ネ横浜刊行ノ西洋新聞中ヨリ抄出スルモノニシテ殊ニ伝信機ノ告知ニ出ツルガ故ナリ　読者宜ク之ヲ恕シテ其概略ヲ知ルニ在ンノミ……』（海外新聞　第一号緒言）

『仏帝拿破崙（ナポレオン）ハメッツニ於テ創傷ヲ被リ　敵ニ虜獲セラレタリ

仏国ノ太子ハ英国ニ送ラレタリ

仏国ノ為替坐ニテハ正金ノ払方ヲ止メタリ　仏兵ハ大敗シテ死者六千人　傷者五千人アリ　ストラスブール　メッツ　ナンシイ（皆仏ノ府名）ノ三地ハ皆普兵ノ為メニ攻取ラレタリ

仏国ノ執政ハ皆廃黜セラレタリ

仏国ニテハ拿破崙帝ヲ不適当ノ将帥ナリト為シ　之ヲ誹謗セリ（同紙　第九号）

初めて日刊新聞が登場

明治三年に創刊された新聞はきわめて少ない。だが、この「海外新聞」と「横浜毎日新聞」の創刊によって、この年は日本の新聞史上忘れられない年となっている。

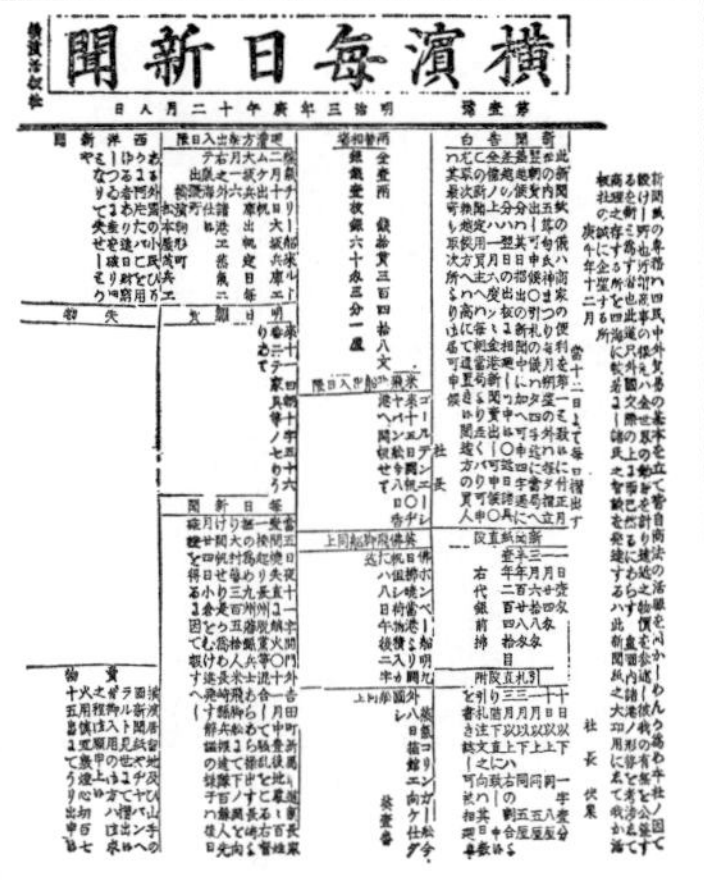

横浜毎日新聞・第1号

「海外新聞」（文久二年に同名の新聞があるがこれは別物である）は普仏戦争の状況を報道することを第一の目的として発行されたものといわれ、当時唯一の翻訳の名手と称された大学中博士箕作麟祥が指導したものらしく訳文も上手であり、戦争の詳細を知ることができる。

この戦争は、当時、わが国と同じように中央集権の統一国家を形成しつつあったプロイセンと、幕末以来わが国と親善関係にあったフランスとの間で戦われたものであった関係上、わが国は、『今般孛漏生（プロイセン）、仏蘭西両国交戦ニ及候趣ニ付、於我皇国ハ、局外中立之儀、堅可執守旨被仰出候……』（太政官日誌七月廿八日）と局外中立を宣言したが、その勝敗は興味の目をもって見られていたわけである。

この戦争報道は日本の新聞の外報、戦争記事の元祖の一つとみてもさしつかえないであろう。

つぎにこの年十二月八日（新暦に直すと一八七一年一月になるが）わが国最初の日刊新聞「横浜毎日新聞」の第一号が発行されている。活版を使用した、西洋紙一枚刷りのこの新聞こそ、われわれが現在見る新聞にもっとも近いものであった。この新聞は明治三年発行の実物が無いところから創刊日や、題号の改題説（最初は横浜新聞と題して発行されたものとする）、非改題説をめぐってさまざまの論議の的となったものであるが、昭和三十九年、偶然にも群馬県の一旧家から幻の第一号が発見され、長い間の論争に終止符がうたれたといういわくつきの新聞である。

＊**假名垣魯文**《かながきろぶん》（文政一二―明治二七） 幕末、明治の戯作者で、本名は野崎文蔵。初期には神奈垣とも書いた。明治六年、神奈川県庁に勤めながら、「横浜毎日新聞」の雑報記者をしていたが、八年、横浜で「仮名読新聞」を創刊した。十年東京に移り「いろは新聞」を創刊、十七年には「今日新聞」（後の都新聞）の主筆となり、読み物の筆をとる。十九年退社、「東京絵入新聞」に入社したが、間もなく退社した。

《明 治 4 年》

地方の中心地に新聞が出現 明治四年七月の廃藩置県をもって、明治政府の集権体制が確立し、新政府は諸外国からも日本の統一政府として認められるようになった。

いっぽう旧制度の文化と新しい文明の角逐も起こってきた。一月、初めて郵便法が施行され（郵便切手が発売される）、三月東京―京都―大阪間に郵便制度が施行される。散髪、制服、廃刀が許可になり、西洋風理髪店が開業し、人力車（明治三年発明）、シャポーが流行する。

『〇東京市中諸職人ノ中当時尤盛ナルハ軍服洋服ノ仕立屋ナリ尤衰ヘタルハ駕籠屋ナリ

〇東京人力車発明ノ当分ハ駕籠商売ノ者トモ種々ヤカマシク云ヒ車引ヲ見テハ罵リソシリタリシニ当今ハ人力車の数日ニ増シテ二万五千ニ至レリ以前駕籠ノ総数ハ一万位ノヨシナリシニ今ニテハ五千人ノ渡世増ニナリタリ其上以前ノ駕籠モ三分一ハ猶残リ居ルヨシナリ偏ニ車ノ下直ナルト路ノ捷キトニヨルコトニテ以テ器械ノ効力ヲ見ルベシ』（新聞雑誌　一号）

この年には前年と変わり、新聞が幾つか創刊されているが、とくに地方の中心地（旧幕時代からの政治経済の中心地）に新聞があらわれてきたのが特徴である（大阪日報、京都新聞、名古屋新聞、金沢の開化新聞など）。

中でも注目されるのは、維新の三傑中もっとも開明的であった木戸孝允の発意によって五月一日創刊された「新聞雑誌」である。体裁は半紙二つ折り木版印刷の慶応新聞型で、上からの啓蒙意識が強かったとはいうものの、国内の報道、海外事情の紹介、広告なども豊富な、りっぱな新聞であった。

またこの新聞は第一号から広告募集の社告を出しているが、一号、二号にはなく、三号に初めてつぎの広告を載せている。

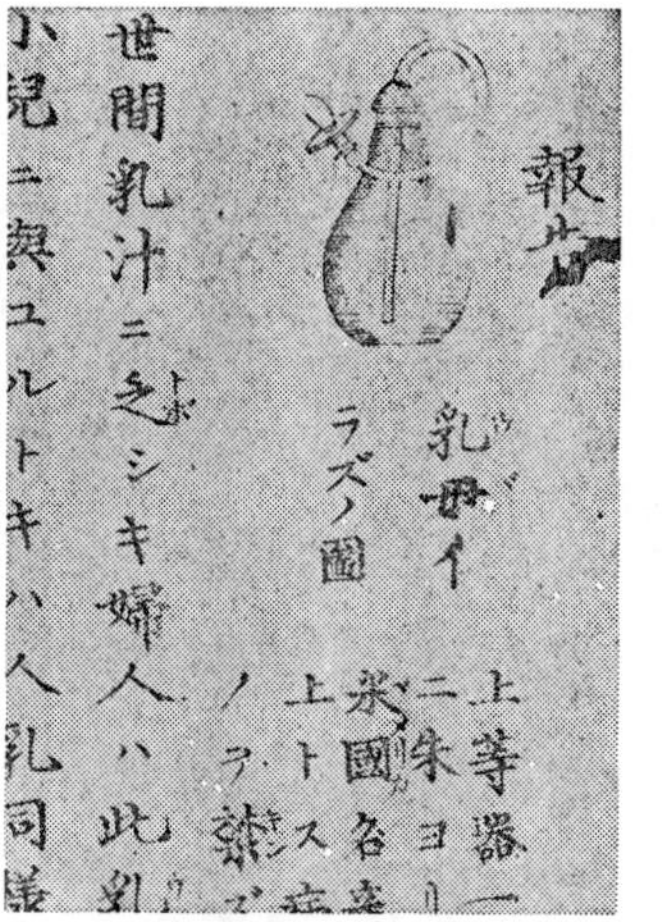

新聞広告"乳母イラズ"
（新聞雑誌・第3号）

『　報告

乳母イラズ　上等器一両二分ヨリ中等器三分二朱ヨリ　下等器二分ヨリ　乳ハ米国《アメリカ》名産ノ牛ヨリ取ルモノヲ最上トス病牛乳並ニ他物ヲ雑ルモノヲ禁ズヘシ

世間乳汁ニ乏シキ婦人ハ此乳母イラズヲ以テ牛乳ヲ小児ニ与ユルトキハ人乳同様ニ飲得テ乳母ヲ抱ヘ多分ノ給料ヲ出シ又ハ其人ノ病疾或ハ性質ノ賢愚ヲ択ブノ労費ヲ省クノミナラズ成長ノ後モ自然無病ニテ強壮ナリ西洋ニテハ生子《コヲウミ》三月ヲ過レハ譬ヘ実親ノ乳アルモ之ヲ休メテ牛乳ヲ与ヘリ世人試ミテ其効験ヲ知ルベシ　　誠求舎白』（新聞雑誌　三号）

なお広告という言葉が紙面に定着したのは明治十年代から二十年ごろで、当時は、報告、告文、布告、広白、御披露、広報、引札、告白、告案(興業の広告)、汎告、賛告、稟告、つげしらせ、時には社告という文字が多く使われている。東京日日新聞などは、官庁向きのものには広告、民間側のものには報告と使いわけていたようである。

≪明治5年≫

維新のコミュニケーション革命

明治五年九月十三日新橋―横浜間の鉄道が開業した。明治維新は基本的には政治革命であったろうが社会的にみるとコミュニケーション革命という見方もなりたつ。国民が文明開化の名においてもっとも恩恵に浴したのはこの分野ではなかったろうか。当時の流行語をみてもテレガラフ（電信）、新聞紙、郵便、蒸気船、岡蒸気（汽車）など、通信・交通手段に関するものが目立つ。

『横浜より府下島原跡　守田座の芝居を見物に来る朝八字頃電信を以桟敷或は土間の約束をなし置やがて八字の汽車にて新橋迄来り夫より守田座へ到るに大概九字頃なり行程八里外を来るに却て府下神田辺より来る者よりは早しと　又打出し後は夕車に乗して横浜へ帰れり其自在実に驚くべく感すへき事なり』（東京日日新聞　十一月九日）

この維新のコミュニケーション革命の頂点をなしたのが明治五年であった。鉄道開通のほか、東京—大阪間の電信が四月二十日に開通、七月一日には全国に郵便が施行された。また東京初の日刊紙で、後の代表的な大新聞「東京日日新聞」（現在の毎日新聞＝東京）が二月二十一日に創刊されたのに続き、ジョン・R・ブラックの「日新真事誌」が三月十七日、前島密の発案になる「郵便報知新聞」が六月、現存最古の地方紙「峡中《こうちゅう》新聞」（現在の山梨日日新聞）が七月一日に誕生、そのほか多くの新聞が全国各地で発刊されている。

これらの文明に浴した当時の国民の驚きは前掲の記事にもあらわれているが、新しい文明に戸惑った人びとも多かったに違いない。種々の珍談、奇談が当時の新聞に報道されている。

『西国ヨリノ報来ニ今般御布設ノ電信線ニ付安芸長門辺ニテ種々ノ邪説ヲ生ジ機線ヲ以テ音信用便ヲ達スルハ是ゾ所謂切支丹ニ相異ナシト且機線ニハ女子未嫁者ノ生血ヲ塗リ用ユル由則チ軒ロニ記セル戸数番号ノ順次ヲ以テ処女ヲ召捕ラルベシナド暴説風伝シ或ハ処女ニシテ俄カニ歯ヲ染メ眉ヲ卸ス者アリ又ハ電信本抗機線等ニ毀損スル徒アリテ人心恂恂之ガ為頑民煽動ノ勢ヲナシ実ニ浅間敷次第ナリ』（新聞雑誌　四一号　四月）

『府下三河町三丁目十一番借家鈴木半右衛門と云ふもの駅逓寮郵便役所に雇われ日々書状を配り又は集る人なりしが先頃入船町の郵便箱を抜き集めたる書状の中に切手を張らずして銭百文を結び付けたる書状ありしを見て竊に其銭を奪い取り其書状には既に消したる切手を張り置き数千の書状に雑へ差出せしに直ちに寮中にて露見し……司法省に引き渡され杖六十の刑に処せられたり……斯る例は是のみならぬ事なれば兼て金銭を封じ差出す事を禁じ置

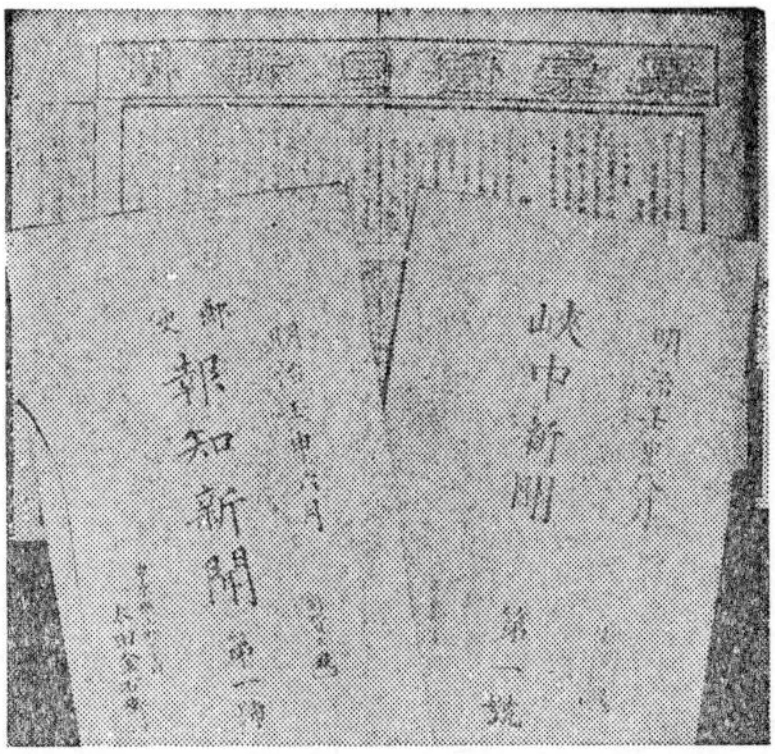

しは是等の事をも亦慮ればなり是より後書状を差出す人々能く郵便規則を心得て書状を差出しなば人の悪き心を起して罪に陥る事も無かるべし人々宜く心得有りたき事なり』（郵便報知新聞　二三号　十月）

＊**條野傳平**（天保三―明治三五）　採菊と号し、幕末時代における代表的戯作《げさく》者の一人。西田傳助、落合芳幾らと明治五年、「東京日日新聞」を創刊した。後、東京日日が大新聞となったので、明治十九年〃女の読むべき新聞〃として「やまと新聞」を創刊、社長となり、娯楽的趣味の宣伝に努め、初めて講談速記を連載する。

＊**前島　密《ひそか》**（天保六―大正八）　新潟県出身。明治時代の開明的官僚で郵便制度の開祖。国字改良論者としても有名。明治六年の郵便規則に新聞原稿無料逓送の規定を定め、その制度を活用するために、秘書の小西義敬に「郵便報知新聞」を創刊させた。十四年官界を去り、改進党に入党。一時「大阪新報」の総監督となる。のち実業界にはいり、貴族院議員となる。

＊**栗本鋤雲《じょうん》**（文政五―明治三〇）　江戸に生まれ、幕府に仕えた。幕末外交の大立て者。明治新政府の時代になって帰農していたが、明治六年「郵便報知新聞」に編輯主宰として入社、全編輯を主宰するかたわら随筆を紙上に掲げ評判を博した。

＊**John R. Black　貌刺屈《ブラック》**（文政一〇―明治一三）　英人。スコットランド生まれで海軍士官。豪州で商業を営み、帰英の途中、日本に立ち寄り在住する。横浜で「ジャパン・ヘラルド」「ジャパン・ガゼット」（夕刊）の主筆をつとめた後、明治五年邦字新聞「日新真事誌」を発刊する。この新聞は左院御用の機関紙として重視されたが、六年、井上馨と渋沢栄一の財政意見書をスクープ、七年には、民選議院設立建白書をいちはやく報道した

りしたので、政府も手を焼いた。そこで政府はブラックを左院顧問に任命し、新聞から手をひかせ、明治八年六月、新聞紙条例を改正して、外人が新聞の持ち主となることを禁じたため、同紙は八年廃刊となった。その後ブラックは上海に渡るが、健康を害して日本へ帰り「ヤング・ジャパン」の執筆に専念する。

《明治6年》

太陽暦採用や徴兵令をめぐる悲劇・喜劇

『築地区の浴谷（ゆや）にて八十余の老媼浴ながらのはなしに今年はマア怪かる年にて御《ご》門跡様《もんぜきさま》があけて許多の年数かかせし事なき御講もなく師走の三日に正月が来るとやらいふかかる事は喜年におよびぬれども是まで一度も出合し事なしといひて歎くを傍より賎業体の者さればよ昨日はしはすの朔日にてあすは天朝の一月一日ぢゃといふ然れば一日に三十日のはたらきせねばならぬ訳ぢゃがとても及ばねば我らにはやはり徳川の正月がいいと喋々かたるを或人聞て

　よまんとしかかんとしらばあきめくら

　あきらけき代をやみになしつつ』（日要新聞　五七号　一月）

明治政府はこの年の正月から太陰暦を廃止し、太陽暦を採用、明治五年十二月三日を六年一月一日と改めた。この記事は徳川時代の古いしきたりをなつかしがる当時の人たちの入浴談義を伝えたものだが、新暦と旧暦の摩擦はその後も長く種々の悲喜劇を残している。

『○備中の国にて或る商人むすこに婦を娶らんとて兼てより婚礼は九月某の日と定め置しが　女の方には其日を待ちつけて支度とゝのへ遥々と数里の道を来りしに　何ぞ計らん婿の方には戸をさして沈まりかへって音もなし只いびきのみ高瀬舟ひくにひかれぬ此場のしぎ間違ひにはよもあらじと戸をたゝけば　何事ならんと小言たらだら起出て門の戸開けばこはいかに　提灯あまた灯しつれ新婦の来るに驚駭したれど　返すといふは忌詞と眉間の皺をのしこんぶ俄に用意とゝのへて三々九度や四海なみ静に事は納てぬといふ　蓋し甲は旧暦によりて約し乙は新暦に

て来りしならん』（東京日日　十一月二十七日）

また、このころになると維新の改革で疎外された不平士族の動向が険悪となり、一月十日に発布された徴兵令に対する不安なども重なって農民一揆がたびたび起こった。こうした不安な世相を東京日日新聞はつぎのように報じている。

『此頃市街湯屋髪結床にての説に日本と朝鮮と矛盾の事起り寅の年の男子を徴して兵と為し朝鮮に役せしむると是において其年に当れる男子ハ為に懼怖し其父母たる者ハ大に患苦す』（二月二日）

『駿東富士両郡の徴兵静岡において検査ありしに何者が云触しけん此跡は未だ縁付ざる処女十三歳より二十五歳まで不残樺太へ送らるるの説あり是に於て騒動一方ならず押売嫁押付嫁等所々にありと実に愍然の至りなりと』（三月六日）

いっぽう新聞も各地で相ついで創刊され、とくに地方紙の発行はこの年をピークとしている（信濃毎日新聞の前身長野新報も七月五日創刊）。東京では一月に「東京仮名書新聞」、二月に「まいにちひらがなしんぶんし」、「四十八字（いろは）新聞誌」など婦女子向けのかな書き新聞が発行された。

『このたび　いだす　ところの　しんぶんわ　かなのみを　もってひらたく　かきつゞり　おんな　こどもにいたるまでよく　わかるようにとの　おもひつきなり

とうじ　かいくわの　ごしゅいも　ちうとうより　うへの　人々にわ　よくゆきとゞき　かいくわに　すゝみし人　おうしといへども　おろかなる　町人　百しょう　すへすへに　いたりてわ　ひらけし　もの　はなはだ　すくなし　そのわけは　おかみの　おふれがき　および　よこもじのほんやくしょなど　いづれも　かんぶん　まじりにて　しもしもの　もの　よみがたき　ゆへ　おかみのごしゅい　しぜんと　とどき　かねる　どうり　ならずや　このしんぶんも　みぎ　てびきの　はしに　もちひ　られん　ことを　こいねがふ　のみ』（東京仮名書新聞一号　一月二十五日）

だが、これらの新聞は、漢字を知っている者は、読むのに面倒だといってあまり買わなかったので、購読者が少なく、いずれも二、三か月以内で廃刊となった。

《明治7年》

台湾征討で初の従軍記者　当時の日本は、国力の充実、近代産業の育成が何よりの課題で、そのためには国としてあらゆる犠牲をしのばなければならなかった。こうした犠牲の強要は、士族、農民をはげしく反発せしめた。そこで明治政府は、台湾蕃民の琉球漁民殺害事件をきっかけに台湾出兵を行ない、政府に対する反感を対外戦争によってそらそうとしたわけである。

『岸田吟香台湾車城瑯璚陣営六月初二日発　長崎ヨリ郵逓シ　廿四日本館着　○五月二十七日台湾南都ノ酋長トキトク　コワルツ　サバリー等其四名ト都督府ノ幕前ニ来降ス　牛一頭　獐皮　獐肉脯及ビ其他ノ土産ヲ献納セリ都督ヨリモ緋メリンス　フランケット　太刀等ノ品ヲ各酋長ヘ夫々送リ賜ハリケレバ彼等大ニ悦服シテ長ク日本ノ臣民ト成リ永遠叛キ奉ルマジキ趣ヲ申シ述テ去レリ　但シ都督未ダ着陣アラザリシ前ニモ　トキトクハ長子ヲ使節トシテ降伏ノ由ヲ申シ来リシニ付キ赤松少将ヨリ殊勝ノ趣キ御返答アリテ　スナイドル小銃三挺賜リシ由ナリ』（東京日日新聞　六月廿六日）

これはわが国最初の従軍記者岸田吟香の台湾征討従軍記である。

この出兵は、台湾に漂着した琉球漁民五十二人が蕃民に襲われ、うち十二人だけ九死に一生を得て逃げ帰ったという事件から起ったもので、政府は清国政府に対し、台湾蕃族の処分を談判したが、清国は「自国の属領ではない」といって応じなかったため陸軍中将西郷従道を征討都督とし、陸軍少将谷干城、海軍少将赤松則良を参軍として台湾に派遣した。

この時「東京日日」の社員岸田吟香は、従軍記者として台湾に渡ることを都督府に願い出たが、「機密を尊ぶ戦闘に記者を従軍させるなど以てのほか」として却下された。そこでやむなく軍御用として渡台する大倉喜八郎に頼みこみ、西郷従道《つぐみち》都督の黙許を得て、大倉組の手代として従軍したものだが、岸田の名文は、大いに東日紙上をかざり、「新聞錦絵」になるほど読者のかっさいを得た。

〃俗談平話〃の読売新聞創刊　ところでこの年、漢字に傍訓を付し「俗談平話」を編集の方針とする本格的な小新聞「読売新聞」が十一月二日に創刊されている。前年に出たカナばかりの新聞が、いずれも失敗したのに対し、この読売新聞は順調に発展し、たちまち大小新聞中一位の発行部数に達したといわれている。

地方では二月二日「遐邇（かじ）新聞」（現在の秋田魁《さきがけ》新報）が鳥山捨三を編集者として創刊されている。鳥山捨三とは、後に朝日、大毎に入社、連載小説で読者をわかせた宇田川文海である。つぎに掲げるのは第八号に載った雑報だが、終わりに教訓をつけ加えるのが、当時の雑報記事の特徴である。

『〇此頃米街の一娼家へ官員体の客四五名来遊し頗る娯楽を極む　而るに興未だ酣ならざる際偶妓中に耳語するものあり曰く不如帰去《カヘレバヨシ》と　急ち客耳に入り一座大に憤り之を厳責す　娼妓恐縮謝すること再三　客聴かず遂に之が罰と号し尽く娼妓の衣服を奪ひ褌袴を脱し　赤条々地《アカハダカ》にして坐傍に併列せしめ　衆客之を観て以て好下物《ヨキサカナ》と称し更に絃妓を促し歌吹を盛にせしめ　愉と呼び快と叫び　宴終るに及て纔に其責を放せりと　嗚呼牛馬を責るに礼法を以てし己れ却て禽獣の所以に近し　何ぞ醜悪卑陋なるや　今日当路の人にして此の野蛮の醜態をなす　其開民の職たる孰にかある　古不言乎己を正ふして而て人に及ぼすと　豈慎まざるべけんや』（遐邇新聞　八号　三月二十二日）

＊**岸田吟香《ぎんこう》**（天保四―明治三八）　岡山県出身で、名は銀次。ジョセフ・ヒコの「海外新聞」、ヴァン・リードの「横浜新報もしほ草」の創刊に関与した後、明治六年「東京日日新聞」に入社した。平明達意な文章で名声をあげ、当時、吟香の雑報は、福地桜痴の評論、成島柳北の雑録と並び称された。翌七年台湾征討軍に従軍、わが国最初の従軍記者となる。彼は幕末、明治の偉大なる先覚者で、新聞記者としてのほか、大陸貿易の先覚者で、

事業家としても種々の先駆的活躍をしているが、初の洋式眼薬「精錡水《せいきすい》」の製造販売はとくに有名。彼はまた広告にも力をそそぎ、種々の新しいアイデアを紙面に出している。

＊子安　峻《たかし》（天保七—明治三一）　岐阜県に生まれ、蘭学を修める。神奈川裁判所に通訳翻訳方として勤めるかたわら、明治三年活版印刷所日就社を設立、日本最初の日刊紙「横浜毎日新聞」にも関係する。六年日就社を東京に移し、七年十一月本格的小新聞「読売新聞」を創刊、二十二年まで読売初代社長として経営にあたる。

《明治８年》

製紙会社に見物客

初の新聞連載小説

『昨十六日に一寸と記したる王子の抄紙会社の開業式はなかなか立派なことで五座りました製造場の大略を云はゞ間口が十七間半に奥行が四十五間にて三棟を合併したる煉化石の建築なり其内を十二に分ち蒸気釜場を始め器械場その外それぞれの仕事場ありて其機関運用の妙は一心になって見物しても迚も十分には呑込めず又とても筆紙に尽されませんが始めの部屋で見たる汚穢古敗布が数多の場を経て仕舞の部屋に至ると忽まち雪白清潔の紙と成り直と新聞紙にでもお札にでも金札にでも成る様に揃って一瞬く間に数千枚を製し出すは実に人間業とは思はれず是こそ真に我が国の紙の御業なるべしと感心せり』(東京日日　十二月十七日)

これは抄紙会社（後の王子製紙）開業式の模様である。明治になって紙の需要は大幅に増えた。これは新政府の発行する証券類や布告、民間の印刷物、とくに新聞の発行などによるものだが、従来の製紙能力（和紙）では、とうていその需要に応ずることができなかった。そこで洋紙はすべて欧米諸国から輸入してきたわけだが（明治初年の政府紙幣はドイツ製の紙、金札引換証券はアメリカ製の紙を使ったといわれる）、このころになると殖産興業の波にのって、国内で洋紙を生産しようという動きが出てくる。それが渋沢栄一らの抄紙会社、浅野長勲侯（広島藩主）の有恒社、京都府営パピール・ファブリック、神戸製紙所などだが、当時の製紙はボロを主原料としていたので、工場もボロを集めやすい都市に設けることが多かった。抄紙会社が王子村に設けられたのもそのためである。

開業式は十二月十六日だが、それ以前六月から事業を開始した。当時この近代工場を見物に、はるばる飛鳥山《あすかやま》へ登るものも多かったという。その評判はたいしたものだったらしい。何しろ本式の西洋建築というのは、東京付近で初めてのものだったし、煙突もれんが作りで日本一の大きい煙突だった。毎日大勢の人が弁当持参で見物にきた。

『王子の飛鳥山と滝の川とはみなさん御承知の通り遊山にもよき場所なり近頃は其辺へ紙漉場を設け悉く煉化石にて造り煙出しの筒は凡そ八尺四面にて十一丈位の長さなり山頂より望めば煉化石の構造尤も美麗にて煙筒のけぶり空に立登り頗る壮観なり暑気故か海老屋扇屋の両店は暮れ方より涼みの客充満して毎夜十二時過ぎまで殊の外賑はふとのことなり』（朝野新聞　七月十五日）

この年四月十七日「平仮名絵入新聞」が創刊された。創刊号から絵入りを特徴としたこの小新聞は、新聞小説の初めと言われる続き物「岩田八十八の話」の連載などで人気をよび、「読売新聞」に対抗する地位を築いたといわれている。

この話の大意は、深川で渡船稼業をしていた岩田八十八という男の妻みつが「離縁してほしい」というので、手切れ金を与えて離別したところ後になって「私が悪かった、帰るから三円貸してくれ」とあやまってきた。八十八は三円貸してやったがそれっきり帰ってこない。不審に思って探してみると鈴木忠次郎という男と夫婦きどりでいる。だまされたと気づいた八十八は、姦夫、姦婦に致命傷を負わせて逃走していたが、八年たった明治八年十月二十五日捕まった。だが維新前の犯行だというので罪数等を減ぜられ、懲役八十日ですんだというもの。

この話は十一月二十七日の「郵便報知新聞」に載った裁判所の判決文を、読み物ふうに改作したもので、筆者は前田香雪（健次郎）であった。

新聞紙条例・讒謗律の公布

一方政府は、明治六年以来の征韓論のぼっ興、民権論の流布をみて、新聞雑誌の取り締まりを検討していたが、六月二十八日、新たに新聞紙条例、讒謗律《ざんぼうりつ》を制定する。この新聞紙条例は、以前の新聞紙発行条目に比し、いちじるしく体系的に整備されている点に大きな特色をもつ。つまり、出版内容の取り締まりのため、責任者を厳格にし、さらに初めて刑罰規定を設け（しかもその刑罰は非常に厳しかった）、その上違反に対する制裁規定として発行禁止、停止処分を新設している。（なお、明治六年の新聞紙発行条目第十三条にあった「衆心ヲ動乱シ淫風ヲ誘導スルヲ禁ス」のような項目が抜けていることは、この条例の取り締まりの狙いが、どこにあるかを示す一つのあらわれであろう。）讒謗律（注）は、わが国最初の名誉棄損法であり、天皇、皇族、官吏、一般人によって刑の軽重を定めてはあるが、狙いとするのは、官吏に対する誹毀《ひき》を防止することであった。

この二法律の発布をみて当時の記者は驚き当惑した。その結果一時、民権論は下火になったが、やがて新律攻撃の火ぶたは切られ、それに対抗して政府は記者をぞくぞく禁錮・禁獄に処し、新聞記者の恐怖時代を現出するに至る。その先頭をきったのが「曙新聞」の末広鉄腸だった（七月二十日）。

（注）『讒謗律』

第一条　凡ソ事実ノ有無ヲ論セス人ノ栄誉ヲ害スヘキ行事ヲ摘発公布スル者之ヲ讒毀トス人ノ行事ヲ挙ルニ非スシテ悪名ヲ人ニ加ヘ公布スル者之ヲ誹謗トス著作文書若クハ画図肖像ヲ用ヒ展観シ若クハ発売シ若クハ貼示シテ人ヲ讒毀シ若クハ誹謗スル者ハ下ノ条別ニ従テ罪ヲ科ス

第二条　第一条ノ所為ヲ以テ乗輿ヲ犯スニ渉ル者ハ禁獄三月以上三年以下罰金五十円以上千円以下

第三条　皇族ヲ犯スニ渉ル者ハ禁獄十五日以上二年半以下罰金十五円以上七百円以下

第四条　官吏ノ職務ニ関シ讒毀スル者ハ禁獄十日以上二年以下罰金十円以上五百円以下誹謗スル者ハ禁獄五日以上一年以下罰金五円以上三百円以下

第五条　華士族平民ニ対スルヲ論セス讒毀スル者ハ禁獄七日以上一年半以下罰金五円以上三百円以下誹謗スル者ハ罰金三円以上百円以下

第六条　法ニ依リ検官若クハ法官ニ向テ罪犯ヲ告発シ若クハ証スル者ハ第一条ノ例ニアラス其故造誣告シタル者ハ誣告罪ニ依ル

第七条　若シ讒毀ヲ受ルノ事刑法ニ触ル、者検官ヨリ其事ヲ糾治スルカ若クハ讒毀スル者ヨリ検官若クハ法官ニ告発シタルトキハ讒毀ノ罪ヲ治ムルヿヲ中止シ以テ事案ノ決ヲ俟チ其ノ被告人罪ニ坐スルトキハ讒毀ノ罪ヲ論セス

②若シ事刑法ニ触レスシテ単ニ人ノ栄誉ヲ害スル者ハ讒毀スルノ後官ニ告発スト雖モ仍ホ讒毀ノ罪ヲ治ム
第八条　凡ソ讒毀誹謗ノ第四条第五条ニ係ル者ハ被告ノ官民自ラ告ルヲ待テ乃チ論ス
（この讒謗律は、明治十三年七月十七日「刑法」が布告されると同時に廃止された。）

＊末広鉄腸（嘉永二―明治二九）　愛媛県出身で名は重恭《しげやす》。明治八年「曙新聞」に編集長として入社。新聞紙条例、讒謗律を攻撃して禁錮刑をうける。この事件で「曙新聞」を退社、「朝野新聞」に編集長として迎えられる。明治十四年同紙主筆のまま「自由新聞」の社説係りをつとめるが、板垣党首の外遊費問題で板垣の怒りに触れ退社、自由党をも脱党する。二十一年に外遊、二十二年帰朝後、「朝野新聞」を退社、村山竜平に迎えられて「東京公論」の主筆、「関西日報」社長、「大同新聞」主筆、「国会」主筆などを歴任する。第一回、第四回の衆議院議員選に当選した。「雪中梅」「花間鴬」「南海乃大波瀾」などの著書があり、政治小説家としても有名。

急進的言論機関の断圧を強化　　　　　　　　　　　　　　　　　　　　**《明治9年》**

『明治九年六月二十八日ハ我政府讒謗律新聞条例を発行シタル一周年期ノ吉日良辰ナルヲ以テ東京横浜新聞各社ノ諸員浅草観世音ノ本堂ニ会シ新聞供養大施餓鬼ヲ修行セリ……其供養儀式ノ盛ンナル参詣ノ多キ実ニ二三十年来未曽有ノ盛事ニシテ彼ノ宏大ナル本堂ヨリ境内ニ至ルマテ錐ヲ立ツルノ地ナキニ至レリ有名ナル参議伊藤博文迄モ当日ハ遠路態々参詣シタリト言フ嗚呼新聞社愛顧ノ朝野ニ蔓延スル此ノ如キニ至ル実ニ盛ナル哉盛ナル哉読経終リ音楽起ル各社員順次ニ祭文ヲ朗読ス』（評論新聞　百六号）

これは前年六月二十八日に公布された讒謗律や新聞紙条例によって多数の犠牲者を出した東京、横浜の新聞社員が浅草寺で盛大な新聞大供養を行なったという記事である。この明治八年の新律による政府の新聞記者弾圧と、新聞の政府攻撃はわが国新聞史上、例を見ないほどはげしいものであった。

前掲の「評論新聞」などは明治九年一月からわずか六か月間に、小松原英太郎、山脇巍、横瀬文彦ら十八人の編集員が禁獄を命ぜられ、相ついで入獄しているが、「禁獄は屁の如し」、「罰金平左衛門」と叫んで、ますます猛烈に政府を攻撃したので、たまりかねた政府は、これでは刑罰の効なしと考えた結果、ついに七月五日

『我政府ハ第九十八号ヲ以テ左ノ布達ヲナセリ此一事ハ吾輩記者ニ於テハ最大関係ヲ有スルヲ以テ恭シク玆ニ掲載シ取リ敢ヘス評論ヲ加ヘ奉リマス

已に准允ヲ受ケタル新聞紙雑誌雑報ノ国安ヲ妨害スト認メラルヽモノハ内務ニ於テ其発行ヲ禁シ又ハ停止スヘシ

明治九年七月五日

太政大臣　三条実美』

（評論新聞　一〇九号　七月十日）

という布告を公布し、これによって急進的な言論機関の弾圧を強化しようとした。

これについて「評論新聞」は、『国安ヲ妨害スルモノハ固ヨリ天下ノ大罪人断然絞斬ノ刑ニ処スルトモ誰カ之ヲ苛酷ト言ハン然ルニ我政府ハ其発行ヲ禁止スルノミ豈之ヲ寛仁ノ政府ト言ハサル可ケンヤ然リト雖モ世人若シ国安ノ二字ハ特ニ官吏ノ安寧ノミヲ指スト言ハハ我儕又何ヲカ言ハン』（百九号　七月十日）と評論したため、七月十一日たちまち発行禁止の処分をうけた。

この時「評論新聞」とならんで当時もっとも過激な主張を続けていた「湖海新報」、「草莽雑誌」も同時に発禁処分をうけた。だが三誌も負けておらず「評論新聞」は「文明新誌」、「湖海新報」は「江湖新報」、「草莽雑誌」は「莽草雑誌」、これが禁止されると「莽草事情」と改題して果敢な言論闘争を続けたが、いずれも弾圧されてしまった。この時の明治政府の新聞紙条例について、小新聞の「読売新聞」ですら『新聞はお上にても格別御贔屓に成されて　新聞紙は手紙の半税でお届け下され　また新聞記者は平民にても禁獄といふ士族の処刑に成されて下さります　彼やうに新聞やは可愛がって下さるといふも人々の為になることを書からで有りましやう　是ほどな事を知らずに日本では諸新聞をお廃しに成さるといふ事だと横はまの横文字新聞に出て有りますが　聞誤りにも程があり

ますから皆さんそんな事は虚説だと思ってお出なさい』（読売新聞　一月二十四日）と皮肉っている。

この年、地方では四月に「普通新聞」（現徳島新聞）、七月に「巌手新聞誌」（岩手日報の前身）、九月に「山形新聞」、「愛媛新聞」などが発行されたほか、暮れの十二月二日には、初の週刊経済紙「中外物価新報」（現日本経済新聞）が、三井物産会社内から発行されている。

第二章　政党新聞時代　明治〜明治1910年

自由民権運動・政党結成・言論戦　明治十年の西南戦争は、新聞の報道機能を人びとに認識させる絶好のチャンスだった。東京の有力各紙は競って戦地に従軍記者を派遣し、その戦況ニュースは読者のかっさいを博したものである。また十二年一月大阪で創刊された『朝日新聞』は、小新聞ながら報道を重視して部数を伸ばした。

西南戦争が終わると、武力によって新政府を倒そうとする動きは収まったが、代わって自由民権運動がはげしさを加えてきた。ことに戦後のインフレは各地に不穏な状況を現出し、政府部内でも進歩派と保守派の対立が表面化してきた。たまたま北海道の官有物払い下げ事件がきっかけとなって明治十四年の政変が起こり、大隈一派は下野するとともに国会開設の勅諭が発布された。そこでにわかに政党の結成がさかんになり、板垣退助は自由党、大隈重信は改進党、福地源一郎、丸山作楽らは政府支持の立憲帝政党を組織し、さかんに言論戦を展開することになった。新聞もこの争いにまきこまれ、全国の新聞はほとんど政党の機関紙となって論争をくりひろげたが、政府側の旗色はつねに振るわなかった。そこで政府は十六年七月『官報』を発行するとともに民党系紙の弾圧にのり出し、新聞紙条例を改正、発行保証金制度を設けたため、各新聞は大打撃をうけ、廃刊するものが続出した。

このような状態の中から政党政派を脱却した報道新聞が生まれてくる。明治最大の啓蒙思想家福沢諭吉が明治十五年三月に創刊した「時事新報」はその代表的なものだが、政党紙化した新聞の中でも、いちはやく政党から独立して報道本位の態勢を固めた新聞がその後も繁栄をかちえている。この意味で明治十九年「郵便報知新聞」の矢野文雄社長が外遊から帰って断行した新聞紙面の改革（記事をやさしく、ふりがなを多くし、むずかしい漢字を制限）、販売上の改革（直配達を創始）は注目さるべきできごとだったのである。

日本最初のニュース通信社「時事通信社」があらわれたのは、明治二十一年一月のことだが、このころから報道合戦が盛んになる。二十二年二月十一日憲法発布に際してくりひろげられた各社の号外合戦は、速報時代の幕を開くものであった。この時朝日新聞は、東京から大阪へ憲法全文を電信で送り、号外速報を出して当時の市民を驚かせ、また時事新報は東京から熱海へ電話で憲法発布の記事を送っている。

このころになると国内に資本主義的企業がぼつぼつ成長し始め、市場も形成されてきたので、それにともない新聞広告も増加してくる。全ページ広告はすでに明治十一年ごろ現われているが、十九年一月には色刷り広告も出ている。ただ当時の広告は、出版・売薬広告が主で、明治二十年代終わりごろになって、初めて化粧品広告がはんらんしてくる。

《明　治　10　年》

福地桜痴・犬養毅ら西南戦争を報道　『鹿児島県下ノ暴徒ハ現ニ兵器ヲ携ヘテ熊本県下ニ乱入シタリ其反跡ノ顕然タル復何ゾ之ヲ疑フノ地アランヤ朝庭乃ハチ其ノ征討ヲ仰出サレ有栖川二品親王ニ節刀ヲ授ケテ征討ノ総督ヲ命ジ給フタリ……』（東京日日新聞　二月二十日）

これはこの年最大の事件、西南戦争の勃発を告げた論説記事である。この西南戦争というのは、明治新政府にとって、成立以来最大の政治的危機であった。

維新の三傑の一人として、当時世間でもっとも人気があった西郷隆盛の決起は、一歩あやまれば新政府の基盤を根底からゆるがすものであったが、政府の徴兵軍隊はよく薩摩の士族を打ち破ったため、以後力による反政府闘争はかげをひそめ、かわって言論によって反藩閥、反官僚闘争がすすめられるようになった。

このような歴史的意義をもつ重要な戦争であったから、各新聞社も報道機関として任務をつくそうと、社員をとくに派遣して戦況の通信にあたらせた。「東京日日新聞」は社長である福地桜痴自ら特派員となり、伊藤博文、山県有朋の了解を得て参軍本営記室という肩書きで従軍した。また「郵便報知」は青年記者犬養毅を前線に送ったが、犬養は単身深く前線にはいりこみ、なまなましい戦報を送って名をあげた。このほか「郵便報知」の矢野文雄、「朝野」の成島柳北も京都まで出向いた。

福地桜痴はこの時、中途で戦地から帰り、京都行在所で天皇に戦地の実況を奏上している。これは福地と親交あつかった木戸孝允の要望によるもので、新聞の権威が高まったためと見ることはとうていできないが、桜痴は感激してこのてんまつを四月十二日の紙上に詳しく掲載し、『明治十年四月六日日報社長臣福地源一郎を行在所に召させられ恐れ多くも親しく戦地の実況を御尋ねあらせ給へり、源一郎は此無限の光栄に浴し望外の恩遇を被る争でか其の顚末を詳叙して我が日報社の諸君に報導せざるべけんや……』（東日　四月十三日）と報じている。

この西南戦争の真最中、三月二十四日、現在の西日本新聞の祖ともいうべき「筑紫新聞」が福岡で発行されている。内容は戦況報道が中心で、第一号の付録として詳細な「熊本城附近要図」をつけている。

最初の夕刊紙　紙面の上ではこのころから「東京日日」の論説に見出しがあらわれ始めたのが特徴である。また四月には「新潟新聞」、十一月には最初の夕刊紙、「東京毎夕新聞」が発刊されているほか、時事問題を諷刺的な狂画に描いて大あたりをとった於東京絵（おどけえ）の「團團珍聞」（まるまるちんぶん）が三月十四日に創刊された。

つぎの記事は三月三十一日付け同紙二号に掲載されたものだが、これは征韓論に破れて下野し、反乱をおこした西郷隆盛、篠原国幹、前原一誠、江藤新平を、この年開かれた内国博覧会出品物に託して諷刺したものである。

『内告宅覧会出品　偶像之部　　征韓山封建寺三暴狂人の損像

前一慕薩
江新慕薩
篠国慕薩

抑《そもそ》も此《こ》の損像《そんぞう》は罪業暴師《ざいごうぼうし》の暗《あん》に勧請なしたる所に志て常に封建経《ほうけんきやう》を読み不平不満を誦《じゆ》するより東征《とうせい》の軍功をシャボン玉の泡沫と消し賞典禄の供物を砲屁一発の煙と失ひ川で洗ふ糞桶《こひたご》の如く臭きを下流に止め後世鼻摘《はなつま》みそんな事をいふまい己《おい》らは聞ぬの三姿《みすがた》なり御一剣あられませう御再戦《ごさいせん》にはおよびません

奸将オット勧請主　罪業暴師の損像

罪業暴師初《はじめ》の名は吉と〔瘋癲にあらず〕云ひしか溺死《みなげ》志て再生《よみかえ》の後は計らずも大食《たいしよく》せらるゝより世禄《せいろく》に賞典禄《しやうてんろく》と合《あわ》せお負《まけ》に官級を素手《そで》に取る大将ゆゑ退職にあらずして大食と云ふなり世人《せじん》誤《あやま》りて飯《めし》の高盛《たかもり》と伝《つと》ふ当時苦魔下喧嘩第《くまもとけんくわだい》一大苦《いちだいく》一生苦にて誤兵機《こびようき》の由変婼《へんじやく》扁鵲も賛成三生の術あらざれば南無悪身堕《なむあみだ》〳〵』

この下に右向きの前一慕薩、前向きの江新慕薩、左向きの篠国慕薩という三体の仏像が画かれている。

＊福地櫻痴《おうち》（天保一二―明治三九）　長崎に生まれ、本名源一郎。初め幕府に仕え、通弁（通訳）として欧米を回り、新聞の威力を知る。慶応四年「江湖新聞」を発刊して徳川幕府を擁護したため官軍に逮捕された。明治七年「東京日日新聞」に主筆として入社、以来名筆を駆使して、時代に大きな影響を与えた。西南戦争の時は、自ら従軍して戦況を報道、帰途、京都行在所《あんざいしよ》で天皇に戦況を奏上するなど、新聞人として最高の地位にあったが、自由民権論がさかんになると彼の漸進主義は世に入れられず、御用記者とみられるようになったため、晩年は振わず、明治二十一年社長を引退した。後、「東京日日」「やまと」などに論説、小説、随筆などを寄稿、三十七年には衆議院議員に当選している。歌舞伎作者としても有名。

＊**成島柳北**（天保八―明治一七）　江戸に生まれ旧幕臣。明治政府への出仕を断わり、新聞紙上で新政府を痛烈にやゆする。明治七年「朝野新聞」に社長として迎えられ、軽妙洒脱の筆をふるい、大いに時事を諷刺して読者のかっさいを博した。とくに雑録「遊山船」や、明治八年、新聞紙条例、讒謗律発布の際、赤壁賦をもじって書いた「辟易賦」、筆禍のため禁獄刑をうけた時、出獄して書いた「ごく（獄）内ばなし」は有名。

≪明治11年≫

天皇も新聞を読みはじめる

「近ごろ新聞雑誌が流行にて絵草紙屋へも余ほど響くとかいふが或る貸本屋の話しに凡そ悪いものは新聞屋で新聞屋が出来てからは花主（トクイ）が半分に減じましたとブツブツ苦情をいって居るにはお気の毒なこと」

こういう記事がこの年四月二十八日の読売新聞に出ているが、このころになると、新聞はかなり一般に普及してきたらしい（当時いちばん売れていた読売新聞は、前年すでに二万五千部の発行部数に達している）。

地方でも、「伊勢の津にて発行の伊勢新聞（一月十七日創刊）は未だ百号にも満ざるに日に盛大に赴く兆あれば第九十八号より更に紙面を広げ体裁を改めたり」（郵便報知　十月二十二日）とその繁昌ぶりが伝えられているし、天皇もこのころから民情を知るために新聞を読むようになったと報道されている。

「畏クモ吾ガ明治天皇陛下ハ大日本全国ノ新聞紙雑誌雑報類ヲ叡覧被遊候旨被仰出候……陛下自ラ全国ノ新紙《ママ》ヲ叡覧在ラセラルヤ地方ノ開否民情ノ如何ヲ察セラレ深ク政道ノ得失ヲ考究アラセ給フニ非ズシテ何ゾヤ君徳ハ日月ヨリモ明カニ民福ハ歳月ヲ追テ振興スルハ言ヲ俟タザレトモ兼ネテハ全国ノ新聞記者タル者ノ栄誉トコソハ言フベケレ」（東京曙新聞　三月四日）

だが、このように新聞が普及してくると、逆に新聞を読むことを禁止しようという動きも出てくる。陸軍卿は卿令をもって、軍人に対して「東京日日新聞」「郵便報知新聞」「内外兵事新聞」以外の新聞購読を禁止し、また「監獄人へ新聞紙を差入る事を許されしが先月三十日限再び差止られたりと言ふ」（東京曙新聞　十一月二日）ようになった。

盛んになってきた新聞広告

ところで、新聞が広まるにつれ、新聞広告もだんだんさかんになってきた。当時の新聞広告の主流は売薬広告で、有名な守田の「宝丹」、喜谷「実母散」、岸田の「精錡水」、資生堂などの広告が明治九年ごろからさかんに紙上にあらわれてくるが、とくに精錡水の岸田吟香（当時、東京日日の印刷人でもあった）は型破りの広告をして新聞広告の発達に大きな貢献をしている。つぎはその一例である。

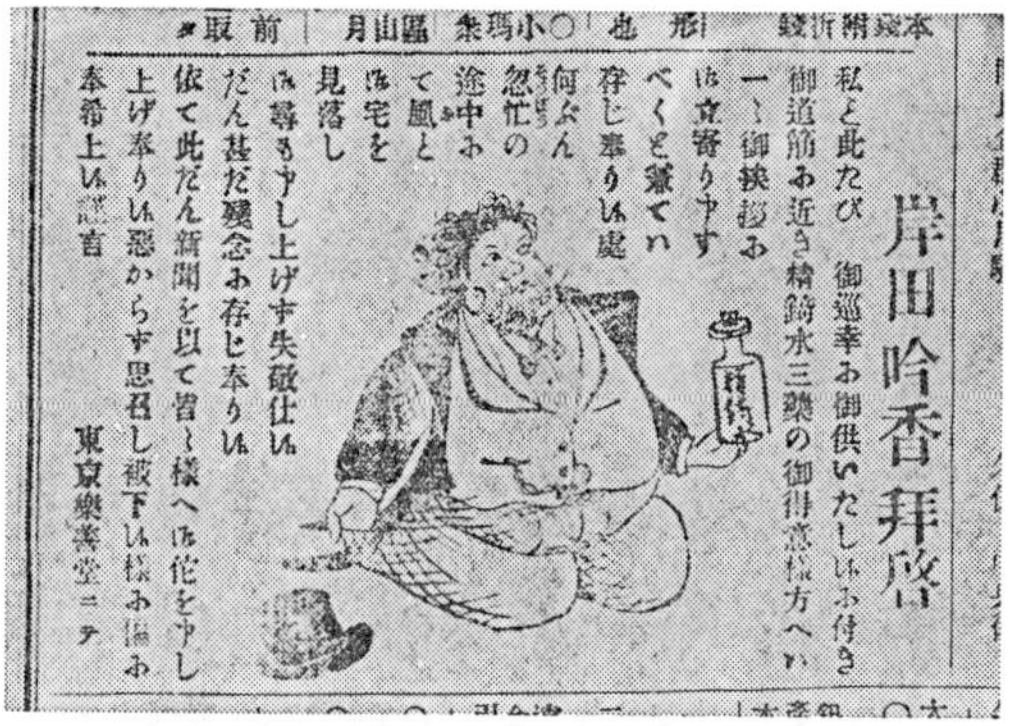

東京日日新聞に載った岸田吟香の広告

『岸田吟香拝啓
私こと此たび、御巡幸（この年八月末から十一月にかけて、明治天皇が北陸、東海を巡幸された時のこと）に御供いたし候に付き御道筋に近き精錡水三薬の御得意様方へは一々御あいさつに御立寄り申すべくと兼ては存じ奉り候処何ぶん忽忙（そうぼう）の途中にて風（ふ）と御宅を見落し御尋も申し上げず失敬仕候だん甚だ残念に存じ奉り候依ってこのだん新聞を以て皆々様へ御佗を申し上げ奉り候悪からず思召し被下候様に偏に奉希上候謹言東京楽善堂ニテ』（東京日日十一月十一〜十三日）として、フロックコートを着た岸田吟香がシルクハットをぬぎ左手に精錡水のびんをもってひざをついてお詫びしている絵がのっている。この精錡水というのは、岸田が米人ヘップバーンから伝授された点眼水を調剤して売り出したわが国最初の洋式眼薬である。岸田はまた一月二十九日の「郵便報知新聞」に、付録として二ページの見開き全ページ広告をのせているが、これはわが国全ページ広告の元祖である。続いて丸善の丸屋善七も五月二十五日の「郵便報知」に、やはり付録として発行書名全部をもらした両面刷りの全ページ広告を添付している。

そのほかこの年には、黒ワクの死亡広告も東京日日（十一月二十二日と二十五日）にあらわれている。

> 後藤象二郎四女真澄久々病気ノ処療養不相協昨二十一日午前十一時死去因テ象二郎辱交ノ諸君ニ報道ス　岩崎彌之助

またこの年五月十四日朝、大久保利通が紀尾井坂で暗殺されたが、その日の午後、島田一郎以下暗殺者六名連署の斬奸状が「朝野新聞」に届けられた。「朝野新聞」では写しをとった上早速その斬奸状を警視庁へ提出、翌十五日の紙面にその記事を掲載したところ、これが当局の忌諱に触れて十日間（一説には五日間）の発行停止処分をうけた。これは日刊新聞最初の発行停止処分で、表面の理由は、記事の中で、大久保利通を井伊直弼に比したこと、斬奸状の届け出がおくれたことといわれているが、真の理由は「朝野新聞」の論調が過激なこと、暗殺者が斬奸状を「朝野新聞」に送ったことも兇徒の意志に投合するからであったと当局が見なしていたためといわれている。『是を手始めとして発行停止は大流行となり、殊に「朝野新聞」に至りては、毎年停止に逢うもの幾回なるを知らず、其長きは五週間に及びたり』と末広鉄腸は『新聞経歴談』の中で述べている。

≪明治12年≫

新聞経営の困難・訂正記事の例

この年一月、「朝日新聞」が大阪で創刊されている。地方でも二月に「岐阜新聞（岐阜日日の前身）」、「山陽新報（いまの山陽新聞）」、六月に「京都商事迅報（京都新聞の前身）」、八月には「松江新聞（島根新聞の前身）」と、ぞくぞく新聞社が誕生した。だが当時、地方で新聞を経営し発行してゆくことはかなり困難なことであったらしい。

そこで当時の地方日刊紙の発行の苦しさを、この年八月から日刊になった「山形新聞」によってみてみよう。

「〇洋紙沸底に付東京へ注文及分も未だ到着仕らず已に昨日の如く唐紙を用ゆる不都合に及故紙到着迄三四日の

間休刊仕及此暇御寛恕の程拝願す」（八月十三日）

日刊になって十二日目にもう紙がなくなり、黄色い唐紙に印刷したが、ついに十三日、この社告をかかげて、二十二日まで八日間休刊する。九月にはいると十二日付けを最後にまた十月十五日まで休刊しているが、今度の理由は『当山形新聞の儀去月十三日を限り一応のお断りも仕らず休刊せしなれば看客諸君《みなさん》には或は訝里《いぶかり》或は憤里《いかり》玉ひつらん方々もありぬへしサテ本紙の斯く休刊せしと云ふと前社主小林の怠惰よりするにもあらす又《ま》たこれを廃棄志《やめに》たるにも五座らぬ今度他の有志と計り愈々本社の盛大を期したるものにて其の有志とは当社長武田義昌にぞあれり』（十月十六日）とあって社長の交代のためであると述べている。

ところがこの時経営者の交代に伴い本社を移転したらしく、また二日新聞を休んで、二十九日にはつぎの社告を出して恐縮している。

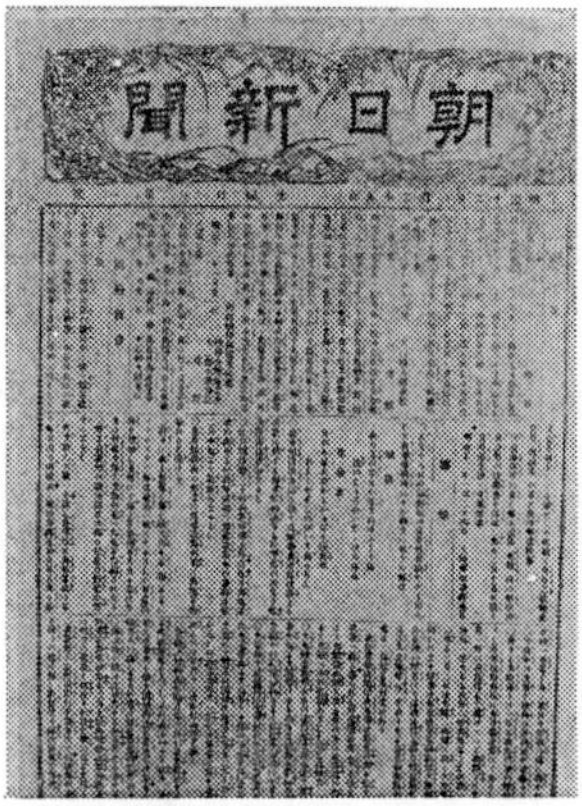

朝日新聞（大阪）の創刊号

『弊社儀去る二十六日転社仕り候　ソコデお詫《わ》び申する一条あり　ソハ余の儀にあらず　昨日は新聞をお断りも仕らす休刊いた志たる一件なり　実に転社に付何角《かにかく》取込み終《つ》ひ間に合いかね　不本意ながらも一日のお休をお願ひま志たてあり升　サレは皆三方にも然やうに五承知下され　お夢の中にも山形新聞記者は転社の祝ひの祝酒《おみき》の為めに怠惰《なまけ》たらう杯《など》とお見なし否ナお聞下されましく　偏にソレハさぞ忙しかったらうと御推もじの程奉願度……社中一同敬んて曰《まう》す」（十月二十九日）

なかなかユーモラスな詫び状であるが、当時の地方新聞の状態がよくわかる。この後もやれ起業式（創立記念日）だ、移転のご祝儀だというので休刊し、お詫びの社告を出している。

またこのころの新聞で目につくのは、実によく訂正記事を出していることで、なかにはふざけたようなものもある。

「イヤハヤ頓ンナ間違てありました前々号の雑報に服部順貞殿は飽海郡書記十四等に任せられしと書いたは任せられしにあらで免せられ志なり」（十月二十六日）とか「一昨日の紙上に掲載せし岡野屋方出稼娼妓浜吉云々の一件は事実相異の廉《かど》あればここに[redacted]《まつくろとりけし》」（十月十九日）などとのっている。

当時の雑報記事というのは、男女関係（かけおちとか姦通）や、芸者娼妓の話が大部分で、検診の結果、だれが入院したとか退院したとかまで、番地名前入りで詳しく伝えられている。つぎはその訂正記事の一つ。

「昨日の穴掃除云々の内小姓町吉野屋方（みの）は入院志たる訳ではなかッたを間違ひに付取消ますから皆さんその頭《つも》りでたんとお買ひ（オヤ余計ナ）」（十月二十二日）。

≪明治13年≫

文盲の探訪員による〃雑報〃

『人智の開けぬ僻邑には随分驚くべき珍事もあるものにて駿州志太郡一丁河内村の杉山作兵衛方へ本月二日の夜盗人が忍入り金十円余と衣類二三品盗み去りしが作兵衛は大に驚き是れは何んでも近所に居て家の勝手を知って居る者に違ひないと考へ同村の若い者共に話すとソリャ銘々心当りの者を入札するがヨカンベイと一人がいへば皆々尤もと同意し泥坊選挙会を開きしに、一番投票の多数なりしは同村にて篤実の聞えある望月佐左衛門といふ者なれば作兵衛大に気の毒がり何んぼ多数でも同人を泥坊に落すことはなり難しと弁明して其日は散会となりしが跡にて佐左衛門が此事を聞き込み大に悶着を起したりと其後如何なりしや』（朝野新聞二月八日）

これは当時の雑報（いわゆる社会記事）の一例であるが、そのころの雑報というのは、いまのように新聞記者が直接取材したものではなく、探訪員と称するネタとりが諸々方々を聞き歩き、耳にした材料を新聞社にもどって話す。それを聞きながら、社員が記事にするという調子で、「という噂」とか「という話」といった記事が非常に多い。

この探訪員というのは、東京、大阪の大新聞社でも大正の半ばすぎまで残っているが、読み書きのできないものが大部分だった。巡査とか小学校の代用教員あがりなどもいたらしいが、なかにはいかがわしいものもあったようで、九月二十八日の東京日日新聞には、

「先に本社の探訪見習中内務省にて不都合を働き即日退社申付たる関根良弼は昨日東京裁判所にて左の通り申渡さる。

東京浅草区馬道町七丁目二十二番地寄留

静岡県士族　関根　良弼

其方儀日報社々用ニ因リ内務省へ出頭シ退出ノ際同会計局入口ニアリシ小田吉次所有ノ蝙蝠傘一柄ヲ竊取スト雖モ即時捕ニ就キ該品取還セラルルヲ以テ竊盗罪ニ依リ未得財ヲ以テ論シ除族ノ上懲役四十日申付ル」

という記事がのっている。

朝日の姉妹紙発行　この年には一月、「防長新聞」の前身、「馬関物価日報」が馬関（今の下関）で創刊されたほか、四月に京都で「朝日新聞」が、「常盤新聞」という姉妹紙を発行したのが注目される（地方版の先駆けとみてもよい）。

この姉妹紙発刊は、朝日の初代主幹津田貞の積極計画のあらわれの一つで、朝日新聞と併読させる目的で出したものらしい。ところが常盤新聞をとるものは朝日新聞を廃読するという逆の結果を生じたうえ、朝日本社も、木村騰《のぼる》社主（朝日の実際の創立者）の放とうにより資金難に陥るという事情があって、一月たらずで（五月十四日）この新聞を廃刊してしまった。このとき津田主幹は「発行早々廃刊するなどは朝日新聞の面目にかかわる」とがんばったがいれられず、これが津田の「朝日新聞」に対する不平、反抗の契機となり、ついに津田は一党をひきつれて五月三十一日、いっせい退社する。

そこで翌十四年いよいよ村山竜平が、木村に代わって、朝日経営にのりだし、上野理一とくんで、今日の「朝日

新聞」を築くことになるわけだが、こうみてくると、この「常盤新聞」の発刊は、日本の新聞史上なかなか大きな意味をもっていたことになるわけである。

＊村山龍平《りようへい》（嘉永三―昭和八）　三重県出身。初め西洋雑貨店の経営にあたったが、木村平八、騰親子が「朝日新聞」の発行を企てた時、相談にあずかり、社主として名をつらねる。明治十四年木村から朝日の経営を譲りうけ、上野理一という好伴侶を得て、今日の大朝日を築きあげた。新聞を企業として成功させるとともに、資本の独立をはかり、多くの名記者を育て、新聞の権威を高めた功績は大きい。

＊上野理一（嘉永元―大正八）　兵庫県出身。明治十三年十月「朝日新聞」に入社、翌十四年木村平八が朝日新聞の所有権を村山竜平に譲渡すると同時に経営に参画、村山を助けて朝日新聞の発展に貢献した。明治四十一年以後、村山と一年交代で社長をつとめたが、大正七年の白虹筆禍事件の際は、村山に代って社長となり、事件の解決にあたる。「村山の剛、上野の柔」の名コンビはあまりにも有名。

≪明治14年≫

北海道官有物払い下げ事件　『関西貿易商会ハ大坂ノ豪商五代藤田諸氏ガ発起ニ係ルコトハ江湖ノ人ノ熟知スル所ナリ……近日此商会ノ挙動ニ就テ続々吾人ニ報道スル者アリ……曰ク「関西貿易商会ハ先キニ五百万円ノ資金ヲ政府ヨリ借用シ大坂ニ於テ一大商会ヲ立ンコトヲ計リタレトモ其意ヲ達スル能ハス之レニ依リ此商会中ニ重立タル諸氏ハ意ヲ専ラ北海道ニ傾ケ開拓使ト約シ北海道物産ヲ一手ニ引キ受ケ凡ソ北海道ノ物産ト称スル者ハ此商会ノ手ヲ経ルニアラザレバ決シテ北海道外ニ輸出セシメザルノ仕組ナリ現ニ東京日本橋区箱崎町ニ在ル開拓使物産取扱所ノ如キモ二万円ノ代価ヲ以テ此商会ニ売与スルノ約束ナレバ此宏壮無類ナル家屋ガ貿易商会ノ手中ニ帰スルハ近日ノ中ナル可シト』（東京横浜毎日新聞　七月二十六日）

「関西貿易商会ノ近状」と題して、三日間にわたり連載されたこの論説は、有名な〃北海道官有物払い下げ事件〃

を暴露した最初の記事である。この事件は、明治二年から十三年にかけて約一五〇〇万円を投じて継続してきた北海道開拓の事業を、時の開拓使長官黒田清隆が、同郷の薩摩出身の五代友厚および長州出身の中野梧一両人にわずか三十万円、しかも無利子三十か年年賦で払い下げ、民間の事業に移そうとしたことに端を発し、当時閣内でもっとも勢力をもっていた大隈重信と伊藤博文の勢力争いもからんで大問題となった。

沼間守一の「東京横浜毎日新聞」がこの事件を暴露するや、翌七月二十七日から矢野文雄、藤田茂吉の「郵便報知新聞」が四日間にわたって世論に訴えた。八月にはいると天下の言論機関はいっせいにこの問題の論難に集中し(注)、「東京横浜毎日新聞」は二日間にわたり『官有物払下の法如何』、「郵便報知新聞」は『仰で天に嘆く』、成島柳北、末広鉄腸の「朝野新聞」は『北海道の事を論ず』、「東京曙新聞」は三回にわたり『開拓使廃後の怪説』と題して政府を攻撃したほか、島田三郎、肥塚龍の「嚶鳴新誌」「東京経済雑誌」「扶桑雑誌」「近事評論」等いずれも筆をそろえて薩長の野心を論じ、政府の反省を求める論文を掲載した。さらにそれまで伊藤らの半官的御用新聞と目されていた福地源一郎（桜痴）の「東京日日新聞」までほこを転じて『開拓使ノ処置ヲ論ス』（八月十日）と題して痛烈なる攻撃を開始した。

御用新聞と目されていた「東京日日新聞」の転向は、かねて「東日」の官報化を企てて井上馨、伊藤博文らに説いていた福地が、政府に裏切られたという事情があるにせよ注目すべきことで、世論もまた大いにこれを支持し、全国の新聞もこれに同調するとともに、これらの記者は野党の民権論者をまじえて、東京を始め各地で演説会を開き政府を攻撃した。

（注）一例を「東京横浜毎日新聞」と「東京曙新聞」にみてみよう。

東京横浜毎日新聞

八月二〜三日「官有物払下ノ法如何」　十二日「濫ニ特許ヲ与フルノ恐レ」　十七日「函館ノ近報」　二十四日「開拓使処分ノ新説」　二十七〜八日「演説ノ声ヲシテ天下ニ充満セシムル者ハ唯関西貿易商会ナル歟」　三十〜九月一日「北海道人民ト開拓使官吏トノ問答」

九月九日「南海志士ノ近況如何」　十一日「開拓長官黒田氏ノ皈京」　十五日「官有物払下党ノ口実」　二十八〜九日「北海道一大事変」
十月四日「開拓使処分ヲ拒ムノ決心如何」　十二日「再ヒ開拓使処分ヲ論ス」

東京曙新聞
八月八・九・十二日「開拓使廃後ノ怪説」　二十四日「函館ノ近報」　三十日「北海ノ風説特ニ人民ノ感触ヲ激昂セシメントス」　三十一日「官文書濫借ノ風説」
九月一〜二日「官民ノ状況」　三日「開拓使払下中止説如何」　九日「飛語ハ何ヲ以テ行ハル、乎」　十三日「王室ヲ安泰ナラシメヨ」　十七・十九日「開拓使払下ノ保護説ヲ駁ス」　二十一日「無感覚政府」
十月一日「開拓使払下決行ノ風説」

キャンペーン政局を動かす　騒ぎの拡大に驚いた政府は十月十一日、天皇が東北（山形・秋田）、北海道巡幸から帰還するのをまって即夜廟議を開き、国会開設の時期、官有物払い下げ取り消しを決定、翌十二日国会開設の勅諭を発すると同時に、太政大臣三条実美は、開拓使あて官有物払下げ取消の旨を示達した。

『左ノ達書ハ太政官ヨリ開拓使ニ達セラレタル者ニシテ其ノ達文左ノ如シ
先般其使所属官有物払下聞届ノ儀及指令置候処詮議之次第有之取消候条此旨相達候事。
此達書ハ実ニ我三千五百万余人ノ人民ガ首ヲ延テ希望シタルノ達書ナリ』（東京横浜毎日新聞　十月十三日）

この事件は、言論機関が政局を大きく動かし、その機能を完全に発揮した第一歩としてキャンペーン史上特筆すべきものである。

この年にはまた二月に南日本新聞の前身「鹿児島新聞」が創刊されたほか、三月、有名な「東洋自由新聞」が西園寺公望を社長、中江兆民を主筆として発行されている。この新聞は政府の強硬な干渉によって、三十四号で廃刊になったが、急進的自由新聞の初のものとして注目される。また七月には鳥取で「山陰新報」という新聞が発行されているが、発刊社を「共斃社」といった。これは士族が団結して「共に斃れるまでやろう」とした意味だと言われている。高松でも九月、香川県最初の日刊紙「腰抜新聞」という新聞が出ているが、これは「腰が抜けるまでやりとおそう」との意でつけられた名前といわれている。

＊**沼間《ぬま》守一《もりかず》**（天保一四—明治二三）　江戸に生まれ、初め幕府に仕えて戊辰の役では官軍と戦う。明治五年新政府に出仕したが、十二年官を辞し、嚶鳴社の機関誌「嚶鳴雑誌」を創刊、つづいて「横浜毎日新聞」を引きうけ、本局を東京に移し、「東京横浜毎日新聞」と改題、社長となる。かくて演説と文筆で国会開設の急進論をはったが、とくに明治十四年の北海道開拓使官有物払い下げ事件の攻撃は有名。後、改進党組織に参画、東京府会議長をつとめる。

＊**藤田茂吉**（嘉永五—明治二五）　大分県出身で慶応義塾に学ぶ。明治八年「郵便報知新聞」に主筆として入社、民権論、国会論を展開、東日の福地桜痴と対峙して一歩もゆずらず、報知の紙価を高める。十四年東京府会議員となり、のち区会議員、区会議長となり、長く自治制のために貢献した。大隈重信の改進党組織を助け、以後改進党の中堅幹部として重きをなす。第一回の総選挙に当選、代議士となる。

＊**箕浦勝人**（安政元—昭和四）　大分県出身。慶応義塾を出て「郵便報知新聞」入社。民権論をもりたて、明治二十八年報知新聞社長となる。一時「新潟新聞」「大阪新報」「大分新聞」にも在社、明治十四年改進党に参加、以後政治家として活躍、衆議院副議長、逓信大臣などを歴任する。

＊**中江兆民**（弘化四—明治三四）　高知県出身で本名は篤介。フランスに学び、自由・平等・博愛のフランス革新思想を身につけ、東洋のルソーと呼ばれた。明治十四年西園寺公望らと「東洋自由新聞」を創立、主筆となったが、政府の圧迫により三十四号で廃刊、その後、「自由新聞」「東雲《しののめ》新聞」（大阪）、「立憲自由新聞」（民権新聞）、「北門新報」（小樽）などに関係した。明治におけるフランス系自由民権思想の代表者。

《明治15年》

発停六回遂に死す
弾圧に抗し新聞葬

『夫レ我高知新聞ハ生レテ未タニ拾年ニハ過キサルナリ而シテ今ニ迄ルノ間発行停止ノ命ヲ得ルコト既ニ三次ニ及ヘリ然ルニ今日ハ玆ニ其第三回ノ停止ヲ解カルルニ逢ヘリ豈一言陳フル所ナキヲ得ンヤ……政府ノ我新聞発行ヲ停止スルヤ曽テ其何ノ言説ノ何様ニ何物ニ害アリテ如何ノ故ヲ以テ停止ヲ命スト云フコトヲ示サレサル也』（高知新聞　三月十七日）これは二月二十四日号をもって発行停止の厄にあっていた「高知新聞」が、三月十六日解停になった時の社告である。

前年、国会開設の勅諭が発せられると、政党の必要が一般に認められ、自由党をはじめ、改進党、立憲帝政党などの諸政党がつぎつぎに組織されたが、新聞もその影響をうけて、大小の別なくほとんど皆政党新聞となり、政党の闘争機関となってしまった。そこで政府は、官権派の新聞に保護を与える半面、自由、改進両派の新聞には、発行禁止を乱用したり、買収したり、記者に体刑を科するなど民党系紙の大弾圧にのりだした。そのためこのころの新聞の発行禁停止は驚くべき数に達している。

一方、新聞もこれに対抗して、発行停止の通告をうけると直ちに身がわり新聞を発行するなど、さまざまな対抗手段をとっている。

中でも自由党の領袖板垣退助の出身地、土佐の「高知新聞」の抵抗などはすさまじいものであった。この新聞は、前掲のように三月十七日解停になるとまたすぐ二十五日に四度目の発行停止をうけ（身がわり紙の「土陽新聞」を発行）、四月十二日解除（新聞は二十六日から発行）されると、また翌月十四日、五度目の発行停止をうけている。この時は、身がわり紙の「土陽新聞」も発行停止になったため、「高知自由新聞」を発行したが、これまた発行停止処分をうけている。六月二十一日解停発行した「高知新聞」には、

『因に記す土陽新聞も亦同日開停になりたれども当分休業又高知自由新聞は昨夜其筋より例の発行停止を命ぜられたりイヤハヤ出たり引込んだり事忙しきことにぞある』との社告が掲げられている。

だが、この勇ましい「高知新聞」もついに七月十四日、こんどは発行禁止を命ぜられてしまった。この時「高知自由新聞」（七月十五日号）は

五回死ヲ決シテ未タ死セズ終ニ六回ニ至ツテ漸ク死矣年三百又二十三ニシテ命ヲ知ル命ナル哉命ナル哉天命将タ那辺ニ在ルカ看官自ラ撰焉
明治十五年七月十四日　午後九時
高知新聞社愛友
高知自由新聞社白
三千六百余万ノ同胞諸君

という黒ワク広告を掲げ、七月十六日盛大なる新聞葬を行ない言論圧迫に対する大示威運動を試みている。

『故高知新聞葬式の景況を記さんに……真先には忌中笠を被りたる各社の壮士四列となりて各徽章ある旌旗（せいき）を数十流何れも皆竿の中央につり下げ……編輯長安原新聞紙にて張廻はせし位牌を持ち……柩は配達人四名交（かはるがはる）之を担ぎ記者株主各いづれも麻上下（かみしも）にて随行……後に続く送葬人は着到帳に名を載せし人員のみにて二千七百二十七人……』（高知自由新聞　七月十八日）

時事新報創刊　このように新聞が政党化してはげしい弾圧の中で言論闘争をくりひろげている時、反対に不偏不党をかかげた大新聞があらわれた。これが有名な福沢諭吉の「時事新報」(注)で「独立不羈の一義を尊崇」し、「国権皇張の一点」を求めて、三月一日創刊以来、明治、大正、昭和を通じて最大の指導的言論機関として新聞界に君臨したのである。

板垣退助が自由党の機関紙「自由新聞」を創刊したのは六月二十五日、「島根新聞」の前身「山陰新聞」が発刊

されたのもこの年五月一日のことである。

（注）時事新報の命じたるは、専ら近時の文明を記して此文明に進む所以の方略事項を論じ日新の風潮に後れずして之を世上に報道せんとするの旨なり

＊福沢諭吉（天保五―明治三四）　大分県出身。幕末・明治の先覚者で、教育者、学者、著述家。慶応義塾を開き、門下から多くのすぐれた言論人、財界人を生み出した。また明治十五年に創刊した「時事新報」は、文明の指導者を以て任じた。

＊馬場辰猪（嘉永三―明治二一）　高知県に生まれ、慶応義塾に学び、イギリスに留学、法律を学ぶ。明治十一年帰国後、共存同衆を作り、自由民権運動にのり出し、民選議院の設立を説く。板垣退助の自由党結党に参加し「自由新聞」の社説係りとなるが、板垣外遊を非難し三か月で退社、末広重恭に招かれ、「朝野新聞」の客員となる。十八年爆発物購入の疑いで逮捕され、証拠不十分で釈放されたが、間もなくアメリカに渡り、フィラデルフィアで客死する。

＊田口卯吉（安政二―明治三八）　明治時代の代表的開明思想家で、とくに経済学に造詣深く、徹底的な経済上のレッセフェールの主張者。明治十二年「東京経済雑誌」を創刊した。明治十五年「自由新聞」創刊の際には客員として参加したが、板垣退助洋行費をめぐる内紛で間もなく手をひく。

＊古沢　滋（弘化四―明治四四）　高知県出身。明治初年英国に留学し、議院政治を目撃して帰る。板垣退助に従い、立志社、愛国社の設立に尽力。大阪日報社長、自由新聞主筆として民権論の鼓吹につとめる。のち官途につき、奈良、山口、石川県知事となり、貴族院議員に勅選される。

≪明治16年≫

保証金制度で廃刊続出　『今般の新内閣条例に依り既に其筋へ保証金を差入れ発行許可を出願せし東京府下の新聞雑誌は昨十八日迄にて八十三社全く廃業を届出たる新聞雑誌は三十二社なりしといふ』（時事新報　五月十

九日）

明治政府は、民党系紙を弾圧するため、四月十六日新聞紙条例を改正し（太政官布告第十二号）、従来の発行禁停止処分のほかに、発行保証金制度を新設した。これにより、時事評論を報道する新聞は、東京では千円、京都、大阪、横浜、兵庫、神戸、長崎では七百円、その他の地方では三百五十円（一月三回以下発行のものはその半額）を保証金として政府に納めなければならなくなった（第八条）ため、新聞雑誌の中には保証金を納められず廃刊するものが続出した。

たとえば、團團珍聞社《まるまるちんぶん》で発行していた「驥尾団子《きびだんこ》」という滑稽雑誌は、五月九日発行の第二三九号限りで廃刊することに決定し、誌上に加賀見山の劇に擬した文句を並べて、驥尾の尾上が、父團團珍聞に先立って自殺（廃刊）する狂画を入れて廃刊している。

またこの時、身がわり新聞の発行も禁止され（第十七条、一人又ハ一社ニシテ数個ノ新聞紙ヲ発行スル者一個ノ新聞紙ヲ停止セラレタルトキハ其停止中他ノ新聞ヲ発行スルコトヲ得ズ）、印刷器の差し押え、没収までなされるようになった（第十六条　新聞紙ノ発行ヲ禁止若クハ停止シタルトキハ内務卿ハ其新聞紙ヲ差押ヘ又ハ発売ヲ禁シ其情重キ者ハ印刷器ヲ差押フルコトヲ得）ため、以後新聞の反政府運動は急速に衰え、政党と新聞の関係も徐々に薄くなってしまった。

なお、この発行禁停止にともなう印刷器の差し押え、没収の規定は、思わぬところにまで影響が波及したようで、

『今度の改正にて新に印刷器差押没収の二事を加へられたれば、在来の小新聞中其社に刷場を設くるの余力なくして他の活版所に刷立を頼みし向は其活版所より差押没収の万一の損耗を見込て非常に刷値段を引上げしにぞ此では算当に合ぬとて急に印刷器を買入れんとすれば其商店では又足元を狙込《つけこみ》て俄に二三倍の価を増したれば彼の千円の算段に粮《かて》て加へて余程困難を極むる社もありと云ふ』

という記事が「東京日日」（五月七日）に出ている。

このほか、政府は、民党系紙に対抗するため旧藩主を説得して旧領地に新聞紙を発行させたり(吉備日日新聞)、府知事、県令に官権新聞を保護、奨励させたり、はては民党紙の買収や官公署の印刷物を受けおわせて新聞の買収、保護にのり出している。

『此程岡山県の小田郡長菊地浪六氏は郡内各戸長へ公用親展の書面を以て左の如く諭達したるよし、何んと強盛の御諭達にあらずや

曽テ草加廉男ヨリ出願候吉備日日新聞来ル三月一日ヨリ発兌候趣右新聞紙ノ儀ハ諸者ヲシテ方向ヲ誤ラシムル如キ弊害アルモノト相異リ　方今ノ御政体ヲ翼賛シ人心ヲシテ一定セシメ、治安上裨益不少ニ付キ各戸長役場ハ勿論町村小学校等ニ至ル迄発兌ノ都度該社ヨリ送附候筈ニ付キ若シ他ニ求メ来リノ新聞紙有之為メニ費用支ヘ難キ都合モ有之候ハバ他ハ相止メ必ズ吉備日日新聞ヲ購読候様其筋ヨリ達シ越シ候条　自今必ズ右新聞ヲ購求候様致ス可シ　此段及諭達候也

小田郡長　菊地浪六

明治十六年二月廿七日

何村戸長何誰殿』

（朝野新聞　三月十四日）

政府「官報」を創刊、世論を指導　またこの年七月二日、太政官文書局より「官報」が創刊されている。この官報の発行は、山縣《やまがた》有朋《ありとも》の建議によるもので、その目的は、自由民権論の抑圧にあったといわれている。山縣の建議には「広ク世間ノ形勢ヲ観ルニ新紙雑報概ネ皆ナ慷慨激烈ヲ主トシ政府ヲ攻訐シ朝廷ヲ非毀ス……政府ハ宜シク主義ト旨趣トヲ発露シ広ク之ヲ衆ニ示シ人ヲシテ準ヲ望テ正路ヲ取ル所アラシムベシ」、官報とは「政府公然新紙ヲ発行シ其主義政道ヲ明ニスル」ものである、と述べられている。

後に新聞が報道機関として機能するようになると、「官報」は文字どおり政府の官報となる。しかし初期の「官報」はあくまで世論を指導するための政府の新聞であった。この「官報」の発行により、それまで御用新聞と言われながら政府に協力してきた「東京日日新聞」などは、数千の購読者を失うという大打撃をこうむり、これが後に、明治の大記者福地桜痴（東日社長）の新聞界を去る遠因になったのである。

《明治17年》

相撲の取り口なども解説　『昨日（十日目）の二番勝負にて殊に花々しく面白かりしは、千年川に浪渡の取組にて雙方とも倔強の若手なれば勢い鋭く立合て最初は浪渡の勝二番目は千年川の勝なりしが三番目の勝負には四ッに成て益々猛く揉合ひしかば観者一同拍手喝采して誠によき一対の力士なりと興に入り見物してありしが暫く挑み闘へども勝負見へねば組ながら水が入りまた揉みにもんで雙方汗の流るるに至りしゆえに再び水となり組直してまた元の如く四ッとなり必死を極めて揉合いしが殆んど互角にて容易く勝負のつくべくも見へねばさすがに観者も見かねしか頻りに分けよ〱と云ふ声の起りしもことわり実に雙方取労れしかば遂に引分けとなれり今回の場所は逃げを許さず又引分けをせぬ筈なれど此勝負一番は引分とするも決して無理ならず』（郵便報知新聞　二月二十八日）

これは当時の相撲記事で、この後に十日間の星取り表が掲載されているが、当時相撲というものは大変な人気があったらしい。新聞も十年代の初めごろから勝負の結果を報道しているが、このころになると取り口の解説など記事はいちだんと詳しくなってきている。これはある意味で、今日のスポーツ記事の元祖といってもよいだろう。

この場所は、名力士梅ケ谷が全勝で優勝をかざり、場所後、横綱に推薦されているが、当時の相撲の人気をみると、

『近来は相撲流行にて劇場は之に圧るる気味にや日本一の新富座は肝心の春興業も二度迄思はしからず……然る

に牛込の赤城座と云ふ道外手踊にては舞台へ土俵を作り飛入御勝手次第但し三番飛附にて全勝の者には景物を出すと云ふので我も我もと詰かけ毎日客留とは一寸能き思ひ付と云ふべし』（東京日日新聞　六月二十四日）

『京都のある会社の人々が催ふしにて各地の同業者を招き懇親の宴を開きたるが其節の余興に近頃各地とも相撲の流行すれば此席にも角力をなすべしとて八坂新地に於て老妓数十名を揚げ之を裸体とし或は緋鹿の子または緋縮緬の犢鼻褌をしめさせて東西に分かち転び山、応頼（オーライ）川、枕野、隠婆ノ森なんど夫々に名乗を定めて…呼出す声に応じユタリユタリとゆるぎ出でしは鳥羽僧正の筆にもあるまじと満座の人々は手を拍て興に入り枕野の腰附に情があり隠婆ノ森の抱き工合が面白しなど口々に評しつつ退散せしが此老妓等は日頃客を転ばすとは違ひ真実に汗をかき眺める様は可笑（おかし）かりしと』（郵便報知新聞　六月二十一日）

などという記事が出ている。新聞もまたこれを売り物にしたらしく「中外物価新報」（いまの日経）すら二十二年五月十二日から相撲記事を掲載し、後には〃相撲は中外〃というキャッチフレーズをかかげて宣伝している。

この年には、一月に「官令月報」（上毛新聞の前身）、富山で「中越新聞」（北日本新聞の前身）、三月に「下野新聞」、八月に「佐賀新聞」、九月には「都新聞」（いまの東京新聞）の前身「今日新聞」（夕刊）などが創刊されたほか、長く神戸で勢力のあった「神戸又新《ゆうしん》日報」、星亭の「自由燈（じゆうのともしび）」が五月に創刊されている。この「自由燈」は、一時東京第一の部数を誇ったこともあったが、たび重なる弾圧のために次第に衰え、「燈新聞」、「めざまし新聞」と改題し、ついに朝日の村山社長に買収されて「東京朝日新聞」となる。現在の東京「朝日」は、この「めざまし新聞」の号数を継承したものである。

《明治18年》

初の朝夕刊セット発行　『来る一月一日よりは東京日々新聞の一個号を甲乙の二葉に分ち甲は（一葉四頁）午前に編輯して正午に筆を止め直に印刷に附し午後三時より七時を限りて尽く府下得意に配達し前夜及当日午前の

内外事項を報道す乙は（一葉四頁）午後より編輯し其日の内外事項を網羅し翌朝八時を限りて尽く配達して共に其期に後る事なし（暑中には午前七時を限りて配達す）……右に付元日の午後より大晦日の午前までは大祭日も国祭日も日曜日も一年三百六十五日何の日たるを問はず此の東京日々新聞を発兑せさる日なければ他の新聞の如く今日は休刊日なれば新聞を見ること能はずと云ふ差支なし但し土曜の午後と日曜日の午前を発兌せざる而已地方の読者諸君へは甲乙（前日午後発兌、本日午前発兌）壱個号を合せて常例の郵便時刻を誤らず差立て可申候』

これは「東京日々新聞増刊并朝夕両度発兌の広告」で（十七年十二月二十四日から二十九日まで四回社告）、一月一日から「東京日日新聞」は、日本で初めての朝夕刊連続発行を始めた。欧米に類のない日本独自の朝夕刊セット発行の試みがここに始まったわけである。

ところが、地方でもこの年、早くも朝夕セットの新聞があらわれている。岡山の「山陽新報」がそれで、三月二日からやはり甲号、乙号の一日二回発行を試みている。

『天下の風潮日進月馳愈々益々煩雑に趣き随て記事の数も多端に至り細大漏す無らんと欲すれば限りあるの紙幅能く之を尽す可きに非ず依て社員一同玆に大に奮発仕り左の如く改良致候

従来は一号一葉にして一日一回発兌致候を三月二日よりは一号を二葉となし午前午後と一日両回発兌仕候（但し甲号を本日の午後に発すれば乙号ハ翌日の午前発兌とす）』という社告が二月二十八日、三月一日の紙上に出ている（まだこの地方に汽車もない時だけに岡山区内だけだったが）。

だが、せっかくのこの試みも当時としてはまだ時期尚早であった。新聞社も配達の費用がかさみ（東日、山陽とも定価はすえ置き）大変だったが、読者もそれほどこの企画を喜ばなかったらしい。

「山陽新報」は『既に外事は鎮静し特に追々短日に向ひ候上印刷上困難少からず且つ現今購買諸君に於て迷惑の向も有之哉に承はり候旁々以て来る十月一日より断然甲乙二葉を廃し毎朝一葉の刷行に取計ひ申候』との社告を掲げて九月三十日、この朝夕刊制を廃止し、定価を一枚二銭に引き下げた。

「東京日日」もこの年一年限りで、十二月三十日をもって朝夕二回発行をとりやめている。

両紙がなぜこの時、朝夕発行を企てたかというと、これは多分に販売政策の臭いが強い。「東京日日」は、政府の御用紙と見られていたため、大勢はつねに不利で、部数も振るわず、そのばん回策としてこの朝夕発行が企てられたものらしい。

「山陽新報」は逆に、十五年から十七年にかけて時の高崎県令から大弾圧をうけ、部数は激減した。たまたま前年十二月、県令が交替し「山陽新報」に対する圧迫も緩和されてきたので、対抗紙「吉備日日」(御用紙)を押えるためにこの巨弾を放ったものらしい。朝夕制を廃止したのも販売効果があがって、「吉備日日」を圧倒したためといわれている。

この年は四月に、「日本海新聞」の前身、「鳥取新報」が創刊されている。

≪明治19年≫

ノルマントン号沈没事件で世論沸騰

『ノルマントン号が去月廿四日紀州牟婁郡大島の近傍にて難破し船客の日本人廿三名は残らず死亡したる始末に付ては昨今世上の評論まちまちなるが右に付大鳥圭介氏より左の一書を寄せられたり。

拝啓　英国汽船ノルマントン号、紀州沖にて沈没し国人廿三名魚腹に葬られ候次第貴社新聞紙上にて承知酸鼻の至りに堪えず右難破の事は外国にても折々之あり候事にて人力の及ばざる以上は詮方なき仕合に候へども乗組員中船長幷に水夫は助かり日本人廿三名は悉く溺死したりとの事如何にも不可思議の次第なり…何卒事実穿鑿の上世上へ広布し社会の公論を促がし度候、頓首、十一月三日、大鳥圭介』(時事新報　十一月六日)

これは有名なノルマントン号事件に対する当時の国論を報道した記事である。

この事件は、十月二十三日神戸へ向け横浜を出帆した英貨物船ノルマントン号が、暴風雨のため翌二十四日紀州沖で難破沈没した際、英人船長、外人乗客ともに救助されながら、日本人乗客は、二十三人全員が船体とともに溺死してしまったという事件で、この船長の処置に対し、神戸のイギリス領事館で開かれた予審は、船長に過失なしとして無罪を宣告したため、国辱問題として世論が沸騰した。

福地桜痴も『外人は日本乗客を処すること荷物の如し…今回船長ドレイク氏の審問に凡て其責なしと判定せられたるは益々無智日本人の疑念を団結せしむるの機会を与へたる如くなれば吾曹が之れを外人の為めに惜しむも亦偶然に非ざるものなり』（東京日日　十一月七日）と論じ、「大阪朝日」は、主筆の織田純一郎を神戸、横浜に特派して裁判を傍聴させて一問一答の詳報を紙上に掲げ、時には一ページ、二ページの大付録とした。当時新聞記者の中で織田ぐらいイギリスの事情に通じ、また英語に熟達したものはなかった。イギリスの法律に詳しい織田は、公平なる資料に基づく判断の結果、十一月十九日の紙上で、船長の有罪を力強く主張した。

そこで、内務省も、内海兵庫県知事に命じてドレーキを殺人罪で告訴させた結果、ドレーキは十二月九日横浜英国領事館で三か月の禁固に処せられ、この事件は終局を告げた。「大阪朝日」、「改進新聞」、「東京日日」、「時事新報」などのこの事件に対する態度は、一つのキャンペーンとみてもさしつかえないであろう。

講談速記の連載　この年は、四月に「大分合同新聞」の前身「豊州新報」、十月に「やまと新聞」が創刊されているが、この「やまと新聞」は、十月十二日から三遊亭円朝の講談「松操美人生理」を速記によって連載、好評を博したので有名である。

わが国の速記は、田鎖《たくさり》綱紀が明治十五年、初めて速記講習会を東京で開いた時を誕生の年としているが、それから四年にして、早くも速記が新聞紙上にあらわれているのは興味深い。この時、「やまと新聞」の講談速記を担当したのは田鎖門下の若林玵蔵らの速記法研究会であった。もっとも新聞社に速記担当者がおかれるようになったのはずっとおそく、明治三十二年、東京～大阪間に長距離電話が開通した時で、この電話筆記が、新聞社での速記利用の契機となったのである。後の中外商業新報社長＝いまの日経＝簗田鈊次郎氏は、若林門下で、この時、電話速記のために採用されたものである。

また、この年、「郵便報知新聞」の矢野竜渓社長が外遊から帰り、新聞紙面の改革（記事をやさしく、ふりがなを多くし、むずかしい漢字を制限するため、社内に三千字引というものを作った。今日の漢字制限の先駆をなすものである）、販売上の改革（直配達を創始）を行なったのが注目される。

＊**織田純一郎**（嘉永四—昭和八）　京都に生まれ、昌平黌や土佐の致道館に学んだ後、明治四年の正月渡欧、エジンバラ大学で法学を専攻、七年夏帰国したが、十月三条実美から嗣子公恭の教育を託されて再び渡英、ロンドンで法律を学び十年冬帰国した。東京で文筆生活にはいったが、十七年七月京都滋賀新報（十月中外電報と改題—現京都新聞の前身）に入社、京都府会議員にも当選した。十八年十二月朝日新聞に主筆格で迎えられ、後大阪公論、東京公論の主筆となったが、明治二十三年東京公論が「国会」に併合されると客員となり、二十四年十一月朝日を退社した。その後陸奥宗光の「寸鉄」の経営、福地桜痴と共同して「内外新聞」の経営、板垣退助の社会改良運動の機関紙「社会新報」などを主宰する。

＊**矢野文雄**（嘉永三—昭和六）　大分県出身、龍渓と号す。慶応義塾卒業後「郵便報知新聞」にはいり、民権論を唱える。十四年改進党に入党したが、十七〜九年欧米を巡遊して各国の新聞事情を視察、帰国後「郵便報知」の大改革（記事文章の平易化、定価の引き下げ、社説を常設せずなど）を行ない、政論新聞から大衆新聞へ脱皮させる。この改革は一時成功したが、やはり報知の改進党色はぬぐえず、大隈重信の条約改正案支持が不評をかったことなどもあって売れ行きは減じ、矢野も新聞社を去り、宮内省にはいった。明治三十九年以後、「大阪毎日」に招かれ相談役、監査役となり、大正十三年〜昭和二年には副社長をつとめる。帝国通信社の前身「新聞用達会社」は明治二十三年矢野が創立したもの。

＊**簗田《やなだ》欽次郎《きゅう》**（明治八—昭和二九）　広島県生まれ専修大卒。明治三十二年初めて長距離電話が開通した時、電話速記者として「中外商業新報」に入社したが、経済、商況、政治各記事を担当して才能をあらわし、四十四年

取締役理事に抜擢された。以後、経済の大衆化、「大阪中外商業」の創刊、東京に夕刊を発行など経営に手腕を発揮した。大正十五～昭和八年社長をつとめる。

第三章　パーソナル・ジャーナリズム　明治20年〜〃29年

個人の思想・個性を強烈に反映　明治二十年代にあらわれた新聞は、個人の思想や個性を強烈に反映した新聞として新聞史上に名を残している。当時西欧文明の急速な流入にともなう反動として起こった国民主義の風潮は、日本の伝統の再認識の声となってあらわれた。その代表的な新聞が二十二年二月、陸羯南《くがかつなん》によって創刊された『日本』と、二十三年二月、徳富蘇峯が創刊した『国民新聞』であった。この両新聞は発行者の思想とその言論によって当時の人心に大きな影響を及ぼした。

一方センセーショナリズムがあらわれたのもこの時代である。黒岩涙香の『萬《よろず》朝報』（二十五年十一月創刊）、島田三郎の『毎日新聞』（横浜毎日の後身）、秋山定輔の『二六新報』（二十六年十月創刊、二十八年休刊して三十三年復刊）などは、いずれも名士の私行摘発、人身攻撃などで名を売ったが、これらは黒岩、島田、秋山の正義感、宗教的信念に基づくものが多かった。

この期に起こった最大の事件が日清戦争である。「戦争は新聞を発達させる」といわれるが、東京、大阪の新聞は競って従軍記者を派遣、戦況を号外で速報したため、新聞は全国津々浦々に及び、経営の基礎が固まり、企業としての新聞経営がなりたつようになった。

《明治20年》

第一面は全面広告
主流は書籍雑誌に

『跡見花蹊儀病気ノ処養生不相叶今八日午前五時三十分死去致シ候間此段同人辱交ノ御方へ御報知申上候
追テ来ル十二日正午十二時出棺谷中天王寺へ埋葬可致候
三月八日
親戚　跡見玉枝
山内　島』

これは三月九日の「東京日日新聞」に掲載された黒ワク広告の一つである。これだけなら別に何の問題もないが、翌十日死んだはずの花蹊女史がその取り消し広告を出したので、町の話題となった。

『三月九日ノ広告欄ニ跡見玉枝山内島ノ両名ニテ跡見花蹊儀病気ニ因リ去八日死去致候趣広告有之候右ハ全ク無根之儀ニテ私事別條無之至極壮健罷在候間此段辱知諸君へ御報道仕候
附而右玉枝儀ハ事故有之当家ノ事ニ付テ一切干渉スベキ者ニ無之候又山内ト申者ハ当方ニテ一向存知之者ニ無之候此段併セテ御断リ申候
三月十日
中猿楽町五番地
跡見　花蹊』

なぜこのような広告が出たか、当時の新聞には何の説明もないのでよくわからないが、跡見家のお家騒動の一幕いる。

であったらしい。

だが、このような事件に広告が使われるほど、このころは新聞広告が一般化してきた。当時の広告には、一時あれほど全盛をきわめた売薬広告にかわって、書籍雑誌の広告が主流を占めてきたのが特色である。これは明治二十年の五月、学校教科書検定制度が実施され、その検定をうけた教科書の広告が殺到したことが一つの原因となっている。

またこのころになると第一面を全面広告で埋める新聞があらわれている。とくに「時事新報」は前年から第一面を広告に開放し始め、この年一月には九回、二月には十一回と順次全面広告をふやし、五月末以後は、ほとんど第一面は全面広告としている。

これは、広告料収入をふやすという経済的理由のほかに一面に記事が入れてあると郵送や配達の場合、すり切れたり雨にぬれて損じたりして字が読めなくなるが、広告なら記事より影響が少ないという二つの理由によるものであった。以後各紙ともこれにならい(東日は明治二十九年六月十六日、東朝は同三十八年一月一日から)戦前の有力紙は、ほとんど一面を全面広告で埋めている。

今日のように各紙が一面に記事を入れるようになったのは昭和十年代にはいってからである(読売が昭和十二年元日、東日が同十三年七月、朝日は十五年九月から)。

この年一月二十日に「北海新聞」(週刊)が創刊された。この新聞は同年十月一日「北海道毎日新聞」と改題して日刊となり、明治三十四年九月「北海タイムス」となる。現在の「北海道新聞」は、この「北海タイムス」を母体にして昭和十七年十一月創刊されたものである。

また長く「福岡日日新聞」と並んで北九州に覇を唱えた「九州日報」(両紙が統合して現在の西日本新聞となる)の前身、「福陵新報」が、この年八月頭山満を中心とする玄洋社の機関紙として創刊されている。

そのほかこの年には、わが国商況通信の元祖といわれる「東京急報社」が創立され、手旗信号などで米相場を速報していること、ロイター電が日本に外国ニュースを供給し始めたことなど（それ以前においても在留外人間には上海のロイター電がはいっていた）が注目される。

＊阿部宇之八（文久元―大正一三） 徳島県に生まれ、慶応義塾に学ぶ。「大阪新報」「大阪毎朝」を経て「郵便報知新聞」の記者となったが、北海道開拓を志して明治十九年渡道、二十年札幌で「北海新聞」を主宰する。以後「北海道毎日」「北海タイムス」の経営にあたり、今日の「北海道新聞」の基礎を築く。北海道の教育、青年指導の先覚者でもある。

《明治21年》

磐梯山噴火に東京朝日・読売の現地ルポ

『○磐梯山の噴火　一昨日午後四時岩代若松より達したる電報に同日午前八時に磐梯山噴火し岩瀬村の内凡そ五十六戸潰れたり噴火の尚止まずとあり、又本社にて聞たる所によれば右の噴火は六里四方に災害を及ぼし埋死者四百人程あり（四十五人浴客）ヒバラ村の如きは全村噴出の土に埋れ殆んど沼とならんとするの有様なりと鳴動は今尚已まずといふ』（読売新聞　七月十七日）

これは八〇六年以来噴火の記録をもたない会津磐梯山が、七月十五日突然爆発、数百の死傷者を出し、噴き出した土砂は随所に河川をせきとめ、裏磐梯湖沼群を作り出した時の第一報である。この時の災害報道で注目されるのは、「東京朝日」と「読売」の報道であった。当時は磐梯山のふもとに、通信員をおいている新聞社など一つもなく、こういう異変は内務省あたりに到着した報告によって入手したものである。したがって七月十七日付けの紙面にのった第一報は、東朝も読売もほとんど同文に近い。

だがこの時、創刊したばかりの「東京朝日新聞」（七月十日めざまし新聞を改題）は『磐梯山実視社員派出……昨日社員古谷二郎氏を同地に派出し一層精確なる報道を得んことを謀れり、同氏が同地着の上は電報又は郵便を以て続々報道を怠らざる筈なれば読者幸ひに詳報の至るを俟れよ』（七月十九日）とすぐ記者を現地に派遣している。

古谷記者は、政府より視察に派遣された和田維四郎地質局長らとともに登山し、鳴動を続ける爆発の現場を縦断するという冒険に成功、そのなまなましいルポルタージュは読者の注目を集めた（この古谷記者は後に横沢と改姓、官途についたが、プロ野球の解説や審判でおなじみの横沢兄弟の父親である）。

写生版画と写真画　続いて朝日は、「精細なる真図」を得るため洋画家の山本芳翠を災害地へ派遣した。この時山本は噴煙あがる磐梯山をながめながら、直接版木の上に逆に写生し、それを同行の者が急ぎ持ち帰り、これをフランスで木口木版を学んで帰った合田《ごうだ》清が二日がかりで彫刻して印刷、八月一日の「東京朝日」に、その惨状を精巧な木版画絵付録として添付した。

磐梯山爆発の写真画（明治21年8月7日付け読売新聞）

また「読売新聞」はこの時、宗教家田中智学師に現地の視察を依頼、写真師吉原秀雄を随行させた。当時はまだ現在のような写真版が発明されておらず稚拙なものではあったが、こうした事件の写真を新聞に載せる端を開いたものとして注目される。

『◎写真の事　一昨日の紙上にて読者諸君に予告し置きたる如く弥々本日の紙上より磐梯山噴火に関する写真画を日々掲くることゝなれりこれは田中智学師より贈られたる者にて頃日（このごろ）厚生館立正閣等を始め府下の各所に於て師が実況説明を用ふる幻灯画と同一の写真を中川昇氏に托し氏が専売特許を得たる改良銅版にて模写せしめしなり』

（読売新聞八月七日）

こうして読売の磐梯紀行は、八月五日から、写真画は八月七日から九月二十一日まで、二十九回にわたって大きく掲載され、その悲惨な現地報告は読者の胸をうったのである。

この年には七月に「新愛知」（現中日新聞）と「東京朝日新聞」、十月には、「紫溟新報」を改題して「九州日日新聞」（現熊本日日新聞）、十一月に、「大阪日報」を改題して「大阪毎日新聞」、十二月には「東奥日報」と、のちの有力紙が続々創刊されているほか、わが国最初の新聞通信社「時事通信社」が益田孝（三井物産）の出資で創立されたのが注目される。

＊**大島宇吉**（嘉永五―昭和一五）　愛知県の大地主の家に生まれたが、若いころ自由民権運動にとびこみ、言論の力を悟って「新愛知」（初めは「無題号新聞」「愛知絵入新聞」）を創刊する。新聞経営にあたっては、販売に重点をおき、そのため不偏不党を社是としたが、大島自身は県政友会の長老だったため、政友色は免れず、民政系の「名古屋新聞」と激しく対立抗争を続けた。しかし両者とも勢力を伸ばし、戦前屈指の地方紙をきずく。

《明治22年》

憲法発布で速報合戦の口火　明治二十二年二月十一日大日本帝国憲法が発布された。『前号に記載せし通り憲法発布式を拝観すべき府下各新聞社員の総代十名を撰定するため昨日日本橋の柳屋にて各社員一名宛集会し協議の末互撰したる処時事より津田興二、報知より箕浦勝人、日報（東京日日）より関直彦、毎日より肥塚竜、読売より高田早苗、日本より福本誠、改進より枝元長辰、東京公論より村山竜平、東京新報より朝比奈知泉の九氏と及び本社の吉田嘉六が参観することと相成りたり』（朝野新聞　二月七日）

式典は午前十時から宮中正殿で行なわれ、言論界からは、在京社の前記十氏が代表として参列を許された。市民は憲法発布の式典を祝うために数日前からお祭り騒ぎだった。『憲法祭に付き去る五日ごろより国旗の値段が一日増に十四五銭づつ騰貴したるのみならず下町の旗屋は昨今大小とも大抵売切れ中位の品はあれども品切と称へて売控の姿なり』という記事が読売新聞（二月八日）に出ている。

国民もこの憲法を一刻も早く知ろうと熱望していた。だが当時の新聞界では、このような盛儀の速報など考えもしないことで、翌日の新聞に掲載するほかは、何の用意もなかった。この時、憲法全文の速報に目をつけたのが「東京日日」、「朝日」(大阪、東京)、「大阪毎日」で、期せずして東京と大阪で号外競争を演じることになった。こうしてこの憲法発布は、わが国新聞の速報合戦の口火を切るきっかけともなったのである。

「東京日日」はこの時、関直彦社長が午前八時に参内して全文を写しとり、二人引きの人力車で自ら社に原稿を運び号外を発行した。これは関社長の大特ダネであった。

一万一千三百余字を打電　一方、朝日の村山社長(姉妹紙「東京公論」の代表として式に列席)は、発表の全文を受けると、これを門外に待たせた社員に渡し、社員は二人引きの車で帰るとすぐ、号外を発行するかたわら、数人の記者に命じて憲法の全文を電報用紙に書き写させ、大阪朝日に打電した。

かな書きにして打電字数一万一千三百余字、この日の電報料金百二十一円三十七銭、東京、大阪の電信局係員が面くらって悲鳴をあげたといわれているが、当時としては大変な企画で、前例をみないこの速報に、官辺筋では、事前にもれたのではないかと調査を始める始末であった。

「大阪毎日」もこの時、号外を発行するため社員を東京に特派したが、計画にくい違いを生じ電報が延着、大朝に一歩ゆずって号外を発行した。同紙二月十二日号の欄外には、『進呈昨十一日の憲法発布に付本社に於ては御来社の御方へ本社号外憲法記載の分を進呈すべし』と記載されている。

また各紙この憲法の解説に力を入れ、大阪毎日は、十三日から十六日まで「憲法起立の沿革」を連載した後、十七日から三月六日まで「謹で憲法を奉読す」を掲げている。大阪朝日も二十五日以後、三月三十一日までの紙上に「帝国憲法の略解」を連載、東京朝日は、十四日以後三月十九日まで毎号社説欄に「通俗憲法註解」を連載、憲法の逐条解説に努力している。

なお「時事新報」は、この年一月から東京—熱海間に初めて公衆用市外通話が開通したのを利用して『時事新報にては電話の力を借りて熱海に憲法の全文を発布即時報道する都合なり……同所にては一時幾枚にも筆記し或は又

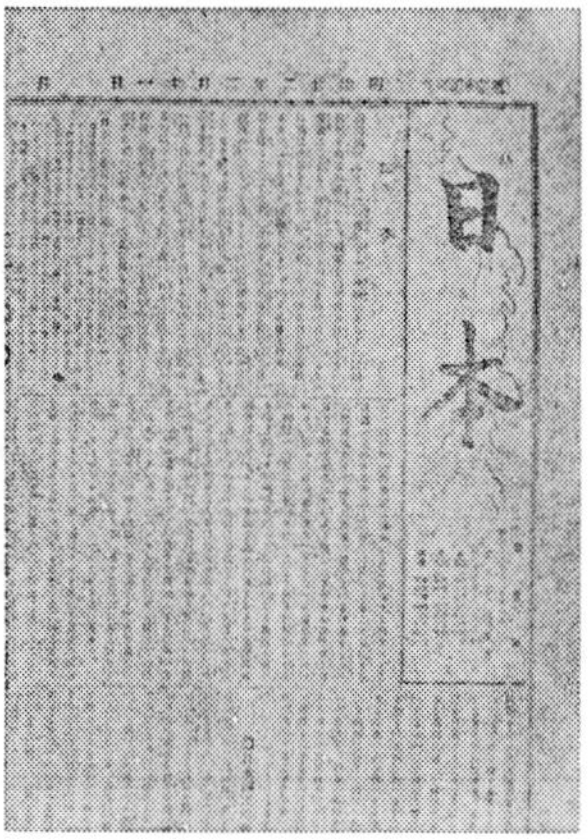

「日本」創刊号

筆記したるを写取り伊豆山村其他最寄地方にも速に報道の筈なり』（二月十一日）と予告している。

陸羯南「日本」創刊　この年には、四月に「香川新報」（四国新聞の前身）、六月に「大分新聞」（大分合同新聞の前身）、九月に「長崎新報」（長崎日日新聞の前身）が創刊されているが、もっとも注目すべきものは、二月十一日、紀元節に発刊された陸羯南の「日本」である。この新聞は『……党派の外に立ちて。偏なく頗なく。真に公正忠《こうせいちゅう》実《うじつ》に。日本国全体の利害を評論することの甚必要なるをおほゆ。』（二月十六日）という独立新聞で『国民精神の回復発揚を以て自ら任す』（発刊の辞）る格調高い言論新聞であった。明治中期の政界、思想界におよぼした影響の大きさからいって、第一級の言論機関であり、三宅雪嶺、高橋健三、池辺三山、鳥居素川、長谷川如是閑、安藤正純、千葉亀雄、丸山幹治、正岡子規、田岡嶺雲、古島一雄など一流の言論人がこの新聞から輩出している。

＊**陸《くが》　羯南《かつなん》**（安政四―明治四〇）　青森県出身で本名は実。太政官の官吏を経て明治二十一年「東京電報」創刊。翌二十二年日本主義の立ち場にたつ明治最大の独立言論新聞「日本」を創刊、政界、言論界に大きな影響を及ぼす。

＊**三宅雪嶺**（万延元―昭和二〇）　石川県出身で本名は雄二郎。東京大学卒業、開明的な国民主義を主唱して政教社をおこし、「日本人」を発行、明治二十二年陸羯南らと「日本」を創刊、大いに日本主義を宣伝する。三十九年「日本」を退社、翌四十年「日本及日本人」を発行する。以後死ぬまで日本の代表的評論家として言論界に君臨する。

＜明治23年＞

朝日、議会開設に備え
マリノニ輪転機を輸入　『愛読者諸君、帝国議会開設の期来れり……何を以てか之に応ぜん、議会開設に付て先づ第一に世人の属望して措ざるものは其精確なる議会筆記なるべし我社は蚤（つと）に此事に用意あり準備既に完成して寸毫も剰（あま）す所なきなりスワ開場といふならば直に精細確実の大筆聴筆記を附録として刊行し即時に之を各愛読者に配布するを得べし、浩瀚なる議事筆記と数万の新聞紙とを迅速に印刷せんとせば勢い印刷事務上に至大の便法を求めざるを得ず依て我社は曩（さき）に仏国に注文して最新至巧のマリノニ輪転印刷機を買入れ且特に社員を派遣して其印刷術の伝習を受けしめ社員及び現品共既に無事安到着して本社に在り是れ実に最新無類の印刷機械なるを以て其細図は取敢ず来る一日本紙附録として刊行し諸君の供覧に供ふべしと雖も若し此輪転機に由て印刷を為す日とならば一時間一万五千回転即ち毎一時一万五千枚を容易に印刷するを得るを以て是迄舶来せる最良印刷機摺高凡一時間一千五百枚なるに比して幾（ほとん）ど十倍し如何なる急劇の場合に逢ふと雖もイササか驚く所なく随って編輯時間に十分の余裕を得て一層記事を精選し報道を神速ならしむるを得べし……』これは「東京朝日」（九月二十七日―十月一日）に掲載されたマリノニ輪転機使用の社告である。それまでのわが国の新聞印刷はほとんど平盤ロール印刷機によるもので、「大阪朝日」に例をとると、明治十四年四月に米国から新式ロール型印刷機を輸入しているが、これも動力機関の設備がなかったので人力で運転していた。十八年六月になって初めて英国製ロコモチーフ（機関車）用気罐十六馬力を使用している。電力を使うようになったのは大正五年新社屋移転後である。

新聞印刷の大革命　このような時に国会が開設され新聞はいよいよ報道の敏速性を要求されるようになり、従来の平版ロール印刷機ではとうてい間に合わなくなった。

ちょうどその時、政府が帝国議会の議事録を官報に掲載するため新しい輪転印刷機の購入を計画、高橋健三官報局長をパリに出張させることになった。これを聞いた村山竜平社長は、社員の津田寅治郎を高橋に同行させ、マリ

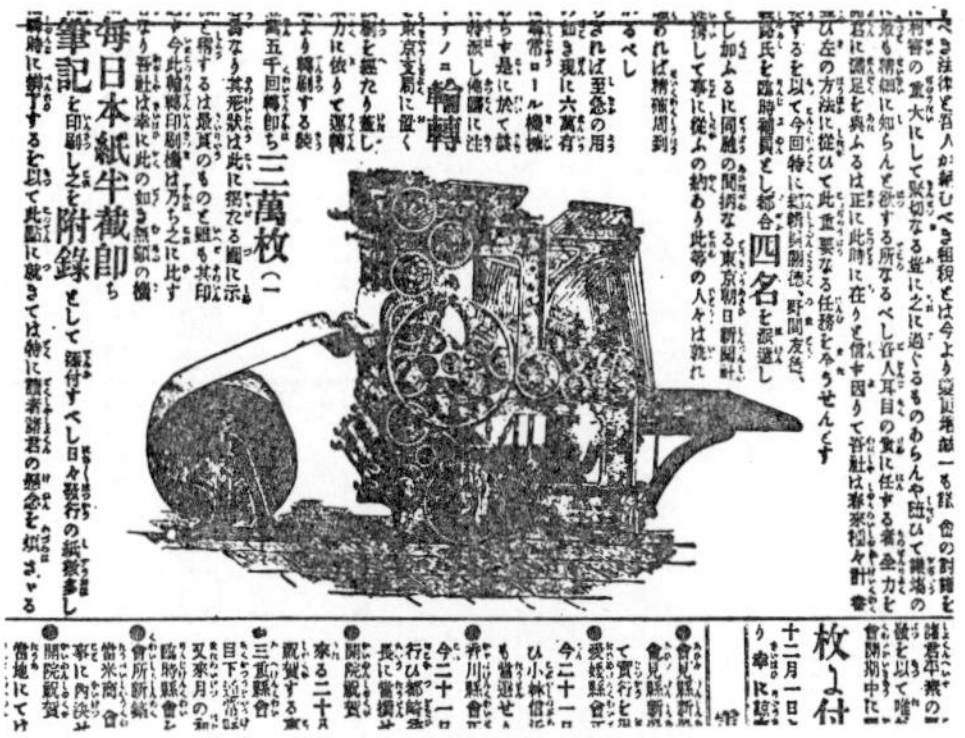

マリノニ輪転機使用の社告
（大阪朝日新聞・明治23年11月22日号）

ノニ輪転機一台を購入した。これがわが国最初の輪転機で、価格、運賃、保険料込みで当時二万八千フラン（約六千三百円）であった。従来の平盤ロール機は、一時間に四ページ新聞千五百枚の印刷能力しかなかったのに、朝日のこの二枚がけ機は『八ページ掛にて実際は三万枚印刷』（十一月二十日社告）だったので、能力は二十倍、まさに新聞印刷上の大革命であった。

もっともこの時は、津田がインキの溶き方を覚えてこなかったため試刷りは失敗に失敗を重ね、第一回帝国議会の議事付録の発行にやっと間に合わせることができたが、東朝本紙が輪転機にのり始めたのは翌年五月ごろからといわれている。これは唯一の巻き取り紙供給元である王子製紙の製造能力が、需要においつけなかったことも一つの原因で（二十五年ごろで一日たった十本）、朝日はフランスから巻き取り紙を輸入して使用していた。

議会出入記者団結成　この年は二月一日に「横浜貿易新報」（神奈川新聞の前身）と徳富蘇峰の「国民新聞」（現在は東京新聞）が創刊されているほか、帝国議会開会をひかえ、国会記者クラブの祖、議会出入記者団が十一月に結成されている。『現在の政治党派に関係なき全国地方新聞記者諸氏が東京に会合して協議の上相連合し新聞記者の社会に対する責任を全うし且つ業務上相互の便利を計る為め今度共同新聞倶楽部なるものを設立したる由にて……合議の上帝国議会の傍聴席を倶楽部に申うけ毎議会中筆記通信の事務をとり平時は各地に起りたる重要事件を互に報道するものなりと云ふ、既に倶楽部に加入したる新聞記者は九州に在りては福陵新報の川村惇、九州日日新聞の熊谷直亮。中国に在ては山陽新報社の栗本勝太郎、松江日報の藤原銀次郎。関西は大阪毎日新聞の門田正経、岐阜日日新聞の川上熊吉。関東は茨城日報の飯村彝、上毛新聞の篠原叶。東北は福島新聞の榊時敏、奥羽日日新聞の槇武等の諸氏三十余名にして、其他尚ほ代理又は照会中のものもあり、全国を通じて少くとも三十五六の地方新聞社は加盟の運びなりと。』（時事新報　九月三十日）

＊**高橋健三**（安政二—明治三一）　江戸に生まれ大学南校に学ぶ。官途につき官報局長となり「官報」を改革、マリノニ輪転機（ロータリーマシンの訳語で、高橋が考案）を購入する（この時、初めて「朝日」もマリノニを入れる）。欧化主義を批判、杉浦重剛、陸羯南らの日本主義に共鳴、岡倉天心の「国華」創刊を助ける。二十五年退官し、翌年「大阪朝日」に客員として入社、以来「日本」の陸と東西呼応して対外硬を主張する。とくに「内地雑居論」は大きな反響をよんだ。二十九年松隈《しょうわい》内閣の内閣書記官長となり、新聞紙条例改正に力をそそぐが、彼の雑誌「二十六世紀」事件なども重なって身体を害し、三十年十月退職、再び「朝日」の客員となる。「朝日」が言論機関として啓蒙指導性を打ち出すようになったのは、高橋が筆陣を張るようになってからである。

＊**徳富蘇峰**（文久三—昭和三二）　熊本県出身で本名は猪一郎。明治二十三年「国民新聞」を創刊、「日本」の保守主義に対して、自由・平等・平民主義を標ぼうして、青年知識階級の支持を得た。しかし日清戦争ごろから次第に帝国主義的国家主義に傾斜、山縣、桂と結ぶに及んで人気をおとしたが、それでも蘇峰の筆は各界に大きな影響を及ぼしている。昭和四年「国民新聞」を去り、終戦まで「毎日新聞」の社賓として「近世日本国民史」ほか多くの評論、随筆を発表する。

＊**藤原銀次郎**（明治二—昭和三五）　長野県出身で明治二二年慶応義塾卒業。翌年「松江日報」社員として赴任、後社長となり経営にあたった。二八年三井銀行に入社、富岡製糸所、王子製紙の再建に力をつくし、四〇年三井物産に移ったが、四四年九月王子製紙に主事として入社し以来王子の経営に専念。昭和八年、王子、富士、樺太工業の合併による大王子製紙社長として製紙業界に君臨する。一五年商工大臣を務めたほか、慶応義塾大学に工学部を寄贈するなど、政、財、文化界に大きな功績を残した。

ロシア皇太子負傷＝
大津事件に報道管制

『露国皇太子殿下御容態（十二日午前一時京都発）
露国皇太子殿下本日午前八時京都を人力車にて御発、大津所々巡覧の末……大津京町御通行の際、右側にある途上警衛の巡査津田三蔵なるもの突然抜刀皇太子殿下へ斬り掛け帽子を通し右の御髪の上部を後より前へ掛けて二ヶ所の疵なり察するに一太刀にて斬れしものなり暫く路傍の小店にて出血だけを止め繃帯を纏びたる上県庁へ御引戻り暫く御休憩……夫れより馬場停車場より汽車にて京都へ御着五時十五分頃御旅館へ御帰り相成り直ちに御治療に取掛りたるに御負傷は頭蓋骨までには達せず疵口一ヶ所は長さ九サンチメートルとの診察なり……』（東京日日新聞　五月十二日）――これが有名な大津事件の第一報である。当時世界最強といわれていた大国ロシアの皇太子に無礼を働いたというこの事件は、五月に成立したばかりの松方正義内閣をはじめ、全国民を驚かせた。だが、現在なら一面トップをかざるようなこの大事件を、当時の新聞はどのように扱っているだろうか。そのころの新聞の紙面製作の実情を知るうえで興味があるので、つぎに紹介してみよう。

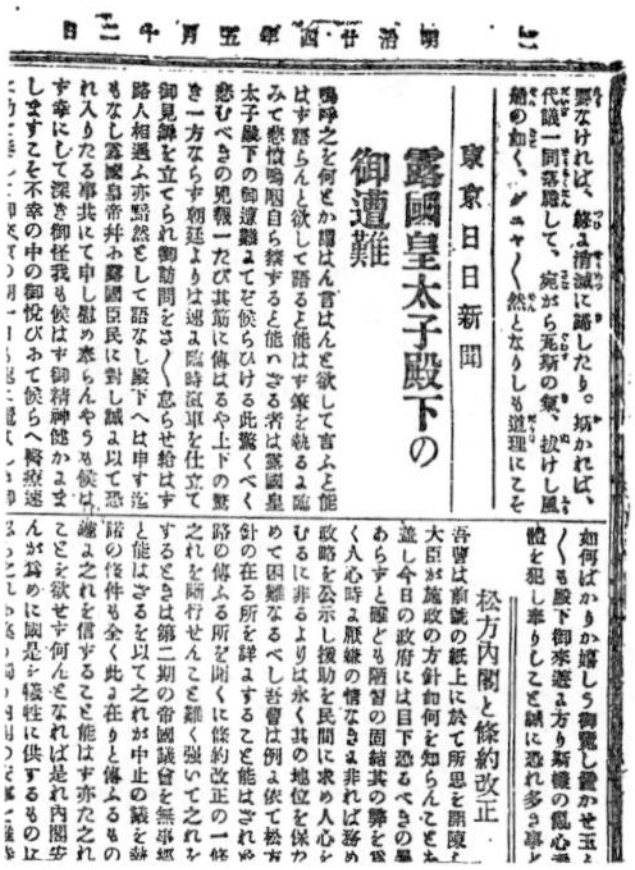
明治廿四年五月十二日

罪なければ、総て清誠に帰したり。斯かれば、代議一同落胆して、宛から死灰の気、抜けし風船の如く、ショャ〳〵然となりしも道理にこそ

露國皇太子殿下の御遭難

東京日日新聞

嗚呼之を何とか謂はん言はんと欲して言ふと能はず語らんと欲して語ると能はず筆を執るに臨みて悲憤嗚咽自ら禁ずると能はざる者は露國皇太子殿下の御遭難にてぞ候ひける此驚くべく悲むべきの凶報一たび其筋に傳はるや上下の驚き一方ならず朝廷よりは遽に臨時汽車を仕立て御見舞を立てられ御訪問をさ〳〵怠らせ給はず路人相遇ふ亦黯然として語なし殿下へは申すにもなし露國皇帝并に露國臣民に對し誠に以て恐れ入りたる事共にて申し慰め奉らんやうも候はず幸にして深き御怪我も候はず御精神健かにましますこそ不幸の中の御悦びにて候らへ

如何ばかりか嬉しう御覧じ置かせ玉ふ
く〳〵も殿下御來遊に方り斯様の亂心
體を犯し奉りしこと誠に恐れ多き事

松方内閣と條約改正

吾曹は前號の紙上に於て所思を開陳し大臣が施政の方針如何を知らんことを望し今日の政府には目下恐るべきのあらずと雖ども陋習の固結其の弊をく人心時に厭嫌の情なきに非れば務め政略を公示し援助を民間に求め人心をむるに非るよりは永く其の地位を保めて困難なるべし吾曹は例に依て松方針の在る所を詳にすること能はざれ路の傳ふる所を聞くに條約改正の一條之れを斷行せんこと難く強いて之れをするときは第二期の帝國議會を無事經と能はざるを以て之れが中止の議を諸の條件も全く此に在りと傳ふるもの雖ども之れを信ずると能はず亦た之れことを欲せず何んとなれば是れ内閣安んが爲めに國是を犠牲に供するもの

大津事件の論説（東京日日新聞）

前年ごろから、重要記事の見出しには、別行四号活字が使われだしていたが、この日の「東京朝日」一面トップの電報欄をみると、

『●露国皇太子御出発の模様（五月九日神戸発）　以下電文
●京都御滞在中の模様（十日京都発）　以下電文
●大津御到着の模様（十一日京都発）　以下電文
●電報差止（十一日京都発）　只今電報差止められし事件あり
●御来坂見合（十一日大阪発）　露国皇太子殿下は大津にて今日
　御不例あり明日の御来坂は御見合となれり
右二項京都及び大阪発電報は別項記載の露国皇太子殿下御負傷の

事に関すると知らる委細下項に就きて知悉せられよ』
とあって、その後の雑報欄でやっと『●驚くべき変報』と題して事件の報道がのっている。東京朝日は前日（十一日）が月曜のため休刊だったせいもあるが、九日の電報から十一日の電報まで、日時の経過とともに事件をおっているにすぎない。これは前記東京日日（十二日）の紙面でも同じである。

政府はこの事件に関し五月十七日『新聞紙雑誌又ハ文書図画ニ外交上ニ係ル事件ヲ記載セントスル者ハ其草案ヲ東京府下ハ内務省ヘ其他ノ地方ハ其管轄庁ヘ提出シ検閲ヲ受クヘシ』（官報）と厳重な報道管制を実施した。だが幸いニコラス皇太子の負傷は軽く、明治天皇が直ちに西下してお見舞いのうえ、神戸まで見送られ、国民も『(吉原では）貸座敷一同申合せ去る十三日より本日迄で鳴物禁止の上娼妓も見世を張らず遠慮中（朝野新聞　五月十七日）などと遺憾の意を表明したので、ロシアの出方も穏かで無事落着した。

この時、犯人津田の処分に関して大審院長児島惟謙が周囲の干渉に屈せず、大逆罪説（死刑）に断固反対、謀殺未遂罪として刑法の規定により無期徒刑の判決を下し（五月二十七日）、司法権の独立を守りぬいたことは有名である。なおこの年には、七月五日、水戸で「いはらき新聞」が創刊されている。

《明治25年》

新聞郵送制度の変革―第三種認可制　現在、第三種郵便物の扱いをうけている新聞は第一ページの欄外に、題号、発行区別（日刊、週刊）、号数、発行年月日、第三種郵便物認可年月日などの表示をすることになっているが、そのもとは、この年定められた「第三種郵便物認可規則」によるものである。

『逓信省令第四号
○第三種郵便物認可規則左ノ通リ相定ム
明治二十五年二月五日

逓信大臣伯爵　後藤象二郎

第一条　第三種郵便物ノ認可ヲ受ケントスル定時印刷物ノ発行人ハ、全部印刷シタル見本一部ヲ添ヘ、願書ニ左記ノ事項ヲ記載スベシ。

一、題号　二、記載事項ノ性質種類　三、発行ノ定日　四、発行所　五、発行人（官庁会社学校協会等ハ其代表人）ノ居所氏名

本条ノ規定ニ遵由セサル願書ハ之ヲ受理セス（下略）』

（官報　二月五日）

現在では郵送新聞はかなり少なくなったが、明治の初年には配達制度が発達せず、新聞はほとんど郵便で送られていたため、郵便制度の改革は新聞にさまざまな影響を与えている。明治四年十一月の郵便規則では新聞は「駅逓寮の免許規定（毎月三回以上＝後には一回以上＝刊行）に従い、一般の印刷物より廉価に郵送」することが規定されているし、同五年に駅逓頭前島密によって創刊された「郵便報知新聞」は、各地の郵便取扱人に地方のニュースを送らせている。

だが、免許を得ていない新聞、雑誌社が〝減税〟で発送するものもあったらしく、駅逓寮から全国の郵便局へ通告を発したりしているが、表紙にその免許を得たことを刷り出させる規定はなかった。

この表示規定ができたのは十三年七月からで、「東京日日新聞」は九日（読売は十日）から一面に「定時刊行」と刷り出している。ついで十五年末の郵便条例改正で、新聞原稿の無税送付が廃止され、表示も「駅逓局認可」(十六年一月から）と変わった。『新聞原稿ノ無税ヲ廃止セラレ候ニ付来一月ヨリ原稿御送附ノ諸君ハ府下内外及ヒ遠国ヲ問ハス必ラス二銭ノ郵税御貼附被下度候』という社告が、東京日日（十五年十二月二十九日）に出ている。

十八年末に逓信省が設置されるが、新聞は二十年四月十四日から「逓信省認可」と表示を変更、二十五年三月十一日付けから、前掲規則により認可の日付けを加え、「明治二十五年三月八日逓信省認可」（東日、読売）と刷り

出すことになった（ちなみに朝日は三月十一日、日経は三月二十九日認可）。「逓信省認可」が「第三種郵便物認可」の表示に変わったのは明治三十三年十月二日からである。

また当時は、新聞と郵便取扱人との関係が密接だったようで「集配人ハ新聞紙雑誌ノ探訪人売捌人取次人トナリ又其事ニ関与シ及ビ郵便ニ差出サヾル新聞紙雑誌ノ逓送配達ヲナスヘカラス」という逓信省公達が、二十年五月六日に出ている。このようなアルバイトをするものが多かったためのようだ。

この年には、五月に広島で「中国」（現在の中国新聞）、七月に岡山で「中国民報」（山陽新報と合併して現在の山陽新聞となる）、八月に「福島民報」、十一月には、元都新聞主筆黒岩周六の有名な「萬朝報《よろずちょうほう》」が「簡単、明りょう、痛快」をモットーに創刊されている。

＊**黒岩涙香**《るいこう》（文久二—大正九）　高知県出身で本名は周六。明治二十五年「萬朝報」を創刊、種々の暴露キャンペーンを掲載、大衆の人気を集めた。大正三年シーメンス事件の時は、山本権兵衛内閣打倒のリーダーとなる。探偵小説の翻案家としても有名。

≪明治26年≫

シベリア横断の福島中佐「単騎遠征録」　『社告　福島中佐遠征紀事　福島中佐は去十二日を以て浦潮斯徳港に安着し次で明十六日を以て同地を発し帰朝の途に上らんとすと云ふ……我社は同中佐が本国に歓迎せらるゝに当りて本国同胞の第一に知らんとする所のものは即ち同中佐遠征中の星行露宿幾艱難の状況なるべしと信ぜり因てその状況を筆録して世人に報道するは一には以て同中佐の功業の為に一には以て本国歓迎者の企望の為めに当（まさ）に尽すべき本然の務なるべしと信ぜり……故に我社は曩に大阪朝日新聞社と協同し同社員西村天囚氏をして先づ浦潮斯徳に赴かしめ親しく中佐に随従して其遠征中の実況を筆録せんことを請はしめたり……昨夕西村氏は更に大阪を経て一電を伝へたり曰く福島中佐の談話筆記の事同中佐の承諾を得たりと……読者請ふ刮目して待たれ

よ』（東京朝日新聞　六月十五日）

ベルリン公使館付陸軍武官福島安正少佐（旅行中、中佐に昇進）が帰国に際して、単騎シベリア横断を企てたことは、国威を発揚するものとして当時の全国民の血をわきたたせた。この明治二十五、六年というのは、軍人の冒険時代であったようで、福島中佐のシベリア横断のほかにも、郡司成忠海軍大尉の北千島探検や、最後は悲劇的結末をとげたが、鏑木誠海軍大尉の軍艦千島のフランスからの回航などの壮挙が行なわれている。（鏑木大尉はフランスで建造の水雷砲艦千島を日本人の手で独力回航しようとして二十五年十一月三十日『軍艦千島七〇噸で遠洋万里地中海をすぎ印度洋を渡り支那海を航して我内海に入る……不幸外舶の為めに撞突《どうとつ》せられて百日の辛苦六十の貔貅《ひそう》名誉と軍艦と共に合せて千尋の海底に沈めらる』＝東京朝日六月二十五日社説＝という不幸な運命におちいった。）

福島少佐は、明治二十五年二月十一日紀元節の日に愛馬「凱旋」にまたがってベルリンを出発、露都ペテルスブルクを経てウラル山脈を越え、外蒙古、シベリアを通過、ウラジオストクに着いたのが翌二十六年六月十二日、実に十七か月の歳月を費してシベリア横断に成功した。この間愛馬は倒れ、想像を絶する苦労を重ね、一時は音信が途絶えて遭難の報さえ出る始末だった（東京日日　二月二十三日）。

各新聞も、中佐出発以来争ってこの消息を紙上に掲載しているが（たとえば東京日日、二月三―十日「福島少佐単騎遠征紀略」など）、「大阪朝日」ではこの壮挙の成功をスクープするため、ひそかに西村天囚をウラジオストクに特派した。天囚は六月九日ウラジオ郊外で中佐を迎え、その時の情景を六月二十八日付け「東京朝日」はつぎのように伝えている。

『…忽ち見る樹間白旗翻へり緑陰深き処三個の人の幷立するあるを、近づいて之を見れば豈図らんや亦是故国の人蓋し浦塩斯徳在留人の出迎委員丸山中川二氏及び大阪朝日新聞社特派員西村天囚氏が九十露里の外に之を迎へたるなり、彼は坐《そぞ》ろに情迫りて「斯る処にて諸君に見《まみ》えんとは夢心地なり」と唯一言《げ》、実にや千万無量の感慨を此一語に現わせるものなるべし……』

続いて七月一日から、西村天囚の「単騎遠征録」が東西朝日の紙上を飾った。これは『一々中佐の談話に係るが上篇毎に其校閲を経るもの』（六月三十日社告）で十一月二十六日まで百二十回にわたって連載、読者の人気を集めた。この天囚こそは、後の「箱乗り」（政治家や名士の車中談をとるため、その旅行車に同乗すること。戦前、大正から昭和にかけてさかんに行なわれた）の先駆者とみることができよう。

この年には八月五日に「北国新聞」、十月二十六日に秋山定輔の有名な「二六新報」（第一次）が発刊されたほか、「時事新報」がロイターと独占契約を結んでいるが、これは外国通信社との契約のはじめといわれている。

＊西村天囚（慶応元―大正一三）　種子島に生まれ、本名時彦《ときつね》。上京して漢学を学ぶ。「大阪公論」を経て明治二十三年「大阪朝日」にはいり、鳥居素川と並び大朝の論壇を主宰す。その間、福島中佐の単騎遠征録、日清従軍記、義和団事件の報道などで名をあげる。大正七年白虹筆禍事件が起こるや、上野理一社長を助けて解決に努力、翌年退社して顧問となり、京都帝大講師、宮内省御用掛となり、その漢学の才を生かす。

《明治27年》

日清開戦・朝鮮植民地の獲得へ

『〇日清の海戦　帝国海軍の勝報釜山より今朝着の電報は左の如し　去る二十五日豊島付近において海戦あり清兵千五百を乗せたる運送船一隻を沈没せしめ清軍艦操江を捕獲し靖遠は清国に広乙は牙山に向《に》ひ遁げたり』（時事新報　七月二十八日号外）

これが日清戦争ぼっ発を告げる豊島沖海戦の第一報である。

この戦争は、朝鮮の支配権をめぐって、清国と戦った近代日本最初の大戦争であった。当時の日本は、軍事産業中心の資本主義育成、立憲制による支配体制の強化が、社会的、経済的矛盾を深め、政治的には民党攻勢の激化となって政府をゆさぶっていた。これらすべての矛盾の解決が、日清開戦、朝鮮植民地の獲得にかけられていたわけである。

たまたま五月八日、朝鮮で東学党の農民反乱がぼっ発し日清両国が朝鮮に出兵したことが開戦の契機となった。新聞は、いずれも戦争に熱中し、『優しくして遣りや付け上り、叱かれば不手腐り、ぶんなぐれば泣きやがる、打殺したらば化けて出るだろふとは神田の八公が山の神の取扱ひに困り果てたる窮余の嘆息談なり我日本国も明治十七年以来朝鮮並に支那に対しては随分腹の蟲を殺して付合ひならぬ堪忍も堪忍して居る中に今度東学党の騒動に付き日本から朝鮮へ兵隊を出すことに決したりと聞て支那人も朝鮮人も目を廻はして驚くよし全体何の騒ぎであろふ……君達が身分相応におとなしくして人の言ふことをさへ聞けば免《ゆ》るして上《あげ》るから』(時事新報　六月十二日)

というのが当時の新聞の論調であった。

いよいよ宣戦が布告(八月一日)されると国家的統一と近代的軍備をもつ日本に対し、派閥に悩み、北洋軍閥を主とする清国軍の敗北はさけられなかった。日本陸軍は平壌で清国軍主力を破り(九月十六日)、海軍は九月十七日黄海、威海衛(二十八年二月)で北洋艦隊を全滅させた。

各新聞社もこの戦争には、多くの記者を従軍させて報道にあたっているが、新聞報道に対する取り締まりも厳しかった。すでに開戦前から、各紙はつぎつぎと〝治安妨害〟の理由で発行停止を命ぜられている。

『解停

朝鮮事変機敏の報道は不幸治安妨害と認められ去四日発行停止を蒙り候処今や解停の命に接し本日より旧の如く発行仕候就ては記事の精確報道の神速旧に倍するの奮励を以て大いに尽す所あるべく殊に朝鮮事変に関しては従来彼地に在る通信員の外に又社員山本忠輔を特派し已に去五日出発したれば彼地東学党の変乱の模様は精細確実の通信に依り迅速報道の任を怠らざるべし請一層の愛顧あらんことを

明治廿七年六月八日　　東京朝日新聞社

国会新聞社』

（時事新報　六月八日）

『〇五新聞の発行停止

東京日々、国民、小日本の三新聞社は一昨日、郵便報知、中央の両新聞は昨日孰れも治安妨害の廉を以て発行停止を命ぜられたり』（時事新報　六月九日）

『〇五新聞の解停――昨日何れも解停』（時事新報　六月十日）

報道の事前検閲　さらに戦雲が急を告げてくると、新聞紙条例を発動して、軍機に関する報道を禁止し、八月一日宣戦が布告されると、勅令によって、外交、軍事に関する報道は、すべて事前検閲をうけることになった。

『〇陸軍省令第九号

新聞紙条例第二十二条ニ依リ当分ノ内軍隊ノ進退及軍機軍略ニ関スル事項ヲ新聞紙雑誌ニ記載スルコトヲ禁ス

本令ハ発布ノ日ヨリ施行ス

明治二十七年六月七日　　陸軍大臣伯爵　大山　巌

〇海軍省令第三号

新聞紙条例第二十二条ニ依リ当分ノ内軍艦軍隊ノ進退及軍機軍略ニ関スル事項ヲ新聞紙雑誌ニ記載スルコトヲ禁ス

本令ハ発布ノ日ヨリ施行ス

明治二十七年六月七日　　海軍大臣伯爵　西郷　従道』

『〇勅令

朕茲ニ緊急ノ必要アリト認メ枢密顧問ノ諮詢ヲ経テ帝国憲法第八条ニ依リ新聞紙雑誌及其ノ他ノ出版物ニ関スル件ヲ裁可シ之ヲ公布セシム

各大臣副書

御名御璽
明治二十七年八月一日
○勅令第百三十四号
外交又ハ軍事ニ関スル事件ヲ新聞紙雑誌及ヒ其ノ他ノ出版物ニ掲載セントスルトキハ行政庁ニ其ノ草稿ヲ差出シテ許可ヲ受クヘシ其ノ許可ヲ為スベキ行政庁ハ内務大臣之ヲ指定ス
前項ノ命令ヲ犯シタルトキハ発行人編輯人印刷人若クハ発行者著作者印刷者ヲ一月以上二年以下ノ軽禁錮又ハ二十円以上三百円以下ノ罰金ニ処ス
本令ハ数罪倶発ノ例ヲ用ヰス
本令ハ発布ノ日ヨリ施行ス』

号外売りの新商売　だが、この戦争は、国民皆兵になって初めての対外戦争だったので、国民の戦争に対する関心は非常に高かった。福沢諭吉の時事新報などは早速、戦争に対する義捐金募集を呼びかけているが（『表誠義金募集』＝時事新報八月七日社告、『私金義捐に就て』福沢諭吉＝時事新報　八月十四日）、国民は戦地のニュースを争って求めた。そこにあらわれたのが、号外売りという新商売だった。

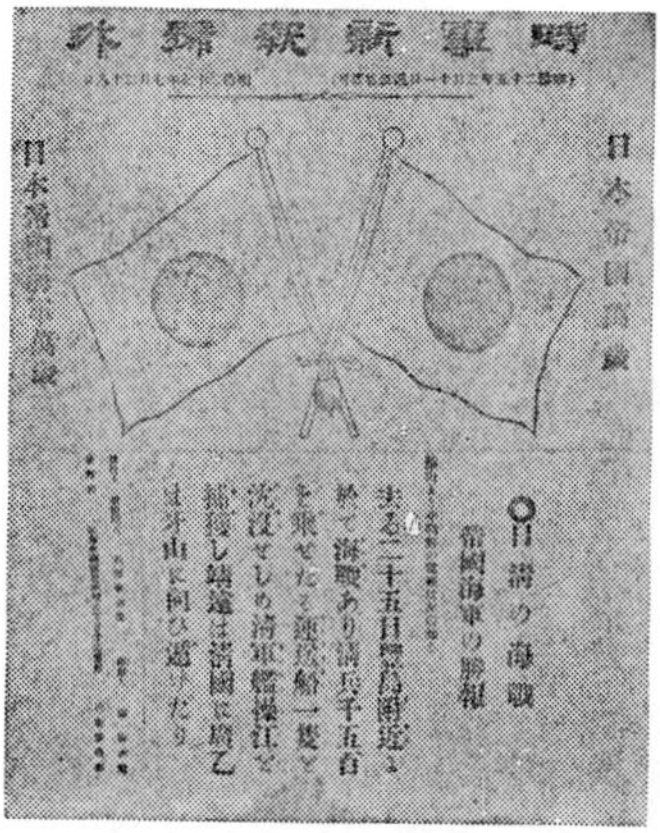
時事新報號外
日本帝国萬歳
日本帝国海軍萬歳
○日清の海戦
帝国海軍の勝報
去る二十五日豊島附近に於て海戦あり清兵千五百を乗せたる運送船一隻を沈没せしめ清軍艦操江を捕獲し済遠は清国に廣乙は牙山に向ひ逃げたり

時事新報の号外

『○号外売　新聞紙の号外は稀に社会に起りたる大事件を急報するものにして是迄は其発行度数至て少なかりしも今度朝鮮事件起りてより府下の各新聞社は争ふて危機一髪局面一変の号外を乱発し急報又急報日に号外の出でざるなく朝出て昼出て晩に出て恰も際限なきの有様なれば随て大声疾呼《しっこ》之を市中に売り行く小僧大僧の数も滅切り殖え遂に号外専門の売子なるものを生ずるに至りたり彼等は日

がな時がな号外を発せんとする新聞社を臭《か》ぎつけて其前に雲来蟻集し……一号令の下に四方に散遣するなり或は幾百枚の号外を独り手早く買い取りて最も繁昌の町々を指して飛去るあり或は瓢然汽車に打乗りて品川辺へと押出すあり互に先を争う其様は実に一時千金二千金の諺に洩れず帝都の居民等を相手に唯一片の紙切を二銭に売り三銭に捌き賎の男の局面一変して俄に大金を儲くる者少なからず左れば車夫人足タチンボウの徒《ともがら》は態《わ》ざわざ転職して号外の売子となるもの多しといふ……近頃八百八町を駈け回り「号外々々局面一変の号外危機一髪の号外」と呼び叫ぶものは即ち是れなりとす兎に角之を以て近来新聞紙発達の一現象とも見做すべし』（時事新報　七月二十五日）

≪明治28年≫

三国干渉に強い反感

『●水雷の猛用　敵艦の撃沈　十二日午後一時四分　大阪特発海軍よりの報告に曰く四日の夜我水雷十隻定遠を撃つ昨五日夕方に及び定遠は遂に劉公島砲台付近の岸に乗揚げたり又四日の夜に靖遠其外をも撃ちたれども沈没せしや否や不明なり昨五日夜も我水雷十五隻にて撃入り小鷹号及び第二十三号水雷より発射したる水雷は確に来遠と靖遠とに命中し靖遠は沈没したれども来遠は不明なり……是にて支那北洋艦隊も其勢力消滅したるものと云ふべし』（東京朝日　二月十三日）

この威海衛の海戦で清国の誇る北洋艦隊は全滅した。陸軍は朝鮮から遼東半島に攻めいり、日清の戦火は満州の南部に拡大した。だが当時の戦闘というものはどの程度のものであったか一つのエピソードとして、朝日天野皎特派員の「入清日記」廿九（東京朝日　二月十九日）を見てみよう。

『二月八日　同じ役に我兵摩天嶺の砲台を乗り落し敵の大砲を奪いたれば翌朝此大砲を以て敵の砲台を打たんとせしに此朝は殊に寒かりければ砲の後装機氷り附きて開かず此の手の隊長は気転の利きたる人と見え兵数人を集めて小水を潅ぎ掛けたれば其温まりにて難なく開きて是より盛んに発砲し大に敵を苦しめたりと或る外国新聞記者此

事を記して曰く此時隊長兵士一打《ダース》をして砲後に立たしめ一声号令して曰く前を開け、又令して曰く前へ進め、又令して曰く放て、此に於て兵士一斉に滙了す此時兵士は前夜戦捷の祝に酒を賜りたれば此朝は人々尤も多量に貯へ居りたる事とて流石に固く氷結したる後装機も此温度にて容易《たやす》く融解するを得たりと　好謔といふべし……』

清国は三月、講和を提議し、李鴻章が全権として馬関（今の下関）に来朝、わが国の伊藤博文、陸奥宗光全権と交渉した結果、四月十七日講和条約が調印された（下関条約）。

ところがここに、国民にとっては寝耳に水の三国干渉という大事件がもちあがる。この経過を「日本」新聞にみると

『●露清の密約《北清日々新聞より抄訳》』（五月二日雑報）

『●露清密約の有無《某外交家の談》』（五月六日雑報）

『電報

●山縣大将の参内

七日午後一時卅五分京都発

昨夜入京したる山縣大将は今朝伊藤総理邸に会合の後ち大本営に参内天顔に咫尺して何事か奏上せり

●横浜メールの社説

独露仏の干渉に対しては日本政府に於て媾和条約中の某項を修正するに決したるが如し、其の修正の果して如何なる条件なるやは適当の時期に於いて公衆の視聴に達せん……』（五月八日）

『電報

●御前会議　八日午後一時二十分京都特発

正式の内閣会議未だなし平和条約批准交換の上御前会議を開かるべしと聞く　枢密顧問官は御前会議に於て占領地に関する建議をなすべしとの説あり』（五月九日）

『再録電報
●御前会議　十日午後八時京都特発
今日午後一時半より大本営に於て各大臣各枢密顧問官挙って登営し　陛下臨御あらせられ御前会議を開かせられたり何事か重要の国務御諮詢あらせられ六時半会議全く終れり
●詔勅降らん　十日午後九時五十分京都発
明日重大問題に関する詔勅降らん』（五月十二日）
『●詔勅下る
詔勅下る詔勅下る苟くも血あるもの誰か泣て之を奉読せさらんや
●詔勅
朕嚮ニ清国皇帝ノ請ニ依リ全権辯理大臣ヲ命シ其ノ簡派スル所ノ使臣ト会商シ両国講和ノ条約ヲ訂結セシメタリ　然ルニ露西亜独逸両帝国及法朗西共和国ノ政府ハ日本帝国カ遼東半島ノ壌地ヲ永久ノ所領トスルヲ以テ東洋永遠ノ平和ニ利アラスト為シ交々朕カ政府ニ慫慂スルニ其ノ地域ノ保有ヲ永久ニスル勿ラムコトヲ以テシタリ』（日本　五月十四日）

〃臥薪嘗胆〃の合言葉　これを聞いて国民は怒った。とくに陸羯南の「日本」は、三宅雪嶺の「嘗胆臥薪」を載せて『我国は建国以来他の侮蔑を被りしこと無く、人皆愛国の心に富み夢裡尚ほ且外邦の検束を受けんとはせざるなり』（五月十五日）と当局を攻め（二十六日まで発行停止）、解停になった二十七日には陸羯南みずから「遼東還地の事局に対する私議」を発表した（六月三日まで発行停止）。この言論界の攻勢に対し政府は弾圧処分をもってのぞみ、日本、二六新報、朝日、国民、報知、萬朝報、毎日、めさまし、自由、国会など全国で三十社以上が治安妨害のかどで発行停止を命ぜられている。しかし国民の間には、三国とくにロシアに対する反感が高まり、臥薪《がしん》嘗胆《しょうたん》が合い言葉となって全国に広まっていった。

《明治29年》

三陸津波・福井大火・富山洪水等の災害報道

『昨今の気候　過来陰陽の不和天候の不順其度を極め晴雨寒温都《すべ》て常軌を脱し北風雨を挟めは俄然として厳冬の如く南風砂を捲けは忽焉として盛夏に似たり随て梅桜も桃李も暴《にはか》に咲き又暴に乱れ人をして濫に頼三樹が春風春雨巳催花春雨春風又散花の句を想はしむ…』

こういう記事が、四月十九日の「北陸政論」（富山の北日本新聞の前身）に出ているが、この年はまったく天候不順、加えて越前勝山町、函館、小樽の大火、三陸地方の大津波、富山県下に大洪水、愛知、三重村に大暴風雨、岩手、秋田地方に大地震と天災地変があいついだ。当時の災害報道を見てみよう。

『去十三日午後八時頃福井県勝山町字立石藤村コマ方より出火せしが折柄南風猛烈の為め看《み》る看る一面に延焼し戸数八百五十五戸焼失し同町僅かに十数戸を残して鎮火せしが其飛火村岡村、荒戸村に及ひ村岡は七十五戸、荒戸は二十五戸を焼失したりと云ふ』（北陸政論　四月十七日）。十三日の福井県の大火が富山県の新聞には十七日になって初めて載っている。当時の通信の速度というものが想像されよう。

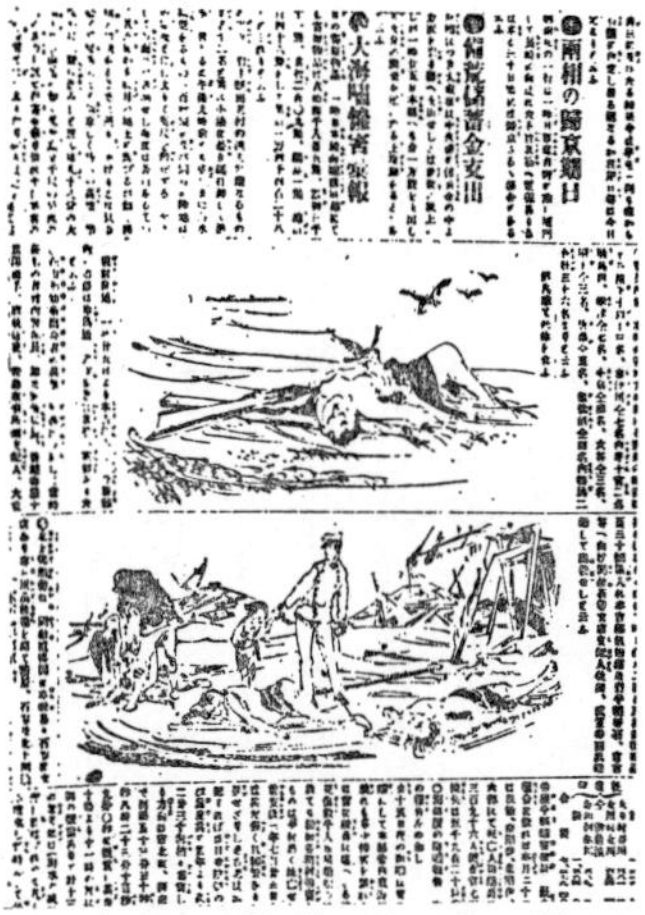

三陸大津波の惨状を絵入りで報じた明治29年6月27日付け東北日報

このころ富山県下は出水騒ぎで大変だった。

『県下各川の出水　三、四日頃に暖気を催ほし殊に一昨晩来南風烈しく吹き荒《すさ》み為めに諸山の積雪を溶解したるのみか午後より豪雨さへ降り添へたれは県下の各川は一時に出水し人家を浸すこと多く堤防を害すること亦少からざりき……昨年の傷痍未だ癒えざるに今年復た此の災害に遭ふ　富山県民胡《なんす》為れば夫れ不幸なる唯た天を仰いて浩嘆するの外なし』（北陸政論　四月九日）

だが何といっても最大の惨事は六月十五日に起こった三陸地

方の大津波であった。この時の津波は、吉浜で最高二十五メートルを記録し、死者二万七千余人という空前の大被害をもたらしている。「東北日報」（間もなく一力健治郎が買収して河北新報となる）などは直ちに社員松本新を特派して惨状を詳細に報道しているが、その第一報は『只今着惨状甚し』（六月十九日欄外）であった。さすがの記者もあまりの悲惨さに書くすべをもたなかったといわれている。

『●岩手県海嘯公報（岩手県知事服部一三氏より内務大臣に報告したるもの）

本月十五日は天候朝来朦朧として温度は八十度乃至九十度を昇降し平年に比すれば其暖きこと十度以上にして人々大に困めり然れども季節の不順なるは梅雨の常にして殊に時恰も旧暦端午の節なるを以て各町村落に於ては各々歓を竭しつつありしが暮夜に至り数回の地震あり又午後八時頃沖合に於て轟然一発巨砲を放ちたる如き音響ありたれとも沖合の鳴動は普通のこと或は軍艦の演習ならんと信し更に意を介するものあらざりき然るに其響音の歇むや未た数分間ならさるに海嘯俄に至り狂瀾天を衝き怒涛地を捲き浩々として驀地《ぼうち》押し来り市街となく村落となく総て狂瀾汎濫の没する所となり沿海一帯七十余里僅かに一瞬間にして人畜家屋船舶其他挙て殆んど一掃し去れり輙《すなわ》ち昨日まで家屋櫛比の市街も今や変じて平沙荒涼となり死屍は累々堆《しい》をなし家屋は流壊し満目の状況惨憺悽愴ならざるなく実に戦慄嗚咽の至りに堪へざらしむ……潮勢の緩急は固《もと》より一定せすと雖も西南に面する処最暴掠侵害甚し…』（東北日報、六月二十七日）

「二十六世紀」事件　新聞史上の事件としては、この年「二十六世紀」事件というのが起こっている。

この「二十六世紀」（注1）というのは、明治二十七年二月、大阪朝日新聞主筆高橋健三が発刊した日本主義の雑誌だが、この「二十六世紀」二十一号（六月二十五日発行）が、『新華族と宮内大臣以下当該官の責任』（注2）という論文で発行停止となり、野村治一良編集人は、官吏侮辱罪で告訴された（注3）。この論文は、日清戦争の論功という名目で、華族を乱造した（昇授爵が八十余人に達し、乱賞の非難が高かった）土方久元宮相、伊藤博文首相を攻撃したものだが、解停になった「二十六世紀」は、二十二号（十月二十五日発行）で、また『宮内大臣』論をのせ、土方宮相が伊藤と組んでさまざまの私曲をつくしていると公私両面にわたる非行を摘発、攻撃した。ところが、これを「日本」新聞十一月九日号が全文転載したので問題は表面化した。土方と伊藤は、不敬論でこれを反駁(注4)、ついに「二十六世紀」は発行禁止、「日本」は発行停止の行政処分をうけるに至った。だが、この事件は、当時の「新聞紙条例」改正運動に大きな影響を与え、翌三十年、政府が提出した「新聞紙条例中改正案」は、審議の過程で、「発行禁・停止の行政処分を廃止する」、という大修正を加えられて成立することになったのである。

(注1)　当時、皇紀でいえば二十六世紀にあたるとしてつけられた名前。第二号、第十四号、第十六号、第十九号も発行停止をうけている。
(注2)　この論文は、福本日南が執筆したものといわれている。
(注3)　第一審は無罪となったが検事控訴となり、重禁固一か月十五日の判決が下り、上告したが棄却されて下獄した。
(注4)　この「宮内大臣」論をめぐり、伊藤・土方派の「東京日日新聞」「東京新聞」「中央新聞」と「日本」「東京朝日」「国民」「萬朝報」「読売」「毎日」の間で、約十日にわたって論戦がかわされている。

＊**福本日南**（安政四—大正一〇）　福岡県出身で本名は誠。初め北海道経営、フィリピン経略などを企て、明治二十三年ルソンに渡ったが、間もなく帰国「日本」にはいる。「二十六世紀」事件の発端となった『新華族と宮内大臣以下当該官の責任』(「二十六世紀」六月号）は福本が執筆した論文である。三十八年郷里に帰り、玄洋社の機関紙「九州日報」の社長兼主筆となったが、四十二年国民党から出て代議士に当選したため、四十二年九月退社した。大正六年、一時「新潟新聞」主筆をつとめる。明治時代の特異な思想家であり、かつ歴史家。代表作「元禄快挙録」は「九州日報」に連載されたもの。

第四章　近代新聞の成立期 〈明治30年〜〃45年〉

資本主義的企業としての発展　このようにして明治三十年代にはいると、新聞は資本主義的企業として発展してゆく。そこでこの時期の新聞界の特徴を列挙してみたいと思う。

まず第一に、発行部数が急激に増加している。一例をあげると日清戦争前、明治二十六年ごろの一日の新聞総発行部数は約三五万部前後と推定されるが、これがほぼ十年たった三十七年には一六三万部と約四・七倍に増加する。しかもこの部数増加は、単に東京、大阪の都会紙だけでなく地方紙にもみられ、明治二十年代にはせいぜい千部台の地方紙が、三十年代にはいるとそれぞれ一万部前後の部数を持つようになった。

第二に新聞の印刷方式が変わっている。このころまでの新聞社はほとんどが平版の足踏み式印刷機を使用していたが、明治二十三年、東京朝日が初めてマリノニ輪転機を輸入して以来、東京、大阪の有力新聞は徐々にマリノニ輪転機を採用し始めた。初期のころはインキも巻き取り紙も国産できず、輸入にたよっていたが、三十年代になると新聞巻き取り紙も王子製紙その他で生産できるようになり、インキの質も向上し、コストも下がってきたので、輪転機の使用が本格化する。とくに明治三十四年に「福岡日日新聞」（現在の西日本新聞）が地方紙として初めてマリノニ輪転機を据えつけてからは、地方でも輪転機を設置する社がふえている。

第三に、写真版や多色刷り印刷など種々の印刷技術が進歩し、各社に採用されるようになった。紙面に多色刷を採用した例は明治初期のころからあるが（明治五年の東京日日新聞創刊号は題字をカラーで囲んでいる）、多色刷りが本格化したのはこのころからで、「報知新聞」は明治三十五年一月から、毎週月曜に三色刷りの紙面を発行している。またこのころまでの新聞は、画家のかいた絵を木版に彫刻して印刷していたものだが、三十七年一月「報知新聞」が写真銅版を使って写真を紙面に掲載してから、徐々に紙面に写真が掲載されるようになってきた。

第四に、広告が増加するとともに、広告の図案にも、菱形広告、逆さ広告、横向き広告をはじめ、種々の人目をひく企画があらわれ広告技術も進歩してきた。現在では世界有数の広告代理業に成長した「電通」が誕生したのも明治三十四年のことである。

第五に、新聞の販売合戦が激化している。その結果、新聞社相互の論戦や号外合戦（これが最高潮に達したのは日露戦争の時である）が盛んに行なわれたほか、俳優の人気投票、美人投票、付録の添付、催し物の開催、増ページ競争（「時事新報」は明治四十年三月一日、創刊二十五周年記念に二二四ページの日本新聞史上最多ページ号を出す）など、営業政策に基づく種々のアイデアが打ち出されている。外国通信が本格的に掲載されはじめたのもこのころからである。

政府の新聞取り締まり政策もこの時期に完成した。明治四十二年五月、政府は「新聞紙法」を改正公布したが、これは従来の新聞紙条例を改悪し、発行保証金を倍額に引き上げ、明治三十年に廃止された行政処分による発行禁・停止条項を復活するという苛酷な法規だった。新聞関係者はその後、この新聞紙法の改正を求めて繰り返し議会に改正案を提出するが、華族、絶対主義官僚を中心とする貴族院は、そのつど改正案を否決し、日本が第二次大戦に敗れるまで、この新聞紙法は長く言論界を支配してきたのである。

八王子大火に鳩通信第一号　『八王子の大火、昨日午後四時過より八王子に出火あり其火炎は高く天に漲り……未だ鎮火せざるやうなりし猶其詳報は次号に記さん』（東京朝日　四月二十三日第一回（注）欄外）

前年に引き続き、また八王子で大火が起こった。だが現在なら都心から一時間ほどの距離にある八王子だが、当時としては取材に困難をきわめたらしい。『我社は逸早くも社員を特派し其詳報を取調べさせたれど何分遠隔の土地といひ且又非常の大火なれば直ちに詳しく報道するを得ず遺憾ながら詳報は明日の紙上に譲り……』という記事が東京朝日二十三日（第二回）（注）に出ている。

この時、速報の手段としてあらわれたのが伝書鳩であった。

『但見る一圓の大焼熱地に化したる八王子の町……特派員が其第二報以後に視察したるところを今朝八時予て我社に飼養する伝書鳩に齎さしめたれば取敢ず左に記す　△今回の火元　火は大横町七十五番地糸商斎藤平吉方より発せしものにて原因は過失なり』（東京朝日　四月二十四日第二回）

この鳩通信第一号を送ったのは、東京朝日の有名な探訪記者河野玄隆であった。以後第二次大戦後に至るまで約半世紀にわたって伝書鳩は新聞社に欠かせぬ通信手段として活躍する。

（注）この第一回、第二回というのは、現在でいう朝刊、夕刊のことで、東京朝日新聞は明治三十年一月一日から朝夕刊連続発行を始めた。

『東京朝日新聞紙面の大拡張
一、従来の東京朝日新聞六頁なりしを今回八頁に拡張し之を二号に分ち各其号を趁《お》ふて一日二回宛の発刊と為す事
一、第一回の四頁は従前の通り未明に配達を為す事（但物価附録を添ふ）
一、第二回の四頁は第一回に引続き配達を為す事
一、斯の如く拡張を為すといへども定価は第一回第二回を通じて一ヶ月（凡そ五十号）僅かに金三十六銭と為す事
一、郵税は一日二回の発送を通じて一ヶ月金十五銭と為す事

一、右来陽一月一日より実行す

夫れ時勢の進歩するに随ひ社会の事物自から複雑頻繁を加ふるは数の免れざる所世の耳目たる新聞事業の如きも亦一層の敏活一段の機警以て之に対するの道を講ぜざるべからず然るに従来の編輯時間は日々午前より午後七・八時までの間に在りて即ち世人の睡れる時は新聞社も亦睡れるなり是豈新聞業者の分を竭せるものならんや吾社此に見る所ありて編輯時間を改め昼の部夜の部の二者に分ちて各其編輯に従事し以て昼夜に起れる総ての事故は普く網羅拾収して速に之を報道せんとす……』（明治二十九年十二月二十五、二十九日社告）

ところが、この制度は『未だ時勢と相副はざるものあるを認め……』るに至って七月三十一日で中止している。

『社告　紙面改善

……今般更に左の通り改正し来る八月一日より実行仕候

一、発行は一日一回と為す

一、紙面は一回八頁と為す

一、月曜日の休刊を廃す

一、定価一ヶ月金三十三銭と為す』

（明治三十年七月三十、三十一日）

「河北新報」創刊　この年には、一月に「河北新報」、三月に「ジャパンタイムズ」が創刊された。とくに「河北新報」は、創刊以来まったく同一題号、同一経営者（一力家）の下に発展し続けてきた珍しい新聞である。この新聞は一力健治郎が改進党の機関紙「東北日報」を買収、改題して一月十七日に新しく不偏不党を標ぼうして創刊したものだが、森田勇治郎（静岡民友社長）、棚瀬軍之佐（山梨日日主筆）を招いて社説を執筆させ、佐藤紅緑（健治郎夫人の兄）を家庭文芸欄の主任としたほか、第二号には、当時東北学院の教員だった島崎藤村の「河北新報を祝す」を掲げるなどして異彩を放っている。

題号の河北は、頼山陽が藩祖伊達政宗の偉業をたたえて書いた「中原若未収雲雨、河北総帰独眼竜」の詩からとったもので、それに諷刺に富む一力健治郎が戊辰の役で「白河以北一山百文」と薩長から侮辱されたことを肝に銘じ、全東北人の恨みをそそぐために「白河以北」を題号としたといわれている。

＊一力健治郎（文久三—昭和四年）　仙台市に生まれ、二高中退。改進党機関紙「東北日報」を買収して明治三十年「河北新報」を創刊、不偏不党を標ぼうし、独得のアイデアと広告重視政策により、東北を代表する新聞に育てあげた。戦前の地方紙界屈指の新聞経営者。

《明治31年》

原敬「政党内閣」論の予言的中　六月三十日、日本最初の政党内閣が憲政党を基盤にして成立した。世間ではこの隈板《わいはん》内閣（首相大隈重信、内相板垣退助）の出現を、維新以来初めてのできごととして歓迎、逆に元老山県有朋などは「爾時、本朝政海一大変動。遂に明治政府は落城して、政党内閣と為り…」とその胸中の無念を訴えている。

だが、この隈板内閣の成立は、世間が騒ぐほど画期的なできごとであり、山県が嘆くほど絶対主義官僚、藩閥の敗北を示すものであったろうか。

この隈板内閣の本質と運命を的確に言いあてたのが、「大阪毎日新聞」に十一回（注）にわたって掲載された論文「政党内閣」で、筆者は韓国公使をつとめたのち、当時大毎編集総理だった原敬《たかし》(九月二十七日社長就任)である。

『政党内閣

伊藤内閣総辞職をなし、隈板内閣組織せられたるは維新以来の政変に於て、従来未だ嘗て見ざるの事件に属せり、之に関し世人多くは政党内閣成れりと称す、吾輩暫く其称呼を襲用し、所謂政党内閣に就き少しく所見を述べん』（大阪毎日新聞　七月四日）

原はまず、この内閣は政党が自力によってかちとったものでないことを指摘し、——とくに陸海軍大臣は、昨日まで党員から〃藩閥大臣〃と攻撃された人がそのまま残り閣内で治外法権の地位を占めている。したがってこの内閣は、自由、進歩両党の連立の外、藩閥との連立内閣と見ざるを得ない。隈板両伯は政党の首領というのでもてはやされもするが、実は藩閥元老と異なるものではない。故にその運命を論ずるのは不吉だが、何かの機会に自由進歩分裂するか、陸海軍大臣と衝突すれば〝現内閣は忽ち顚覆すべし〟と論じた。

原敬の予言はみごとあたった。大隈が「少くとも十年間は継続すべし」と公言したこの初の政党内閣は、わずか四か月で、自由、進歩両派の分裂で崩壊し、またも山縣を首班とする薩長藩閥内閣に席を譲らねばならなくなった。

「報知」が案内広告欄　この年には二月十一日「神戸又新日報《ゆうしん》」に対抗して「神戸新聞」が川崎一族（名儀上の社長は石井源兵衛、翌年から松方幸次郎）によって創刊されたほか、初めて案内広告欄が一月から「報知新聞」に登場した。

『〇新工面、本年に於て我報知新聞は社会向きの新聞たらんことを期す左の諸項の如きは其殊に急施せんことを欲する所なり但し固より其一斑に止まる

一、職業案内

職業を得ざるが為に不幸を喞《かこ》つもの多し我社は此人々に職業を得さする道を開かんため応分の力を尽すべし就ては先づ此人々の生来《しやうらい》の希望学問の経歴今後の熱心等を世の事業家資本家先進者等に知らしむるため本紙を以て其広告の機関に応ずべし無論広告料を請求せず

二、家屋の貸借

都人の生活は複雑にして不通、差当り一軒の家屋を借らんとし貸さんとするにも其機関なきこと人をして煩雑に堪へざらしむ就ては差出がましきことながら又我紙面の一部を割《さ》きて之を広告の機関に供せば如何《いかん》借りたき者も広告せよ貸したき者も広告せよ閲読者は坐《い》ながらにして其所在を知らん

三、会合報知

諸種の会合頻々として多し幹事と為りたる人の苦労面倒は通知書の回附に超す者なし我社は之を救ふの一方法と

して紙面の一部を割きて会合の周旋者が其葉書に筆記せんとする文句を其《その》まゝに記載し且つ其会員の宿舎に届くるまでの労に服すべし蓋し非常の便益ならん
四、千客万来
世間旧知の方々に知らしめんと思ふこと何ぞ限らん是亦世の志ある者が周知せしむる方法なきに苦む一なり我社は自今何事にかぎらず此欄に於て紹介すべし大小巧拙何にてもあれ世間に披露せんと思ふことは御来示あるべし』(報知新聞　一月二日)
広告料は『招募依頼両方とも当分の間は無料たるべし』だったが『行く〳〵依頼者も増加し到底我平日の紙面を小部分割愛するのみにては不足なるに至らば臨時適宜の法を設くべし……掲載は総て一日限りなり二日以上に亘らせたしと希望するものは其分に応じて任意の金額を添ゆべし勿論其金額は各人の随意にす』(一月九日)となり、六か月目の六月十五日から有料となった。この案内広告は、一面に記事と同様の形式で、十一日から掲載されている。今日の案内案告とはやや形が異なるが、案内広告の創始であることは間違いない。以後、各紙が「報知新聞」にならって案内広告欄を設けている。つぎはその一例である。

『●職業案内
甲　雇ひ入るゝ方
雇ひ入るゝ先㈠麹町区　東京電話交換局　年齢十五歳以上の女子若干名を電話交換手として採用す室内にて手先の仕事を為すものなれば誰にも為し易く勤務中も時々休憩時間を与ふ志願者は本月中旬までに願書を同処に差出すべし』(一月十一日)
『●職業案内
乙　雇はるゝ方
被雇人　㈠神奈川県神奈川町百卅四番地　柴田善一郎　本年二十一歳普通学を修めたり取引所仲買店或は貿易

事業に従事する商店又は商工会社に雇ひ入れられんことを望む給料は多きを貪らず

同上　㈡茨城県鹿島郡軽野芝崎　人見健司　本年十六歳家は農を業とす現に高等小学四年生なり本年三月卒業の筈卒業後尋常中学教師の家に雇はれ労役に服する余暇にて中学校に通学したし家貧なるゆへに非ず独立して勉学せんことを欲する也

同上　㈢京橋区三十間堀三丁目九番地吉田方　田村郁太郎　小生は学問の志望なれども現に糊口《ここう》に窮す何卒夜業にとも昼間学校に通はるゝ所か又は昼間半日の労働にて半日の閑を得るところに勤労にても筆仕事にても従事したし新聞配達にても宜し

●家屋の貸借

甲　借り入るゝ方

借受人　㈠小石川区久堅町卅八番地　野村泰介　青山陸軍大学校へ二十分間以内にて通勤さるゝ区域内に借家《かしや》を求む家賃は一ヶ月十二円乃至十三円を限りとす至急を要す家族は少し』（一月十二日）

また一月十四日には『新聞社支配人を求む、月給百五十円』などという広告も載っている。

婦人記者活躍　婦人記者があらわれたのもこのころで、萬朝報、報知新聞などが最初の婦人記者を採用している。後に自由学園をおこした羽仁もと子も三十一年十二月、報知に入社「不幸女」の訪問記事を書き、「不幸女会」を催したりして活躍する。この明治三十年代は婦人記者の輩出期で、続いて時事新報、社会新報、中央新聞、大阪朝報、地方では九州日日、河北新報などに婦人記者があらわれている。河北新報の婦人記者第一号、高橋政代は、宮城女学校出で、日露戦争当時、同じ宮城女学校出身の小野喜代子が報知で活躍した実例を見て、三十九年三月に採用されたものである。

（注）「政党内閣」十一回の題名はつぎのとおりである。

一、総論　七月四日

二、伊藤内閣の辞職　七月五日
三、隈板内閣　〃　六日
四、隈板内閣は連立内閣　〃　七日
五、隈板内閣に望む　〃　八日
六、猟官は勢なり　〃　九日
七、隈板内閣の施政如何　〃　十日
八、隈板内閣の短命　〃　十一日
九、現内閣頓死の場合　〃　十二日
十、信を外国に失ふ勿れ　〃　十三日
十一、結論（完《をはり》）　〃　十四日

≪明治32年≫

広告に奇抜なアイデア競う

当時広告界の主流を占めていたのは化粧品広告であるが、『色を白くしつやをよくするベッピン水(太陽堂)』とか『天性あさ黒きを白くし肌理（きめ）濃かに美しき艶を出すキメチンキ（土屋美国堂)』など、名前といい、文といい、今から見ればまことに愉快な広告が当時は大流行だった。

『いろを白くし　つやをよくすキレー水
内地雑居で来て見れば、聞きしに勝る優美の国柄　彼《あ》れも是も珍らしき其中に流石は首府たる東京に其名も帝国堂のキレー水　一角目立つ隆盛《はんじやう》は必ず其原《そのもと》なかる可からずと文明進歩の人種だけ早くも茲に目を付けて試して見れば不思議なり其効験《ききめ》の著しく色を白くしきめ細密《こまか》にすべすべと艶《つや》ある事恰も羽二重の如くなれば泰西人も舌を巻き此キレー水こそ遂に世界全国《せかいぢう》の化粧水を圧倒すべし日本の婦女子に美人多きは道理なりと唯々讃《ほむ》る外なし　定価小七銭　中十二銭　大二十銭　山崎帝国堂』（報知新聞　十月十一日）

広告量もかなり多く、「時事新報」十一月三日（天長節記念）号などは四十ページ（もちろん朝刊だけ）の半分以上は広告で埋まっている。

全ページ広告のほか、横向き広告、逆さ広告など、現在では見られないような奇抜なアイデアの広告が紙面を飾っている。

三井呉服店（現在の三越）などもさかんに派手な広告を出している。

『呉服物代価表

しろぢるゐ　いろぞめるゐ　ゆうぜんるゐ　おんうらぢるゐ……おとこおびぢるゐ　ごふじんおびぢるゐ……

現金卸売開始の事

――当店に於ては今回新に現金卸売の一部を設けて呉服類一切の卸売を開始致し候に付き続々御注文の程奉希望候　尤も右卸売に関する割引の方法及び其手続は御問合せ次第直に御報可申上候』（報知新聞　十一月三日三面全六段中五段広告）

他紙に自紙の広告　「新聞社」が、他の新聞に自紙の広告をすることは、現在ではあまりみられないが、明治、大正期には、それが普通のことだった。

『美人を看よ　やまと新聞

◎やまと新聞は隔日に精巧美麗なる美人の写真附録を添ゆるのみならず日曜毎に面白き講談筆記十六頁の小冊子附録をも添ゆ

◎やまと新聞は天下比類なき勉強新聞にて小説講談は勿論雑報平易にして面白きこと亦他に類なし

◎定価は一ヶ月金二十銭　地方郵税共前金二十八銭　本社東京市京橋区尾張町二丁目』

（報知新聞　十月三十一日）

『日本一の時事新報　ロイテル以外の新倫敦電報　一ヶ月五〇銭　三ヶ月一円四五銭　郵税一ヶ月一五銭

政治新聞としての萬朝報

永世無休日　毎日有附録
廉価なり　無休刊なり　趣味と実益との無尽蔵と称せらるる全国第一の勉強新聞なり　定価一枚一銭　郵税二厘
五〇枚四〇銭　郵税僅二十銭』（報知新聞　十一月二十二日）

また広告主のための媒体PRもすでに行なわれている。

『☞広告御依頼の人☜
広告御依頼の人に　凡て広告の価へは新聞紙の発行部数に伴ふものなり　広告価格の其高低を知らんと欲せば親しく発行部数の多寡を検せらるるより好きはなし本社にては何日にても印刷場の現況を貴覧に供すべければ御便宜御来観相成たし　但印刷は午後九時より始まるを以て其以後翌朝二時迄の間に願ひ度し且つ其日午後二時迄に電話新橋二百六十三番（本社活版部）あて御照合を煩はしたし別儀にあらず万一御混雑あらんことを思へはなり輻輳の場合には御繰合を求むることあるべし』（報知新聞　十月三十一日）

売薬・煙草広告　このころになると一時衰えた売薬広告が、化粧品広告と並んでさかんになっているが、中でも多いのは婦人病の予防薬である。『皮膚病専門　身体キレー散（山崎愛国堂）』『暗夜電灯に遇たる如き至妙の実効あり岩浪目薬　壮眼水』、津村順天堂の『日本軍医の大発明　胃活』、『子宮病血のくすり中将湯』、山崎帝国堂の『毒掃丸』などの広告が盛んに掲載された。また、このころからさかんになってきたのがタバコの広告（当時はまだ専売でなく民営）で、とくにこの年、京都の村井兄弟商会がタバコ会社を設立、輸入タバコを廉価に供給するようになったので、有名な岩谷天狗タバコと村井の輸入タバコの（広告）合戦が始まる。テレビのゴールデン劇場で人気を博したフランキー堺主演「けむりよ煙」は、このタバコ合戦をえがいたもので、岩谷が『東洋煙草大王、タバコの税金たった百万円、慈善職工五万人、商一位国益親王大明神（後に大薫位功爵が頭につく）』というキャッチフレーズを使い出したのもこのころからである。税金をうたい、慈善をうたい、国益をうたったところなど現在でい

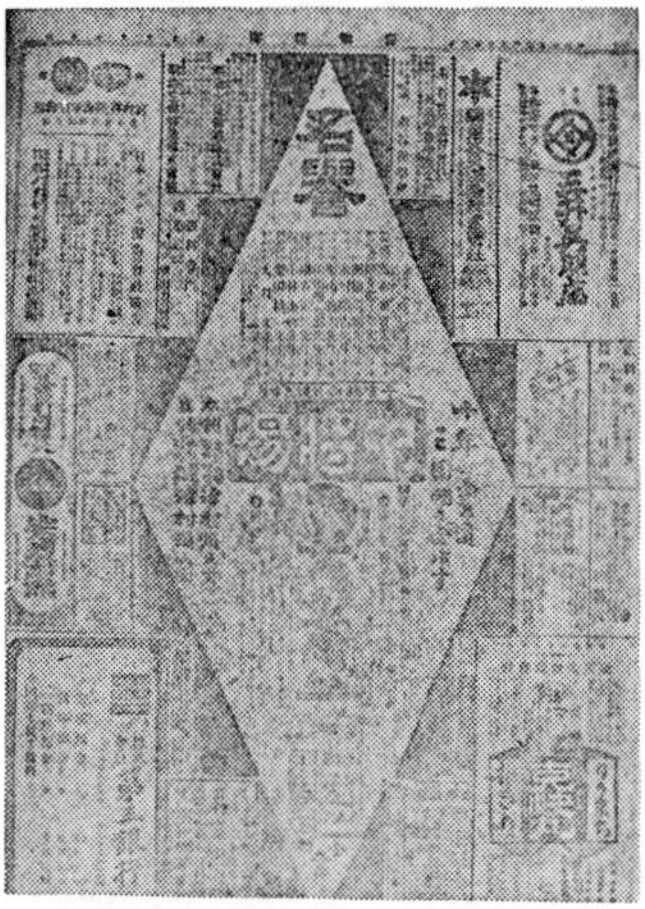
当時の新聞広告（報知新聞・明治32年10月22日号から）

うPR広告のりっぱな元祖である。当時のタバコはなかなかおもしろい名前で、紙巻タバコのヲハヨー三銭、ナルホド四銭、ヨロシー五銭、ダンス二銭、そのほか輸入タバコではガール四銭、バアジン四銭などが広告面をにぎわしている。

この年、二月十一日福井新聞社が設立され、八月二十八日第一号が創刊されているほか、一月には「大阪毎日新聞」が文芸欄を設置し、六月十日から「四国新聞」が、連日紙上に「郵便つぢうら」と題する読者の投書欄を設けている。投稿の長さは一件五、六行程度に限り、きたんのない不平の声や希望を多い日には三十件以上も掲載した（「四国新聞六五年史」四十六ページ）。この明治三十年代は、郵便投書の流行時代で、東京の各紙や「河北新報」などもこのような投書欄を設けて各階層の読者の声を紙面に掲載、人気を博している。

新たにロンドン電報　また九十九頁の広告（報知新聞　十一月二十二日）にもあるように「時事新報」ほか「大阪毎日」など数紙が、ロイター以外にロンドン電報をうけ、海外ニュースに力を入れ始めたのが注目される。

『時事新報　独得の新倫敦電報

……邦字新聞中ロイテル通信社と特約して倫敦電報を掲載するもの久しく我が時事新報のみなりしが、其後東京諸新聞社の懇談に依り本社はこれを其諸社に頒ち同日の紙上に訳載することを承諾して今日に至りたり……時事新報は此際ロイテル電報のみを以て満足すること能はず別に倫敦より日々電報を受けロイテル電報と両々相待て世界の大事を読者に速報する事とせり而して此新倫敦電報を本社と同時に受取るものは横浜にありてジャパンヘラルド、大阪にありて大阪毎日新聞、神戸にありて神戸クロニクル、神戸又新日報に限り……』（時事新報　十一月三日）

《明治33年》

島田三郎「東京市の醜聞」を追及

『東京市の水道局は……毎年日本鉛管株式会社の製品を購入せり然るに本年度に於て此の鉛管を購入するに際し……東京市参事会は星亨を始め醜劣無恥なる奸悪者流の巣窟なれば……不義の利益を貪らんと企てワザト鉛管購入議案を握り置きしかば……日本鉛管株式会社の一手売捌店三井物産会社……止むを得ず賄賂金三千円を贈ることに決定したり……嗚呼是れ何たる怪事ぞや』（毎日新聞　十月十五日）

東京市政の歴史は、特別市政を施行した明治二十八年以来今日まで「ある面では疑獄と汚職の歴史だった」と言われているが、「東京市の醜聞」と題するこの記事も、東京市会に巣食う星亨《とおる》の子分、政友会市会議員の汚職事件を暴露したものである。当時星亨は市会から強引に大隈派の進歩党勢力を追い払い、市会を政友会色に塗りかえ、市参事会員として市政に圧倒的な力をもっていた。

この時、島田三郎の「毎日新聞」（横浜毎日新聞の後身、現在の毎日新聞ではない）は、この事件を徹底的に暴露、十月十七日から「市参事会の罪悪」を連載、二十六日には「醜聞問題」、「市参事会の罪悪」を連載、二十六日には『(我が社の記事に対し）確たる反証を有せば正誤文を我社に寄すべし太田、稲田、峰尾（いずれも市参事会員）の三人は何故に我社を告訴せざる乎と挑戦、さらに「東京市参事会は魔窟なり」「帝都の大汚辱」、「市参事会の公盗問題」と攻撃を続けた。

とくに十一月三日から八日までは、連日三面の頭に

『帝都の大汚辱!!
腐敗せる東京市会!!
醜魁は星亨!!
醜賊　利光鶴松
醜賊　長谷川深造

醜賊　稲田政吉
醜賊　太田直次
醜漢　横山富次郎
醜漢　峰尾勝春
醜漢　今井兼輔
醜漢　中島又五郎

東京市民よ何故に彼等一味の醜類を退治せざる乎
彼等は白昼公然盗賊をなせるに非ずや　東京市民の租税を盗む鼠賊に非ずや　否一部の市民の激昂は既に吾人の机上に投書の山を成せり　司法官は何故に之を捕縛せざる乎　市民の全部は何故に之を黙過する乎』

を掲げて世論に訴えた。

このように風当たりの強い時、星が市会で「予の新聞に関係するや事実を机上に捏造せり故に新聞紙の所記は意に介せず」と失言した。自分に不利なことはすべて新聞の誤ちにすることは昔も今もかわらない。毎日新聞は直ちに『星は自白して……妄言を吐けり天下の新聞を誣るに自分の醜例を以てせんとす無礼も亦極まるべし』（十一月二日）と反論、この年二月復刊した「二六新報」も、その暴言をとらえて追及した。思わぬ波紋に驚いた星は、二六新報に対しては、社長秋山定輔あてに『小生市会における演説は新聞紙総体に対して為したる儀に無之、或る新聞紙の不都合無責任を指摘したるものに有之候』（二六新報　十一月十二日）と詫び状を送って陳謝している。十一月十二日、鉛管事件の被疑者稲田政吉、太田直次、峰尾勝春の「三奸先づ縛さる」（毎日　十三日）ると、毎日新聞は続いてほこ先を星亭に向け「公盗の巨魁　星亭……」と題して連日星の大攻撃を始めた。

『看よ星亭が鍛冶橋監獄署に投ぜらるるの期は、既に旦夕に迫り居るに非ずや』（十一月十五日）

『嗚呼　憐れむ可き星亨よ　迷へる星亨よ　汝速かに其の良心に立ち返へり今に於て汝が過去の罪悪を悔ひ一切の

犯罪を白状して以て憐悔の実を現わせよ』（十一月十八日）

そこで検察当局もついに調査にのり出し、市会議員、市参事会員で拘禁されるものあいつぎ、ついに星亨も逓信大臣でありながら、収賄罪で告訴されるに至った。

星亨、ついに刺殺　一方この様子をみて貴族院各派も伊藤（博文）首相に星の自決を求めた（星は十月十九日成立した第四次伊藤内閣に逓相として入閣）ので、十二月二十一日ついに星は辞職して原敬が逓信大臣となった。二十二日の「毎日新聞」は

『星亨　辞表を出す

星亨降参せり　社会的制裁力　正義は勝てり　伊藤侯慣手段　司法問題未済　市政問題未了』

と結んでいる。

だがこのキャンペーンは、これで終わらなかった。思いもかけない悲劇が待ちかまえていたのである。翌三十四年六月二十一日、星は剣客伊庭想太郎に刺殺されることになるが、伊庭は「毎日新聞」を愛読し、星を生かしておいては国家のためにならぬと、この挙に出たもので、島田の筆は、ついに星を刺すに至ったのである。この当時の毎日新聞は、島田三郎以下木下尚江、石川安次郎らが在社し、廃娼問題、足尾銅山鉱毒問題、労働者問題などに、キリスト教的人道主義の立場から、めざましい活躍をしていることが注目される。

この年には、一月「大阪毎日新聞」が「素人義太夫人気投票」を開始、六月二十日「大阪朝日新聞」が、「日刊京都附録」を発行すると、「大阪毎日」も十月十五日「京都附録」、十一月一日から「兵庫附録」を創設するなど、販売合戦が激化しだしたのが注目される。これらの附録は、いずれも現在の地方版の先駆といってよいだろう。

***島田三郎**（嘉永五—大正一二）　江戸に生まれ、明治六年「横浜毎日新聞」に入社したが、八年退社、官途につく。十四年また「東京横浜毎日新聞」にはいるが、二十一年退社、外遊する。二十三年再び「毎日新聞」にはいり、四十一年まで社務を主宰する。この間十九年に受洗し、キリスト教的人道主義の立場から廃娼運動、労働

者の解放運動を実践、日露非戦論を説く。また衆議院議員としても活躍、副議長、議長をつとめる。

《明治34年》

猛烈な二六新報の〃岩谷天狗〃攻撃　『機一髪、鉄路上の屍体たらんとする父を救はれて孝女の名天下に顕はれ……岩谷の工場へ通ひ親子三人の生計をたつ（孝女キクに）一大幸福到来せり、之を明日の紙上に掲げて読者と喜を共にせん』（二六新報　十月十七日）

病気のわが身をはかなんで鉄道自殺を遂げようとした一人の父親の話から、病身の両親をかかえ、学校へも行かず一家のために働いている一孝女の話が明るみに出ると、世間からいっせいに同情の声がまき起こった。

秋山定輔の「二六新報」（三十三年二月復刊）などは、連日この孝女に対する激励の投書と、同情の募金を紙面に掲げてたたえ、とくに『其所管第八工場より孝女松尾キクを出した』天狗煙草の岩谷松平が『之が為に出資して煙草舗を出さしむる』と聞くや『天狗の涙、孝女の生計と教育と』と岩谷松平の画報を一面に掲げて（十八日）その行為を絶賛した。

ところが『孝女キクの為に煙草舗を出し遣るべしとまで奮発したるは素町人岩谷天狗として……決して孝女に同情せる発案に非ず彼は一面には之によりて自家営業の広告と為し他の一面には彼の可憐なる松尾嬢を弄はんとしたるものなり』と知るや『本欄を汚したる岩谷松平……吾徒の不覚なれば玆に去る十八日の画報肖像其侭に抹殺の典に処し敢て醜征伐先陣の血祭に擬するものなり』（二十六日）と岩谷の肖像を墨で抹殺した画報を再び掲載、これから有名な二六新報の岩谷天狗退治が始まった。

初めのうちは『見下げたる人非人！　斯る人畜生を帝都に横行せしむるは江戸児の耻辱のみに非ず』（二十六日）『銀座街頭の人猟に』（二十七日）と岩谷の個人攻撃を続けていたが、三十日からは『天狗煙草喫煙禁止』『禁止同盟期せずして起る』と天狗煙草にまで攻撃の手を広げ、

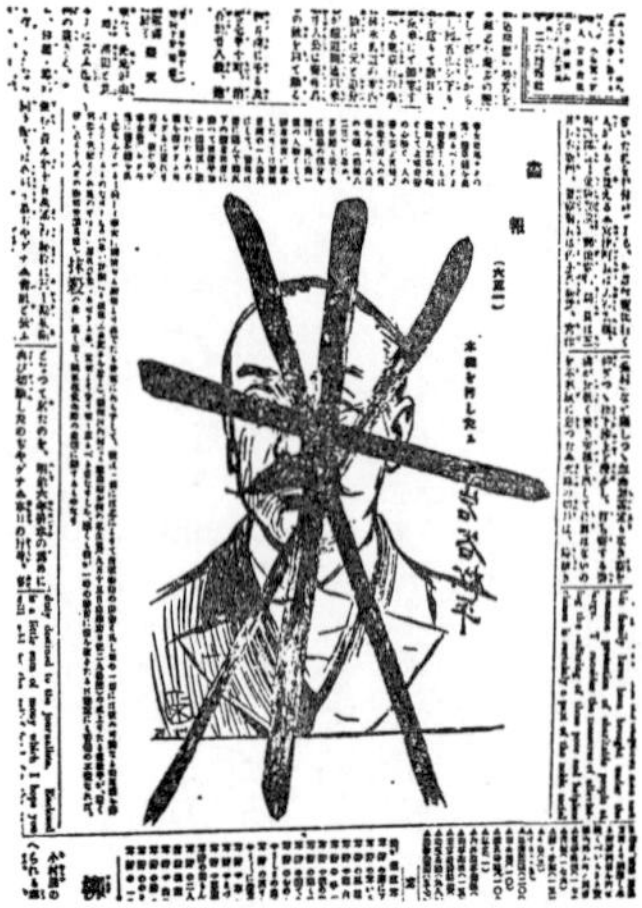

岩谷松平の顔を抹消して掲載した明治34年10月26日付け二六新報

『孝道を尚ぶ者は「まつへい」の商品を手にする勿れ、
　倫常を重んずる者は……、
　廉恥を知る者は……、風俗を正さんとする者は……、
　国家を愛する者は「まつへい」の商品を手にする勿れ』（十一月二十七日）と猛烈な筆陣をはったので、ついに岩谷はたまりかね、十二月二日秋山に面会、十四日の「二六新報」紙上につぎのような全面広告を掲げて、秋山の軍門にくだった。

『同社今回の挙は全く社会風教の為め人間孝養の為め不得已公憤に出でたる儀にて……拙者は今回の事例に鑑み自家の素行を慎み家庭を改良し内外百般の改善を行い店員一同一層業務に励精……事を誓ふ』

この「二六新報」の岩谷天狗退治は、今日では考えられないようなあくどい人身攻撃、営業妨害だが、このころの「二六新報」は、三井財閥攻撃（三十三年四月二十九日から二か月間）、廃娼問題、大浦事件、向島の労働者懇親会（四月三日）などはでな企画やキャンペーンで読者の人気に投じ、たちまち東京第一の発行部数を誇るにいたったことは注目に値するできごとである。

この年には十一月三日に「松陽新報」（島根新聞の前身）、十二月一日に、月刊「諏訪新報」（南信日日新聞）が創刊されたほか、光永星郎が七月一日、日本広告株式会社、電報通信社を創立している（のちにこの両社が合併し、現在の「電通」となる）。前掲岩谷松平も、岸田吟香などとともに、設立当時の日本広告株式会社の相談役に名をつらねている。

＊**秋山定輔**（明治元―昭和二五）　岡山県出身で東大卒。明治二十六年「二六新報」を創刊、一時休刊したが、三十三年復刊後は、三井攻撃、岩谷天狗煙草攻撃、労働者懇親会の開催などセンセーショナリズムと廉価販売で

庶民の人気を集めた。三十五年代議士となったが、日露戦争の時、露探の汚名をうけて議員を辞任、以後「二六」の人気も下降した。秋山は後に山縣や桂と結び、政界の黒幕として活躍する。

＊**光永星郎**《ほしお》（慶応二―昭和二〇）　熊本県出身。明治三十四年日本広告株式会社、電報通信社を創立、広告取り次ぎ、通信の発行を始める。明治四十年両社を合併して「日本電報通信社」を設立したが、昭和十一年通信部を「同盟」に譲り、同盟の広告部を吸収、今日の「電通」の基礎を築く。広告取り引きの合理化をはかるとともに、種種のアイデアを発揮、広告代理業の地位を高めた功績は大きい。

≪明治35年≫

第五聯隊八甲田遭難事件の報道

『大雪と行軍兵行衛不明　当地方は五日前より間断なく雪降り続き尚ほ歇（や）まず、為めに列車不通となり行軍兵二百余名行衛不明となり目下捜索中』（時事新報　一月二十八日）

『行軍兵二百九名の凍死　昨電の行衛不明となりし五聯隊行軍兵将校以下二百九名は八甲田山中に於て凍死したること判然す』（同　一月二十九日）

これは、青森歩兵第五聯隊の将兵二百十五名が、雪の八甲田山で遭難した有名な大惨事の第一報である。この地区を管轄していた弘前第八師団は、毎年雪中の経験を積むために雪中行軍、雪中露営を訓練の一つとしていたが、たまたまこの年は第五聯隊の順番に当たっていたので、聯隊では、身体最強のものを選抜し、山口鋠少佐指揮のもとに一月二十三日青森を出発させたわけである。

ところが『二十三日晩より風雪殊に烈しくして其後引続き尚ほ已まず寒気も亦甚だ強し……青森地方に於て降雪甚しく烈風之れに加はるときは帰ど咫尺を弁ずること能はず一村より隣村に至るも容易ならず苦し途中にて此大風雪に遭ふときは一命を失ふに至ることあり』（同一月二十九日）という状況におちいり、田茂木野から田代温泉に向かう途中で道を見失ってしまった。

『二十三日　森林中に宿営
吹雪激しく各小隊一間余も雪を掘り武装のまま眠る、火が雪に落ちこんで飯が炊けず、餅を三つずつ分配
二十四日　風雪甚だしく一寸先もわからず、口鬚、眉毛まで氷柱、軍歌を唱えながら前進、全身凍傷のものが出来、此日に総員の四分の一を失う。
二十五日　午前三時露営地を出発帰路に着く、道に迷い前日の所へ出る。約三十人倒れ、生木は燃えず死者の背嚢をとりまとめてそれを焼く　山口大隊長も人事不省
二十六日　方向捜査の為各方面へ出発（部隊四散す）
二十七、八日　前進を試みたが駒込川に遮られて目的を達せず、後は絶壁、前は急流で進退谷まる』（同　二月八日）

以上が生存者倉石大尉の報告だが『風雪は三十年来未だ見ざるの激烈なりし天候』のうえ『土地の古老と雖も避けて、行くを危険とする地点に向ひ……』（報知新聞　二月二日）この惨事にあったわけである。各紙はこの事件に関し、特派員を派遣し、画報を入れて詳細に遭難のてん末と救援の模様を報道している。またこの時、ほとんど時を同じくして弘前歩兵第三十一聯隊福島泰蔵大尉以下四十余名が、この猛風雪の中で八甲田連峰横断に成功した。「東奥日報」では、これに東海勇三郎記者を従軍させたが、その模様は「雪中行軍日誌」として連載され読者の好評を博している。

三色刷りの発行　この年一月から「報知新聞」が三色刷り（赤、青、黒）の新聞を発行して人気を呼んだ。これは前年末輸入した最新式色刷り輪転機によるもので、二十七日から毎週月曜の紙面をかならず色刷りときめ、実行している。

『社告　色刷の定期刊行
新年初刊以来大喝采を博したる、我社の彩色刷輪転機は、慣るるに従ひて操縦意の如くなるを以て、従来の如く

臨時に彩色刷を発行すると共に更に一歩を進めて定期の彩色刷を刊行し記事を精選すると同時に、紙面を装飾して我社特有の面目を発揮すべし
色刷の定日　毎週月曜日を以て彩色紙発刊の期と定め写真其他有益多趣味の記事を掲ぐ
実行の期日　来週月曜即ち本月廿七日発行の紙面より之を実行す
其如何なる面目を以て顕はるるやは明廿七日を待たれよ。尚色彩広告を望まるゝ諸君は臨時の外に此定期刊行あるを以て一層の便利なるべきを信ず』（報知新聞　一月二十六日）

大阪朝日・毎日の言論戦　また、このころから大阪においては、朝日と毎日の言論戦、乱売制が激烈になった。紙面ではまず、「大阪毎日」が、兵庫県における代議士予選投票を行なったところ、大朝が、選挙の神聖を汚すものと非難（一月五日）したのを初め、七月に大阪市対大阪ガス会社問題がおこると、大阪朝日は大阪市を後援してガス会社の独占権を否認、それに対し、実業家機関の観があった大阪毎日は、ガス会社の主張を支持して既得権の尊重を唱へ、約一年にわたって弁難攻撃をくり返し、日本全国の大問題となるに至った（この問題は翌年夏、藤田伝三郎、原敬、中橋徳五郎らの調停により、鶴原定吉大阪市長、村山龍平朝日新聞社長と、ガス会社側の片岡直輝社長、小松原英太郎毎日新聞社長が会合し、報償契約を結んで解決をみている）。

「大阪毎日新聞」が、自主独立経営の第一歩として予算決算制を確立し（四月）、また「硯滴」欄（現在の「余録」）を創設した（十月七日）のもこの年のことである。

≪明治36年≫

日露開戦・非戦で議論沸騰　日本とロシアの間は険悪の度を深めていた。明治三十三年の北清事変で、中国へ兵を進めたロシアは、事変終結後も撤兵せず、満州に大軍をとどめていたが、これは日清戦争で獲得した、朝鮮における日本の権益を脅かすものとして、国内に対露強硬論が激しくなっていた。三十六年になると、東京帝大教

授戸水寛人ら七博士が「東京朝日新聞」に対露強硬論を発表（六月二十四日）、近衛篤麿、頭山満らの対露同志会も、政府に強硬な措置をとるようせまった。

世間も戦うべきか戦うべからざるかで議論が沸騰した。言論界では、「東京日日新聞」（外交交渉で解決しようという伊藤博文の機関紙と見られていた）、クリスチャン島田三郎の「毎日新聞」などが非戦論、これに反してもっとも強硬な主戦論は東西両朝日で、「時事新報」、「大阪毎日」も開戦を主張していた。

この時、「萬朝報」は、内村、幸徳、堺が、キリスト教的立ち場、社会主義的立ち場から非開戦論を主張し（円城寺天山、黒岩涙香は開戦論者だったが）、非戦論の牙城とみられていた。

『戦争廃止論　内村鑑三

余は日露非開戦論者である許りでない、戦争絶対的廃止論者である。戦争は人を殺すことである。爾（そ）うして人を殺すことは大罪悪である。……戦争の利益は強盗の利益である。是は盗みし者の一時の利益であって、彼と盗まれし者との永久の不利益である。盗みし者の道徳は之が為に堕落し、その結果として彼は終に彼が剣を抜て盗み得しものより数層倍のものを以て彼の罪悪を償はざるを得ざるに至る。若し世に大愚の極と称すべきものがあれば、それは剣を以て国運の進歩を計らんとすることである……勿論サーベルが政権を握る今日の日本に於て余の戦争廃止論が直に行はれやうとは余と雖も望まない。然しながら戦争廃止論は今や文明国の識者の輿論となりつつある……世の正義と人道と国家とを愛する者よ、来て大胆に此主義に賛成せよ。』（萬朝報　六月三十日）

萬朝報の転向で内村・幸徳ら退社　ところが十月にはいり、ロシアは第三次満州撤兵を履行しなかったため、恐露病とののしられ軟弱外交とあざけられていた桂内閣が、開戦決意をすると、萬朝報は十月八日、黒岩の「戦は避く可からざるか」、九日、天山の「最後の一断」を載せて、開戦論に転回した（東京日日、毎日新聞も開戦論に転向）。

これが有名な「萬朝報」の転向で、十月九日、内村鑑三、幸徳秋水、堺利彦は「萬朝報」を去った。十二日の紙面には一面トップに内村鑑三の「退社に際し涙香兄に贈りし覚書」と堺利彦、幸徳伝次郎連名の「退社の辞」、黒岩周六の「内村、幸徳、堺、三君の退社に就て」を掲載、翌十三日には「朝報は戦ひを好む乎」を掲げ、開戦論に踏みきった理由を述べている。

『夫婦相争ふ、賊あり外より之を窺ふ、思へらく乗ず可しと、戸を排して入り、財を掠めて去らんとす、夫婦争ひを忘れ、力を一にして之と戦ふ、是れ家を思ふの至情なるか、将に戦ひを好む者なるか……』

一方、退社した幸徳、堺は十一月十五日、階級打破、社会主義、非戦平和を目標とする週刊「平民新聞」を創刊、その主義、主張の貫徹にまいしんしていった。

時事新報「少年」誌発行　時事新報社ではこの年十月、福沢捨次郎社長の発案によって「少年」という雑誌を発行している。後、昭和十一年にはいって九月、時事新報社では各紙に先駆けて「日本小学生新聞」を創刊（同年十二月時事新報が東京日日新聞に吸収合併されると、この小学生新聞も東日に引きつがれ「東日小学生新聞」となる。大阪毎日の小学生新聞は、鹿倉吉次氏らが、「満州日日新聞」の附録「小学生新聞」にヒントを得て創刊したもので、発刊の経緯は異なっている）するが、そういう企画の歴史的遠因は、この辺に求められよう。

『時事新報社の「少年」雑誌

時事新報社は多年少年男女の好読物に乏しきを憂ひ雑誌発行の計画ありしも何分社務の拡張改良に寸暇なきを以て実行の運びに立至らざりしが今度愈々雑誌「少年」を発刊することに決し十月一日を以て初号を発行すべし紙質は精良なるものを択び石版色摺網目版その他の快活優美なる絵画を挿入し、又記事は直接間接に本社が多年懐抱せる所の主義を発揮せしめ以て家庭の好読物となり児童教育の一助とならんことを期す』（九月十五日社告）

また十一月十日には、本山彦一が大阪毎日新聞社社長に就任、いよいよ経営の第一線にのり出してきたほか、翌十一日には渡辺巳之次郎が編輯主幹となる。渡辺は以後十七年間、大毎の社説をほとんど独占執筆、その執筆論説数四千八十四編（その他短評一万百八十八編）という日本新聞史上珍しい記録を残している。

＊幸徳秋水（明治四―四四）　高知県出身。中江兆民に師事し、その人間形成に深い感化をうける。明治二十五年「自由新聞」入社、記者生活にはいる。以後「広島新聞」「中央新聞」を経て、三十一年「萬朝報」にはいり、日露非戦論を展開するが、「萬朝報」が開戦論に転じたため、三十六年内村鑑三、堺利彦と連署して退社、翌月堺とともに、週刊「平民新聞」を創刊する。以後、社会主義に対する政府の迫害、新聞の発売禁止に抗して戦い、週刊「直言」、日刊「平民新聞」の発刊にあたるが、そのつど弾圧され、ついに四十四年大逆事件に連座して処刑された。

＊堺　利彦（明治三―昭和八）　福岡県出身。「大阪毎朝新聞」「新浪華」「実業新聞」「福岡日日新聞」を経て、明治三十二年「萬朝報」に入社したが、日露非戦論を主張し、内村、幸徳らと三十六年連袂退社、平民社を起こし「平民新聞」「直言」「光」の編集にあたる。その後、政府の弾圧をうけながらも第一次共産党の組織、日本大衆党の結成など階級的大衆運動の実践と、文筆による思想的宣伝により、明治、大正、昭和の三代を通しての日本の代表的社会主義運動家となる。

＊朝比奈知泉（文久二―昭和一四）　水戸出身。東大を中退して明治二十一年、長閥系の「東京新報」の主筆となるが、二十五年廃刊し、伊東巳代治の「東京日日新聞」に移り、伊東―朝比奈のコンビで長州閥の代弁をつとめる。三十七年、東日が加藤高明の手に移るに及んで退社。後、陸軍省嘱託などをつとめる。一時「やまと新聞」「萬朝報」にも関係した。

＊本山彦一（嘉永六―昭和七）　熊本県出身で三叉学舎に学ぶ。「大阪新報」「時事新報」を経て、明治十九年大阪の藤田組にはいり、支配人となる。明治二十一年「大阪毎日新聞」が発刊されるや、藤田組から派遣されて相談役に就任、大毎の経営にあたった。明治三十六年五代目社長となり、現「毎日新聞」の発展の基礎を築いた。生涯政治に関係せず、新聞は不偏中立を旨とした。彼の新聞商品論、**漢字制限論**は有名。

《明 治 37 年》

戦勝報道・号外につぐ号外発行

『●宣戦詔勅下る　官報号外（二月十日附）を以て左の如く宣戦の詔勅下れり
天佑ヲ保有シ萬世一系ノ皇祚ヲ践メル大日本国皇帝ハ忠実勇武ナル汝有衆ニ示ス
朕茲に露国ニ対シテ戦ヲ宣ス朕カ陸海軍ハ宜ク全力ヲ極メテ露国ト交戦ノ事ニ従フヘク……』（中外商業新報　二月十日号外）

ついに、日露の間に宣戦が布告された。陸軍は直ちに鴨緑江を渡って満州に攻めいり、九連城、南山を占領、遼陽の大会戦、沙河の会戦で死闘の末、勝利を得た。また乃木大将のひきいる第三軍も六月から旅順攻撃を開始したが、難攻不落を誇る要塞はなかなか落ちず、十一月末ようやく二〇三高地を占領、優位にたった。一方海軍は、開戦後直ちに旅順港閉塞作戦を開始、八月には黄海、蔚山沖海戦で制海権をにぎった。

だがこの戦いは、ロシア軍の装備する優勢な火力のため、わが軍は苦戦の連続で、多くの死傷者を出した。つぎは有名な旅順閉塞の一コマ、広瀬中佐戦死の公報である。『聯合艦隊は去る二十六日再び敵港閉塞を決行せり……戦死者中福井丸の広瀬中佐及杉野兵曹長の最期は頗る壮烈にして同船の投錨せんとするや杉野兵曹長は爆発薬に点火する為め船艙に下りし時敵の魚形水雷命中したるを以て遂に戦死せるものの如く広瀬中佐は乗員を端舟に乗移らしめ杉野兵曹長の見当らざる為め自ら三度船内を捜索したるも船躰漸次に沈没海水上甲板に達せるを以て止むを得ず端舟に下り本船を離れ敵弾の下を退却せる際一巨弾中佐の頭部を撃ち中佐の体は一片の肉塊を艇内に残して海中に墜落したるものなり其最期万世不滅の好鑑を残せるものと謂うべし』（東京日日新聞　三月二十九日号外）

各新聞もわが軍の勝利を、号外につぐ号外をもって報道した。（大阪朝日新聞、開戦号外四回発行、大阪毎日新聞の戦時号外月平均二十二回といわれている）三月にはいって記者の従軍が許されたが一社二人に限られていたので、朝日、大毎などは地方新聞社の名前を借りて十人以上の記者を戦地に特派している。鳥居素川（朝日）、奥村信太郎、松内則信（大毎）、丸山幹治（日本）などもこの時の従軍記者である。だが当時の軍事当局者には、まだ

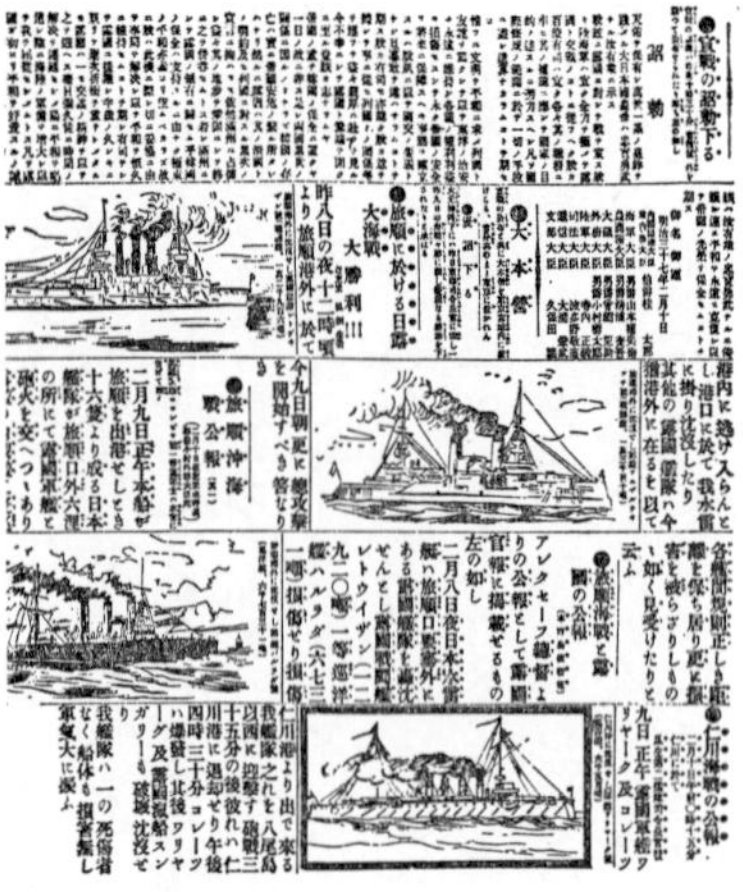

旅順海戦を報じた読売新聞

いぜんとして新聞記者に対する理解が乏しかったので、各特派員は非常な苦労を重ねたらしい。内地でも御用船の出る宇品港をひかえた広島は、軍機枢要の地となっていたので、全国から新聞記者が特派されていたが、「我々新聞記者が温厚な態度をとりつつあるにも拘らず冷遇すること殆んど奴隷の如く徒らに口を軍機漏洩に借りて近時益々圧迫の度を高め遂に天下の耳目を汚さんとするに至り黙するに忍ばざらしむ」として、日本、東日、時事新報、読売、国民、東朝、毎日、戦時画報、大朝、大毎、大阪新聞、芸備日日、中国の記者、特派員が集まって七月十七日「在広記者倶楽部」を結成、「本倶楽部は戦時に於ける新聞記者の職責を全うせんが為め共同一致の歩調を取ること。本倶楽部は軍事当局者をして新聞記者に対し相当の待遇を為さしめん事を期す」との決議を行なっている。

「共産党宣言」訳載　この年の新聞界では、九月一日に「高知新聞」、十月一日に「佐世保軍港新聞」(昭和四十三年八月一日「長崎新聞」に合併された長崎時事の前身)が創刊されたほか、一月から「報知新聞」が、初めて写真銅版を使用して紙面に鮮明な写真を掲載し始めたことが注目される。朝日が「天声人語」欄を創設したのも一月五日からだが、発行禁止をうけた「二六新報」が「東京二六新聞」として改題発刊されたのが四月十五日、また十一月十三日には「平民新聞」が、共産党宣言を訳載して発行禁止をうけている(翌三十八年一月二十九日廃刊)。

＊**奥村信太郎**(明治八―昭和二六)　東京に生まれ、慶大卒業後、博文館、広島の「真宗日報」「広島日報」の主筆を経て「大阪毎日新聞」入社。日露戦争では第一軍に従軍、以後松内則信と並び東西の名社会部長とうたわれ、種々の事業の企画にも才能を発揮した。本山社長なき後、高石真五郎とのコンビで東日、大毎の発展に力を

つくす。

《明治38年》

日露講和条約に憤激の声高まる　年が明けるとロシア東洋艦隊の基地で、難攻不落を誇った旅順が陥落した。

『旅順陥落　敵軍降伏　一月一日夜大本営着電　旅順攻囲軍報告　本日午後九時関東要塞地区司令官ステッセル将軍より開城に関する書面を受領せり』（東京朝日新聞　一月二日号外）ついで三月奉天の会戦で、陸軍は激戦の末、クロパトキンの大軍を破った。

『我軍大勝利　一昨朝来全軍を挙げて開始したる我猛烈なる追撃は戦線の各方面に於て激烈なる打撃を与へ敵軍は絶対に秩序と統一とを失して大潰乱の光景を現出しつつあり黒鳩将軍司令部の所在明ならず、敵は大潰乱の結果続々白旗を掲げ敗残の部隊を挙げて降伏を乞ふに至れり……』（東京二六新聞　三月十日号外）

また海軍は五月末バルチック艦隊を対馬海峡付近で捕捉し、二昼夜の海戦で撃滅した。

『海軍大勝　五月廿七日以来継続中なる日本海海戦に関する聯合艦隊司令長官東郷平八郎の報告如左

其一　敵艦見ゆとの警報に接し聯合艦隊は直に出動之を撃滅せんとす本日天候晴朗なれ共波高し

其二　聯合艦隊は本日沖の嶋附近に於て敵艦隊を邀撃し大に之を破り敵艦少くも四隻を撃沈し其他には多大の損害を与へたり……』（中外商業新報　五月三十日）

このように戦闘はわが軍勝利の中にすすめられたが、すでにこのころ日本の戦闘力は底をつき、これ以上の進出に耐え得ない状態にあった。この時アメリカ大統領ルーズベルトが講和仲介の意思をもっているとのワシントン特電が六月二日の大阪毎日に掲げられ（これは大毎のワシントン通信員オラフリンの特ダネで、これ以後、ほかの各紙も米国電報と契約するようになる）、講和の機運がまきおこった。

『大新報　昨夜深更我社は海外より一新音を入手せり曰く

露国は内外の形勢に鑑み到底戦争を継続する能はざるを察し廟議講和に一決し既に其手段を執れり』(中央新聞六月十日号外)

講和会議は八月からアメリカのポーツマス軍港で開かれた(注1)が、賠償金と樺太割譲をロシアは承知せず、南樺太の割譲で妥協が成立、九月五日講和条約が成立した。

ところが、これより先き八月三十一日、講和の成立と「償金は無く樺太の半分は露国に渡す事に決す」という電報が「大阪毎日新聞」から流れると、戦勝に酔っていた政党や各種団体は一斉にこれに不満を唱え、講和条約不満の叫びは全国に高まり「国民新聞」「中央新聞」など一部の新聞を除き言論界も非講和と桂内閣の責任追及にのり出した。

戒厳令・諸新聞発停　とくに強硬なのは「日本」「朝日」「萬朝報」「二六」「報知」「都」だったが、その模様を「東京朝日新聞」によってみると

講和発表の翌九月一日の紙面は『俘虜大得意』『講和憤激』と題する各地の反響を載せるとともに『樺太を半分取って樺の字をロシヤから読めばバカとなるなり』とか、ロシア全権ウイッテをもじって『戦争に負けて談判で大勝利を占めた敵の大使は逼に小村(寿太郎)よりウワッテだ』などの投書を掲載。

二日には講和論評『説明の必要』と投書三段(当時の紙面は一ページ七段)

三日は投書で五段半

四日は、屈辱講和問題市民大会記事のほか三面の全ページを『今日は此処も諸君に譲る』と宣言して投書で埋め

五日は投書四段

六日は国民大会の記事(『公憤爆発』、『全都騒擾』)と投書一ページ

七日は、『責任益加大』、投書六段半

という調子で、以後九日まで投書と国民大会の記事で、桂内閣をはげしく攻撃した。

非講和国民大会も各地におこり、九月五日、東京日比谷で開かれた国民大会では、警視庁が集会を禁じたため乱闘となり、怒った民衆は内相官邸に放火、講和の成立をたたえた国民新聞社を襲撃するなど大混乱をまきおこした。

『○殺気天地に満つ　巡査日比谷公園を占領す』
『●警察官人民を斬る　●国民新聞社破壊せらる』（報知新聞　九月五日号外）

そこで政府は九月六日、緊急勅令により戒厳令を発布し（十一月二十九日解除）、内務大臣の新聞発行禁止・停止権の発動をみたので、「萬朝報」、「二六」「都」は七日、「東京朝日」も十日『時勢に害あり』と発行停止を命ぜられた。東京では「朝日」の発行停止がもっとも長く（二十四日まで）、『二六』は再度にわたって発行停止処分をうけた。(注2)解停後の「朝日」にはもう鋭い攻撃の調子はなく、講和反対の投書も三段から二段、一段と少なくなっていく。

なおこの年、時事新報社長福沢捨次郎は、大阪進出を企て三月に「大阪時事新報」を発刊するが、この大阪時事は、幾多の努力を注いだにもかかわらず営業的には欠損で、さすがの「時事新報」も、この大阪進出のおかげで次第に母屋の屋台骨までゆさぶられることになったのである。

広告の選択掲載　もう一つ注目すべきことは、東京朝日新聞が、この年から広告の選択掲載を宣言していることである。広告浄化運動のはしりといってもよいだろう。

『広告主に急告
従来広告依頼者の御申込に対しては尽く之に応じ来り候も自今広告内容の種類に依りては理由を示さず謝絶致候場合可有之右御含み被下度候也
　九月七日　　　　　　　　　　　　　　　東京朝日新聞社』（九月八日社告）

（注1）ポーツマス会議に特派された特派員は、朝日＝福富正利、国民＝浜田佳澄、報知＝石川安次郎(半山)、やまと＝正

岡芸陽、時事新報＝大西理平、萬朝報＝河上清、大阪毎日＝オラフリンらである。

（注2）九月から十月にかけて東西でおよそ三十社が筆禍をうけ、大阪朝日新聞は延べ三十五日（三回）の発行停止をうけている。

《明治39年》

戦後経営の一環として国鉄誕生　日露戦争の戦後経営は、一月に成立した西園寺内閣の手にゆだねられた。だが戦争には勝ったが賠償金のとれなかった政府は、まず国庫収入増加と軍事的な見地から、私設鉄道の国有化をはかった。

『●鉄道国有法案

鉄道国有法案は三日夕刻愈々衆議院へ提出されたり其全文左の如し

第一条　一般運送の用に供する鉄道は総て国の所有とす……

第二条　政府は明治三十九年より四十四年までの間に於て左に掲くる私設鉄道株式会社所属の鉄道を買収すべし……（以下略）

理由書

鉄道は国家自ら経営すべきものにして従来之が私設を特許せしは交通政策上権宜の措置たるに外ならず今や国家経済の一大発展を計るべきの時機に際し全国鉄道の管理を統一し之が機能を発揮し軍事上及び経済上遺憾なきを期するは刻下の急務なりと認む是れ本案を提出する所以なり』（中外商業新報　三月五日号外）

そして一部の反対をおしきって三月三十一日鉄道国有法は公布され（十月一日施行）、いわゆる日本の「国鉄」はここに誕生した。

植民地紙「京城日報」　この日露戦争の影響は、新聞界にもいろいろな動きとなってあらわれている。まず韓国に、戦前の三大植民地紙の一つ「京城日報」が創刊された。

ポーツマス条約で韓国における特権を承認させたわが国は、前年十二月京城に統監府を設置して、伊藤博文が初代統監になっていたが、伊藤は植民地経営に有力な新聞の必要を痛感し、九月一日、旧公使館機関紙「漢城新報」と「大東日報」を買収統合し、統監府機関紙として「京城日報」を創刊した。以後この新聞は終始総督府の施政を助け、昭和二十年十月三十一日をもって、日本人の手を離れるまで、朝鮮新聞界をリードしてゆく。

「報知」夕刊の成功　つぎに「報知新聞」の夕刊発行の成功がある。前にも記したとおり、日露戦争は新聞界に空前の号外合戦をもたらしたが、日清戦争の号外合戦がスピードを競う争いであったのに対し、今回の競争は号外の量の競争で、中には一日五回も号外を発行した社さえあり、連日、号外を発行することもまれではなかった。この

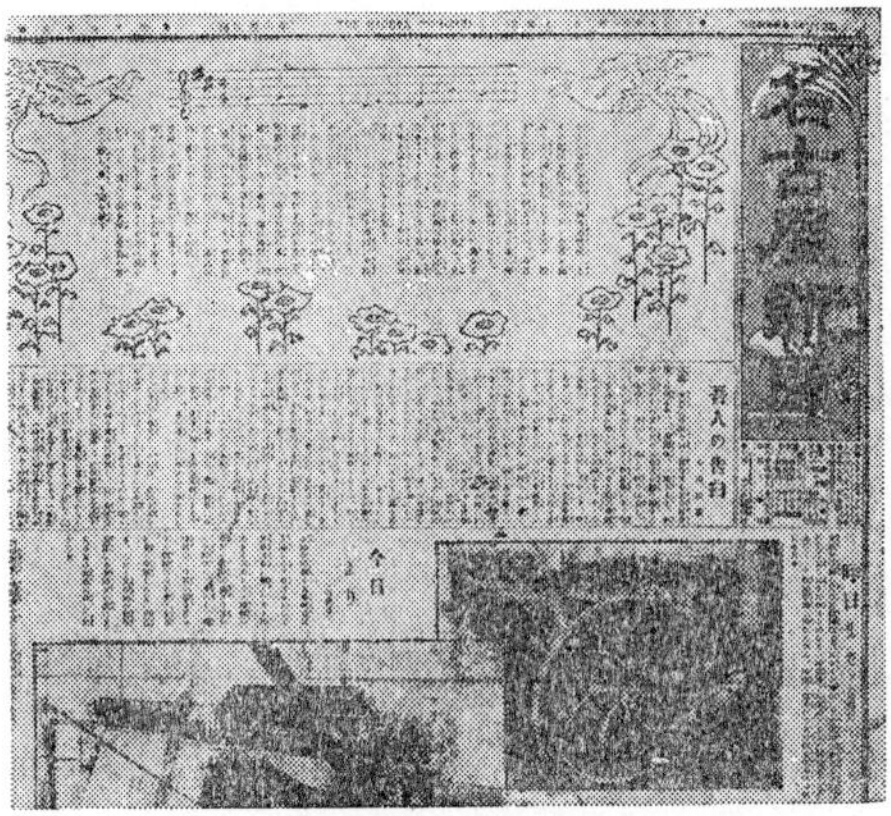
名古屋新聞の創刊号

一日に何度も新聞を読む習慣をうまくとらえたのが報知の夕刊発行で、十月二十七日から、四ページの夕刊を東京、横浜両市内の読者に配達した。報知は前年五月に新社屋を建設、印刷工場に電気発動機を装置し、輪転機四台――当時の新聞界で最高――をすえつけ発行能力もじゅうぶんもっていた。この夕刊発行は大成功でとくに相場記事は大歓迎されたという。この後各紙もつぎつぎ夕刊を発行するようになり今日に及んでいる。

「大阪毎日新聞」の東京進出もこの年である。日露戦争によって、大阪朝日に肉薄するまでに大躍進した大毎は、余勢をかって念願の東京進出をはかり、東京の「電報新聞」を買収して「毎日電報」と改題、十二月二十一日発行した。

名古屋ではまた大阪朝日新聞名古屋通信部長の小山松寿《まつじゅ》が「中京新

聞」を譲りうけて十一月三日「名古屋新聞」と改題・発行した。「公平不偏」をかかげ、最初から津田式マリノニ輪転機を備え写真版設備を整えたこの新聞は、先輩の「新愛知」に対抗して、長く中京の新聞界を二分するに至る。現在の「中日新聞」は、昭和十七年九月、この両紙が統合してできたものである。

＊**三木善八**（安政三―昭和六）　淡路島に生まれ、わが国新聞企業の先覚者。明治十九年「郵便報知新聞」入社、矢野竜渓を助ける。二十七年、大隈重信に請われて社主となり、報知の大改革（機関紙から脱皮、編集の通俗化、実用化、実用本位の家庭新聞を目ざす、直営販売店の創設など）を行ない、わが国最大の新聞とする。わが国初の朝夕刊連続発行の成功、色刷り輪転機の採用などもみな彼の功績である。

《明治40年》

韓国密使のスクープ
アジア近代史に影響

『海牙《ハーグ》来電（一日午後高石特派員発）（禁転載）
●韓人の運動　朝鮮人三名イサンサル、尹鎮佑《いんちんゆう》、閔泳敦《びんえいとん》と名乗る者各国委員に宛てたる公開状を当地の平和会議時報と名付くる仏国新聞に寄せ彼等は韓国皇帝より信任状を帯びて当地に来れるものなりと云ひ日本が韓帝の承諾なく外交権を奪へるの非を鳴らし且日本悪政を挙げて各国委員に訴へたりイサンサルは前《さき》の賛議、尹鎮佑は前平理院判事、閔泳敦は前駐露韓国公使館書記官と自称せり然れども何人も之に取合ふものなし余（特派員）は彼等の様子を探りたるに彼等は晩餐五十銭位の安旅館に宿泊せる位の者にて頗る貧しき有様なり』
（大阪毎日　七月三日）

これが、大毎高石特派員の有名な韓国密使事件スクープの第一報である。高石真五郎氏は明治三十五年以来、私費留学生としてロンドンに遊学していたが、日露戦争後はじめて社命によってロシアに入国、戦後のロシアの様子を報道、帰英後正式に大毎ロンドン特派員となっていた。当時日本の新聞で欧米に特派員を派遣している社など一つもなく、せいぜい地元の外人に通信員を委嘱するくらいが関の山だった。

たまたま四十年六月オランダのハーグで第二回万国平和会議が開かれ、日本からも都築馨六を団長とする全権団が派遣されたので、高石特派員に出張命令がくだり（日本人としてただ一人の特派員）韓国の密使を探りあてたのである。続いて翌日『韓人一行の首班は前議政府参賛李《り》相卨《せうせつ》、前平理院判事李儁で去四月二十日西伯利《しべりあ》鉄道にて露都に到着し同所にて前駐露韓国公使館書記官李瑋鐘と落合ひ当地に来りしものにして李相卨は出発前韓帝に謁見し特使の印綬を受けたりと云へり』（四日）との詳報が流れると日本はもとより韓国の朝野は仰天した。

韓国は、明治三十八年に結ばれた日韓保護条約によって、外交権を完全に日本の手中に握られ、伊藤博文が初代統監として韓国内ににらみをきかせていたが、内部では、日本に対する内政干渉反対の動きが強く、とくにその不満は韓国宮中に強かった。そこで韓帝は『此際局面展開策として陰に排日派を煽動し排日の声を張りて今回の事も独り皇帝の意思のみにあらざることを示し以て此難関を糊塗せんとせらるるものの如し』（七月九日）という態度をとったため、日本側の強圧的態度と報復（日本政府はこの問題を処決するため林董外相を京城に特派）を恐れた総理大臣李完用は、李凞皇帝に譲位を迫り（十九日皇太子李拓が即位）皇帝の責任によって問題を解決しようとした。

『京城来電　和蘭海牙に現はれたる韓帝の密使事件は現内閣の関係せざる所にして驚愕しつつあり伊藤統監は尚泰然として事を発せず……宮中側にては一層恐慌の度を高めつつあり』（五日）

だが、日本は、二十四日第三次日韓協約を結んで内政の監督権を強化、続いて韓国の軍隊を解散させ、ついに四十三年八月、韓国を併合するに至る。このように見てくるとこのスクープはアジア近代史を動かした大きな意義を特つものといえるわけである。

二二四頁の「時事」　新聞界のできごととしては、一月十五日に、日刊「平民新聞」が創刊（四月十三日発行禁止）されたほか、「朝日」がロンドンの「タイムズ」と特約を結んでおり、三月一日には、「時事新報」が創立二十五周年を記念して、二二四ページというわが国新聞史上最大の新聞を出している。五月には「電通」が米国のＵＰ

通信社と通信契約を結び、九月には「国民新聞」が地方版を創始している。夏目漱石が朝日に入社したのも四月三日のことであった。

＊高石真五郎（明治一一―昭和四二）　千葉県出身。慶大卒後小松原英太郎社長の秘書として「大阪毎日」にはいり、以後、外信、論説畑一本で社長となる。日露戦争後の入露、ハーグ平和会議における韓国密使事件スクープ、パリ講和会議の取材などで名をあげた。

《明治41年》

日本第一美人の写真を募集す　『美人写真第二次審査の結果　去月二十九日の第二次、即ち最終審査において全国第三等までに当選したる美人写真は左の三名にして愈々其侭確定したるに付き茲に写真募集に参加せられたる全国各新聞社の尽力を謝すると同時に読者諸氏に披露する事とせり

一等　小倉市室町四十二　末弘ヒロ子（一六）

二等　仙台市東四番　金田ケン子（一九）

三等　宇都宮市上河原町五十九　土屋ノブ子（一九）』（時事新報　三月五日）

これは「時事新報」が行なった日本最初の美人写真コンクールの発表記事である。これより先、明治三十年代の初めごろから販売政策の一環として、新聞社がいろいろな催し物を行なって読者の人気を集めることが流行し始めた。中でも「大阪毎日」は、桐原捨三が営業主任になってから、いわゆる桐原式営業政策をとり、しろうと義太夫や俳優の人気投票、全国鉄道マイル数競争、海上十マイル長距離遠泳（この時の一位は東大在学中の杉村陽太郎だった）、西国三十三個所や四国八十八個所の巡礼競争、全国中等学校庭球大会などつぎつぎと奇抜なアイデアを打ち出して大評判となった。これに対して東京で種々のアイデアを出したのが「時事新報」で、時事の企画は米国留学から帰った福沢捨次郎社長の着想によるものだった。その一つが三十四年に初めて行なわれた長距離競走で、こ

れは上野不忍池のまわりを十二時間走らせ最長距離を走ったものに賞を与えるという試み。全都の評判になったらしいが、午前四時から午後四時までブッ通し走らせるのは人道問題だと「萬朝報」などから攻撃もうけている（この時は、一等、二等とも人力車夫が占めた）。この「時事新報」が四十年から四十一年にかけて行ない、全国を風びしたのが、この美人コンクールだった。

　これはシカゴ・トリビューンが世界美人競争を計画し各国の新聞社に、代表を求めたのに応じたもので、「時事新報」では全国各地の有力紙に協力を依頼し、四十年九月十五日に紙上に『日本第一美人の写真を募集す』と二ページにわたる大社告を出している。

　この時の協力社は、東奥日報、岩手毎日新聞、秋田魁《さきがけ》新報、河北新報、山形新聞、福島民報、下野《しもつけ》新聞、上毛新聞、東北日報（新潟）、北国新聞、福井新聞、信濃毎日新聞、静岡民友新聞、近江新報（滋賀）、山陽新報、因伯時報（鳥取）、馬関毎日新聞（山口）、徳島毎日新聞、土陽新聞（高知）、大分新聞、宮崎新聞、鹿児島新聞の二十二社で、各地域で写真を募集し、十月から翌四十一年二月にかけて連載し、大評判となった。

日本一美人末弘ヒロ子嬢（時事新報）

世界美人の第六位　この時、一等になった末弘ヒロ子は小倉市長末広直方氏の四女、二等は、河北新報が担当した宮城県の一位、三等は下野新聞社の募集した栃木県の一位で、一等の末弘ヒロ子は、翌年開かれた世界美人コンクールで第六位に入賞している（一位はアメリカ）。『昨年市俄古のトリビューン新聞社が、世界各新聞社に委嘱して世界一の美人の投票を募り、我国にても……時事新報社に於いて日本一の美人投票をなし其の結果、末弘ヒロ子（現野津家夫人）が当選したるが、同社にて各国より集りたる写真にて鑑定を乞ひ……日本一の美人は世界美人の第六位を占めたり』（報知新聞　四十二年一月十六日）

後年のミス・ユニバース・コンテスト、ミス・ワールド・コンテストの先駆といってもよいだろう。

だが、このような企画は、当時の人心には余りにも突飛な企てであり、こんな競争に応じて自ら美貌を誇るとは日本婦人の淑徳に反するという非難も多かったらしい。事実、末弘ヒロ子は、学習院中等部の三年生だったが、『学習院女子部は斯る企画に参加して尚ほ意とせざるが如き家庭の女子を教育すること能はず』（時事新報　三月二十九日）と退学を勧告されている。（この時の学習院長は乃木大将だったが、乃木大将はすぐ自分が仲人になって、退学させたヒロ子を野津元帥の嗣子鎮之助大尉にとつがせるという温情を見せている。）

《明治42年》

基本的な言論統制法規「改正新聞紙法」　『二十五議会の協賛を経たる改正新聞紙法は、六日の官報を以て公布し、同時に勅令を以て同法を樺太に施行の件を発布したり』（報知新聞　五月七日）

現在の日本には、新聞を直接の対象にして取り締まる法律は存在していない。しかし第二次大戦が終わるまで、われわれの先輩新聞人たちは、種々の新聞統制法規に悩まされてきたわけで、中でももっとも基本的な言論統制法規が、この五月六日に公布された改正新聞紙法であった。

法律　○朕　帝国議会ノ協賛ヲ経タル新聞紙法ヲ裁可シ　茲ニ之ヲ公布セシム

御名御璽

明治四十二年五月五日

内閣総理大臣侯爵　桂　太郎

陸軍大臣子爵　寺内　正毅

外務大臣伯爵　小村寿太郎

海軍大臣男爵　斎藤　実

内務大臣法学博士男爵　平田　東助
司法大臣子爵　　　　　岡部　長職

新聞紙法　明治四十二年五月六日法律第四十一号

第一条　本法ニ於テ新聞紙ト称スルハ一定ノ題号ヲ用ヒ時期ヲ定メ又ハ六箇月以内ノ期間ニ於テ時期ヲ定メスシテ発行スル著作物及定時期以外ニ本著作物ト同一題号ヲ用ヒテ臨時発行スル著作物ヲ謂フ

②同一題号ノ新聞紙ヲ他ノ地方ニ於テ発行スルトキハ各別種ノ新聞紙ト看做ス

第二条　左ニ掲クル者ハ新聞紙ノ発行人又ハ編輯人タルコトヲ得ス

一　本法ヲ施行スル帝国領土内ニ居住セサル者
二　陸海軍軍人ニシテ現役若クハ召集中ノ者
三　未成年者、禁治産者及準禁治産者
四　懲役又ハ禁錮ノ刑ノ執行中又ハ執行猶予中ノ者

第三条　印刷所ハ本法ヲ施行スル帝国領土外ニ之ヲ設クルコトヲ得ス

第四条　新聞紙ノ発行人ハ左ノ事項ヲ内務大臣ニ届出ツヘシ

一　題号
二　掲載事項ノ種類
三　時事ニ関スル事項ノ掲載ノ有無
四　発行ノ時期、若シ時期ヲ定メサルトキハ其ノ旨
五　第一回発行ノ年月日
六　発行所及印刷所
七　持主ノ氏名、若シ法人ナルトキハ其ノ名称及代表者ノ氏名
八　発行人、編輯人及印刷人ノ氏名年齢

但シ編輯人二人以上アルトキハ其主トシテ編輯事務ヲ担当スル者ノ氏名年齢

②前項ノ届出ハ持主又ハ其ノ法定代理人ノ連署シタル書面ヲ以テシ第一回発行ノ日ヨリ十日以前ニ管轄地方官庁ニ差出スヘシ

第五条　前条第一項第一号乃至第三号ノ事項変更ハ変更ノ日ヨリ十日以前ニ第四号若ハ第六号ノ事項又ハ持主編輯人印刷人ノ変更ハ変更前又ハ変更後七日以内ニ前条ノ手続ニ依リ発行人ヨリ之ヲ内務大臣ニ届出ツヘシ但シ持主変更ノ届出ニハ死亡ニ依ル場合ノ外新旧持主又ハ其ノ法定代理人ノ連署ヲ要ス

第六条　死亡シ又ハ第二条ニ該当スルニ至リタル発行人ノ権利及義務ヲ承継シタル発行人ハ其ノ発行人ト

為リタル日ヨリ七日以内ニ前条ノ手続ヲ為スヘシ
前項ノ場合ノ外発行人ノ変更ハ変更ノ日ヨリ十日以前ニ前条ノ手続ヲ為スヘシ
第七条　新聞紙ハ届出ヲ為シタル発行時期又ハ発行休止ノ日ヨリ起算シテ百日間、三回発行ノ期間ヲ通シテ百日ヲ超ユル新聞紙ニ在リテハ三回発行ノ期間之ヲ発行セサルトキハ其ノ発行ヲ廃止シタルモノト看做ス
第八条　発行人若ハ編輯人死亡シ又ハ第二条ニ該当スルニ至リ後任ノ発行人若ハ編輯人ヲ定メサル間又ハ発行人若ハ編輯人一箇月以上本法ヲ施行スル帝国領土外ニ旅行スル場合ニ於テハ仮発行人若クハ仮編輯人ヲ設クルニ非レハ新聞紙ノ発行ヲ為スコトヲ得ス
②発行人及編輯人ニ関スル本法ノ規定ハ仮発行人及仮編輯人ニ之ヲ準用ス
第九条　編輯人ノ責任ニ関スル本法ノ規定ハ左ニ掲クルモノニ之ヲ準用ス
一　編輯人以外ニ於テ実際編輯ヲ担当シタルモノ
二　掲載ノ事項ニ署名シタル者
三　正誤書、弁駁書ノ事項ニ付テハ其ノ掲載ヲ請求シタル者
第十条　新聞紙ニハ発行人、編輯人、印刷人ノ氏名及発行所ヲ掲載スヘシ
第十一条　新聞紙ハ発行ト同時ニ内務省ニ二部、管轄地方官庁、地方裁判所検事局及区裁判所検事局ニ各一部ヲ納ムヘシ
第十二条　時事ニ関スル事項ヲ掲載スル新聞紙ハ管轄地方官庁ニ保証トシテ左ノ金額ヲ納ムルニ非レハ之ヲ発行スル事ヲ得ス
一　東京市、大阪市及其ノ市外三里以内ノ地ニ於テハ弐千円
二　人口七万以上ノ市又ハ区及其ノ市又ハ区外一里以内ノ地ニ於テハ千円
三　其他ノ地方ニ於テハ五百円
②前項ノ金額ハ一ケ月三回以下発行スルモノニ在リテハ其ノ半額トス
③保証金ハ命令ヲ以テ定ムル種類ノ有価証券ヲ以テ之ニ充ツルコトヲ得
第十三条　保証金ニ対スル権利及義務ハ発行人変更ノ場合ニ於テ後任発行人之ヲ承継スルモノトス
第十四条　保証金ハ発行ヲ廃止シタルトキニ非サレハ其ノ還附ヲ請求シ又ハ其債権ヲ譲渡スルコトヲ得ス
但シ国税徴収法及之ヲ準用スル法令ヲ適用シ又ハ名誉ニ対スル罪ニ依ル損害賠償ノ判決ヲ執行スルハ此ノ限ニ在ラス
第十五条　保証金ヲ納ムル新聞紙ニ関シ発行人又ハ編

輯人罰金又ハ刑事訴訟費用ノ言渡確定ノ日ヨリ十日以内ニ之ヲ完納セサルトキハ検事ハ保証金ノ全部又ハ一部ヲ之ニ充ツルコトヲ得

第十六条　保証金ハ其闕額ヲ生シタル場合ニ於テ之ヲ填補スルニ非レハ其ノ新聞紙ヲ発行スルコトヲ得ス但シ闕額ヲ生シタル日ヨリ七日以内ハ此ノ限リニ在ラス

第十七条　新聞紙ニ掲載シタル事項ノ錯誤ニ付其ノ事項ニ関スル本人又ハ直接関係者ヨリ正誤又ハ正誤書、弁駁書ノ掲載ヲ請求シタルトキハ其ノ請求ヲ受ケタル後次回又ハ第三回ノ発行ニ於テ正誤ヲ為シ又ハ正誤書、弁駁書ノ全文ヲ掲載スヘシ

②正誤、弁駁ハ原文ト同号ノ活字ヲ用ウヘシ

③正誤、弁駁ノ趣旨法令ニ違反スルトキ又ハ請求者ノ氏名住所ヲ明記セサルトキハ之ヲ掲載スルコトヲ要セス

④正誤書、弁駁書ノ字数、原文ノ字数ヲ超過シタルトキハ其ノ超過ノ字数ニ付発行人ノ定メタル普通広告料ト同一ノ料金ヲ要求スルコトヲ得

第十八条　官報又ハ他ノ新聞紙ヨリ抄録セシ事項ニシテ官報又ハ新聞紙ニ於テ正誤シ又ハ正誤書、弁駁書ヲ掲載シタルトキハ本人又ハ直接関係者ノ請求ナシト雖其官報又ハ新聞紙ヲ得タル後前条ノ例ニ依リ正誤シ又ハ正誤書、弁駁書ヲ掲載スヘシ

但シ料金ヲ要求スルコトヲ得ス

第十九条　新聞紙ハ公判ニ付スル以前ニ於テ予審中ノ内容其ノ他検事ノ差止メタル捜査又ハ予審中ノ被告事件ニ関スル事項又ハ公開ヲ停メタル訴訟ノ弁論ヲ掲載スルコトヲ得ス

第二十条　新聞紙ハ官署、公署又ハ法令ヲ以テ組織シタル議会ニ於テ公ニセサル文書又ハ公開セサル会議ノ議事ヲ許可ヲ受ケスシテ掲載スルコトヲ得ス請願書又ハ訴願書ニシテ公ニセラレサルモノ亦同シ

第二十一条　新聞紙ハ犯罪ヲ煽動若ハ曲庇シ又ハ犯罪人若ハ刑事被告人ヲ賞恤若ハ救護シ又ハ刑事被告人ヲ陥害スルノ事項ヲ掲載スルコトヲ得ス

第二十二条　第四条乃至第六条ノ届出ヲ為スモ実ヲ以テセス又ハ保証金ヲ納メ若ハ之ヲ填補スヘキ場合ニ於テ之ヲ納メ若ハ之ヲ填補セスシテ発行シタルトキハ正当ノ届出ヲ為シ又ハ保証金ヲ納メ若ハ之ヲ填補スルマテ管轄地方官庁ニ於テ新聞紙ノ発行ヲ差止ムヘシ

第二十三条　内務大臣ハ新聞紙掲載ノ事項ニシテ安寧秩序ヲ紊シ又ハ風俗ヲ害スルモノト認ムルトキハ其発売又頒布ヲ禁止シ必要ノ場合ニ於テ之ヲ差押フルコトヲ得

②前項ノ場合ニ於テ内務大臣ハ同一趣旨ノ事項ノ掲載ヲ差止ムルコトヲ得
第二十四条　内務大臣ハ外国若クハ本法ヲ施行セサル帝国領土ニ於テ発行シタル新聞紙掲載ノ事項ニシテ安寧秩序ヲ紊シ又ハ風俗ヲ害スルモノト認ムルトキハ其ノ本法施行ノ地域内ニ於ケル発売及頒布ヲ禁止シ必要ナル場合ニ於テハ之ヲ差押フルコトヲ得
②新聞紙ニ対シ一年以内ニ二回以上前項ノ処分ヲ為シタルトキハ内務大臣ハ其ノ新聞紙ヲ本法施行ノ地域内ニ輸入又ハ移入スルヲ禁止スルコトヲ得
第二十五条　前条第二項ニ依ル禁止ノ命令ニ違反シテ輸入又ハ移入シタル新聞紙及第四十三条ニ依ル禁止ノ裁判ニ違反シテ発売又ハ頒布スルノ目的ヲ以テ印刷シタル新聞紙ハ管轄地方官庁ニ於テ之ヲ差押フルコトヲ得
第二十六条　本法ニ依リ差押ヘタル新聞紙ニシテ二年以上其ノ差押ヲ解除セラレサルトキハ差押ヲ執行シタル行政官庁ニ於テ之ヲ処分スルコトヲ得
第二十七条　陸軍大臣、海軍大臣及外務大臣ハ新聞紙ニ対シ命令ヲ以テ軍事若ハ外交ニ関スル事項ノ掲載ヲ禁止シ又ハ制限スルコトヲ得
第二十八条　第二条ニ該当スル者ニシテ事実ヲ詐リ発行人又ハ編輯人ト為リタルトキハ三月以下ノ懲役又ハ五拾円以下ノ罰金ニ処ス
第二十九条　第三条ニ違反シタルモノハ参百円以下ノ罰金ニ処ス
第三十条　第四条乃至第六条ノ届出ヲ為サス若ハ届出ヲ為スモ実ヲ以テセス又ハ第四条第一項第一号、第四号乃至第六号ニ関シ届出ノ事項ニ違反シタル行為ヲ為シ又ハ第十一条ニ違反シタルトキハ発行人ヲ百円以下ノ罰金又ハ科料ニ処ス
第三十一条　第四条第一項第二号又ハ第三号ニ関シ届出ノ事項ニ違反シタル行為ヲ為シタルトキハ発行人及編輯人ヲ百円以下ノ罰金又ハ科料ニ処ス
第三十二条　第八条第一項ニ違反シタルトキハ発行人死亡シ又ハ第二条ニ該当スルニ至リタル場合ニ於テハ実際発行ヲ為シタル者其ノ他ノ場合ニ於テハ発行人ヲ百円以下ノ罰金又ハ科料ニ処ス
第三十三条　第十条ニ違反シ又ハ掲載ニ実ヲ以テセサルトキハ発行人及編輯人ヲ百円以下ノ罰金又ハ科料ニ処ス
第三十四条　第十二条第一項、第二項、第十六条ニ違反シ又ハ第二十二条ニ依ル差止ノ命令ニ違反シタルトキハ発行人ヲ参百円以下ノ罰金ニ処ス
第三十五条　第十七条第一項、第二項又ハ第十八条ニ違反シタルトキハ編輯人ヲ五拾円以下ノ罰金又ハ科

料ニ処ス
②前項ノ罪ハ私事ニ係ル場合ニ於テ告訴ヲ待テ之ヲ論ス
第三十六条　第十九条、第二十条ニ違反シタルトキハ編輯人ヲ五百円以下ノ罰金ニ処ス
第三十七条　第二十一条ニ違反シタルトキハ編輯人ヲ三月以下ノ禁錮又ハ弐百円以下ノ罰金ニ処ス
第三十八条　第二十三条ニ依ル禁止若ハ差止ノ命令、第二十四条ニ依ル禁止ノ命令、第四十三条ニ依ル禁止ノ裁判ニ違反シタルトキハ発行人、編輯人ヲ六月以下ノ禁錮又ハ参百円以下ノ罰金ニ処ス情ヲ知リテ其新聞紙ヲ発売又ハ頒布シタル者ハ弐百円以下ノ罰金ニ処ス
第三十九条　第二十三条第一項、第二十四条第一項、第二十五条ニ依ル差押処分ノ執行ヲ妨害シタル者ハ六月以下ノ禁錮又ハ参百円以下ノ罰金ニ処ス
第四十条　第二十七条ニ依ル禁止又ハ制限ノ命令ニ違反シタルトキハ発行人、編輯人ヲ二年以下ノ禁錮又ハ参百円以下ノ罰金ニ処ス
第四十一条　安寧秩序ヲ紊シ又ハ風俗ヲ害スル事項ヲ新聞紙ニ掲載シタルトキハ発行人、編輯人ヲ六月以下ノ禁錮又ハ弐百円以下ノ罰金ニ処ス
第四十二条　皇室ノ尊厳ヲ冒瀆シ政体ヲ変改シ又ハ朝憲ヲ紊乱セムトスルノ事項ヲ新聞紙ニ掲載シタルトキハ発行人、編輯人、印刷人ヲ二年以下ノ禁錮及参百円以下ノ罰金ニ処ス
第四十三条　第四十条乃至第四十二条ニ依リ処罰スル場合ニ於テ裁判所ハ其ノ新聞紙ノ発行ヲ禁止スルコトヲ得
第四十四条　本法ニ定メタル犯罪ニハ刑法併合罪ノ規定ヲ適用セス
第四十五条　新聞紙ニ掲載シタル事項ニ付名誉ニ対スル罪ノ公訴ヲ提起シタル場合ニ於テ其ノ私行ニ渉ルモノヲ除クノ外裁判所ニ於テ悪意ニ出テス専ラ公益ノ為メニスルモノト認ムルトキハ被告人ニ事実ヲ証明スルコトヲ許スコトヲ得若シ其ノ証明ノ確立ヲ得タルトキハ其ノ行為ハ之ヲ罰セス公訴ニ関聯スル損害賠償ノ訴ニ対シテハ其義務ヲ免ル

附　則

①新聞紙条例ハ之ヲ廃止ス
②本法施行前ヨリ発行スル新聞紙ニシテ本法ノ規定ニ依リ保証金ニ闕額ヲ生スルニ至リタルトキハ本法施行ノ日ヨリ三年間其ノ塡補ヲ猶予ス
③第二十六条ノ規定ハ本法施行前ノ差押ニ係ル新聞紙ニ之ヲ準用ス

驚くべき改悪案　そもそもこの新聞紙法は、当時の新聞取り締まり法規であった明治二十年の新聞紙条令改正案から出たもので、最初、大阪朝日新聞記者村松恒一郎と東洋日の出新聞（長崎）社主兼主筆鈴木力の二人が議員提出法案として衆議院に上程したものだった。この案は予審記事の公判前記載禁止条項の削除、司法処分としての発行禁止処分削除、体刑罰の縮小などを含むかなりの改善案であった。

ところがこの案が議会で特別委員会に付託されると、政府側委員の猛烈な反対にあい、原案の跡もとどめられないほどの修正案となって採択承認されてしまった。村松案がねらった予審記事掲載禁止条項の廃止は実現せず（第十九条）、発行保証金は倍額に引き上げられ（第十二条）、編輯人の責任に関する規定（第九条）は、署名編輯人以外に「実際編輯ヲ担当シタルモノ、掲載ノ事項ニ署名シタル者、正誤書、弁駁書ノ事項ニ付テハ其ノ掲載ヲ請求シタル者」にまで拡大、あまつさえ明治三十年の改正で廃止された内務大臣の行政処分権さえ復活する（第二十三条）という驚くべき改悪案であった。

さらにここで驚くべきことは、この村松案を審議した衆議院の特別委員十八人（委員長は三土忠造）の中には、大橋頼模（静岡新報社長）、高久倉蔵（栃木県の野州日報社主）、福本誠（九州日報社長）、高橋文質（高田新聞社長）、山田珠一（九州日日新聞社長）、富田幸次郎（高知新聞社長）、村松恒一郎、鈴木力と、新聞人が八人（うち七人は経営者）も含まれており、また実際に修正案を審議作成した特別調査委員会は、大橋、高久、富田、村松、鈴木の新聞人五人で構成されていることである。

体制と密着してきた新聞企業　しかもこの審議の過程でみる限り、第一議会以来、毎回のように新聞紙条例の改廃案を提出し、言論の自由を要求した新聞人の声は全くみられず、ただ論じられているのは新聞経営者としての企業活動の自由の要求のみであった。議会外においても、この法案に対するきびしい批判はみられない。

『新　新聞紙法

第二十五議会にて改正せられたる新聞紙法は、去る五日を以て公布せられ、二十五日より効力を生ず。……初め議員側より提出したる趣旨に反し、政府及び政友会側より翻弄せられ、改正は却て改悪となり、藪蛇の感ありと云へど、実際藪蛇にもあらず改悪にもあらず、尚一層厳格に規定したかりしを生中に改正し、鵺的《ぬえてき》法律となりしのみ。一部論者が改悪と云ふは第一に保証金を増加したる事、第二に実際の編輯人及び記事署名者を罰するに至りし事、第三に公判に附せざる以前の予審内容其他検事の差止めたる捜査の掲載を禁ぜられたる事、第四に発売頒布の禁止を司法処分に移したる事等なり　其他は些末の改正に過ぎず……元来保障金は無用なり、新聞紙を発行する以上は保証金などを納むる程不信用なるべからず……然るに内地新聞の実状、此保証金を要すとせば、一層多額の保証金を徴して可なり。……之に堪へざる新聞紙の如きは発行せずして可なり。次に実際の編輯人及び記事に署名したるものを罪するも至当なり。苟くも刑に触るる如き記事の掲載は、実際の責任者男らしく之れに当るべきなり。……若し上に暴虐の為政家出でば、頗る危険なる条文となりたるも、責任を明かにする点に於て必ずしも忌避すべきにあらず。……第三に予審の内容其の他掲載禁止も尤もの事なり。然るに一方を拘束する以上は、裁判所も亦徳義を守らざるべからず。新聞紙が互に競争する以上は、解禁も最も公平ならざるべからず、然らずんば法を守る厳なるもの独り不利を蒙り不徳義なる新聞紙のみ社会に対して成功す。……次に発売頒布の禁止を行政処分に移したるは……吾人は之を当路者の罪とのみ思はず、同業者自ら招くの罪亦多しと思ふ。実は以上の外、正当の新聞業以外に種々の興業を為し、若くは社会の風紀を破壊するの行為を為すものは厳重に取締りたかりしなり。事玆に出でず。唯無用の改のみを為して、中途半端のものと為り了り……』（大阪朝日新聞　五月十五日社説）

　このことは、当時の新聞が資本主義社会の中で企業としてりっぱに成立した半面、体制と密接なかかわりをもってきた一つのあらわれであった。

三十六年にわたって　だが現実には、早速この「新聞紙法」が頭をもたげてきた。

『●記事差止命令頻々
大阪地方裁判所山本検事正は六月四日午後六時五分を以て市内の五新聞に対し、大阪税務監督局及び其の管内税務属収賄に関する捜査事項一切の掲載差止命令書を発したるが、又しても昨日左の如き命令書を送達したり。

掲載差止命令書

大阪朝日新聞発行人　小池　信美

掲載差止事項　名古屋市東区菴横町道路改正に関し、市会議員等に賄賂三千円を贈りし事件一切。

新聞紙法第十九条に拠り掲載することを差止む。右命令す。

明治四十二年六月六日午後四時零分

大阪地方裁判所検事正

山本辰六郎』（大阪朝日新聞　六月七日）

『●記事差止命令事件

▲公判▲痛快なる弁論

本紙並に毎日、時事三新聞が記事差止命令書を掲載したるは、新聞紙法に違反する者なりとて、大阪地方裁判所山本検事正が西内検事をして起訴せしめたる事件は、十七日午後二時、同裁判所刑事第一号法廷に於て、成田裁判長の手に公判を開けり。嘱託弁護人は本社より高谷、乾、毎日より日野、菅沼、時事より横山、白川の六氏にして……西内検事の論告あり、被告等の行為は記事差止命令の目的を無効ならしめたるものにて、取敢ず法文の精神に違反したるものと認むべしとて罰金百円づつを求刑せり』（大阪朝日新聞　六月十九日）

そしてこの新聞紙法は、大正、昭和を通じて何回か改正動議が出されたにもかかわらず、太平洋戦争終了まで存続し（法文の廃止は昭和二十四年五月）三十六年にわたって新聞人の頭上に重くのしかかってきたのである。

海空に事件・ハレー彗星や潜水艇沈没　明治もおしせまったこの年に、世界中の話題をさらったのがハレー彗星の通過だった。フランスの天文学者カミーユ・フラマリヨンが「五月十九日ハレー彗星と地球が衝突して地球は破滅する」と語ったといううわさが流れ、この日は世界中が大騒ぎ。

『長い尻尾に包まれるの、恐ろしい瓦斯に中（あて）られて生物は皆死んで了ふの、酸素が多くなって人間が躍り出すの、石が隕（お）ちるの、磁石が利かなくなるのと恐ろしいやうな面白いやうな説に煽られて昨日は市中到る所朝の程から彗星の話で持切り……午前十一時過ぎより高い火見台や家根の上に例の煤（いぶ）し硝子を持った連中が続々登って、今彗星が自動車で走って居るの、停電で休んで居るの、急行だのと口々に喧しいことを言ひ合って居たが、天空一片の雲をも止めぬ日本晴、何の変った現象をも認めることが出来なかった』（大阪朝日　五月二十日）

この年には、海に空に、世間をにぎわすような事件があいついだ。これを当時の新聞の社会面から見てみよう。

『●逗子の惨劇

▽短艇転覆、学生十二名溺死　二十三日午前九時相州逗子開成中学校分校生徒十二名及び同所小学校生徒一名、小春日和の好日曜を利用し小坪海岸より一艘の端艇を艤装して解纜したるに午後一時頃烈風のため同海岸を距る約二哩の沖合にて顚覆し乗組員一同溺死を遂たり』（読売新聞　一月二十五日）。今も歌われる「真白き富士の嶺、みどりの江の島……」の歌は、この事件を聞いて、当時鎌倉高女の教諭だった三角錫子が作詩作曲したもので、そのころのボート熱もあって日本全国の人びとによって歌われ、人びとの涙をさそった。

四月十一日には第六潜水艇が広島湾で潜航試験中、空気抜きより入水してついに浮上せず艦長以下乗り組み員十五人が殉職するという大事件がおこった。この時『佐久間艦長は沈没時（午前十時）より午後零時四十分に至る間に於て沈没の状況、部下の忠実、所感其他に就き記注し居れり時々刻々に呼吸切迫し脈搏薄らぎ行く間に在りて精神の確実、事理の明白にして一糸乱れず読む人を泣かしむ此手記に依り沈没の原因は明らかに知られ且つ我海軍は実に貴重なる実験を得たり』（読売新聞　四月二十日）。この佐久間勉大尉の最期は、軍人の模範、責任感の発露として、戦前の教科書には「佐久間大尉の遺書」として大きく扱われていた。

白瀬中尉の南極探検　だが、悲報のほかに壮挙もあった。十一月二十九日、陸軍中尉白瀬矗を隊長とする南極探検隊は、わずか百九十九トンの開南丸で芝浦を出帆、南極大陸へ向かった。しかし出発がおくれたため夏季におくれ、南緯七四度十六分でシドニーに引返し、経費節約のため露営生活を続けながら再挙をはかった。四十四年十一月十九日再び南極に向かった白瀬隊は、四十五年一月鯨湾に上陸して南進、南緯八十度五分の地点に到達、ここを大和雪原と命名し、六月二十日無事品川に帰港した。

この白瀬中尉の南極探検は、国民的人気を集め、大隈重信を会長とする「南極探検後援会」まで結成され、朝日新聞社が後援を社告していた（四十三年七月十三日）。だが後になって、計画のずさんさが指摘されて、朝日新聞社は義捐金募集から手をひくことになり、上野精一、杉村楚人冠、池辺三山ら関係者は大変苦労したが、幸運にも一行は無事に帰国して盛大な歓迎をうけ、ご下賜金なども受けたので面目を保つことができた。

日本人初の飛行　またこの年の暮れ、日野熊蔵、徳川好敏両陸軍大尉によって日本で初めて日本人の手によって飛行機が飛んだ。

『○遂に大飛行す

去る十五日飛行試験著手以来予期せざる発動機の故障又は天候の不適当なりし為め十分に飛翔の目的を達し得ざりしファルマン式飛行機は十九日に到り予期通りの好成績を示すに至れり……徳川大尉は午前七時四十分に至り飛揚を決行し滑走すること僅に三十米許りなるに飛行機は疾くも地を離れ我国に於ては始めて見る天馬奔空の壮観を呈して練兵場を二周し衆人歓呼の裏に何等の故障もなく静々と予定の地点に降下せり』（東京日日新聞　十二月二十日）

＊池辺三山（元治元―明治四五）　熊本県出身で本名は吉太郎。明治二十七年パリから鉄崑崙の名で「日本」新

聞に「巴里通信」を寄稿、文名があがった。二十九年「大阪朝日」入社、翌年「東京朝日」に移り、名主筆とうたわれ、言論の権威を高めた。

《明治44年》

論議呼んだ「殉職自殺否定」談　この年十一月十一日から五日間、久留米で陸軍特別大演習が開かれ、明治天皇が行幸になったが、この時門司駅で、五分間の休憩予定が一時間にわたるという不測事態を生じた。

これはお召し列車が『最後の試運転の時如何なる機会（はずみ）なりしか列車に掩ひありしホロの紐が車輪に挟まりし為めに御召列車に故障を生じたるにより』（九州日報　十一月十三日）起こった事故で、精密に作成された天皇行幸のスケジュールをくるわせたということは、当時としては大変な事件であったため、事故の責任者門司駅構内主任清水正次郎は十一日「其責を負ひ自殺して罪を謝する」との遺書を懐中に鉄道自殺をとげるに至った。

だが、この清水主任の死は世間の同情を集め『清水正次郎死去の旨天聴に達し憫然に恩思され本日特に祭粢(し)料金三百円を下賜せられる』（福岡日日　十一月二十五日）とともに『日野西侍従、栗原宮内書記長ら発起人となり同人遺族扶助醵金』（同紙）運動が全国にまきおこった。福岡の玄洋社（頭山満の国家主義団体）は『職に殉じ責任に斃れたるその武士的最後を永久に記念せむが為め、建碑の計画』を発表、玄洋社の機関紙「九州日報」も社説で『清水氏の死は国民性の精華也、武士道の大義也』（二十八日）と称賛した。

ところがこの時、九州帝大山川健次郎総長の自殺否定の談話が「福岡日日新聞」に発表され、大問題となった。『私は……今回の門司駅員の行為に対しては賛成しません、固より死者の心事に対しては同情すべきでありますが彼の事件が果して生命を捨てんならん程の重大な事であったでせうか……徳川初世の事だと思いますが、当時のことて将軍家の「お鷹」と言へば非常に大切にされた者で、鷹匠なども中々威張って「お鷹」に遇ふては万人皆之に路を譲るの勢でした、其頃、旗本士の久世三四郎であったと思いますが、「お鷹が何だ、我はお人だ、お鷹とお人と何方が大切だ」と言ったと言ふ事があります。鳳車の遅滞は固より恐懼の事ではあるが其申訳の為として陛下の赤子たる大切な「お人」を殺すと言ふ事は果して叡慮に叶った事であったかどうか……私は大いに疑ふのであります。……責任を負えて申訳の為めに死んだと言へば成程今日責任の自覚の薄い世の中には幾分か人心に益する所もあるには違いないけれども其結果として自殺の濫用を奨励する様な事に成ったらどうでせう、……人間の生命も少し経済的に使用して出来る限り国家の為めに尽して死ぬと言ふ事にしたいと思ふのです』（福岡日日新聞　十二月二日）

「九州日報」はさっそく『清水氏自殺問題』（五―八日）と、この談話をとりあげ『山川先生に問う』『昔から日本には帝室と国民との間に一種不思議の感情が横溢して居る。世間には何もかも理屈で通らうとする者があるが理屈一点張りで行けるものではない。犠牲的の好意などと言ふものは皆美しい感情の力である』と攻撃した。

この談話は山川総長の舌禍問題として貴族院予算分科会の質疑となり、長谷場純孝文相への警告となって、時事新報、萬朝報、朝日新聞などでもとりあげられたが、山川総長の談話は何ら不穏当と認むべきものなしということで落着した。しかし当時、こういう談話を発表した山川博士、「福岡日日新聞」の勇気と態度は、少なからずそのころの社会を啓蒙するのに役立ったと言われている。

大毎、東日を合併　そのほか、三月には「大阪毎日新聞」が、長い歴史をもつ「東京日日新聞」を合併（毎日電報と合同）して、東京における地歩を築いたこと、六月には、新聞社最初の調査部が杉村楚人冠によって東京朝日新聞社に設けられたことが注目される。

なおこの年、小村寿太郎侯爵薨去をめぐって、死亡の誤報が流れた。珍しい例なのでつぎに掲げておく。

『●小村侯薨去　　東京電話廿四日発

今朝遂に薨去せり

昨日薨去したる小村侯爵（写真）』（九州日報　十一月二十五日）

『小村侯未死《いまだしせず》　東京電話廿五日発
昨日薨去を伝へられたる小村侯は食塩注射の効に依り漸く昨夜は無事に経過せられたるも……』（同二十六日）
『◉小村侯薨去　東京電話廿六日発　葉山の別荘にありて一昨日来危篤に瀕し居たる小村侯は……遂に二十六日午前四時三十分薨去せり』（同　二十七日）

なおこの時「福岡日日新聞」も、二十五日の紙面に『小村侯爵の薨去』と題する社説まで掲げてしまったので、翌二十六日『〇小村侯薨去は誤電　小村侯は昨日未明全く危篤の状態に陥り一時仮死の状態となりしが以て一般に薨去の報を伝へられたるを其後注射の効現はれ……女婿佐分利外務書記官……談に侯爵の容態は極めて危険状態なるも全く落命するに至らず……

▲陳謝　二十四日本社は小村侯薨去の由の東京電話に接したるを以て何等疑う所なく之を報道したるに二十五日に至り右は別項の事情に由る誤電の旨訂正し来れり謹んで粗漏を謝す』と詫びている。小村寿太郎はポーツマス条約について、死亡の際も新聞界を騒がせたのであった。

＊**征矢野《そやの》半弥**（安政四—明治四五）　福岡県出身。明治二十四年「福岡日日新聞」（現「西日本新聞」）社長となり、退潮しつつあった福日をその積極進取主義によってもり返し、発展の基礎を築く。二十七年代議士に当選、県政友会の指導者でもあった。新聞の不偏不党主義に対し、福日は偏理偏党で行くといったのは有名。

＊**杉村楚《そ》人冠《じんかん》**（明治五—昭和二〇）　和歌山県に生まれ、本名は廣太郎。自由神学校卒、明治三十六年「東京朝日」にはいり、外電係りとなり、ロンドンのタイムズとの特約に努力。以後特派員として活躍する。名文家として知られ、とくにその旅行記は有名。調査部（明治四十四年）、記事審査部（大正十一年）、縮刷版の発行（大正八年）などは彼の創意によるもので、朝日新聞が先鞭をつけた。新聞に関する研究・著書も多い。

≪明治45年＝大正元年≫

明治天皇崩御で各新聞全紙黒ワク　『上下唯憂懼（臣民は最大の赤誠を以て祈れ）▼東宮殿下徹宵御一睡も遊されず　東宮殿下には廿八日午後三時四十分再度御参内あり、最初皇后陛下に御見舞を申上げられし後聖上陛下の御寝室に参られて危険の御状態に在《おはし》ます御様子を拝され一方ならず御心痛を遊ばし暫時《しばし》は去りも得させ給はざりしとか……同夜は徹宵御一睡も遊ばされず皇霊殿に御参拝ありて御平癒の御祈願を籠《こ》めさせ給へる』（やまと新聞　七月三十日）

七月十四日発病された明治天皇は『御容態益《ますます》御危険』となり、二十九日には『御昏睡に陥らせ』『御四肢暗紫色を呈す』ようになった。阪谷芳郎東京市長は『聖上陛下の御不例に対して日本臣民は殊に謹慎して差当り火の用心を為し喧嘩口論等を注意せられたきものなり』との談話を発表、『徹宵二重橋畔に祈る若き女』や『市役所へ天機奉伺の為め雲集せる民草は無慮四千二百人』（やまと新聞　七月三十日）、国民はひとしく平癒を祈願したが、ついに三十日天皇は崩御された。各新聞は全紙黒ワクで囲んで哀悼の意を表し、明治は終わりを告げた。

ただちに元号は大正と改まり、大正天皇が践祚されたが、この時東京朝日の駆け出し記者緒方竹虎が、枢密顧問官三浦梧楼の邸でいちはやく大正の元号を聞き出し、これがみごとな特ダネとなったことは有名な話である。また、明治天皇のご容態ならびに崩御に際し、当時としては率直かつ敏速に周知せしむる方法をとったのは、保守的な宮廷慣習にとらわれなかった西園寺首相の力によるものが大であった、と伝えられている。

大喪儀の難文記事　九月十三日、明治天皇の大喪儀が青山葬場殿で行なわれたが、その時の記事は、

『空前の大喪儀　嗚呼竜馭《りうぎょ》已に飛んで、帝台未だ閉《とざ》さず、此一日《ひとひ》こそ哀痛の極みなれ、仙仗宸儀《せんぢようしんぎ》、平常《つね》に同じからざる今日を限の大行幸《おほみゆき》奉《まつ》るに由なく、輦路《れんろ》に擗踊《へきゆう》して雕轀《てうおん》を恭送する老少も、八音《いん》を遏密《あつみつ》して蜃輅《しんろ》を遙拝する率普臣民も攀暮《はんぼ》弥深《いよいよ》く涕涙《ているい》留め難き……』（東京朝日　九月十四日）というもの。雑観記事も『憂ひの雲こそ低く垂れたれ、降り続きたる秋霖《あきさめ》は昨来漸く歇《や》みて最後の御幸の途を清めけむも心あればにや』といった調子で、とうて

い現代の読者には理解できないような難文であった。

このご大喪の時の東京朝日の本記は、美土路昌一氏によって書かれたものだが、美土路氏は「あの本記には弱った。過去にこういう記事の例はなし、文選（もんぜん）の誄辞（るいじ）や万葉を読んで勉強して書いた。ああいうむずかしい文章はあれが最後」と語っている。

初の予想記事　この時、「国民新聞」が初めて予想記事を出し、また乃木大将の遺書をスクープ（九月十六日）して新聞史上に名を残している。当時の皇室の行事は時間から式次第に至るまで、まったく予行と違わないことになっていたので、夜中の二時ご発引の記事を、「国民新聞」は予行と印刷物によって一版からのせ、他紙を驚かせた。これが予想記事のはじまりで、以後予想記事がさかんになり、いろいろ弊害も起こすことになる。

第二の乃木将軍の遺書は、「国民新聞」の座間止水記者が、本堂平四郎赤坂署長から得た特ダネであった。なおこの時発表された遺書には『乃木家は断絶せよ、乃木邸は区か市に寄付すべし』という部分が伏せてあったため、後に大問題となったが、「国民」の号外は全文そのままのっていたので、乃木家の後がまをねらういろいろな策謀はことごとく封ぜられるという思わぬ余慶を残している。

＊**美土路昌一**《みどろますいち》（明治一九―昭和四八）　岡山県出身、早稲田大学英文科修了。明治四十一年東京朝日新聞入社、社会部記者として活躍する。大正三年青島攻囲戦に特派員として参加、十二年関東大震災の時は、通信部長兼社会部長として、通信の確保、被害対策に大活躍する。以後編集局長、取締役として、緒方竹虎とともに東京朝日の発展に非常な力をつくす。昭和二十年取締役を辞任、顧問となるかたわら、戦後の民間航空の発達に寄与、全日空社長、会長を勤めたが、三十九年再び朝日新聞にまねかれ、代表取締役社長に就任、四十二年七月辞任して相談役、四十四年朝日新聞社社賓顧問となる。

第五章　近代新聞の成熟期　大正時代

藩閥政治の打破へ　デモクラシー鼓吹

大正時代にはいると、新聞は、藩閥官僚政治の打破に一大キャンペーンを張る。大正二年の憲政擁護運動で桂内閣を倒した新聞は、翌三年シーメンス事件で薩派の山本権兵衛《ごんのひょうえ》内閣を退陣においこみ、七年の米騒動、シベリア出兵では、寺内非立憲《びりけん》内閣を痛烈に攻撃するが、逆に「大阪朝日新聞」は白虹筆禍事件で弾圧をうけ、鳥居素川編集局長はじめ幹部が退陣においこまれる。しかし新聞は弾圧に屈せず、新興ブルジョアジーの興隆を背景にして藩閥のきずなを脱却し、デモクラシーを鼓吹し、普通選挙権獲得運動に邁進する。

新聞界内部では、前期に引き続き各社の競争がくりひろげられ、とくに社会面でのスクープ合戦は、この時代が頂点をなしている。国際報道がさかんになり、各社が海外に常駐特派員を出し始めたのも第一次大戦のころからである。大正八年のパリ講和会議、十年のワシントン会議には、東京・大阪の新聞・通信各社が大勢の特派員を派遣、外国の有力新聞・通信社に伍して堂々と通信合戦を演じている。「時事新報」の有名な国際的スクープもワシトン会議の時であった。

政治部や社会部の組織が固まり、取材方法が確立したのも大正時代のことである。

大正十二年九月一日、関東大震災がおこり、東京の新聞は、「東京日日」「報知」「都（現在の東京新聞）」の三社を除いてすべて焼失、焼け残った新聞も大きな被害を受けた。この大震災は、後の日本の新聞地図を一変するような大事件だった。大阪に本社をもつ「東京朝日」、「東京日日」は、この打撃にもめげず、ただちに復興に着手、在来の東京紙を圧して全国紙としての地歩を固めるに至った。翌十三年一月、大阪の毎日、朝日の二紙は、日本の新聞として初めて百万部突破の偉業を成しとげるが、これは両紙の全国制覇を表わす象徴的なできごとで、以後この両紙は全国各地に部数をのばして行く。一方震災をうけた在京紙は、この打撃から立ち直ることができず、つぎつぎ衰退の一途をたどるが、中でただ一紙、「読売新聞」だけが、大正十三年、同紙を買収して経営にのりだした正力松太郎の創意工夫によって、大阪系二紙に対抗して興隆の道をたどりはじめたのが注目される。

≪大 正 2 年≫

軍閥の策謀に憤怒
憲政擁護運動起る

『○憲政擁護聯合会　五日釆女町　精養軒で委員会　○各団体聯合　同志記者会、浪人会、同志記者火曜会、丁未倶楽部、軍事研究会、日東倶楽部、弁護士有志憲政刷新会、理想選挙同盟会の九団体は閥族打破、憲政擁護の時局問題につき……近々其聯合大会を催す準備の為め六日日比谷松本楼に幹部会を開くべし』（東京朝日新聞　一月六日）

大正時代は元老―絶対主義者と政党の対立によって開幕した。「原敬日記」によると、まず明治天皇死去に際し、閣議は臨時国会の召集を討議した。このような大事は国民とともに憂えることが必要と考えられたためである。だがあくまで天皇を私しようとした山縣（有朋）らは「こういう場合に議会の干渉を好まず、不同意を表明した」と原敬《たかし》は書いている。

ついで八月十三日、山縣一派は枢府ならびに宮中を彼らの手に収めようと桂太郎を侍従長兼内大臣に任命、さらに八月二十日、臨時議会開院式にあたって勅語の政府原案は「朕新に大統を継ぎ、祖宗の威霊と臣民の忠良とに倚《よ》り、先帝の遺業を失墜せざらん事を期す」となっていたが、元老は原案から「臣民の忠良とに倚り」を削除した。原敬は「元老がかくのごとき大事に国民の参与を好まないのだ」と書いている。

だが時代は変わりつつあった。このような元老と政党の対立は表面化せずにはいられない。それが憲政擁護運動であり、そのきっかけとなったのが陸軍の増師問題にからむ上原勇作陸相の帷幄《いあく》上奏だった。

この事件の発端は、財政整理を看板にして成立した西園寺内閣によって、陸軍の増師要求（朝鮮に二個師団増設）をはねつけられた上原陸相が、首相を経由せずに単独で辞表を天皇のもとに提出したことに始まる。

この違法の手続きにあった西園寺首相は大正元年十二月五日内閣を投げ出したが、この陰険きわまる軍閥の策謀が知れわたると民心の憤怒が爆発し、さらに後継首相をめぐる元老の動きと、内相桂太郎が詔勅をうけて内閣を組織したことが世論の猛反撃をうけ、憲政擁護、閥族打破の声が全国にまき起こった。

この運動はまず交詢社から発したと言われているが、十二月十九日、東京歌舞伎座で第一回の憲政擁護民衆大会が開かれてからすぐ大阪に飛び火し、二十四日に第三十議会が開会されると一段と活発となり、年が明けるに及んで全国的な大運動となった。

運動の中心―「東京朝日」「萬朝報」　一例として、「萬朝報《よろずちょうほう》」とともにこの運動の中心をなした「東京朝日」の大正二年一月の紙面をみてみると、

四日『政友会の戦意』（社説）で憲政擁護運動に政友会の態度がはっきりしないことを攻撃。

五日『本年の政界』はつぎのように述べて、桂内閣の非立憲と憲政擁護運動の趣旨を世論に訴えた。『唯玆に政府の執るべき手段中、最も忌むべき一手段は、例の詔勅政略なり。現内閣にして若しも帝国議会の突貫に対して、至尊の詔勅を奏請し、此詔勅の権威を借りて、之を圧服せんには、以て一時を糊塗するを得べし。然れども桂首相

が其の一進一退に詔勅を煩はし奉りたるは、五千万国民中の最大多数が、目して不穏の行動となせる所なり』

六日からは連日、各地各団体の『閥族打破、憲政擁護』時局講演会の様子を二面に報道、『……記者大会開くべし、大演説会開くべし、更に選挙区民大会を議会に隣して開くが如きあらば最も可なるべし、是れ実に光明の天地に議員政治家を引出して公明正大なる政治を行はしむる所以也』（一月八日　社説）、『我国五千万同胞の輿論が桂内閣を戴かざるは何人も認むる処なり。而して輿論之を戴かざる内閣の出現するは、国民が責るに非立憲の三字を似てする所以なり』（一月十一日）と攻撃した。

十七日には、東京で全国記者大会が開かれるが、「東京朝日」は当日の紙面に、

『閥族の横暴一度聖慮と民心とを欺罔《ぎよう》し、帝国治道の根本典章を蹂躪して憚る所なからんとするや、玆に憲政擁護、閥族打破の声は天の一角より伝へられ忽ちにして四方に響応するに至れり……』と述べ、十八日の紙面には、全国記者大会の模様を記事五段中（当時は一ページ七段）二段の写真を添えて報道している（当時の「東京朝日」の紙面ではもっともはでな扱い）。

帝都は全く戦場と化せり
憲兵隊出動、群衆を馬蹄に蹂躪し
更に軍隊の出動を見るに至つて
国民の公憤、激怒は絶頂に達しぬ
▲大衆騎馬巡査と戦ふ
▲議院附近の交通
▲警官遂に抜剣す
▲都新聞社先ず焼かる

憲政擁護の激しい民衆行動を報じた東京日日の紙面

言論機関の地位確立　このように新聞が桂内閣の非立憲性を攻撃している間に、桂は新党組織を計画するとともに休会明け議会に停会を命じ、さらに自己に有利な世論を起こすために一月三十日憲政促進記者団を組織した。だが二月五日、これまで犬猿ただならざる関係の政友会と国民党が連合して内閣弾劾案を上程、いよいよ弾劾の決議が決行されようとした。二月十日には、院外の民衆が議会を包囲し、ついに興奮した群衆は桂を擁護した都、国民、読売、二六、報知、やまと等の新聞社を襲撃するに至り、十一日ついに桂内閣は倒壊した。これが有名な

大正政変だが、この運動の特色は、いままで、要求の提出には元老の力をかりていたブルジョアジーが自ら政治運動の組織者となったことと、従来政党の宣伝に利用されていた新聞が、逆に政党をべん達、世論を喚起して憲法を擁護し、非立憲内閣を葬ることに成功したことで、新聞が言論機関としての地位を確立するに至る一歩として大きな意味をもつできごとであった。

《大 正 3 年》

シーメンス事件で山本内閣を倒す

伯林《ベルリン》来電に曰くシーメンス・シュッケルト電機会社東京支店にて嘗てタイピストたりしカール・リヒテルなる者は禁錮二年の宣告を受けたり同人は脅喝取材の目的にて使用せん為め同会社の重要書類を窃取せしものなり証拠によれば窃取書類は日本海軍の注文に関するものにしてリヒテルは二千五百磅にて同書類を手放さんと申出でしも会社は之を拒絶し逮捕を願い出でたる上罪人として引渡しを受けたるものなり同人は会社側が日本高等官吏に賄賂を贈りたりとなせり』『不正会社員(二十一日発ロイテル倫敦電報)(夕刊報知新聞　一月二十三日付)

これが有名なシーメンス事件の発端となったロイター電で、一月二十三日付夕刊(一月二十二日発行)各紙に掲載されたものである。

事件は、ドイツの軍需会社シーメンス・シュッケルト会社の日本支店員カール・リヒテルが同社の機密書類を盗み、それをロイターの東京支局員プーレーに売りつけた上、そのコピーでベルリンの本社を脅迫、訴えられたものである。さらにプーレーは買った書類でシーメンスのヘルマン東京支店長を脅迫、ヘルマンは二十五万円でこの書類を買いもどしたというので、プーレーは盗品故買と脅喝容疑、ヘルマン支店長は証拠隠滅容疑で日本官憲の取り調べをうけた。リヒテルが脅喝のタネに使った重要書類とは『同会社が特別の関係にある呉造兵廠との取引に関する秘密事項を記入しあるもの』(前掲紙)で明細は不明であったが、海軍の高官がドイツのシーメンス会社から日本海軍の注文に対しコミッションをうけとっているという内容のものだった。
議会ではちょうど海軍艦艇補充計画に関する膨大な政府予算案が提出されていた上、時の首相は海軍の大御所、薩派の山本権兵衛だったので、この問題に関して質問が殺到したが、山本首相、斎藤実海相の弁明はきわめてあいまいなものだった。しかもこの過程で波紋はさらに広がり、英国の造船会社ビッカース商会の日本代理店三井物産首脳部が、巡洋戦艦「金剛」の注文にからみ、松本和中将に四十万円渡したことがあばかれたため、問題は大きくなった。

汚れたる薩閥海軍　そもそも当時の山本権兵衛内閣は、前年の憲政擁護、閥族打破の運動によって倒れた桂内閣の後に成立した内閣だが、薩派と政友会の妥協抱合内閣だったため、最初から世論の指弾をうけていた。そこでこの事件が報道されると、海軍は

『海軍狼狽　次官邸の秘密会議
　事件内容洩泄防止』（報知新聞　二十四日）
『記者団の質問に……調査に藉口して多くを語らず』（大阪朝日新聞　二十四日）

という態度をとり、衆議院予算委員会で島田三郎がこの問題で政府に迫ったため『政友会にてはコンミッション問題及山本首相乃至海軍大臣等に関する質問続出せんとする形勢なると同時にその声の愈大なるを憂ひ是非共之が防圧策を講ぜんと腐心したる結果二十七日の本会議は質問日なるを以て休会する事』（読売新聞　二十七日）とした。

そこで新聞はあげてこの問題の追及にのり出し『薩閥海軍の積悪は、リヒテルの点火に由りて救済さるべき運命に到着したり……官吏のコミッションを取るは、間接に国庫の金を盗むに当る』（報知新聞　二十七日）、『首相の引退を勧告す　山本伯の退隠せざれば海軍の刷新は期すべからず。海軍の刷新期し得べからずば世界の面前に汚されたる帝国海軍の名誉は之を拭ふに由なきのみならず、徒らに艦船を増加して何かせん……』（報知新聞　三十日社説）と攻撃、さらに、議会に上程されていた海軍拡張費問題に触れて『……新拡張費として明年度予算に計上

せられたるもの全部を否決するは論なく、既に協賛されたものと雖も現に着手中のものを除きて一切の拡張費を打切るべし……』(報知　三十一日)と論じた。

報知新聞はさらに二月三日節分の日の夕刊(四日付け)に『輿論山紀弾寺の節分会』というまんがを掲げ、

『福はア内　鬼はア外
　コムミッションで払ひましやう
　　エヽ厄払ひ』

と諷刺、与党政友会を攻撃(六、七、八日)するとともに、内閣弾劾案(十日)が敗れると、『第二戦は拡張費打切』(十一日)を唱え、これが国民党の反対で失敗すると『表裏反覆の国民党　唯国民の力を待つ』(十二日)『第三戦は減税案』とつぎつぎ新たな攻勢を政府、議会に投げかけた。

全国記者大会　国民の怒りも高まった。二月十日の国民大会で内閣不信任案否決を聞いた民衆は、怒って与党政友会本部と政友派の「中央新聞」「毎夕新聞」「東京毎日新聞」「時事新報」を襲撃したがこの時「東京日日新聞」の橋本繁記者が警官の抜剣で負傷した。その上、原敬内相の私邸を訪問した「東京朝日」の芳賀栄造記者が原邸の暴漢に襲われるという事件が発生したため、二月二十三日全国記者大会が開かれ、原内相の退任要求の決議が行なわれた。

憲政擁護、内閣弾劾の運動は、さらに言論擁護の目的を掲ぐるに至って全国的規模に広がり、いっそう深刻さを加えるに至った。

『薩閥内閣は愈其蛮性を発揮し始めたり、彼等は十日に於ける殺傷に満足せず、其後続々良民を拘禁しつつあり』(報知　二月二十四日)。政府も負けずに弾圧を強化し、反対派の新聞に発行禁止の処分を加えてきたが、新聞は、『内相の退職を促す』(報知　二十三日)、『大臣の資格なき原君』(同　二十八日)『完膚なき内閣』(同　三月一日)と攻める一方、『政府の末期近づく』(同　六日)、『大に請願すべし』(同　七日)、『学徒も蹶起せよ』(同　八日)、『医界も蹶起せよ』(同　十日)、『首相山本伯は海軍腐敗の元兇、原内相は虚言政治家と称せられ、其剛腹我慢は品性の劣等を表彰するものとして、最も人の指弾を受く、牧野無能外相、楠瀬低脳陸相、世間の定称すること既に久し　山本農相は電灯問題に蹉躓し　奥田法相は文相として進退伺いの狡策に一時を免れ　大岡文相は人寧ろ氏と齢するを恥ぢ　高橋蔵相は国務大臣を以て目する人なく　海坊主の名独り高し　斎藤海相に至りては評する必要なかるべく　十大臣中稍々無難なるは一の元田逓相を余すのみ……』（同十三日）と民衆に訴え、政府を攻撃した。

　このような世論の猛攻撃に、ついに『十三日の貴族院は、政府不信任の理由を以て海軍拡張費七千万円を削減した』（報知　三月十五日）ため、さすがの山本首相も三月二十四日内閣を投げ出すこととなる。

《大正４年》

海南新聞の太白樹事件キャンペーン　四月、愛媛県警察界の大物ら八名が酒に酔って、道後公園の太白樹の枝を折り、注意した公園監視人に、逆になぐる、ける、踏むの暴行を加えるという事件が起こった。

『●咄々怪事
　　警官連公園の樹木を折り
　　剰へ監視人を袋叩きにす

四日午後七時過ぎ道後公園監視人……に対し「今此の前の太白樹の枝を折って向ふへ行った者がある」と注意し呉れし者あるより監視人は捨て置けずと直ぐ様立出で……其と覚しき八九名連れの紳士を見受けしかば「若しや貴郎は只今此木を折られはしませんか」と尋ねたる処「何ニッ」と穏かならぬ気勢を示して振り向くを合図に、酒気を帯びたる数名の者は「此の不届者、無礼者奴が」などと罵りながら監視人を取囲んで一斉に打って掛り首筋、顔面、手足の嫌ひなく打って〳〵打ち据えたる揚句……「此方へ来い」と云ひながら無理やり駅前派出所に引摺り込み、又もや鉄拳を喰はせ咽喉を締付け「土百姓奴、不埒者奴」と罵りながら手を捻ぢ上げるやら突き飛ばすやらの大暴行を加へ……其侭一行は電車にて松山方面へ帰りたる……其際警部の云ふ様「今夜お前が最初捉へし人は○○であるがお前は愈々其人が枝を折りしものと断言し得るか」と問ひ尚一行の中には警察界の大頭株の加はり居たる事実を口外せる由なり』(海南新聞　四月七日夕刊＝八日付け)

海南新聞(現在の愛媛新聞)は、社説欄でも「驚くべき警官の暴行」と題してこの事件を論評した。この時はまだ『せる由なり』という疑問の結論を投げかけたにすぎなかったが、この記事に対し翌八日「愛媛県警察部長時実秋穂」と署名した自筆の長文弁ばく書がとどいた。これは、『咄々怪事は報じて云く警察官吏が道後公園の樹枝を折り而かも公園監視人を袋叩きにせり其の一行中には警察界の大頭株加はり居れりと予亦其の一行中の一人なることを告白するの光栄を有す海南紙は袋叩にしたりと云ふ袋叩の定義如何によりては其の言或は信ならん(だが)袋叩なる名辞はかくの如き場合に之を用ゐざるを普通とす彼が多少にても損傷を受けたりとせば同情すべき点なきに非ず(しかし)多数相寄って一人を捕へたりするも之亦袋叩きにはあらざるなり……看取人の嫌疑は何等犯行なき我一行の一人に対し妄言以て之に臨みたるにより或はかかる不正行為を常習とせる者にあらずやとの推定に基くものにして看取人の行為としては不用意不謹慎のこと、云はざるべからず……』というもので、なんら反省の色が見えなかった。

これを見て世論は怒った。海南新聞は、九日夕刊(十日付け)に約四段にわたってこの弁ばく書を掲載すると同時に、警察部長自ら暴行犯人であることを認めた以上、遠慮する必要はないと、それ以来堂々とキャンペーンを展開、四月三十日まで二十四日間紙面をつぶして書きつづけた。

この報道の見出しには、とくに初号四倍大の木版に彫らせた『時実部長一行暴行事件』を毎日柱見出しとして組み込み、その中へあらゆるニュースや談話、感想をもりこみ、社説で日々の事件の動きに対する論評を加えた。この事件の波紋は全国に広がり、大朝、大毎、東朝、東日、国民、報知、時事新報、高知、香川、徳島、福岡日日、新愛知などにも報道されている。

結局この事件は、検事局の取り調べでは微罪で不起訴となったが、五月十五日、時実部長は突如島根県警察部長に転任、主犯とみられた二人は罰俸処分をうけ、その他の連中も転任となって終わりを告げている。

全国中学野球大会　なお、新聞界ではこの年十月十日から、大阪の朝日、毎日が同時に夕刊発行を始めているほか、朝日新聞社が八月十八日「第一回全国中等学校優勝野球大会」を豊中球場で開催している。毎夏、全国の野球ファンをわかせている甲子園の高校野球大会の始まりである。また十一月十日、萬朝報《よろずちょうほう》の黒岩涙香（周六）、国民新聞の徳富蘇峯（猪一郎）、朝日新聞の村山竜平《りょうへい》、大阪毎日新聞の本山彦一が、言論人として初めて勲三等の叙勲をうけているが、これは言論機関の地位が、社会的に承認されたことを示す象徴的なできごとの一つである。

《大正5年》

初の女性理学士誕生　『愈女理学士の栄冠　女の脳力が果して高等教育に堪へるかどうかといふ久しき懸案解決の先頭として京都府生れ牧田らく子、佐賀県生れ黒田ちか子の両女史が仙台の東北帝国大学に入学して世人の目を聳たせたのもはや三年の昔となり、両女史は愈々今十七日午前十時卒業証書を授与され、茲に▽日本開闢《かいびゃく》以来はじめての女理学士の栄冠を得られる事となりました』（読売新聞　七月十七日）

現在でこそ、女子が大学を出るというのは普通のことで珍しくもないが、戦前は、女が大学へはいるというのは大変なことで、第一、女子に門戸を開いている大学は数えるほどしかなかった。官立大学で女子に入学を許した第一号は東北帝大で、大正二年、時の総長沢柳政太郎が非常な英断をもって女子に門戸を開放したのが始めである。この時入学したのは、女高師出身の牧田、黒田両女史と、女子大学出身の丹下梅子女史の三人だったが丹下女史は病気のため休学し、第一号卒業生は、前記二女史となったわけである。黒田女史は入学の時、すでに東京女子高等師範学校（現在のお茶の水女子大学）の助教授だったが、大学卒業後も東北帝大で〝べに〟の研究を続け、昭和四年には日本で二番目の女性理学博士となっている。

寺内超然内閣の警察中心政治　この年大隈内閣が倒れて、十月九日寺内内閣が出現した。大隈は辞職にあたって、後継首班に加藤高明を推薦したが、山縣有朋らの官僚一派は、一党の党首を首相とする内閣は好ましくないと称して元老会議にはかって寺内正毅を奏薦、寺内はここに、いずれの政党の代表者も含めない完全な超然内閣を組織するに至った。

この時、寺内内閣への協力を拒否した同志会（これまでの与党）は、十月十日、尾崎行雄を中心とする中正会と公友倶楽部（大隈伯後援会の後身）をあわせて憲政会を組織（総裁は加藤高明）、二百名の絶対多数党を築きあげた。

これに対して、大隈内閣当時の野党政友会は、寺内内閣に対し「是はこれを賛し、非はこれを斥け」という好意的中立の方針をとることとした。「是々非々」という言葉はここに始まるが、この態度は、政党が官僚軍閥の政治に対して〝肝胆相照〟から〝情意投合〟を経て批判的な立ち場をとるに至る歴史的な現象を示す言葉でもある。

ちょうど大正デモクラシーの論議がさかんになり始めた時であり、世論はこの山縣一派、官僚の暗躍をいっせいに非難、東京朝日は十月七日の社説で『今回元老が衆議院に於ける勢力を全然無視し、寺内伯をして超然内閣を組織せしめんとするの可否は、寺内加藤の比較問題にあらずして、純然たる憲法問題なり……一国の政治が国民の希望によりて行はるるや否やの問題なり、国民の参政権が実行せらるるや否やの問題なり』と攻撃、十二日には全国記者大会が開かれて、閥族官僚政治の排斥を決議している。

これに対し寺内内閣は、警察中心政治をもって民衆運動に対抗しようとし、警察官の増員（警視庁の巡査を六千名から一万名に増員の計画）のほか、専制支配に不利ないっさいの思想を弾圧する方針をもって臨んだため、寺内内閣時代の言論出版取り締まりはまことにきびしいものだった。

またこの年の暮れ十二月九日、文豪夏目漱石がなくなった。『故夏目漱石氏生前の希望により氏の遺骸は十日午後一時四十分から……医科大学病理解剖室で長与博士執刀の下に解剖に附された。長与博士は一世の大政治家たりし故桂公の遺骸解剖の際にも執刀せるが「公の脳は大きかったが回転において漱石氏の方が細である」と語った』

（東京朝日新聞　十二月十二日）

世人はこの解剖による夏目漱石の脳の重さに関心をもったが、常人より約七十五グラム重いとの発表に、感嘆の声がたえなかった。

続いて翌十日、今度は元老の一人大山巌公爵が死去した。当時の元老というのは、現在では想像もつかないほどの大変な存在で、前年（大正四年）九月に元老井上馨が興津の別荘でなくなった時など、公の病気が重くなると、東海道線の全車両が除行し、息をひそめて興津を通ったという伝説があるくらいたいしたものだった。

だがあいつぐ元老の死と、寺内内閣に対する民衆の反抗の激化は、明治の藩閥絶対主義者の没落を告げる晩鐘であった。

新聞界では、創刊二十周年を迎えた「河北新報」が、一月十七日に全面、広告なしの二十頁記念号を出して評判となったほか、ナイルスの宙返り飛行（三月十四日）に「大阪朝日」の松本写真班員が同乗、初めて機上写真を撮影している。

《大正6年》

元日の紙面と皇室記事　『雲の上の新年　久しい間宮中の大奥に奉仕し今はお暇を賜はり懐しい京都へ帰って老を養ってゐられる旧女官達の閑居をお訪ねし、上はやんごとない辺《わたり》から下は針女《しんめう》に至るまでの九重の雲深い大奥のお正月のお話を承はりました。これから一つ筆初めにわけてお目出度い雲の上のお正月物語を申し上げ読者諸君と共にお屠蘇の盃をあけわが大君の千秋万歳を寿《ことほ》ぎ奉ることに致しませう。あけて芽出度い元旦にはまづ暁の五時三十分から神嘉殿の南庭で厳かな四方拝の御儀がございます、次で賢所、皇霊殿、神殿の三殿を御拝あらせられ一旦大奥に還御の後御内儀に於て古例により暁の御湯漬と云ふを聞召《きこしめ》されます、それから御服を改めさせられ聖上には大元帥の御正装皇后宮には御大礼服ロープデコルテーに御帯勲で午前七時三十分鳳凰間に出御、侍従女官の奉仕の下に晴の御膳の供進を聞召されます（三箇日共）……やがて両陛下には一旦大奥に入御の上、御内儀で改めて御朝餐を召さるゝので御座いますが総じて宮中に於かせられては新年と申しても民間の如く特に門松を樹て鏡餅を飾られたりする様の事はあらせられませぬ、十時から夕暮頃まで正殿で皇族方をはじめ文武百官の拝賀をお受け遊ばしまして殆んど御休憩の御暇とても無い位で誠に畏れ多い次第です……しかし平生からでも別世界な神々しい気がする宮中のことですから年と共に新しうなる崇高さは如何ばかりでせうか、想像するだに清々しい気分がするでは御座いませぬか』（大阪朝日新聞　一月一日）

元日の紙面を皇室記事で飾るのは、今も昔も変わらない。さる昭和四十三年は明治百年ということで、いろいろな行事が行なわれたが、大正六年は、明治の年号で数えるとちょうど五十年にあたっていた。そこで「時事新報」（一月一日）は

『◇明治も玆に五十年◇
○最も記憶すべき元日
◇明治維新の大業初めて緒に就く
◇感慨殊に切なり五十年前の今日』

と「明治の大業に参じた土方久元伯爵」に先帝陛下の懐古談を語らせている。そのほか、『正月元旦各家祝い方の様々　◇久邇宮家の焼豆腐　◇毛利公爵家は萩蒲鉾の押抜き餡　◇島津公爵家は猪の吸物　◇前田侯爵家は家職一日無礼講　其国々、其土地土地の風習で多少異った点がある』（時事新報）など、当時としては庶民に知られない宮家、華族の正月の祝い方を報じた記事も出ている。

社会部の地位向上　さて、この当時の新聞で注目すべきことは、社会部の変革である。このころになると紙面の

特ダネ競争の激化　硬軟の別が徐々に取り除かれ、社会部の地位もあがってくる。明治時代に幅をきかせた探訪

員は次第に少なくなり、学校出の記者が自分で探訪し記事を書くようになってきた。さらにこの時代には、長谷川如是閑（大阪朝日）、千葉亀雄（国民、時事）、松内則信（東京日日）、原田譲二（東京朝日）などの名社会部長が各社に輩出、現在の社会部の基礎を築きあげる。社会部の特ダネ合戦がさかんになるのもこのころからである。

『芳川伯家の夫人　抱運転手と情死す＝千葉駅付近にて＝

◇男は咽喉を突いて即死し

◇夫人は列車に触れて重傷

七日午後六時五十五分千葉発東千葉駅行単行機関車に……年若き女飛び込み跳飛ばされ重傷を負ひしより機関手は直に機関車を停めたるに

▼飛込み遅れたる同行の青年は斯くと見るや……短刀にて咽喉部を突きて打倒れたり……

▼芳川伯邸の大騒ぎ

▽老伯は語らず

右に就き本社は各方面に向って精探せし結果婦人は麻布区宮村町六七正二位勲一等伯爵枢密院副議長芳川顕正氏養子なる子爵曽弥安輔氏の実弟寛治氏夫人鎌子（二十七）伯爵の三女にして長女明子（五歳）あり男は同邸の自動車運転手倉持陸助（二十四）なることを突止めたり』（東京朝日新聞　三月九日）

この事件は名門の若夫人がおかかえ運転手と心中（女は助かった）したというので一大センセーションをまきおこした事件だが、芳川家ではすぐ警視庁に手を回して事件を極秘裏に処置しようとした。これを探ったのが、探訪あがりの広瀬為次郎記者で、東京朝日の大特ダネとなった。以後大正から昭和にかけて、各社の特ダネ合戦が激しくなるわけである。

＊**長谷川如是閑**《によぜかん》（明治八—昭和四四）　東京出身で本名は萬次郎。東京法学院卒。明治三十五年「日本」に入社したが、三十九年陸羯南《くがかつなん》が「日本」を伊藤欽亮《きんすけ》に譲るや三宅雪嶺らと同盟退社し、雪嶺の雑誌「日本及日本人」

（「日本人」が「日本」を併合して改題）にはいる。四十一年「大阪朝日新聞」入社、論説担任、社会部長を勤める。大正七年白虹筆禍事件で鳥居素川らとともに退社、八年雑誌「我等」を創刊、鋭い文明批評で世間に大きな影響を及ぼす。日本の代表的文化人で、昭和二十一年貴族院議員となり、二十三年文化勲章受賞。

＊**千葉亀雄**（明治一一―昭和一〇）　山県県出身で、国民英学会卒。初め「日本」にはいったが、明治三十九年「日本」が陸羯南の手を離れると、長谷川如是閑らと連袂退社した。その後「国民新聞」「時事新報」「読売新聞」にはいり、名社会部長とうたわれ、読売が正力松太郎の経営に移るや編集局長となる。後「大阪毎日」学芸部長、「東京日日」の編集顧問を勤める。

＊**松内則信**（明治九―昭和二八）　冷羊と号し、東京出身。杉浦重剛の文学院卒。「萬朝報」を経て「大阪毎日」入社、社会部の花形記者となる。後「東京日日」の社会部長となり特ダネ合戦で光彩を放つ。大正十五年取締役となり、社の経営に参加する一方、東日、大毎の主幹として編集を総括するが、昭和九年相談役となり第一線を退く。

＊**松崎天民**（明治一一―昭和九）　岡山県出身。明治三十三年「大阪新報」入社を振り出しに、大正十一年まで「大阪朝日」「国民新聞」「東京朝日」「東京毎夕」「都」「二六新聞」「大阪新報」の社会部を転々としながら個性的な探訪記事を書いて異彩を放った。とくにスラム街、私娼窟、感化院など社会の底辺を描いては他の追随を許さなかった。探訪記者から社会部記者に移る転換期の代表的記者。昭和にはいって雑誌「食道楽」を主宰。「新聞記者修業」はじめ著書多数。

≪大正７年≫

米騒動・大阪朝日の寺内暴政攻撃

『●寺内内閣の暴政を責め　猛然として弾劾を決議した関西記者大会の痛切なる攻撃演説

元帥陸軍大将従二位勲一等功一級伯爵寺内正毅閣下など、厳《いか》めしい金モールの光を以て国民を眩惑し得る時代は夙に過ぎ去った。沐猴《もくこう》の冠に誰が尊敬を払ひ得るか。国民は塗炭に苦んでゐる。空倉の雀は飢に泣いてゐる。

二十五日午前十時から大阪ホテルに集った関西新聞社通信社八十六社百六十六人の人々に同じ顔を持《もっ》たものはないが心は一人の如く同じくしないものはなかった……

食卓に就いた来会者の人々は肉の味酒の番に落ちつくことができなかった、金甌無欠《きんわうむけつ》の誇りを持った我大日本帝国は今や恐ろしい最後の裁判《さばき》の日に近づいてゐるのではなからうか、「白虹日を貫けり」と昔の人が呟《つぶや》いた不吉な兆が黙々として肉叉《フォーク》を動かしている人々の頭に電《いなずま》のやうに閃く……』（大阪朝日新聞　八月二十六日付け 夕刊＝二十五日発行）

これが大阪朝日筆禍事件、いわゆる白虹事件の原因となった記事で、筆者は大西利夫であった。

さて前にも記したように、当時の寺内内閣は、その非立憲的成立の事情から強く国民の反感をかっていたうえ、たび重なる言論弾圧によって言論機関からもはげしく非難されていた。中でも大阪朝日は、編集局長鳥居素川が自ら陣頭にたって、段祺瑞援助反対、西原借款反対、米価値上がりに対する無策への攻撃、シベリア出兵反対と、はげしい批判、攻撃を寺内内閣に加えていた。たまたま八月三日富山県西水橋町の主婦が、米価の値上がりに耐えきれず米屋を襲ったことから、全国に米騒動のあらしがまきおこった。（注1）

大阪朝日はさっそくこの問題をとりあげ、『米の問題』欄を設け（八月十三日から）記事や投書に多くの紙面をさいて報道した。

『大阪大暴動　群衆頻りに放火す　鈴木商店支店襲撃

▽街上に兵士空砲を放す

十三日午後大阪市中には依然流言蜚語盛んに行はれ人心穏かならざりしが午後に至るや又もや玉造方面に一団の群衆現れ……到る所乾物屋、八百屋、薪炭商等の店頭へ殺到し例の如く強制的の廉売を持懸け凡そ正札の半額位にて品物を買取り次第に人数を増して掠奪的色彩を帯び来り……

▲活動写真焼打

　▽米屋より白米を預りたるを憤慨して

▲静岡亦大に騒ぐ

　代議士其他の邸宅を破壊し　豪農に迫って米廩を開かす

▲岡山でも焼打――富豪の家全焼す

工廠職工暴動　舞鶴の大混乱

　町民の大群衆と共に精米所其他を襲撃す』（東京朝日新聞　八月十五日）

この日の紙面は、大阪では厳重な記事掲載禁止命令が出たため、空白のまま出されている。

「大阪朝日」では当時、鳥居編集局長から「歌で寺内内閣批判をしてみないか」と言われて、時局批判の歌を書いていた歌人花田比露思《ひろし》（大五郎）調査部長は、夕刊「その日その日」の後に、つぎのような歌を掲げている。

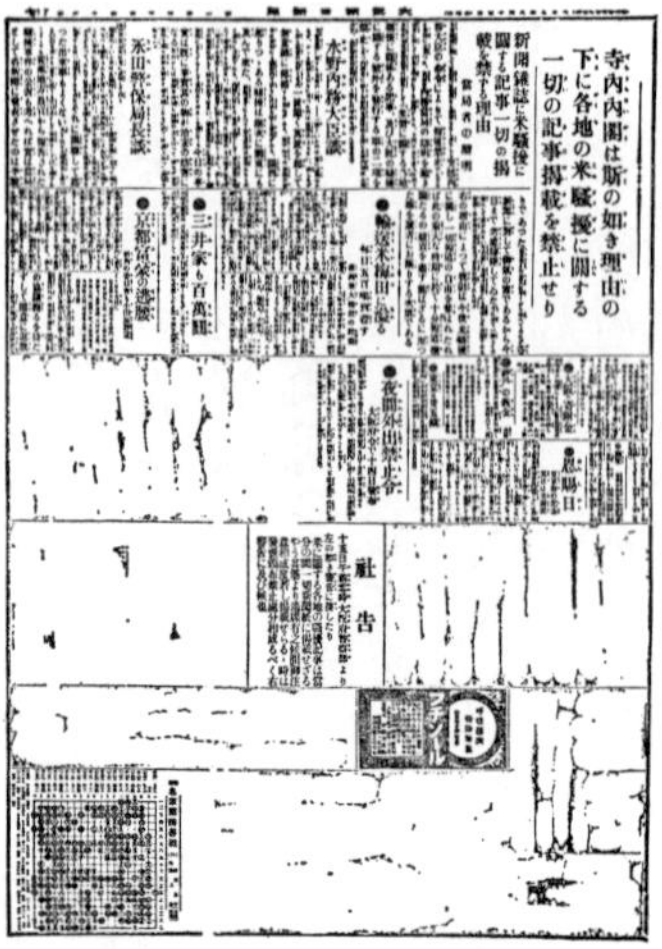
寺内内閣は斯の如き理由の下に各地の米騒擾に関する一切の記事掲載を禁止せり

社告

米騒動関係の記事を削除して発行された大阪朝日の紙面

『国民を飢に泣かせてすべ知らぬ　鈍《おぞ》の大臣《おとど》を罷めしめ玉へ』（八月九日夕刊）

『国民のいのちに触るる大事ぞと　やうやく知て事議るらし

　シベリアに出さん兵はわれ知らず　この米の値をかにかくにせよ』（八月十日夕刊）

恐怖した寺内内閣は、米騒動が広がったのは新聞が扇動的に書きたてるからだ、とまず富山県の「高岡新報」を発禁処分にし、十四日夜には、米騒動に関するいっさいの記事掲載を禁止した。その日の大朝紙面は大急ぎで米騒動関係記事を鉛版から削りとった跡が歴然として残っているが、七面トップに『寺内内閣は斯の如き理由の下に各地の米騒擾に関する一切の記事掲載を禁止せり』と異例の大見出しを掲げている。

日本新聞史上最大の「白虹」筆禍事件　ここにおいて在京新聞記者主筆の組織する春秋会は、水野錬太郎内相に最後通ちょう的な決議を提示、大阪では十七日に近畿新聞記者大会、つづいて二十五日、関西新聞通信社大会が開かれ、寺内内閣弾劾の決議宣言を発表、全国各地の記者団も、いずれも記者大会を開いて言論擁護、寺内内閣の引責辞職を迫った。ここに至ってはさすがの寺内首相も辞意を固めざるを得ず、九月二十一日総辞職に追いこまれるが、かねてから政府ににらまれていた大阪朝日は、前記記者大会の記事中「白虹日を貫けり」の一句が、朝憲紊乱、新聞紙法違反にあたるとして告訴(注2)され、ついに十月十四日村山竜平社長は退陣、ついで鳥居素川、長谷川如是閑、大山郁夫、丸山幹治、花田大五郎らが退社するに至った(注3)。政府権力と対立した新聞が、存亡の危機においこまれたわが国新聞史上最大の筆禍事件である。

なお白虹貫日とは、兵乱の前兆をいう言葉だが、中国では不吉の兆とされているため「我国に兇変襲ヒ動揺ノ末遂ニ滅亡ニ至ラントスル情景ヲ幻想セシメ」（判決文）るものとして訴えられたのであった。

（注1）この米騒動は、全国で二十四県、百三か市町村に波及している。

（注2）十二月四日、新聞紙法違反として、発行人兼編集人の山口信雄に禁固二月、筆者の大西利夫にも禁固二月の判決が下ったが、両者ともに控訴せず、一審判決に服した。

（注3）この時、ロンドン特派中の稲原勝治も帰社を命ぜられ（翌八年三月退社）、客員の櫛田民蔵や社友の末広重雄、佐々木惣一、河上肇、小川郷太郎らの教授連もいっせいに退社、十二月には、東京朝日の松山忠二郎編集局長、ついで宮部敬治、大庭柯公ら十名がそろって退社した。

＊**鳥居素川**《そせん》（慶応三―昭和三）　熊本県出身。「日本」新聞を経て、明治三十年「大阪朝日新聞」入社、「東京朝日」の池辺三山と呼応して健筆をふるい、朝日の〝進歩的〟社風を形成した。白虹筆禍事件の責任をおって大

正七年朝日を退社、翌八年「大正日日新聞」を創刊したが、販売面が弱く、翌九年解散した。

＊**丸山幹治**（明治一三―昭和三〇）　長野県出身で侃堂《かんどう》と号す。東京専門学校（後の早稲田大学）卒。「日本」の記者時代日露戦争に従軍、のち「大阪朝日」にはいり外信畑を歩く。白虹筆禍事件で退社、「大正日日新聞」「読売新聞」の論説委員を勤めたが、昭和三年「東京日日新聞」に招かれ、客員として余録（「大毎」は硯滴）を執筆、昭和二十八年まで二十五年間、コラム欄の執筆にあたった。

＊**花田大五郎**（明治一五―昭和四二）　福岡県生まれ。京大卒業後、大阪朝日新聞入社。経済部、通信部を経て調査部長、論説班員となる。大正七年白虹筆禍事件で退社、八年鳥居素川の「大正日日新聞」にはいり通信部長、十年「読売新聞」にはいった（社説を担当）が、「読売」が松山忠二郎の手から正力松太郎の経営に移ると退社。戦後大分大学学長、別府大学学長を勤める。歌人としても有名（号は比露思《ひろし》）。

＊**大庭柯公**《おおばかこう》（明治五―大正？）　山口県生まれで本名は景秋。明治三十九年「大阪毎日」にはいり、以後「東京朝日」「読売」に移り屈指のロシア通記者として活躍する。次第に社会主義に傾斜するが、大正十年革命後のロシア視察のため入露、「チタを発するに臨みて」（七月十五日）の通信を最後にロシアで消息を絶った。

《大正８年》

パリ平和会議に各社大量の特派員

『▲対独講和条約の調印　予報の如く二十八日　四百頁に亘る大冊【巴里電報】　二十八日午後三時ヴェルサイユ宮殿鏡の間に於て聯合国と独逸との間に講和条約調印せられたり独逸全権委員ミューレル博士及びチール氏は二十七日夜到着し廿八日朝は信任状の検定行はれたり講和条約は内容四百頁に亘るを以て到底これを朗読すること能はざるを以て仏国首相クレマンソー氏は講和会議を代表し独逸委員の調印に供する為め交付したる条約文は曩きに講和会議書記官デュター氏に依りて交付せられたるものと全然同一なる事を証明したる書簡を独逸委員に送りたり調印の儀式中フォッシュ元帥は仏国委員の中に

坐し其他出席せる知名の士の中には上下両院委員若干名戦時内閣の首相四名即ちブリアン、リボー、パンレーブ及びヴィヴィアン諸氏並にアルサス、ローレンの仏国最高委員等ありたり（廿八日発至急無電報）』（国民新聞　六月三十日）

大正三年六月二十八日、ボスニアの首都サラエボで、オーストリア皇太子夫妻がセルビアの一青年に射殺された事件に端を発した第一次世界大戦は、七年十一月ドイツの降伏によって戦いが終わり、この年一月からパリで講和会議が開かれていたが、六月二十八日講和条約、国際聯盟規約が締結されて完全に終結した。

このベルサイユ講和会議には、フランスのクレマンソー首相、米国のウイルソン大統領、英国のロイド・ジョージ首相と世界の大物が代表となって乗り込み、はなやかな国際外交を繰り広げた。日本の西園寺公望全権も、五大国の一つとして副議長に選ばれ活躍しているが、報道界にとっても、この会議は、日本の新聞記者が、初めて大量に国際ニュース競争の舞台に登場した機会として忘れることができない。

この時の特派員を列挙してみると、朝日＝土屋元作、重徳《しげとく》来助、渡辺誠吾、鈴木文四郎、嶋谷亮輔。大毎・東日＝高石真五郎、加藤直士、上西《うえにし》半三郎。時事新報＝大西理平、亀井陸良、小山完吾、伊藤正徳。報知＝添田寿一、松原伝吾。萬朝報＝黒岩周六、大住舜、石川安次郎。国民＝馬場恒吾、横井時雄。都新聞＝大谷誠夫。読売＝伊達源一郎。電通＝曽我祐邦、上田碩三《せきぞう》。国際通信＝ケネディ。アドバタイザー＝秋元俊吉。東方時評＝中野正剛。ほかに永井柳太郎、井上正明、中谷保など、各社そうそうたる顔ぶれをそろえている。

だが国際会議の取材といっても現在とはだいぶ様子が違っていた。第一にこの中でフランス語をじゅうぶんに話せたのは、曽我祐邦と重徳来助の二人だけだったという。結局何のためにパリまで来たかわからず、早々と帰国した者もあり、残った人々の間では「セッサ、セッサで半歳や暮す、後はネスパで寝て暮す」という歌がはやった、と伊藤正徳氏は書いている。

第二に、当時の電報は、電線が混雑してパリから日本まで十日から十五日もかかるのが普通だった。そこでこの時、大毎の高石氏(注1)は電線の繁閑を考え、マルセイユ経由の送信をやめて、パリからカナダのバンクーバーへ電報を送り、そこから海底電線でオーストラリアのシドニーを経て日本に至る電信のルートを発見、このため距離は遠くても三〜五日で電報を送達できるようになり、大毎、東日の特電は異常な好評を博すというエピソードもあった。

一方、外電をうける当時の新聞界の様子をみると、この年九月二日に斎藤実朝鮮総督が京城南大門で爆弾を投げつけられるという事件が起こったが、この大ニュースを直接受けた新聞は大毎など二、三社、通信社では帝通のみというのがいつわらざる実情だった。

素川の「大正日日」 この年十一月二十五日、前年「大阪朝日」を退社した鳥居素川が、鉄成り金勝本忠兵衛らの援助で「大正日日新聞」を発行した。この新聞には素川と一緒に朝日を退いた花田大五郎、丸山幹治をはじめ、室伏高信、青野季吉、鈴木茂三郎、宮部敬治、伊豆富人、中島為喜、橋戸頑鉄、徳光衣城らそうそうたるメンバーが顔をそろえていた。創刊号には、横山大観の旭日昇天の図を掲げ、記事、論説、外信とも、従来の大阪朝日、大阪毎日に勝るとも劣らない堂々たる大新聞であり、また素川の関西における人気は絶大なものがあったので一時は発行部数十一万部に達したという。しかし営業面に人を得ず(注2)、加えて社内の融和を欠き、鳥居素川と藤村義朗(社長)、勝本忠兵衛三人の間に間隙を生じ、七月十七日創刊一年足らずで解散してしまった(注3)。

最初の新聞争議 またこの年の夏、東京の日刊新聞各社印刷工が革進会という労働組合(注4)を組織(六月二十日)、待遇改善と八時間労働二部制を要求して同盟罷業にはいり、これに対抗して在京十六社は八月一日から四日まで一斉休刊するという騒ぎがおこった。これはわが国最初の新聞争議であったが、経営者側の団結が固く、革進会の指導者を含む大量の印刷工が解雇されたため、革進会は壊滅状態に陥り、九月二十一日解散(注5)した。

なおこの年十二月「大阪毎日」が初めて毎日年鑑を発行、七月から「東京朝日」がわが国初の縮刷版を刊行(八月十五日発行)したほか、十月十日には「十勝毎日新聞」が創刊されている。

(注1)　このシドニー経由の回線は、「毎日新聞七十年」（昭和二十七年刊）によれば『大毎外国通信部副部長河野三通士氏が発見、パリにある高石氏と打合わせた』（一七一ページ）とあるが、生前高石氏が「上西（半三郎）氏と一緒にパリの電信会社に相談してこのルートを発見した」と語っているので、それによった。

(注2)　当時大阪には、朝日と毎日の販売協定があり、岡島(大毎)、北尾（大朝）の両販売店には他紙非売協約が締結（大正四年三月）されていた。このため既存新聞社や売捌店の基礎は強固になる一方、新聞を新しく起こすには新たに販売網を作らなければならず、事実上新規勢力の介入の余地はなくなっていた。これが「大正日日新聞」崩壊の最大の原因といわれている。

(注3)　その後「大正日日新聞」は大本教に買収され、大正九年九月二十五日、その機関紙として再刊されたが、大本教の弾圧で経営は苦しくなり、大正十一年七月床次正広、翌十二年三月米田誠夫に譲渡されてしまった。

(注4)　会長横山勝太郎（憲政会の代議士）、顧問加藤勘十

(注5)　この革進会は同年十二月九日、「正進会」として復活、翌九年の夏、再び各社に要求を提出するが、それに対し各社は、また、解雇切り崩しを強行して「正進会」も押し潰してしまった。

≪大正9年≫

「名古屋」「新愛知」の激烈な政争対立

『愈よ具体化した電鉄買収交渉　佐藤市長は十九日午前十一時市長室に於て……富田名古屋電鉄会社社長、上遠野同常務の出頭を求め前日に引続き市営問題につき会見す……問題は急転直下の勢を以て進捗し愈々双方の算定価格を提示する迄に進みたる趣……』（名古屋新聞　十月二十日）

『千二百五十万円で電鉄買収手打　本日より参事会を招集し可及的買収を取急ぐ』（同紙　十月二十二日）

十月二十一日、名古屋電鉄の市内線買収案が名古屋市会に提案された。憲政会は、市民の利益という観点からこの原案に賛成したのに対し、政友会は『価格が高い、買収の経緯が八百長である、時期が尚早』（新愛知　十一月八日）などの理由でこれに反対した。

当時名古屋には政友系の「新愛知」、憲政会系の「名古屋新聞」というわが国第一級の地方紙が並存し互いに競争していた。そこで戦前の地方紙の政争、対立の例として、この買収問題をめぐる両紙の論戦をふり返ってみたい。

まず「名古屋新聞」は、与良松三郎主幹が自ら先頭にたって市営論を展開していたが、二十六日には署名入りで五段にわたる社説を掲載

『電鉄市営に就て

「動的道路」としての電鉄

「夜の太陽」としての電灯は

共に我等の有たらざる可らず……道路が公有である如く、動的道路としての電車が一私人や一私法人の手中に存する事は甚だ矛盾』であると説いた。

これに対し「新愛知」は『?の買収価格　市民の利益裏切られん』(二十三日)、『電鉄市営三大難関』(二十四日)、『勝手なる買収基準』(十一月六日)と市を攻撃、さらに十一月九日の夜、名古屋新聞社からわずか数丁の東区久屋町誓願寺で、市営反対演説会を開催し「名古屋新聞は電鉄会社に買収されている」と非難した。

傍聴していた石田忠三、小尾菊雄、塚本三《ぞう》の三記者からこの話を聞いた与良主幹は、社説の筆を止めて直ちに弁士の宿舎木曽旅館に行き、「わが社が買収されているというならその事実を明らかにしてくれ、頼む」と廊下に手をついて懇願した。だがその気迫に驚いた弁士たちは、何の返す言葉もなくこそこそと姿を消してしまったので、「名古屋新聞」は翌十日、『与良本社主幹は土下座して懇願せり　正義の為めに事実の闡明を求む可く』とこのできごとの経過を詳しく報道した。

ところが「新愛知」は十一日の紙上に『土下座事件の顚末』と題し「相互に入り乱れて一大修羅場を現出した」などと誇張して報道したため、同席した「名古屋新聞」の石田忠三記者は署名入りで『泣かずに居られなかった理由』と題して、こういう誤った記事を出すのは筆者森峰三郎記者の人格の問題だと攻撃、双方泥まみれの論戦を繰

りひろげた。さらに「名古屋新聞」は小林橘川が『市民大運動を起せ』と提唱（十六日）、すると「新愛知」は『結果は電車賃の値上げ』（十八日）と反論したが、結局市営案は十二月二十二日、市参事会を通過した。その時の紙面は、『波瀾重畳の秋市営案遂に通過す』（名古屋新聞　二十三日）、『自ら市参事会を無視し、市長竟に横暴を遂ぐ』（新愛知二十四日）というものだった。

なお現在の「中日新聞」はこのライバル紙同士が統合して昭和十七年発足したものであることは周知の事実である。

＊與良《よら》松三郎（明治五―昭和一三）　長野県出身。長野師範卒業後教職についたが、同郷の親友小山松寿《まつじゅ》に招かれて明治四十年「名古屋新聞」主筆となり、以後中央政界で活躍する小山を助け「名古屋新聞」の柱石となる。当時「名古屋」と「新愛知」の争いは政党色の違いもあって激烈をきわめ、種々論戦をくりひろげたが、その間にあっていろいろエピソードを残している。

＊前田久吉（明治二六―昭和六一）　大阪に生まれ、新聞販売店を経営していたが、大正九年「南大阪新聞」（後の大阪新聞）を創刊、昭和八年には「日本工業新聞」を創刊する。一時「時事新報」「毎日新聞」の取締役も兼ねたが、十六年新聞統合により「日本工業新聞」を「産業経済新聞」と改題発刊、経営にあたる。戦後、参議院議員となり、日本電波塔株式会社（東京タワー）、関西テレビ、大阪放送を創設、経営にあたる。

《大正10年》

「時事」の国際的スクープ・日英同盟廃棄　『日英同盟に代る可き　四国協定成立　四国覚書交換終了＝来週中には四国代表調印す可し　【華盛噸特派員三十日発】日英同盟に代る可き日英米仏四国協定は覚書の交換済み来週中には四国代表の調印を見る筈なり』（時事新報　十二月二日夕刊＝一日発行）

これが有名な「時事新報」の世界的スクープ、日英同盟の廃棄と四国協約成立を告げる第一報であった。このニュースが「時事新報」によって報道されると世界中が驚いた。
『華盛頓会議
四国協定説は倫敦にては初耳
我社特派員の活躍に驚くウェルズ氏　米国の伝統策放棄を説く
【倫敦特電三日発】在東京倫敦タイムス通信員の所報に曰く在華盛頓時事新報特派員は華盛頓会議の経過に関して極めて興味ある報道を齎しつつあり該特派員（時事新報特派員）は日本英国米国及び仏国の四箇国は協定締結の交渉を為しつつありとの報道を繰返せり此四国協定に関する報道倫敦に達したるは初めての事にて恐らく多大の論評を見るに至らん』（十二月五日）
さらに「時事新報」は、連続して第二報、第三報の巨弾を放った。
『極東及び太平洋に関する四国協定完成に近く
四国協定最終の草案　日英米三委員起草中
【華盛頓特派員三日発】…余（時事新報特派員）の信ずる処によれば草案は既に余の電報したる三国の覚書と大なる相違点なく唯だ其簡単なる序文に仏国の名儀及び三箇条より成る僅少の修正条文を添加したるに過ぎざる可し』
（十二月六日夕刊＝五日発行）
『四国協定の内容　全文五ヶ条より成る
…国防問題並に支那印度等に対する協定に関しては何等字句の上に表れ居らずと聞く……』（七日）
ついで翌八日には、協定草案の全文を掲載したので『外国通信員は狼狽』（八日）した。
『四国協商は実際に成立　本国政府の承認を待つのみ
＝協商は条約なり＝米国上院の批准確実
【華盛頓特派員五日発】我時事新報華盛頓特派員の特電は逸早く四国協商の成立と其調印を見る可き日取を報道し

たが此の特電一度倫敦タイムス及び紐育タイムスに転載せらるるや米国の新聞界と高官は一大驚愕を喫せり』（九日夕刊＝八日発行）

四国協約は、「時事新報」の報道どおり、十日の全権会議で決定、発表された。「時事新報」はこれについて『四国条約発表迄の経緯　日英米各全権の意見全く一致す＝終始観測を誤らざりしものは時事新報あるのみ』（十二月十六日）と報道している。

明治から大正にかけての日本はヨーロッパ先進国、中でも英国から多くを学んできたが、とくに日本の外交は、日英同盟によって大きくささえられ、方向づけられていた。だが世界外交の変転によって、この日英同盟の歴史的役割りは終わったとする声も大きく、これがいつ廃棄されるかは、日本のみならず、世界の注視の的だった。ワシントン会議は海軍軍縮問題がテーマだったため、各国記者の目はその方向に向けられていたが、「時事新報」はひそかにねらいを日英同盟につけ、伊藤正徳特派員は軍事ライン、後藤武男特派員（後茨城新聞社会長）は外交ラインと分担してカバーしていたため、この大スクープを得たわけで、この情報は後藤特派員が旧知の徳川家達全権から得たものであった。

なおこの年には、漢字整理案、記事の口語体化など紙面改革の動きが目立つほか、十一月五日「滋賀日日新聞」の前身、「江州日日新聞」が創刊、二月一日から「東京朝日」が夕刊発行を開始している。

＊**伊藤正徳**（明治二二―昭和三七）　水戸に生まれ、慶大卒業後「中央新聞」を経て大正二年「時事新報」に入社、特派員として、また海軍通の記者として名声をあげ、編輯局長となる。昭和十七年「中部日本新聞」の編輯局長、主幹となり、戦後は初代の共同通信社理事長、日本新聞協会理事長をつとめ、「新聞倫理綱領」を制定するなど、新聞界に大きな功績を残した。その後、再興「時事新報」社長、「産経時事」取締役主幹となる。「新聞五十年史」など新聞関係の著書、および海軍関係の著書も多い。

＊**後藤武男**（明治二六―昭和四九）　茨城県出身で慶大卒。大正五年「時事新報」政治部入社、特派員、政治部

長として活躍する。大正十年のワシントン会議における国際的スクープは有名。昭和十年退社したが、戦後二十二年茨城新聞社取締役社長、のち会長となり、「いはらき新聞」の経営にあたるかたわら、新聞界代表として、国際的国内的にも活躍している。

《大正11年》

盛大な大隈国民葬・〃民〃抜きの山縣国葬　新年早々大隈重信侯が没した。『従一位大勲位侯爵大隈重信病気之処一月十日午後六時薨去致候此段謹告仕候　追テ一月十七日正午十二時ヨリ午後三時マデ日比谷公園ニ於テ神式ニ依リ告別式相営ミ可申候乍略儀本広告ヲ以テ御通知ニ代ヘ申候　大正十一年一月十一日　嗣子　大隈　信常』「報知新聞」に載ったこの四段抜きの死亡広告は、日本の新聞における最大の死亡広告といわれている。葬儀も盛大だった。十七日、日比谷で行なわれた国民葬は、民衆政治家といわれた侯の死をいたむ各界の人でうずまった。

『法被　前垂、丸髷と　参拝者は数十万
　飛ぶ飛行機、流れる群衆　午後の日比谷の雑踏』（読売新聞　一月一八日）

　ついで二月一日、こんどは元老山縣有朋公が亡くなり、九日、所も同じ日比谷公園で国葬が行なわれた。だが民衆から遊離して、絶対主義的権力をふるった彼の死に、民衆の態度は冷たかった。二月十日の「東京日日」は『大隈侯は国民葬、きのふは〃民〃抜きの〃国葬〃で幄舎の中はガランドウの寂しさ』と評し、「東京朝日」の二月十日夕刊（九日発行）は『見当らぬ喪章……送葬民衆中に喪章佩用者の殆んど見当らなかったのは国葬として稀らしいことであった……』『入場券の三分の一　一般参拝……入場券は二千枚出したというが地方にも亘って居る故もあらう約七百人に過ぎなかった』と書いている。

記事審査部創設　新聞界では十月、大阪と東京両朝日新聞社がアメリカの新聞社に範をとって、初めて記事審査部を設けたのが注目される。

『記事審査部の創設　日本に於ける最初の試み

新聞紙が記事の正確を期するはその敏速を努むると共に当然の任務で之が為には何れの新聞社も全力を挙げて常にその及ばざらんことを恐れてゐるのであります。併し乍ら裁判所で三審を経たものでも覆へることがあります。まして迅速を尚ぶ新聞紙のことでありますから如何に間違ひのないやうに努めても遂何等の悪意なくして或は事実を誤り或はあらぬ疑ひを起させるやうな書き方にならないとは限りませぬ。これが為に人知れぬ迷惑を蒙って居る方々が世間に随分尠からぬことと存じます尤も法規により正誤取消の途は開かれて居りますが其効果は極めて薄く大部分は事実でも一部の相違の為に取消文で済ませやうとするものもあり事実無根と云ふも必ずしも事実無根でないこともありますが多くの人々は事々しく訴訟沙汰に及ぶのも億劫である為め残念乍らその侭泣き寝入りになり新聞社の方も相済まぬと知りつゝもつひ其侭になって仕舞ふことがあります斯ういふことがどれ程新聞紙と公衆との間の感情を疎隔して居るか知れませぬ、元来新聞紙と公衆とは相依り相助くべきものでこの両者の疎隔はやがて相互の同情と理解とを失はせ公衆に取って不利でもあると同時に新聞紙存在の意義から言っても大いに取らぬところであります。随って正誤取消文の掲載のみを以て慊らざる諸君の為に我が社は此度記事審査部なるものを創設して本社新聞の記事に関し特に申出を受けたる時は之を公明に審査して誤れるは正し取消すべきは取消しその他弁ずべきは弁じ謝すべきは謝し場合によって始末を公にしてその真相を闡明し之を紙上に公表することにしました。審査部なるものはニューヨークのウォールド紙が今より九年前初めて之を設け費府のパブリック・レッジャー紙が之を学んで以来米国各地の新聞紙に行はるるもので必ずしも我が社の創意ではありませぬが日本に於てはこれが初めてでありませう。どうか我社微意のあるところを認められ御遠慮なくこの部を利用して戴きたいと存じます。

一、本社新聞の記事に誤りありと認めて関係者より特に審査を求めらるゝ方は　本社審査部宛御申出のこと

二、右の御申出に対し審査部は成るべく速かに審査を遂げたる上相当の処置を致すべきこと

大正十一年十月　　東京朝日新聞社』(十月二十一日　社告)

週刊朝日・サンデー毎日　そのほかこの年には、朝日、大阪毎日両社から種々の出版物が刊行されたのが目立つ。
まず二月二十五日、朝日新聞社から「旬刊朝日」が創刊された。『旬刊新聞と経済旬報とマガジンとの三大特色兼備』をうたったこの旬刊誌（五の日発行）は評判がよく、二か月にして週刊に改め「週刊朝日」と改題した。大阪毎日からは四月二日に「サンデー毎日」、同十二日に「英文大阪毎日」（英文東京日日は一年後に発刊）、五月十一日には「点字大阪毎日」が相次いで創刊、これらはいずれも堂島に新社屋落成の記念事業の一つとして創刊されたものである。また七月五日には前田久吉が「大阪新聞」の前身「南大阪新聞」を天下茶屋《てんがぢゃや》で創刊している。

《大 正 12 年》

大震災で全市火の海・通信情報途絶　『強震後の大火災　東京全市火の海と化す　日本橋、京橋、下谷、浅草、本所、深川、神田殆んど全滅死者十数万　電信、電話、電車、瓦斯、山手線全部杜絶　安政以来の大地震』（東京日日　九月二日）

九月一日午前十一時五十八分、関東地方に空前の大地震がおこり、家屋倒壊、死者多数が出たところへ、続いて『帝室林野管理局、警視庁、帝劇、神田、三番丁、赤坂見附、砲兵工廠等から揚がった火の手は八方にひろがり夕刻から日本橋、京橋、下谷、神田、浅草、本所、深川の大半を包み水道の多くが断水したので水の手は猛り狂ふのみで数十万の人が……夜を徹して避難する有様は全くこの世ながらの焦熱地獄……』（同紙）という状態を呈した。

新聞社もほとんど被災した。『東京朝日新聞社は地震には大丈夫であったが其夜火災に罹り新聞発行不能となったが帝国ホテル内に仮事務所を置き四日から毎日号外を発行して特報する事となった』（東京朝日　四日ガリ版刷り号外三）し、時事新報は、ちょうど夏休み中だったので、三田の慶応義塾に仮事務所をおいて、新聞の発行に備えるありさまであった。

この時焼けなかったのは、東京日日、報知新聞、都新聞の三社だけだったが、被災を免れた新聞社でさえ『急告今般の大震災火災に付き本社は幸い災害をまぬかれましたが活字の一部を破損しました為め極力整理を急いでゐますから一両日中恢復発行致します筈です　どうぞ暫く御心棒を願います　九月二日　東京日日新聞社』という始末で、通信情報は全く途絶してしまった。

ここに起こったのが流言飛語で「不逞鮮人来襲」のうわさに興奮した群衆と、混乱に乗じた警官、憲兵は、朝鮮人数千人を虐殺した上、社会主義者や労働組合員をつぎつぎと逮捕、謀殺するという暴挙に出、日本の歴史の上にぬぐい去ることのできない汚点を残したのである。

東京紙のほとんどに致命的打撃　新聞界に与えた影響も大きかった。まず東京の新聞は、前記三紙を除いて全部類焼したため、時事新報、国民、萬朝報、東京毎日、やまと、中央など伝統ある新聞も致命的打撃を受け、衰退の道をたどるに至る。これに対し、大阪に本拠をもっていた東京朝日、東京日日の両紙は直ちに復興に着手、これを機会に東京系紙を制圧し、全国制覇に歩を進める。(注)

このようにみると関東大震災は、日本の新聞史上無視することのできない重要な意味を持つものであったわけだ。

地方の新聞に与えた影響も大きかった。通信がとまり内外の重要電報が全く途絶するという被害のほかに、一番困ったのは広告である。当時は地方の経済力など微々たるものだったので、大小の地方紙とも、広告はほとんど東京、大阪の広告主にたよっていたのである。

「河北新報」などは、一力健治郎社長が全社員に対し「一大非常時である。無論今後の広告は絶無だ。全面記事の覚悟で諸君がんばってほしい」とあいさつ、朝夕刊とも全面広告なしの大震災ニュースを発行するとともに、東京支局にいた一力次郎（前会長）をすぐ大阪に派遣し、大阪支局を開設して広告主開拓に努めさせている。

（注）この震災で火災を免れた東京日日、報知、都の中で、東日だけが震災後に急激に発展をとげた理由の一つに、当時販売管理課長をしていた七海又三郎（後、取締役）の功績がある。七海は震災にあうとすぐ販売店の安否が気にかかっ

た。そこで中村会計部長を叩き起こして、出張所慰問金支出の交渉を始めたが、会計は「一日で、月末に支払いをすませた後だから金庫は空っぽだ。三日にならないと大阪から金がこない」という。

だが、新聞を刷っても配るものがいなければどうにもならない、と考えた七海は、強引に金庫を開かせ、一万七〜八千円の全財産の中から強制的に七千円をひったくり、ただちに数名の課員に持たせて、災害各店に二百円、三百円とまいて歩かせ「これで食糧を買って配達人を確保しろ」と伝えさせた。

この効があってか震災前四百人近い配達人員の中、三百名を確保し得たという。この時、東京市は避難民衆を無賃でどんどん市外へ運んだので、新聞配達員もほとんど市内から姿を消してしまっていた。そこに東日の三百名の配達員が果敢に紙を配り回ったので、震災前「九月から夕刊発行で市内十万部確保」の目標をたてていた東日は、たちまち二十万部となり、翌月には二十八万部にも達したという。なお東日はこの九月十八日から夕刊発行を実施している。

《大正13年》

米国の排日法に東京15社が反対宣言　『排日案に対する共同宣言　左記東京新聞社は米国における現下の排日移民問題に関し左の如く協同宣言を発表することに決定した。

今回アメリカ合衆国の上下両院を通過した排日案の不正不義なる次第は極めて明白である。斯かる法案が平和の主唱者、正義の闘将を以て自ら任ずる米国民多数の意思に出でたものとはわれ等の信ぜんとするも能はざる所である……

いまや米国言論界の大勢は国会の措置を難じ、国民の多数も平和と正義との信念より排日案の不義を打破するに努めている……われ等はこの重大なる法案に対する米国民の正義の戦いが如何なる効果を奏するかを熱心に注視せんとするものである』(東京朝日新聞　四月二十一日)

明治から大正にかけて、多くの日本人が米国西海岸に渡っているが、生活習慣の違いからアメリカ人社会に容易に同化しない難点と、日本人の勤勉さに対する恐怖から、カリフォルニア州を中心として排日論者が台頭し「若し日本人をこのままにしておけば、カリフォルニア州は遠からず彼等の手に移らん」とハワイの例をあげて運動した結果、米国言論界の反対、クーリッジ大統領の妥協を押しきって排日移民法が成立、七月一日から実施されることになった。

日本政府はこの問題について繰り返し抗議や要請を続けたが、世論もわき、在京新聞社は前掲共同宣言を出してアメリカ政府に抗議した。この時の連名各社は次の通り。二六新報社、報知新聞社、東京日日新聞社、東京毎日新聞社、東京毎夕新聞社、東京朝日新聞社、東京夕刊新報社、中外商業新報社、中央新聞社、萬朝報社、読売新聞社、やまと新聞社、国民新聞社、都新聞社、時事新報社。

このように新聞界が一致して共同宣言を出すことは、大正期の新聞界の一つの特徴で、とくに大正中期から昭和初期にかけては、新聞編集幹部の団体である春秋会、二十一日会などが中心になって、政府の言論弾圧、普選問題などについてよく共同宣言を発している。

もう一つこの年、政界、言論界を騒がせたのが第二次憲政擁護運動だった。これは清浦奎吾枢密院議長が、貴族院を基盤に超然内閣を組織したことから起こった事件で、政党、世論の猛反撃をうけた清浦内閣は一月三十一日、議会を懲戒的に解散するという暴挙に出た。この憲政治下で空前の不当解散をみた国民の怒りは、各地の憲政擁護国民運動となって爆発し、言論人も全国新聞通信記者大会を開き「我等国民は最も醜悪なる専制政治に当面している」と宣言した。

五月十日の総選挙の結果は、政府の干渉操縦にもかかわらず護憲派の圧倒的勝利に終わり、わずか半年で清浦超然内閣は倒壊する。

新聞界では一月、大毎、大朝が日本の新聞で初めて百万部突破の偉業をなしとげたほか、二月に正力松太郎が読売新聞を買収、十一月二十四日には西岡竹次郎が長崎民友新聞を創刊。

日曜夕刊廃止　また六月に関東北の新聞販売業者が申し合わせて日曜夕刊廃止を在京の夕刊発行各社に申し入れ

た。各社はこの要望を入れて、六月二十六日付申し合せに調印の上、七月から日曜夕刊を廃止することにした。

一　日曜日には名儀の如何を問はず夕刊代用の刊行物を発行せざる事

二　日曜日に号外を発行する場合には呼売に限り之を販売し読者には配達せざる事。この場合号外の大きさは
新聞紙四ッ切大以下として社告以外の広告は之を掲載せざる事

三　月曜日の朝刊を其の前日の日曜に販売若くは配達せざる事

四　日曜日の夕刊を休刊するも之れがために原価値引等に関係を及ぼさしめざる事

五　此の盟約を脱せんとする場合には六ヶ月以前に加盟各社に通知し其の諒解を求むる事

販売店員休養のため、新聞休刊を要請する動きはここに始まるのである。

『社告　今回左記各社協定の上日曜日に限り夕刊を休む事になりました。

大正十三年七月

報知新聞社　東京日日新聞社　東京朝日新聞社　中央新聞社　やまと新聞社　萬朝報社
国民新聞社　時事新報社（イロハ順）』（東京朝日新聞　七月二日）

＊**阿部真之助**（明治一七―昭和三九）　群馬県に生まれ、東大卒。「満洲日日新聞」を経て、明治四十四年「東京日日新聞」に入社した。大正の初め「大阪毎日」に移り〝箱乗り〟で名をあげ、東日では名学芸部長とうたわれた。取締役編集主幹、主筆にすすみ、昭和十九年顧問となった。戦後は政治社会評論家として活躍、三十五年からＮＨＫ会長をつとめた。

＊**野村秀雄**（明治二一―昭和三九）　広島県出身。早大専門部卒業後、「中央新聞」「国民新聞」を経て大正九年「東京朝日」にはいる。一貫して政治部記者として通し、現在の政治記事および政治部の型をつくる。戦後朝日新聞代表取締役を退任、「熊本日日新聞」社長、ＮＨＫ会長を歴任するかたわら、選挙制度の改革に努力。

《大正14年》

放送開始・「読売」がラジオ版を特設　三月一日、日本最初の試験放送が社団法人東京放送局によって開始されたが、これはアジアにおける放送の第一声でもあった。この後、東京放送局は三月二十二日の仮放送を経て、七月十日愛宕山の局舎完成とともに本放送へと踏み切った。大阪は六月一日、名古屋も七月十五日から相前後して放送を開始した。

この放送の出現は、新聞界にいろいろな影響を及ぼしている。後になると速報合戦などで両者は種々の対立を生むようになるが、初期のころは両者の関係も協力的でニュース放送の原稿はすべて地元の新聞、通信社から無償で提供されていた（名古屋放送局は一部、電通から通信を購入）。

ラジオの聴取者も予想以上に増加した。東京では試験放送開始日までに聴取申しこみを受けつけた数は一八三二だったが、年末の聴取契約者数は十三万をこえた。このラジオブームにのって、聴取者のためにラジオ版をもうけたのが「読売新聞」で、東京の有力紙の中ではいちばん早かった（名古屋では本放送開始数日前に市内の新聞がラジオ欄を設けている）。

『社　告

新聞使命に猛精進する

二頁増大ラヂィオ版の特設!!

新文化の先頭に立つ本社の社会奉仕

ラヂィオが今日の民衆生活において、娯楽として教育として、米の飯と共に欠き得ぬ家庭の必需機関であり、なを其需要が、無限に拡張して止まる処を知らぬ事は、諸君の疾くに知らるる処と信ずる。この時に当り本紙のラヂィオ版は日々放送の歌詞および筋書は素より、苟くもラヂィオに関する問題は最大遠近一切載せて洩らさざるを以て、記事の豊富編輯の清新共に日刊新聞最初の企てとして大方の愛読を得べきものと信ずる。なお拡張されたラヂィオ版は来る十五日から発行する。　　十一月十三日　読売新聞社』

ついで「都新聞」がこれにならったため、初めは放送局のちょうちん持ちだとして反対していた新聞も、順次ラジオ欄を設けるようになった。「読売新聞」はこの後、翌十五年一月十一日から日曜夕刊を創始するなど、種々の新企画を打ち出して次第に勢力を伸ばしてゆく。

普選法と治安維持法　この年の特筆すべきできごととして、普選法と治安維持法の成立がある。清浦内閣の後にできた護憲三派内閣は、公約どおり第五十議会に普通選挙法を提出し、三月二十九日に成立させたので、ここに満二十五歳以上の男子には、納税額の制限なく選挙権が与えられることになった。だが政府は普選法案実現のための枢密院工作として、世論の猛反対をおしきって、革命運動弾圧をめざす悪法、治安維持法を成立させるに至った。

『愈よ張られた治安法の大アミ　何が最初に引っかかる？』（読売新聞　四月二十三日）

この法案が衆議院に上程された日、「治安維持法反対民衆大会」が芝で開かれ、集まった民衆は議会に請願デモ行進を行なった。だがこれらの民衆は『血に狂う警官隊　暴力で民衆を迫害　会旗を奪ってなぐるける』（東日）という暴行を加えられた。当時悪法反対を叫び続けた清瀬一郎、星島二郎らの議員は「悪法が通ったら、これ以上だ……」と語った。事実はまさにそのとおりだったことを、歴史は物語っている。

≪大正15年＝昭和元年≫

大誤報「元号は光文」　十二月二十五日、大正天皇は「心臓麻痺の御病症にて」崩御、大正は昭和に代わったが、この時、新聞界を騒がせたのが、改元問題だった。

『元号制定

「光文」と決定＝枢府会議で

枢密院緊急臨時本会議は廿五日午前二時頃より葉山新御用邸において開会、倉富、平沼正副議長以下……参集し

御諮詢相成りたる
一、元号制定の件
を上議し慎重審議の結果……元号は「光文」「大治」「弘文」等の諸案があったが左の如く決定した
「光文」』（東京日日新聞　十二月二十五日）

この号外が流れると各社はびっくりした。ところがこれが大誤報で、決定したのは「昭和」だったので、こんどは東日社内が大騒ぎとなった（大阪毎日は、この情報を不確実だとしてのせなかった）。

社内で調査の結果、光文という情報は種々の方面から得たもので、清浦奎吾の意見も聞いて出したものとわかり、「これは間違えるのも仕方がない」という同情の声もあったが、本山彦一社長は非常な皇室中心主義者だったので、「だれも責任をとらんというのなら自分がやめる」と言い出した。そこで城戸元亮主幹が、この事件の責任を負って一取締役となり、外遊することで、この事件の結末をつけた。

逆にこの時「昭和」の元号をいち早くキャッチしたのが「時事新報」で、政治部の小野敏夫記者（のち同盟、共同）が得た特ダネだった。当時の政治部長後藤武男は「あの時は自重した。東日が光文という号外を出したので、みんなが活字をひろおうかと騒いでいたが、私はいちばん信頼する人間から何も言ってこないのに原稿を出すわけにはいかないとがん張った。そのうち、小野君から電話がかかってきた。ほかの字を書かないでほっとした」と語っている。当の小野氏はこのニュース・ソースについて何も語らなかったが、社内では枢密院書記官長の二上《ふたがみ》兵治《ひょうじ》氏から得たものだといわれていた。

崩御号外先刷りで抗争　そのほか、この時には幾つかのエピソードが伝えられている。まず十二月二十二日の「山陰新聞」が夕刊トップで『松陽紙の大不敬事件、予め印刷した黒枠付号外』という記事を出して、対立紙「松陽新報」を攻撃するという事件が起こったが、これは「松陽新報」が天皇の崩御を速報するため、あらかじめ黒ワクの号外を印刷しておいたものを一職工がもち出したことからわかったもので、「山陰新聞」が対立紙「松陽新報」に打撃を与えるため、故意に大きく扱ったものだった（のち両社合併して現在の島根新聞になる）。

だが「山陰」でも写真はもとより号外、追悼の社論まで組み版されていたというのが実情で、当時の対立紙の抗争のはげしさを物語る一つの挿話である。なおこの時、「中外商業新報」は六日間、全ページ黒ワク付きの新聞を発行している。

＊**城戸元亮**《もとすけ》（明治一四—昭和四一）　熊本県出身。京大卒業後、明治四十年「大阪毎日新聞」に入社。ドイツ留学後、大正四年「東京日日新聞」に移り、主幹となる。昭和の元号誤報事件で一時外遊したが、三年、大毎主幹となり、翌年徳富蘇峰を社に迎える。本山社長の信任あつく、本山死後、会長となったが、城戸事件で退社、以後、陸軍の弘報宣伝機関大東研究所所長、報知新聞顧問などをつとめる。

第六章　軍閥の台頭と新聞の抵抗　昭和初期

追込まれてきた政党
政治と言論界の運命　昭和にはいると、第一次大戦の好況の反動として不況がおこり、経済界の不安はまた農村恐慌と社会不安をかもしだした。ところがこれに対して当時の政党は党利党略にはしるのみで、何ら民衆の苦しみにこたえようとしなかった。このような間隙をついて急速に台頭してきたのが軍部とそれに結びついた右翼勢力であった。

政党政治を否認し、財閥の横暴を攻撃するこれらのファッショ勢力は、昭和六年に満州事変、七年に上海事件をおこして国民の目を大陸に向けさせ、危機意識をあおる一方、五・一五事件で犬養毅首相を暗殺、事実上、政党政治を終局においこんだ。このような軍部の台頭に対して言論界は強い非難の声をあげたが、中でもはげしく軍部を攻撃した例として知られているのは、五・一五事件の際の「福岡日日新聞」（とくに菊竹淳《すなお》の社説が有名）、「朝日新聞」、「新愛知」の態度、関東防空大演習を批判した「信濃毎日新聞」の桐生悠々などである。

だが、このような言論界の攻撃に対して軍部も黙ってはいなかった。「福岡日日新聞」は久留米師団の威嚇をうけ、桐生悠々は社を追われ、「東京朝日」は二・二六事件の際、青年将校の襲撃をうけているほか、各地で地元師団や在郷軍人会のいやがらせ、新聞の不買運動などがひん発している。

《昭和2年》

欄外記事を廃止して広告料増収　現在は見られないが、明治から大正にかけての新聞には、紙面の欄外にニュースが刷り込んであった。これは降版後にはいった電報その他重要ニュースを急いで欄外に組入れて印刷速報したもので、その起源ははっきりわからないが、すでに明治四年六月発行の「新聞雑誌」第三号には、七ページの上欄外に『五月廿九日暁吉原出火廓内大半焼失セリ余紙ナケレバコ、ニ贅ス』という記事が載っている。

だがこの欄外記事がさかんになったのは、明治二十年代以後で、十九年ごろから各紙とも相場や汽車の時間表、相撲の勝敗、電報などを続々欄外に組みこむようになった。

この欄外記事を廃止したのがこの年四月一日からで、東西の朝日、大毎、東日（現在の毎日）、報知、国民、時事新報、中外商業新報（現在の日経）をはじめ中央、地方の一流紙がいっせいにそろって欄外廃止を断行した。各社はその理由を「①工務操作上の繁務簡捷、②これまでノドに出ていた重要記事の本欄載収」と言っていたが、真のねらいは広告料の増収にあった。

『社告　本一日付夕刊より紙面刷新の為欄内を取拡げて一段に四行を増し欄外記事を欄内に収容する事に致しますから従って一段の広告行数を百四十七行に改めます　昭和二年四月一日』（東京朝日　四月一日夕刊＝三月三十一日発行）

つまり欄外を廃止すると紙幅がふえ、一段四行ずつ増加する。そうなると当時の新聞は一ページ十二段、朝夕刊十二ページ建てだったから、一日に五百七十六行紙面がふえることになり、これを広告行数でみると一か月約一万二百行の増収となる（当時広告料は行数で計算していた）。この広告スペースの増加が各社のねらいだったわけだ。

親王か内親王か各社の速報合戦

もう一つこの年の新聞界の話題として久宮祐子《さちこ》内親王（現天皇の第二子）のご生誕をめぐる速報競争を眺めてみよう。皇室の慶事が一大ニュースとなることは、今も昔も変わらないが、当時天皇にはまだ皇太子がなかったので、このご生誕をめぐって親王か内親王かが全国民の注視の的だった。そこで各社は膨大な費用と人力を使って約半か月、赤坂離宮、皇后の実家久邇宮邸、宮内大臣官邸、磐瀬御用掛邸などの張り込みを続けた。

さらに現在のように発表即本社へ電話で通報などという設備もなかったので、各社その情報の伝達に苦労した。そこに出てきたのが合い言葉で、実例をあげると、「国民新聞」は、親王の場合は「国」、内親王の場合は「民」、「電通」は「九州」と「北海道」、「帝国通信」は「甲」と「乙」、「聯合通信」は「紫」と「紅」というような合い言葉を作って速報に備えた。

また正式の発表場所である宮内省の高等官食堂から記者団がたてこもった階下の用度課までは約二百メートルほどあったので「国民新聞」は、長さ三十センチほどのバトンにそれぞれ紅に「国」（親王）、白に「民」（内親王）の字を記入し、リレーでご生誕の速報をねらうという計画をたてた。この計画はうまく成功し、「午前四時四十二分内親王御生誕」のニュースは「国民新聞」がいちばん早く号外を出している（この時、朝刊にご生誕記事を入れたのは東京日日、国民、東京朝日の三社だけだった）。当時の速報合戦を物語る一つのエピソードである。

≪昭和３年≫

皇室記事誤植事件で校閲部創設

『秩父宮殿下の妃に選ばれた松平大使令嬢　宮内大臣よりの使者渡米し　近く正式の御交渉【ニューヨーク特派員三日発】　駐米大使松平恒雄氏長女節子嬢は秩父宮妃として予《かね》て確定的の唯一の候補者として選ばれて居たが、今回いよいよその決定を見、宮内省より松平大使に向け近く公式の公渉が開始さるべしと信ずべき理由がある、当方（ニューヨーク北野特派員）の知り得たるところによれば、山川健次郎男は松平子爵家の旧会津藩士たる関係より某方向の旨を受け昨年七月松平大使に対し非公式に右交渉を開始したが松平大使は恐懼して一旦これを拝辞した、然るに昨年末に至り宮内大臣よりの半公式の使者として樺山愛輔伯渡米し来り直にワシントンにおいて大使と会見し再び右交渉を非公式に行った……余（北野特派員）の各方面より知り得たるところによれば、宮内省より近く攻めて交渉ある場合は、即ち節子嬢が秩父宮妃として事実上御内定となるものである…』（東京朝日新聞　一月七日）

スポーツの宮様として国民に親しまれていた秩父宮殿下のお妃決定は、東京朝日北野吉内特派員の見事なスクープだった。この秩父宮妃決定は国内における東朝社会部の綿密な調査と北野特派員との緊密な連絡によって慎重に準備された特ダネで、各紙をアッと言わせる結果になった。当時の皇室典範によれば、皇族の妃になれる人は、皇族、華族の者に限られていた。松平大使は名家の出であるが分家して一平民になっていたので、節子嬢はいったん転籍しておこし入れしたが、平民的な宮様に平民のお妃として現皇太子妃に正田美智子さんが決定した時のような、明るい話題として国民に歓迎された。

ところで、皇室記事については、この年、もう一つ問題が起こっている。そもそも皇室記事というのは戦前の新聞にとっては、絶対神聖なものだった。ところが「大阪朝日」が三月九日朝刊で『久宮様薨去につき天機並に皇后宮の御機嫌奉伺』とあるべきところを、八版になって差しかえのミスで、『久宮並に皇后宮薨去……』とやってしまったから大騒ぎになった。「大阪朝日」では、即該訂正版を印刷して配達するとともに、夕刊に謝罪文を出し、村山竜平社長が病気中だったので下村宏専務が直ちに上京、宮内大臣一木喜徳郎を訪れて陳謝した。ついで内務省、大阪府等へも事件の発生と始末を陳述、高原操編集局長以下直接責任者の休職、減俸処分を述べて了解を求め、さらに十五日の紙面にこの処分の経過を発表したので当局もその誠意を認め、事件は落着した。

誤植社は「逆賊」　だが納まらなかったのは右翼団体で、早速同夜壮漢十数人が同社に乱入、「逆賊、逆賊」と連呼しながら乱暴を働き、四月九日には、大正赤心団の「赤心民報」が朝日攻撃の号外を発行、これに前後して朝日新聞膺懲聯盟を組織して同紙不買、広告不掲載運動を開始、また護国会は「祖国擁護国民大会」を芝公園で開催、散会後群衆は東朝社を襲おうとしている（これは警官隊におさえられたが）。この事件にこりた大朝、東朝両社は、直ちにそれまで整理部に所属していた校正係を廃して校閲部を創設したが、この朝日の災難をみた「大阪毎日」も、すぐ校正部検閲係をおくと同時に、皇室関係記事には原稿、ゲラ刷りなどに一々「特」の印を押して注意を厳にし、尊称などの連続活字を特製したといわれる（大朝も同様の体制を整えた）。

だが、この年は皇室記事の誤植があい次いだ年で、「読売新聞」は四月四日の社会面で「両陛下」を「工陛下」、「報知新聞」は六月二十五日夕刊で、「明治天皇崩御」を「薨去」とやってそれぞれ社員を懲戒、訂正記事を出して陳謝している。

第一回普選の結果　第一回普通選挙が実施されたのもこの年である。大正の末、全国各新聞が共同して極力その実施を主張、立法化させた普選は、一月二十一日の第五十四議会解散につぐ総選挙で初めて実現の機を迎えた。そこで東京、大阪の代表的新聞通信二十一社の幹部は二十一日会の提唱による「普選に対する共同宣言」を可決し、一月三十日の各紙いっせいに社告して国民の政治的良心に訴えた。この普選の結果はつぎのとおりである。

『野党を抜く僅かに二名　政府党の致命的劣勢

　新議会の分野予測を許さず　息づまる政情の不安

政友二一九　民政二一七　実同四　革新四　民衆四　労農二　日労一　地方無産一　中立一四　計四六六

右の如く国民的興味をひいた第一党の争奪戦は二名の差をもって政友会の勝利に帰したが当初の当選予想を裏切ったことはおほうべからざる事実である……

　全民衆の総意を判定する　各政党の府県別総得票

　　実数が示す野党の優勝　無産党四十万の貴重な得票

一、民政党　四、二一八、三九九票

一、政友会　四、一八五、九六三票
一、無産各党　四四七、八四六票
となりこの数字を中心として今後動いて行く無産各党の前途は多望なることを知らせるものである』（東京朝日二月二十四日）
この年には、「大阪毎日」が一月から、「大阪朝日」が二月分から縮刷版を発行、また「東京朝日」は十一月一日、編集局内に、初めて写真部を新設している。「赤旗」が創刊されたのもこの年二月一日のことであった。
＊下村　宏（明治八―昭和三二）　和歌山市出身で海南と号す。東大卒業後、逓信省貯金局長、台湾総督府民政長官をつとめたが、大正十年「朝日」に入社、取締役となる。ワシントン軍縮会議に特派され、帰朝後、専務となり、緒方竹虎、石井光次郎と協力して「東京朝日」の機構、制度、設備の大改革を行ない、東朝第四期発展時代を築き、昭和五年副社長となる。十一年退社、貴族院議員となり、十八年日本放送協会会長、終戦内閣の情報局総裁。

《昭和4年》

蘇峰「国民」を去る・既に終った個人の時代　新聞界の大長老徳富蘇峰が、この年「国民新聞」を去ることになった。国民新聞は、蘇峰の名によって読者を獲得し、隆盛を誇ってきた新聞だが、蘇峰が藩閥政府、とくに桂太郎に接近するようになったため、御用新聞と見られ、桂の政治的勢力が衰えるにつれ次第に人気を失ってきた。だが種々の新企画や、一部に根強く残っていた蘇峰の個人的人気によって、大正期までは、まだ東京五大新聞の一つとしてかなりの勢力をもっていた。「国民新聞」が打撃を受けたのは関東大震災によって社屋が焼失してからで、大阪系の東朝、東日の伸長にも押されて、他の東京紙と同じく衰退の一途をたどるに至った。そこで震災後、主婦之友の石川武美の援助をうけたが、石川は六か月で手をひいたため、大正十四年五月甲州財閥根津嘉一郎の出資を仰ぐことになった。だが根津は初めの約束と違い次第に編集面に口を出すようになり、ついには蘇峰の原稿にまで干渉するようになったので、蘇峰は社告を出して「国民」を退くに至った。

『国民新聞愛読者諸君各位

不肖は国民新聞社長及記者を辞退したることを、諸君に向って、告白せざる可らざるを悲しむ。国民新聞は、明治二十三年二月不肖創立し、爾来約四十年……。然るに不肖自から去らねばならぬ所以は、何故である乎。不肖をして斯く決心せしめたる、重なる理由の一は、筆政の不自由と不安心の為めである。公人としての不肖は、唯だ国民新聞あるが為めであった。既に国民新聞を失ふ、不肖の公人としての存在は、殆ど其の意義を没却する。而して之をしも忍ばざる可らざる事情は、唯だ偏に各位の諒察を仰ぐのみ……

昭和四年一月五日

徳富猪一郎』

蘇峰退社のいきさつは前述の通りであるが、これを歴史的にみると、すでに個人の力で新聞を維持するという〝パーソナル・ジャーナリズム〟の時代は過ぎ去っていたのだ。報道中心の大阪系両紙の進出にも見られるように、大正から昭和にかけての新聞の変質が、蘇峰を「国民新聞」から去らせたと見るのが至当ではあるまいか。

蘇峰はこのあと、すぐ「東京日日新聞」に迎えられ、畢生の大事業「近世日本国民史」の連載を続ける。四月一日の大毎、東日は『筆政界の第一人者　徳富蘇峰先生を迎ふ　社賓として本紙に麗筆を揮ふ』との社告を掲げて、この事実を天下に公表したが、蘇峰の入社がどれほど読者にうけたかは甚だ疑問であると当時の関係者は語っている。

悲喜こもごも・飛行船ツェ伯号来日

この八月、世間の注目を集めたのがツェッペリン伯号の来日だった。この空の巨星は第一次大戦で敗れたドイツが国威発揚のため世界一周三着陸という新記録を目ざしてベルリンから一気に日本へ飛来したもので、朝日は北野吉内、東日は円地与四松両記者を同乗させて船中の状況や上空よりの所感を打電させて紙面を飾り、また大毎・東日は、日本までの所要時間の予想を懸賞募集するなど大騒ぎしている。

この時の各紙の速報合戦は悲喜こもごもいろいろな話題を残している。まず北海道からの日本進入コースについて、朝日は太平洋岸沿いを予定して仙台に、東日は日本海南下説をとり新潟へ飛行機を飛ばした。ところがツェ伯号は太平洋岸を南下したので、朝日の福馬謙造、荒垣秀雄両記者は金華山沖でその飛影をとらえ十九日夕刊に、空中写真、記事を満載、二ページ大の号外を出して第一報に勝利を収めた。だが霞ヶ浦出発については各紙とも大変なミスをやってしまった。ツェ伯号は二十二日早朝出発予定だったので各紙はいっせいに「出発」の予定記事を出した。

『ツェ伯号今払暁出発　薄暮立つ午前四時
　歓呼の声高く霞ヶ浦を後に
……さらば日本よ……大爆音に離陸すればドッと万歳のどよめきが地上数万の観衆から起る、悠々たる巨体は見る見る上昇して一路東方の空へ……』(国民新聞　八月二十二日)

ところが「ツェ伯号に故障起り出発夜に延期さる」(国民新聞　八月二十三日夕刊=二十二日発行)となったので、各社は大あわてにあわてた。結局、ツェ伯号は二十三日午後三時すぎ、無事アメリカへ出発したが、夕刊にこれを報じたのは「東京朝日」だけだった。「新聞聯合」はこの時「ツェッペリン伯号出発」の時刻をもっとも早く米国に打電してAP通信の謝電をうけ、電通は、霞ヶ浦から米国のレークハーストまで、白井同風記者を同乗させて報道にあたらせている。この時の三社の便乗通信特権料は一社二～三万円にのぼったといわれている。

《昭和5年》

朝毎両紙に対抗し有力地方紙が提携　大正の末期から昭和にかけて、朝日、毎日(東京日日)の両紙は、大阪、東京の諸紙を圧倒し、絶対的優位の地位を占めることに成功、ついで地方にも着々とその勢力を拡大しつつあった(大阪朝日はこの年三月、各県別各地方版制を完成)。これに対して地方紙はとうてい一社の力をもってこれに対抗することができなかったので、数社連合の力をもって、これに対抗しようとした。その一つのあらわれが、「神戸新聞」の進藤信義による神戸新聞、大阪時事新報、京都日日新聞三社のトラスト形成、もう一つが、北海タイムス（現北海道新聞）、河北新報、新愛知（現中日）、福岡日日新聞（現西日本）の四地方紙による日本新聞聯盟（四社聯盟ともいった）の設立であった。ここでは、この地方紙の二つの動きに焦点をあてて見よう。

『三大新聞合同宣言

京阪神の三大勢力　ここに合体し一丸となって新聞界に躍進

……我が国商工業の中心にして経済の中枢たる大大阪と、文学、宗教、工芸の源泉たる大京都と、東洋一を以て誇る国際都市大神戸を代表する三大勢力が合同して互に其欠陥を補ふことを得るに至るは鬼に金棒と云ふべく三社の欣快に堪へざる所である

下名三社は……玆にその合同完全に成って三大勢力を打って一丸となし、共同経営の下に、一路我等の使命を果すべく勇躍邁進することを玆に宣言する

昭和五年三月　京都日日新聞社　神戸新聞社　大阪時事新報社』（京都日日新聞　三月二十八日）

まず「神戸新聞」を主宰していた進藤信義は、各府県を地盤にした有力な新聞一紙ずつを経営し、この連衡の力で朝・毎両紙に対抗しようとし、社告を掲げて三社のトラストを作り、社員および資本力を共通にし、ニュースの交換、販売系統の合流、広告の共同収集を始めた。進んで翌六年八月には三社を合併して三都合同新聞社を設立、京阪神にまたがり、優に大朝、大毎に対抗し得る地歩を得たわけである。

だがこの内、大阪時事新報の経営はどうしてもうまく行かず、二社の利益をつぎこんでも決算は毎期赤字がちだった。これにはさすがの進藤も参ってしまい、ついに八年十二月、まず京都を分離、十年七月には大阪時事をも分離してついに「三都合同」の意図はくずれてしまった。

日本新聞聯盟結成　一方日本新聞聯盟は「昨今ノ新聞界ヲ見ルニ資本力ノ旺盛ナル新聞紙ハ栄エ資本力ノ薄弱ナ

ルモノハ衰ヘツツアル……依リテ此ノ際地方新聞ガ一団トナリテ各自協力シテ努力シタナラバヤガテ来ルベキ資本力ノ圧迫ヲ未前ニ防ギ得ラルルト同時ニ最モ安全地帯ニ居ッテ新聞経営ニ従事スル事ガ出来ヤスイト思フノデアリマス」（設立趣旨）という動機により当時の有力地方紙四社によって組織されたもので、各種特別記事の収集、配布、地方ニュースの交換、催し物の共同主催、営業上の協定、必要な物品の共同購入などを目的として、十一月十七日から事務を開始した。正式の規約は翌六年七月十日、北タイ・東武《あずまたけし》、河北・一力次郎、新愛知・大島宇吉、福日・永江真郷《まさと》の四氏によって調印された。この四社は電通系の最有力地方紙で、販売面でも互いに競合しなかったので、これ以後四社の関係はいっそう緊密になり、新聞界でも大きな発言権を確保するようになる（のちに連盟は岡山の合同新聞―現山陽新聞―を加えて日本新聞同盟に発展するが、新聞統合の実施で解散）。

この年第二次普選が実施された。新聞界では、昭和二年の第一次普選が、予想に反して買収や不正によって汚されたのを見て、大々的に選挙粛正キャンペーンを張った。たとえば東西両朝日は選挙革正座談会を主催、その記事を連載して一般の注意を喚起、大毎、東日も「正しい政治」を強調、その他の各紙も、連日スローガンを掲げて選挙民の自覚を促した。

『棄権するな一票の自由を守れ』（国民新聞）
『政界の明暗はこの一票・迷ふな！　正しき人へ』（報知新聞）
『嫁と議員は調べた上で』（大阪毎日）
『棄権する勿れ』（都新聞）
『断然意のまゝに投じて清き一票の力を示せ』（読売新聞）

また二十一日会所属の各社は、二月二日付朝刊に再び共同宣言を発したが、この宣言は、聯合、電通を通じて地方紙にも送られ、全国有力新聞紙に掲載された。

浜口首相狙撃記事問題　ついで年末にもう一回、共同宣言が出されている。この年十一月十四日、浜口雄幸《おさち》首相は東京駅で愛国社員佐郷屋留雄に狙撃され重傷を負ったが、この浜口首相の容態に関する通信記事の出所に関する嫌疑から、丸の内警察署が、時事新報社政治部細越政夫記者を三日間拘留するという事件が起こった。

この言論に対する暴圧に対し、東西十五新聞・通信社は十二月十五日、共同宣言を発し、十七日には、三十四記者団（記者クラブ）が共同決議を出すに至った。そこで政府は、十八日安達謙蔵内相が、伊藤正徳（時事新報）、服部鋋三（都）、新居房太郎（二六新報）らの代表に会見を求め、陳謝釈明してケリをつけている。

新聞休刊日が全国的に統一されたのもこの年のことである。前年五月八日、東京十五社売捌《うりさばき》業者の新聞休日新設運動により関東北新聞社間に新聞休刊日が設定されたが、春季皇霊祭は通常議会開会中なので、神武天皇祭の翌日に変更されていた。これに対し関西各新聞社の休刊日は、春季・秋季皇霊祭だったが、この年三月から関西各社も休刊日を一月二日付朝夕刊、神武天皇祭ならびに秋季皇霊祭の翌日付朝夕刊に決定、ここに新聞休刊日は全国的に統一されることになった。

＊**進藤信義**（明治一一—昭和二六）　兵庫県出身で、地方紙には珍しい積極的新聞経営者。「神戸新聞」の経営を川崎芳太郎社主から頼まれて軌道にのせ、川崎家から独立経営するのに成功。また「京都日日」「大阪時事新報」を買収、一時は「三都合同新聞」を設立して大阪系紙に対抗する勢をみせるに至った。そのほか「長崎新聞」「海南新聞」「大和新聞」などの経営にも一時参加するなど意欲的な動きをみせたが、いずれも成功しなかった。母体の「神戸新聞」はびくともしなかったが、支那事変が長びくにつれ兵庫県特高課の言論弾圧がきびしくなり、昭和十六年八月「国策に非協力」という理由で特高に持ち株の放棄をせまられ、社長の椅子を追われる。

＊**東《あずま》　武**（明治二—昭和一四）　奈良県出身。東京法学院に学ぶ。明治三十二年札幌で「北海時事」を創刊。三十四年「北海道毎日新聞」と合同、「北海タイムス」が創刊されるや、阿部宇之八と共同して戦前屈指の地方紙に育てあげた。四十二年代議士となり、以後政友会の重鎮として活躍する。昭和四年「福日」「新愛知」「河北」と提携して日本新聞聯盟を結成、また電聯合併には通信の統制だとして、名古屋新聞の小山松寿とともに猛反対

を唱えた。

＊**安藤和風《はるかぜ》**（慶応二―昭和一一）　秋田県出身。明治三十三年「秋田魁新報《さきがけ》」に入社、以後、主筆、社長として秋田魁の発展の基礎を築くとともに、その革新的精神と広い識見をもって秋田の代表的言論人としてのみならず、中央にも盛名をはせる。

《昭和6年》

次第に激化する軍部の言論干渉　昭和にはいると、疑獄や汚職があいつぎ、既成政党の腐敗が国民に政党不信の念を助長しつつあったが、この機をとらえて軍部や右翼団体は、テロにより、あるいは大陸に対する軍事行動等によって、ファッシズム体制の確立にのり出してゆく。

この危機に警鐘を鳴らした次の評論が十月十四、十五の二日間にわたって「河北新報」紙上に掲載された。

『挙国一致内閣の正体

秋風を立てられたこのごろの若槻内閣（上）

挙国一致内閣というのがある。現内閣ではこの国難に耐へられぬから各派を網羅してしっかりした内閣を作り現下の国難を打開せよ―というのである。……で挙国一致内閣の実体はどこにある。宣伝と軍閥が中心で政党がこれに参加せよ、というのである。満洲事変勃発以来、三宅坂の独り舞台で若槻首相などはどこぞへケシ飛んでゐるし、霞ケ関正統派なるものも鳴りを鎮めている。だからというので、軍閥も気をよくしてゐる。見給へ三宅坂が日本の国家を代表している――懸案解決などといったところで一向ラチが明かぬがわれわれが乗出せば一気に解決するよ、といった大気焔。上原勇作老なんかも揚々と乗出してゐるからものものしい。まるで無人の野を行くが如し、である。名は政党内閣でも実質は軍閥内閣の観がある。（東京支社A記者）』（河北新報　十月十四日）

ところが、これが出ると早速、仙台の聯隊区司令官が県特高課、憲兵隊と一緒に河北新報社を訪れ、軍民離間を策するこの論文の執筆者をあかせ、と要求してきた。当時の編集局長一力五郎（次郎社長の弟）は「記事の責任はいっさい編集局長がとる」と言ってこの要求を拒絶したが、軍人、軍属は河北の不買を決行するといきまいた。結局この事件は、一力編集局長が三か条の確認書を陸軍大臣あてに提出してケリがついたが、勢いにのってきた軍部の言論機関に対する干渉、いやがらせはこのころから次第にはげしくなる。

満洲事変勃発でラジオ臨時ニュース一号　だが何といってもこの年の最大の事件は満洲事変の勃発だった。事変は九月十八日夜、柳条溝で起こった満鉄の線路爆破事件がきっかけとなったもので、この第一報をもっとも早く発信したのは新聞聯合だったが、不幸にもこれは極度に興奮した当局の検閲にひっかかり、東京着電は、それより二時間おくれて発信した電通に先を越された。このため聯合にたよっていた都新聞（現東京新聞）などは満州事変勃発の第一報を落とし、部数が半減したと言われている。

この時、NHKが臨時ニュースによって（翌十九日午前六時三十分）満州事変の勃発を流しているが、これが臨時ニュースの第一号だった。以後、NHKは太平洋横断無着陸飛行、英国の金本位制廃止などつぎつぎに起こる世界的ニュースを臨時ニュースで速報、放送はつねに号外に先んじたため、JOAKにニュースを提供していた十一新聞通信社と紛争をまきおこした（放送協会は前年十一月一日より聯合、電通から別途に通信を購入、これを「放送局編集ニュース」として流していた）。

これから後、ニュース問題をめぐる新聞社と放送局の対立がくすぶり続けることになる（七月ラジオの受信契約数百万突破）。

またこの年九月、上越線が開通するとともに、東京各紙が新潟県に侵入、地元新聞と販売合戦を演ずるが、この時「新潟毎日新聞」は先手を打って六月一日から夕刊二回発行を実施、朝刊と合わせて一日三回発行による速報戦で中央紙に対抗しようとしたことが注目される。

犬養首相暗殺と新聞の軍部非難

この年五月、犬養毅首相が若手軍人に射殺された。これが有名な五・一五事件だが、この事件が日本の政治史上もっとも重大な意味をもつといわれているのは、この事件によって事実上戦前の政党政治は終局を告げ、以後軍部の力が急速に強くなり、日本はファッシズムの時代へ突入する契機となったからである。同時に「話せばわかる」と叫んだ首相を倒した軍部の一撃は、それ以後の言論界の運命を暗示するまことに象徴的な事件だったわけだ。新聞もこの時は、まだかなり大胆にファッショを排撃した。とくにその論旨がきびしかったのは、東西の朝日、新愛知（現中日）、福岡日日（現西日本）で、朝日は『一国の総理大臣が帝都の真只中、しかも白昼公邸において射殺されたといふことは、言語道断実に未曽有の不祥事……しかしてその暴行は……陸海軍の軍服を着したるものの暴行（警視庁発表）なりといふに至っては言語道断、その乱暴狂態は、わが固有の道徳律に照しても、また軍律に照しても立憲治下における極重悪行為と断じなければならぬ』と論じ、福岡日日は編集局長菊竹淳《すなお》が軍部の暴走を痛烈に非難した。『敢て国民の覚悟を促す……陸海軍人が首相官邸に押し入りて、老首相を虐殺せるに至っては実に言語道断の沙汰といわねばならぬ……何人と雖も、今日の議会、今日の政治、今日の選挙、今日の政治家に満足するものはない……にも拘わらず、故に吾々は、直ちに独裁政治に還へらねばならぬと云ふ理由はない。ファッショ運動が日本を救うべし、と信じ得べき何等の根拠もない。……吾々の政治的進路は明白である。これ等の過誤欠陥を補正しつつ立憲代議政体の大道を静かに進むまでである……国民に対する挑戦に向っては、断々乎として之れを排撃するの堅き決心を懐かんことを要求せねばならぬ……』（五月十七日）

福岡日日新聞

敢て國民の覺悟を促す

事件の責任如何

ファッショ排撃の社説を掲げた福岡日日

この社説の反響はすさまじかった。福日の論説は、陛下の軍隊を侮辱し、国家革新のために決起した一部将校を中傷するものであると久留米師団の若手将校、急進分子などから投書や威圧があいついだが、永江真郷《まさと》副社長、菊竹編集局長、阿部暢太郎副長らの幹部をはじめ全社員は、びくともしないでこれに対処している。そのほか、岩手日報主筆後藤清郎なども『現役の軍人が共謀して首相を暗殺し、銀行の爆破を企つるに至っては全くただ事ではない……恐怖時代を現出したのである。憲政には常道がある。それを何うしようというのか。ピストルが恐しいというのか。ファッショが恐しいというのか。銘々に自己の本職に帰って反省してみるがよい』（五月二十二日）と警告している。だが時勢は急速に悪化していた。このような新聞の自由な論調も徐々に姿を消し、次第に言論統制の見えざる縄が言論人の首を強くしめつける時代になっていったのである。

なおこの年には、台湾放送協会がわが国初の広告放送を六月十五日から実施している。これは収入不足を理由に始められたもので、丸見屋、ライオン、キッコーマン、森永、味の素、七欧無電等の大広告主が参加し、良い成績をあげたが、新聞界では、新聞社の広告収入を圧迫するという理由でこれに猛反対、結局半年足らずの十二月二日、この広告放送は中止された。

＊菊竹　淳《すなお》（明治一三―昭和一二）　福岡県出身で号は六鼓。東京専門学校（早稲田大学の前身）卒。明治三十六年「福岡日日新聞」に入社、以来編集、論説畑を歩き、明治から大正・昭和にかけて福岡日日の論説を主宰した。五・一五事件に際し「首相兇手に斃る」「敢て国民の覚悟を促す」の社説をかかげ、敢然として軍部に立ちむかい、議会政治の擁護を説いたのは有名。

《昭　和　8　年》

「関東防空大演習を嗤ふ」桐生悠々の筆　『関東防空大演習を嗤ふ　……一昨九日から行はれつつある関東防空大演習は、実に大規模のものであった。国民は……かふした実戦が、将来決してあってはならないこと、又あらしめてはならないことを痛感したであらう。

将来若し敵機を、帝都の空に迎へて、撃つやうなことがあったならば、それこそ人心阻喪の結果、我は或は、敵に対して和を求むるべく余儀なくされないだらうか。……近代的科学の驚異は、赤外線をも戦争に利用しなければやまないだらう。この赤外線を利用すれば、如何に暗きところに……隠れてゐやうとも、明に敵軍隊の所在地を知り得る……かうした観点からも、市民の、市街の消灯は、完全に一の滑稽である。要するに、航空機は……空撃したものの勝であり、空撃されたものの負である。だから、この空撃に先たって、これを撃退すること、これが防空戦の第一義でなくてはならない』(信濃毎日新聞　八月十一日)

この昭和八年という年は、言論界にとって一つの分岐点をなす年だった。当時、「国民新聞」の経済部長をしていた長谷川光太郎は『私達は思ふことを率直に云ひ得ない立場に置かれてゐる。何となく遠慮しなければならぬような立場に追ひつめられてゐる』(新聞及新聞記者　十月号)と述べているが、強権の無言の圧迫に、言論界が、沈黙を守らざるを得なくなりつつあったのがこの年の状況だった。

この時あらわれたのが前記の「評論」で、筆者は主筆桐生悠々だった。当時桐生は、陸軍の政治干渉が日に日にはげしくなるのをみて編集局長三沢背山とともに堂々と筆陣を張ってこれを糾弾し、その反省を求めていたので、軍閥、県特高課などは、かねがね「信濃毎日」に目をつけていた。

そこでこの評論があらわれると、聯隊区司令官の指揮下にあって会員八万と呼号する信州郷軍同志会は、「信毎」の不買同盟、桐生、三沢の退社、ならびに謝罪文掲載をもってはげしく迫ったので、ついに桐生は退社を余儀なくされる。

当時、常務として全責任を負っていた小坂武雄氏は「十月の何日であったか、最後の妥結をして、終列車で松本から帰る時、姨捨の車窓から眺めた皎々たる明月の光は私の全身を冷たくするように覚えた事を今なお忘れることが出来ない」と語っている。

桐生悠々はその後、名古屋市郊外で「他山の石」と題する個人雑誌を刊行し、十六年九月、食道ガンで世を去るまで、軍部に反抗する。最後に余命幾ばくもないことを知った悠々は「小生はむしろ喜んでこの超畜生道に堕落しつつある地球の表面より消え失せることを歓迎致し候も、ただ小生が理想したる戦後の一大軍粛を見ることなくこの世を去ることは、いかにも残念至極にござ候」の一文を残して「他山の石」を廃刊しているが、それは天皇制ファッシズム下の日本で、言論をもって行なわれたもっとも壮烈なる批判、抵抗であった。悠々の見通しがいかに的確であったかは、その後の歴史が証明する。

大トラスト王子製紙　この年五月十八日、多年競争を続けてきた王子製紙、富士製紙、樺太工業の三大用紙メーカーが合併し、製紙大トラスト王子製紙が誕生した。先ごろ、王子、十条、本州の三製紙会社の合併が話題になったが、戦前の王子製紙は日本の洋紙生産高の九割を独占し、生産統制による利益向上を唱えつつ、一面販売統制によって値上げ（新聞界には当時慣行となっていた割り戻し率の減殺という手を使って）を実現していった。

また六月二十日、大阪で「日本工業新聞」（サンケイ新聞の前身）が創刊されたほか、満州事変以来ニュースが殺到したので、大正十三年七月以来廃止されていた日曜夕刊が、また復活（十二月三日から）している。

＊桐生悠々《ゆうゆう》（明治六―昭和一六）　金沢に生まれ、本名は政次。東大卒。「下野新聞」「大阪毎日新聞」「朝日新聞」の記者を経て、「信濃毎日新聞」「新愛知」の主筆を数度にわたって勤める。真の自由主義言論人で、昭和八年、有名な論説「関東防空大演習を嗤う」で信毎を追われてからは名古屋に帰り、「他山の石」と題する個人雑誌を発行、死ぬまで軍閥に対する攻撃をやめなかった。

≪昭　和　9　年≫

「番町会」あばく　『和製タマニー「番町会」を暴く　明日朝刊より連載』

大キャンペーン　政党と政商の結托暗躍はあらゆる社会悪の源となり、遂に五・一五事件を誘発して非常時内閣の出現を見たことは汎く知るところ、然も……ここにわれらは、わが政界財界の蔭に奇怪な存在を聞く。曰く「番町会」の登場がそれである…』

（時事新報　一月十六日）

『本稿は番町会のメンバーを中心として過去に於いて為され、又現在行なわれつつある事実を紹介し、これを社会の批判に訴へんとす……』（同　一月十八日）

このような意図で始められた「時事新報」の暴露キャンペーン「番町会を暴く」は、その激しい論調と悲劇的な結末によって、戦前もっとも有名なキャンペーンの一つとなっている。

当時、「時事新報」は、関東大震災による痛手と社内の内紛から次第に落ち目となり、前鐘紡社長武藤山治の手にゆだねられた。武藤は昭和七年、「時事新報」にのりこむと、まず「東京市政を暴く」を七月二十五日から翌八年二月まで二百十二回連載、ついで三月から「選挙戦術を暴く」を十四回にわたって連載、東京市政の腐敗をあらゆる角度から暴露した。時事のこの暴露キャンペーンはもちろん読者獲得の一つの手段でもあったろうが、また武藤自身の政治的、思想的立ち場、とくに社会悪に対する正義感にもよるものであった。

言論界の尊き犠牲
武藤山治氏遂に逝く
昨夜九時二十分鎌倉で

武藤社長の死を報じた昭和9年3月11日付け時事新報

これらに続くキャンペーンが有名な「番町会を暴く」である。番町会とは、財界の巨頭郷誠之助をかこむ少壮実業家のグループで、中島久萬吉、伊藤忠兵衛、河合良成、永野護、正力松太郎、後藤国彦、中野金次郎ら新進気鋭が多く、財界のあっせんや難問題の解決に活躍し、政商的色彩も強かった。たまたま台湾銀行の帝人株処分をあっせんした番町会のメンバーに対し、払い下げに不正があるとの非難が起こり、「時事新報」の『番町会を暴く』が、郷、河合らを攻撃した。

この記事は一月十七日から三月十三日まで五十六回にわたり連載されているが、おもな内容は「帝人乗取り」七回、「神鋼乗取り」十一回、「東株乗取の巻」十三回で、編集局長森田久が中心となり、後藤登喜男がおもに材料を収集して書かれたものといわれている。

命がけになってきた言論報道　ところが連載途中の三月九日、武藤山治が凶漢にそ撃されて倒れ、一方攻撃をうけた台湾銀行、帝人の首脳、番町会関係者、黒田大蔵次官らはあいついで検挙され、七月三日斎藤内閣も綱紀上の責任を理由に総辞職した。検察当局のこのような行動について「時事新報」のキャンペーンが大きな役割りを果たしたことは確実だが、その背後には、軍部右翼勢力およびこれと結んだ革新官僚が、国粋主義を奉ずる平沼騏一郎系の司法官僚を通じて巧妙に斎藤内閣の打倒をはかったという説もある（帝人事件の被告には昭和十二年全員無罪の判決が下った）。

このころの新聞人は、当局の記事差し止め、発売禁止処分のほかに、右翼あるいは種々の暴力の危険にさらされていた。四月二十六日東京朝日編集局内で、鈴木文四郎編集総務ほか社員二人が暴漢の日本刀で重傷を負うという事件が起こっているが、これは暴力団に関する東朝の記事のうらみが原因といわれている。また七月三十一日の大毎、東日は『近畿防空演習に就いて、その費用の問題』という社説を掲げ、防空演習の効果についていくつかの疑問を投げかけた。だが、八月二日になって再び『近畿防空演習の評論に就いて、我等の是正』と題する社説を掲げ、前記社説の趣旨を全面的に取り消し、誤解に基づく記事として、「深甚なる陳謝」の意を表明しているが、これも当時、暴力系統の迫害によるといわれていた。いずれにせよ、有形無形の迫害がひん発し、新聞の言論報道が命がけの仕事になってきたことがうかがえる。

＊森田　久（明治二三―昭和四六）福岡県生れ、早大専門部卒。「福岡日日新聞」を経て大正六年「大阪朝日新聞」入社（経済部）。八年「東京朝日新聞」経済部へ移る。十四年「時事新報」入社、経済部長、取締役編集局長を勤め、昭和九年退社。十年「九州日報」社長となる。十一年満州に渡り、満州弘報協会理事、満州国通信社社長などを歴任、十九年日本新聞会理事となる。戦後「夕刊フクニチ」に関与、相談役、取締役会長を勤めた。三十

年〜三十八年太宰府町長。

＊**鈴木文四郎**（明治二三―昭和二六）　千葉県出身で東京外語卒。大正六年「朝日新聞」入社、海外特派員として活躍、以後編集局各部長、出版局長、常務取締役となり昭和二十年退社。戦後、参議院議員になる。文史朗のペンネームで名文を書いた。

《昭和10年》

新聞広告の最盛期　**〃広告小説〃も出現**　広告小説と銘打った小説が七月二十七日から十月八日まで、六十回にわたって「名古屋新聞」（現在の中日新聞）紙上に連載された。はっきり〃広告〃を看板にした小説が新聞に掲載されたのは、初めてのことだったので、世間の注意をひいたが、この中には、蜂ブドー酒、森永チョコレート、スマイル、エビオス、ヤマサ醤油、ライオン歯磨、明治製菓、ミツワ石鹸、ヘチマコロンから井上英語講議録まで二十八にのぼる商品が登場している。

『華やかな収穫

（広告小説）2

三上於菟吉作

寺本　忠雄画

貞一はクッションにもたれて新聞をひろげた。するとある頁全部を〆めた、大きな魚の絵を持つ広告が、本文よりも早く彼の目を捉へた。

――相変らず、聖魚肝油はでかい広告をしてゐるなあ――

が「ハリバ」といふ薬名を見つめて彼は、ふっとこの新らしく台頭した肝油が、衰弱者にすばらしい効験を持つといふことを重病の恢復期で静養してゐる画家の赤沢といふのに聴かされたことを思ひ出した。

――ハリバ！　岐度あの友達にもいいにきまってゐるぜ――

途中で買って届けさせて置いてやろう。

「薬屋があったら自動車を止めて呉れ給へ」

と彼は運転手にいった……』（名古屋新聞　七月二十八日）

このような小説が新聞紙上にあらわれたのを見てもわかるように、このころが、戦前の新聞広告の最盛期だった。昭和七年ごろから新聞の広告面は、自由奔放、思い切った図案を思いきって大きいスペースで表現していた（七年の暮れには高島屋が四ページ大の広告を出している）。だが一方、広告取り引きの明朗化、不良広告、誇大広告（とくに売薬広告）の取り締まりが問題になったのもこの時期で、広告主側も、新聞広告扱いの統制、掲載紙の整理などに真剣にとりくみはじめた。このため大阪系四紙（東西朝日、大毎、東日）、読売などは広告料率の強行値上げに成功したが、全般的には広告不況のきざしが見えはじめ、製作資材、用紙の高騰（用紙価格は、王子合併以来、三年連続、払い戻し整理の名目で実質上値上げが行なわれた）をカバーすることができず、新聞経営難の声が深刻化している。

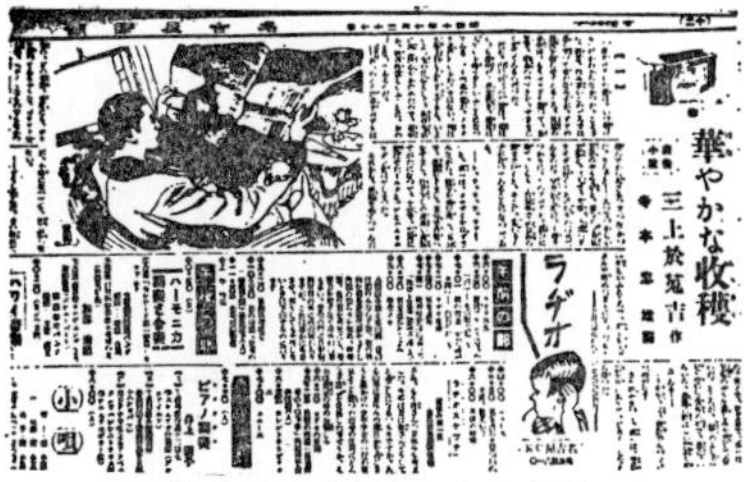

広告小説「華やかな収穫」
第１回（名古屋新聞）

また七月七日、東京十一社の販売部長団、昭和会が日曜夕刊廃止を協定したが、これは販売店従業員の慰安と、新聞用紙の値上がりがその理由であった。

大朝、大毎の九州、中京進出もこの年のできごとであった。当時、伊藤正徳氏はこれについて「数年前までは地方の新聞は呑気で、夜の八時頃には締切って記者は帰って了ひ、それ以後の事件は翌々日の朝刊で済ましてゐるやうなのもあったが、最近は東京紙の攻勢に対抗するために勉強するようになりその結果ニュース競争では東京新聞が益々不利になった……。大朝、大毎が先きに門司に進出し、今度また名古屋に進出して地方版の革命を志したのは専ら右の理由に基くものである」（改

造　十二月号）と述べているが、これが戦前最後の全国紙対地元紙の販売合戦となったわけである。だが福岡日日・九州日報（後の西日本）、新愛知・名古屋（後の中日）とも朝日、毎日の進出によってほとんど影響はうけなかったといわれている。

第七章　新聞統制時代　昭和10年代

戦時体制に突入・強権で諸新聞統合　しかし新聞界の抵抗もこのころまでが限度だった。昭和十年代にはいると次第に国内の風潮もファッショ化してくる。政府は国論を統一するため、十一年、当時の二大通信社、日本電報通信社（通信部門のみ）と新聞聯合社を合併させて「同盟通信社」を設立するとともに、内閣に情報委員会を設け、情報の一元化をはかった（この情報委員会は次第に規模を拡大して十五年には情報局となり、敗戦まで、国家的報道・宣伝の一元的統制、情報および啓発宣伝の統一のための機構として言論界に君臨する）。

昭和十二年七月、日支事変が起こると国内は戦時体制にはいった。政府は「軍機保護法」を改正公布するとともに、軍事関係の報道は陸海軍大臣の許可がない限りいっさい報道を禁止する措置をとった。このような報道制限は、十六年十二月米英との戦争が始まるにつれてますますきびしくなり、時局にさしさわりがある記事を掲載した新聞は（たとえそれが真実であっても）いつでも発行許可を取り消すことができるようになった。戦争が拡大するにつれ、紙面からは外電がほとんど消え、国民はまったく外界の情報（国内を含めて）から遮断され、軍部の宣伝におどらされることになったのである。

また新聞用紙、インキ、その他の資材が欠乏したため、新聞のページ数も減少、日支事変初期のころは朝夕刊一六ページ建ての新聞が、十九年にはついに朝刊二ページのペラ新聞に転落してしまった。同時に新聞の統合も行なわれた。十年代初期には全国に約一二〇〇の日刊紙（週刊、旬刊紙を入れると約七七〇〇紙）が存在したが、政府は強権をもって統合につとめた結果、十八年には新聞発行社わずか五五社に減少している。この統合の目的は人員、資材の節減にもあったが、真のねらいは情報の統制であった。そこで政府は初め全国の新聞社を一元化する案を提示したが、これにはさすが新聞人の中にも反対の声が強く、東京、大阪の二大都市を除き、一県一紙の新聞統合が行なわれたのである。

しかしこの処置には、明治以来の弱小新聞を統合することによって、経済的基盤を確立するという利点も半面にあったわけで、現在の日本の新聞の配置図はこの時に定まったものである。

《昭和11年》

二・二六で大混乱
未曽有の言論統制
二月二十六日未明、陸海軍の青年将校ら千四百人は重臣および東京朝日新聞社を襲撃、斎藤実内大臣、渡辺錠太郎教育総監、高橋是清蔵相らを殺害した。雪の帝都はこの二・二六事件で大混乱に陥り、新聞、ラジオなどいっさいの通信機関は停止した。
新聞社では出先各官庁記者との連絡も絶え、官庁、取引所方面の機能も停止した。午後になってようやく事件の全貌が明らかになったが、「東京大勢新聞」「やまと新聞」は、事件に関連のないニュースなら危険なしとして夕刊発行にふみきった。だが「東京夕刊新報」は、勇敢にもただ一紙だけ事件の詳報を掲載発行したため、午後四時ごろ発売禁止となり、スタンドから押収された。「東京朝日」は、美土路《みどろ》昌一《ますいち》編集局長が、詳報すれば問題になるし、事件と無関係なものは掲載しても無意義、として夕刊発行を断念した。翌二十七日戒厳令が布告され、陸軍省

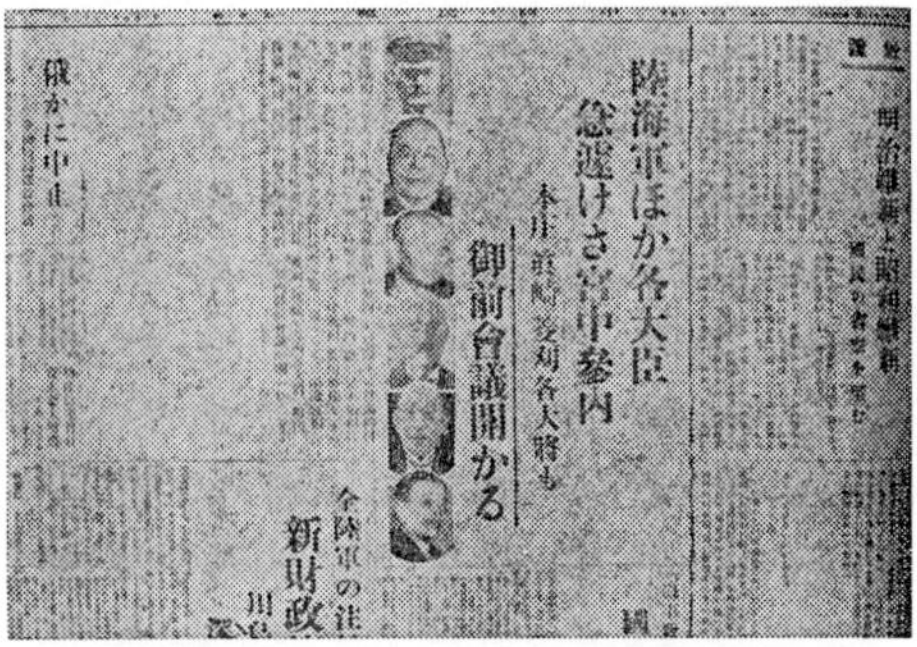

一面トップに社説を載せた中国民報２月27日付紙面。所どころ検閲で削られている。

発表以外はいっさい掲載禁止となる。この時中国民報（現在の山陽新聞）は異例の一面トップ縦八段で「こうした行為は断じて許すべきでない」との社説を掲げ痛論したが（通常社説は二面）肝心のところはすべて検閲で削りとられている。筆者は編集局長金木博治だった。

『明治維新と昭和維新
　国民の省察を望む
……世上兎もすれば明治維新と昭和維新とを無差別、無批判に混同し……軽挙盲動を見る……彼等の精は純粋無垢のものかも知れない……さあれその精神において如何に（以下削除　余白）るものではないのである。
……総選挙の結果に現れた国民の総意は、国民に政治的自覚あることを十二分に表現してゐるではないか（以下削除　余白）』（中国民報　二月二十七日夕刊＝二十六日発行）

二十九日有名な「兵に告ぐ」のラジオ放送があり、反乱軍は帰順するが、戒厳司令部発表の重大ニュースには、ラジオニュースが圧倒的な強みをみせた。JOAK（東京第一放送）は午前六時半以降、天気予報と海外経済ニュース以外平常プログラムをことごとく中止して、戒厳司令部発表のニュースと告諭を以てこれにあてた。新聞は、経済ニュース皆無、広告収集不可能のため各紙いずれも減ページ発行しているが、岡田啓介首相の生存は、「東京朝日」が号外でスクープしている。新聞街が常態に復したのは三月二日以後であるが、この時の戒厳令は七月十八日まで約五か月も続き、新聞界はかつて経験したことのない言論の不自由さをつぶさに痛感したのである。

同盟通信社の成立　この年の言論界の最大の話題は同盟通信社の成立であった。昭和六年、満州事変のぼっ発を機に、陸軍、海軍、外務三省の情報関係代表者は、国際政策上、電通、聯合両社を合併して国家代表通信社を設立する計画を推進してきた。だが福岡日日（現西日本）、北海タイムス（現北海道）、名古屋（現中日）などの電通側の有力地方紙は、この企てを言論統制として強く反対したので、この電聯合併は難航した。しかし国策をたてに政府は、一月一日新聞聯合社の事業を引き継いで同盟通信社を設立させてしまったので、電通側も三月、ついに政府提示の最後的裁定案をのみ、六月一日から通信部を廃止、同盟通信社に合併することとなった。

同時に政府は、満州国においても四月九日、株式会社・弘報協会設立に関する勅令を公布（即日実施）、従来の組合制度の弘報協会（昭和十年十一月十一日創立）を改組して、満州国の新聞を統制するとともに、同盟通信社と結んで日満ニュースの統制に着手した。

『日本に国家的通信統制機関としての同盟通信社が完成したのに続いて、満州国にも国家的新聞統制機関としての弘報協会が成立した。而してこの両機構を不可分一体の関係に結びつける仲介者としてのわが内閣直属情報委員会も亦、予想以上の膨大な姿態をもって出現し来った。この三者の有機的連繋は益々その緊密さを加へて、日満言論、ニュースの全体的統制に成功するであろうと信ぜられる』（日本新聞年鑑　昭和十二年版）

朝鮮民族紙の抵抗　そのほか、この年には、言論界の話題となる事件があいついで起こっている。まず八月に、戦前最後のオリンピックがベルリンで開かれ、孫基禎選手が見事、マラソンで優勝した。この時、朝鮮の諺文新聞東亜日報（注）八月二十五日号は、孫選手の胸の日章旗のマークを故意に抹消した写真を紙面に掲載、植民地民族の抵抗を示したため、八月二十七日、新聞紙規則第十二条によって総督府から発行停止を命ぜられた（翌十二年五月末日復刊を許可されたが、宋鎮禹社長は辞任、実業家の白寛洙が社長となっている）。

西安事件スクープ　同盟の松本重治特派員が西安事件の第一報をスクープしたのも、この年の十二月のできごとであった。

『支那に一大事変勃発

張学良軍の為めに　蔣介石氏監禁さる

西安に突如兵変起る

【上海十二日発同盟】　支那側情報によれば蔣介石氏は十一日西安郊外の温泉に向った侭その後の消息不明となり南京では同氏の安否を気遣ってゐる

【上海十二日発同盟】　支那側確報によれば蔣介石氏は張学良部隊が最近赤化の傾向あるに鑑み十一日張学良軍の大部隊の福建省移駐を命じたので、これに憤慨した右部隊が俄に兵変を起し蔣介石氏拉致の報復手段に出たことが判明した

【上海十三日発同盟】　支那側半官報によれば蔣介石氏は十二日午前西安を距る廿哩の温泉華清池に於て叛乱軍のため捕へられ午後西安に護送され拘禁されてゐること判明した』（中外商業新報　十二月十三日）

なお十二月には、明治以来、日本の言論界に君臨してきた「時事新報」が、ついに解散し、「東京日日」（現毎日）に合併し（十二月二十五日）、「山陽新報」と「中国民報」も合併して「山陽中国合同新聞」（十二月一日）となっている。

（注）大正九年（一九二〇）四月一日に京城で創刊された諺文紙で、日本の統治に反抗して民族精神の鼓吹につとめ、たびたび発行停止をうけている。昭和十五年八月十一日、日本政府の韓国民族紙いっせい廃刊政策により廃刊した。戦後復刊後も李承晩政権、軍事政権に民主主義を守る立ち場から批判を加えている。反共ではあるが、権力に屈せず、もっとも野党的。現在韓国最大の新聞となっている。

＊**岩永裕吉**（明治一六～昭和一四）　東京に生まれ、京大卒業後、満鉄にはいる。日本の通信社を外国の通信社の支配から脱却せしめるために、請われて大正十年「国際通信社」に入社。大正十五年「国際」を解散して初めて新聞組合主義に立つ「新聞聯合社」を設立、ロイターはじめ世界の主要通信社と対等契約を結ぶのに成功、日本の通信社の地位を国際的に高めた。ついで電聯合併に力をそそぎ、国家代表通信社たる「同盟通信社」を創立、初代社長となる。

「支那事変」戦火拡大

『蘆溝橋の日支激戦　我軍龍王廟を占拠　【北平本社特電】(八日発) 豊台駐屯のわが部隊は七日午後十時ごろ北平西南方約三里の蘆溝橋の北方約一千メートルの竜王廟付近において夜間演習中同地駐屯の支那軍のため突然数十発の不法射撃を受けた。わが部隊は直ちに演習を中止し支那軍に対し応戦準備を整へる一方、支那軍兵営に軍使を派し謝罪を要求中である。

【北平本社特電】(八日発) 蘆溝橋の支那軍は八日午前五時半ごろ……監視中のわが軍に対し再び猛烈な射撃を加へたのでここにわが軍は自衛上巳むを得ず応戦の火蓋を切り目下激戦中である』(夕刊読売新聞　七月九日)

これが、いわゆる支那事変ぼっ発の第一報であった。華北の第二九軍は直ちに日本軍に屈服し、十一日停戦協定が結ばれた。

ところがその日、近衛内閣は華北に二個師団の急派を決定、増援部隊が到着した二十八日、日本軍は北京、天津地区で総攻撃を開始、八月十三日には海軍が上海でも戦闘を開始した。こうして八年余にわたる全面戦争の幕がきっておとされたのである。

政府の言論対策敏速

この時の政府の言論対策はすみやかだった。

十一日には、首相官邸に都下の新聞通信社代表、幹部約四十人を招き、政府の重大決意を表明し、言論界の協力を求めた。つづいて十三日、軍機保護法を改正公布、三十一日には、新聞紙法第二七条を発動して「軍機、軍略に関する報道はいっさいこれを禁じ、陸海軍大臣から予め許可を得たるものに限り除外す」という報道制限を行なった。(注)

八月三日、陸軍省は、現地駐在の各社特派員を「陸軍従軍記者」として認める旨指示したが、軍が新聞記者に従軍記者の名称を与え、待遇を付与するのは、日露戦争以来のことであった。

政府は九月二日、北支事変の呼称を支那事変と改めたが、事態はもはや事変というような生やさしいものではな

神風号のロンドン安着を報じた朝日新聞４月10日号

くなったのである。宣戦の布告がないまま、戦火はどんどん拡大していった。

広告面にも統制　十月にはいると、国民精神総動員運動が発足したが、政府の新聞指導は報道面にとどまらず、広告面にも及んでいる。十月十五日には、時局利用の販売広告を取り締まるよう各府県へ通達し、「弾丸献納広告」「銃後の○○」というような広告は「銃後の熱誠、非常時局を悪用して、私利を計ろうとするものである。かかる広告によって、強いて物品の購買を求むる行為は、その収利を国防費、慰問費等に献納するものであっても、これを禁止する」と述べている。

また大阪府では十一月三十日、府下各警察署に対し「日章旗や軍艦旗の図形を、広告や包装紙、商品の模様などに利用すると、知らず知らずの間に国旗の尊厳を冒瀆する場合があるので、これを取り締まるよう」通達を出している。神がかり的な精神主義のきざしがそろそろあらわれてきたわけである。

この年の明るいニュースとしては、東西朝日新聞社の国産機「神風号」による亜欧新記録飛行がある。四月六日立川を出発した神風機は、九十四時間十七分五十六秒でロンドンに到着、一新聞社の事業としては画期的な偉業をなしとげた。

（注）陸軍は七月三十一日の陸軍省令、海軍は八月十六日の海軍省令で実施。外務省も十二月十三日、省令第二一号により「国交に影響を及ぼすことあるべき事項にして外務大臣より示達せられたるものは、これを新聞紙に掲載することを禁ず」とした。外務省の新聞紙法第二七条発動は、大正三年第一次世界大戦の時についで二度目であり、前回は外交関係の記事一切を禁止、「予め外務大臣の許可ありたるものに限り報道を許す」という許可主義だったが、繁雑だったため、今回は〝示達主義〟を採用している。

国家総動員法・人民戦線グループの検挙

『国民政府と事実上の断行　帝国政府は遂に反省の見込なき国民政府に対し十六日正午発表の重大声明をもって一大断案を下した。

『帝国政府声明　……国民政府は帝国の真意を解せず漫りに抗戦を策し内民人塗炭の苦みを察せず外東亜全局の和平を顧みるところなし、仍て帝国政府は爾後国民政府を相手とせず、帝国と真に提携するに足る新興支那政権の成立発展を期待し、是と両国国交を調整して更生新支那の建設に協力せんとす……』（大阪朝日新聞　一月十七日）

これが有名な「国民政府を相手とせず」の対中国重大声明である。当初軍部はこの事変について「三個師団位を出し、少し場面が広まっても後二個師団もあったらけりがつくとだれもかれも思って居った」（河辺虎四郎少将回想応答録）ので、重大声明を出せば、戦争は簡単に結末がつくと考えていた。ところが五月の徐州作戦を終わり、十月には武漢三鎮、十二月には広東を占領したのに国民政府はさらに奥地の重慶に遷都して抗戦を続け、いぜん事態を収拾することができなかった。

人民戦線派の第二次大検擧
今曉九府縣に亘り卅二名
大内教授ら東大三名
美濃部教授ら法大五名
東北帝大からも一名
主要檢擧者
早曉六時五班で檢擧
東京關係十五名各署へ

人民戦線グループ検挙の報道
昭和13年2月2日付け読売新聞

そこで政府は国内の戦時体制強化にのり出し、まず第七十三議会で国家総動員法を可決し（四月一日公布）、戦争のため国家総動員の必要がある時は、物質・生産・金融・社会経理・物価・労働など経済のあらゆる分野での国家統制と、労働争議禁止などをうち出した。思想統制、弾圧も着々進行していた。戦争はすべての国民の生活や思想を統制する、と言われるが、二月一日未明、東大経済学部の大内兵衛、有沢広巳、脇村義太郎、法政大学の美濃部亮吉、南謹二、阿部勇、芹沢彪衛、笠川金作、東北大学の宇野弘蔵らの教授グループがいっせいに検挙された（仙台市議だった佐々木更三もこの時検挙）。『いずれも……人民戦線派の理論的指導グループとしてさきに結社禁止を命ぜられた日本無産、または全国評議会に深い関係をもってゐたことが判明、治安維持法第一条二項のシンパ条項嫌疑をもって検挙されたもの』（読売新聞　二月二日）で、これがいわゆる人民戦線教授グループ事件と呼ばれる左翼弾圧事件である。

新聞用紙も制限　ところで新聞は事変ぼっ発以来毎日曜日にも夕刊体裁の号外を発行して戦況の報道にあたっていたが、十二年九月十二日からは日曜夕刊を復活して速報に努めていた。だがこの年にはいって事変が長期化すると、政府は諸資材の節約、統制をはかり始めた。六月二十三日には消費制限品目三十三種が発表され、

『もめんよサヨナラ！
我れにス・フあり
戦争だ、着けよ国策の衣裳
鉄瓶やアイロンも法度
銑鉄の第三次使用制限』（東京朝日　六月二十九日）

と国民の消費生活は次第に窮屈なものになってきたが、この制限品目の中に用紙もはいっていた。

八月十二日新聞用紙供給制限令が公布されたが、新聞用紙の節約は、他の洋紙類を節約した最後の問題であるという新聞界の意向を知った商工省は、各社に用紙を供給していた王子製紙を通じて節約と減ページを強制する策に出た。この統制案は効を奏し「事変勃発以来、号外戦というものをほとんど封じ得たのは実に王子製紙の力であった」といわれるほどになったのである（日本新聞年鑑　昭和十三年版）。日曜夕刊も、用紙節約のため八月七日から廃止され、「大阪毎日」は七月九日、一ページ広告の掲載中止を決定している。

なお一月一日盛岡で「新岩手日報」が発刊されているが、この新聞は、「岩手日報」が銀行の支配下にあるのをいさぎよしとしなかった社内有志（編集関係が主）が、後藤清郎主筆を中心に結束を固めて創刊したもので、現在

の「岩手日報」はこの後身である。

＊**後藤清郎**（明治二二—昭和二〇）　岩手県に生まれ東大卒。「報知新聞」「東京日日新聞」を経て、大正十二年「岩手日報」社に主筆として入社、以後、岩手の言論界をリードする。五・一五事件の時は、憲政の常道を説き軍部のファッショをいましめた。昭和十二年「岩手日報」が経営難から銀行の支配におちいった時、新聞人による新聞経営を唱えて退社、翌年一月「新岩手日報」を創刊した。

《昭和14年》

英仏、ドイツに宣戦
汪兆銘ひそかに来日

『欧洲大動乱の火蓋切らる　英仏、対独宣戦を布告　波蘭援助の誓約を遂行【ロンドン特電三日発】チェンバレン首相は三日、午前十一時十五分対独最後通牒の期限完了とともにイギリスの対独戦争を宣言した。【パリ特電三日発】フランス政府はドイツ軍がポーランドより撤退しなかった場合、三日午後五時を期して参戦する旨を発表した。

英對獨宣戰布告を聲明
英皇帝も御放送
濠洲も宣戰
英軍すでに佛國に待機
佛も今曉對獨戰時狀態
準備成れり
ヒ總統東部戰線へ
西部戰線の將士を激勵す
伊太利も參戰不可
伊とソ聯の動き重
歐洲動亂渦中の五箇國首腦
大戰勃發とわが財界影響

英仏の対ドイツ宣戦布告の報道
9月3日付け報知新聞

【ベルリン特電三日発】ドイツ政府は三日正式に英仏の最後通牒を拒絶した』（大阪朝日新聞　九月四日）

いよいよ第二次欧州大戦がぼっ発した。八月三十日に成立したばかりの阿部信行内閣は『あくまでも自由なる立場から静観の態度を堅持することに決定（同紙）と発表したが、日本の軍部はようやく支那事変の処理に苦慮しはじめた。

事変ぼっ発以来、日本軍は、中国全土に戦線を拡大したが、広大な中国を武力で完全に制圧するなどはもとより無理な注文であった。たまたま前年十二月、国民党副総裁汪兆銘が蔣介石と意見合わず重慶を脱出して仏印ハノイで反共和平運動をはじめたので、わが国は汪に新政府を作らせ、蔣政権を否認し、このかいらい政権を操縦して実質的に中国を日本に従属させようとはかった。

汪は四月二十五日ハノイを出発、上海に来たが、日本と緊密に連絡するため、五月三十一日東京を訪問、平沼騏一郎首相、近衛文麿以下陸海外各省当局と会見し、意見交換をした上、六月十八日日本を去った（汪政権は翌十五年三月南京に成立）。

汪来日スクープの「東京夕刊」の自爆　この汪兆銘の来日は極秘裏に行なわれたため、日本の新聞は一行もこのニュースを報道しなかったが、「東京夕刊新報」は、六月十四日付けの一面トップで『汪兆銘密かに来朝す』と報道した。これを見て軍部は驚き、中島社長らは検事局に召喚された。

この「東京夕刊新報」というのは、大正三年二月一日中島鉄哉が創刊した新聞で、二・二六事件の時も、事件の掲載禁止令をおかしてただ一紙、当日付け夕刊で事件の概略を報道するなど、あらゆる権力や迫害に抗して真実の報道に力をつくした特異な新聞で、支那事変ぼっ発後も、軍部の圧力に屈せず、しばしば世間を驚かすような特ダネで紙面を飾っていた。だが今回は周囲の情勢も悪化していた。発行停止を強要された中島社長は七月十二日の紙上に廃刊の辞をかかげて自爆的最後をとげる。

『……六月十四日の記事は、端なくも其筋の忌諱に触れ、筆禍急ち起りて四囲の情形、愈々険難……勢ひ謹慎を表すべく廃刊を決意するの外、他に途なきを奈何せん……時代の潮勢は自由の筆を揮ふを許さざるに至れり……六月十四日の記事問題は、偶々予を駆って廃刊の決意を促進せしめたるに過ぎざる也……』。

当時、新聞記事に対する当局の目は非常にきびしく、東京朝日も七月二十三日、有田・クレーギーの日英会談の覚え書き内容をスクープして問題となっている。

広告面では、土地分譲広告が目立っている。この土地分譲広告というのは、大正十年ごろから紙面にあらわれ、昭和にはいって広告面の重要な要素をしめるようになったものだが、これは通貨膨張の反映を示すもので軍需景気による工場の増築がこの現象を招いた。

また用紙不足のため八月一日から各社減ページを実施したが、これ以後、年ごとに用紙事情が窮屈になり、各紙減ページに減ページを重ね、ついに二ページのペラ新聞にまでおちるわけである。新聞の統合も次第に広がり、十月一日には、鳥取県下の有力紙が統合して「山陰同盟日本海新聞」が創刊された。このような時勢の中で、毎日新聞社の航空機「ニッポン号」が八月二十六日、東京羽田空港を出発、五大陸を回る世界一周飛行に成功、十月二十日無事東京に帰着するという偉業をなしとげている。

≪昭和15年≫

大毎・東日が中学入試制で世論調査　戦後、世論調査という手法は、政治体制の変革にともなう世論の重視とともに、あらゆる分野でめざましく活用されだしたが、その世論調査のはしりともみるべきものが、この戦時中の世論統制時代にあらわれていることは注目に値するできごとである。

『本社の輿論調査

中学校の新入試制度　　国民は賛成か反対か　　合理的調査結果近く発表

新聞報国をもって念願とする本社の常に期するところは万般事象の正確迅速なる報道とともに他面あらゆる場合に当って輿論を正しき方向へ導かんとするにある……しかるに国民の声を正しく公器たるべき紙上に反映せしめ、これによって輿論指導に資せんとする場合いわゆる輿論を把握することの技術的困難に逢着する……本社は種々考究の結果、個々の案件についてある科学的方法をもってすればほぼ正しく国民総意の方向を測定し得る目安を得るに至った。ここに本社は今春実施され目下なお国民の大きな関心の的となっている中等学校新入学制度についてこの新しき方式を用いて調査せんとするのである。かくして得られた結果は、一部特定の人々の意見とは全く性質を

異にし、ほぼ国民大衆の総意の縮図であるということができる……　大阪毎日、東京日日新聞社』（大阪毎日五月二十日）

本社の輿論調査
第一回「中等校入試制度是非」
東京日日・大阪毎日新聞社

「中等学校入試制度」世論調査の報道（大阪毎日５月20日）

これは、この年三月から中等学校の入試制度が改革され、従来のペーパーテストを廃して、内申書と体力検査による入試制度が採用されたことに関して、大毎・東日（現在の毎日新聞）が実施したもので、この新制度を経験した子弟の父兄（合格、不合格者を含めて）、来年受験する六年生の父兄、小中学校教員の総計約三百万人の千分の一―三千人を対象に通信員が面接調査によって意見を調べたものである。結果は『新制度に賛成―三割五分九厘、不賛成―六割三分六厘、不明―五厘』（大毎、東日　五月三十一日）で、反対が圧倒的に多かったが、こういう民意が、政策に反映するような時代ではなかった。

国内では戦時経済の矛盾が深刻化し、六大都市では六月一日から『マッチ、日に五本　砂糖、月に半斤　用意はよいか切符制』（東京朝日　五月十一日）となり、『鉄あすから特別回収、マンホール、ポスト、街灯から火鉢まで、出来るだけ代用品も使はぬやう』（読売新聞　二月十六日）というように銃後の生活はいよいよきびしくなってきた。また物資の欠乏によるインフレに対処するため、『昨十八日現在を基準に、国内物価引上げ禁止、運賃保険、賃金給料等も』（同紙九月二十日）となったため、『一万円のボーナスにお灸　愛知県の水新毛織株式会社では八月迄に二十六万円の収益を上げ二千六百年記念事業三十周年記念賞与と云ふ名目で社員、男女工八十二名に一人当り十四円余より一万円に及ぶ臨時特別賞与を支出して居た事実が明白となり、賃金臨時措置令、会社職員給与臨時措置令違反として五日起訴された』（朝日新聞　十月六日）という事件も起こっている。

七月には政友両派、八月には民政党が解党し、戦前の政党政治は、ここに完全に終息し、十月十二日に発会した大政翼賛会に吸収されていった。

言論統制機構の完成＝「情報局」設置　内閣に情報局が設置されたのもこの年十二月六日のことである。だがこの情報局設置に至るまでには、種々の経緯があった。

そもそも満州事変以前は、とかく新聞を軽視していた軍部も、国家非常時における新聞の威力を痛切に感ずるようになっていた。また政府部内にも対外ニュースの統制を確立する動きが出ていたが、これはドイツの宣伝省、イタリアの新聞省、あるいは英仏露にみられるような単一の情報機関に比すべき機構を新設しようとする動きになってあらわれた。まず通信機関の統合問題は、同盟通信社の設立とその運用によって実現したが、ついで従来陸軍、海軍、外務三省ならびに逓信、内務に分立していた情報および取締まり機関を統一し、命令系統・行政系統を各省に拠らない独立の機関とする動きが出てきた。

こうしてまずできたのが、「情報委員会」（昭和十一年七月一日）で、この委員会は「内閣総理大臣の管理に属し、各庁情報に関する重要事務の連絡調整を掌る」ものであった。（委員長・藤沼庄平＝内閣書記官長、幹事長・横溝光暉。事務官は、各庁の高等官の中から任命されたが、いずれも各省の凄腕どころが網羅されていた。）

この内閣情報委員会を改組拡充し、スタッフと権限を強化拡大したものが、翌十二年九月二十五日に設置された内閣情報部で、やはり『内閣総理大臣の管理に属し、左の事項に関する事務を掌る（官制第一条）』ことになっていた。

一、国策遂行の基礎たる情報に関する各庁事務の連絡調整
二、内外報道に関する各庁の連絡調整
三、啓発宣伝に関する各庁事務の連絡調整
四、各庁に属せざる情報収集、報道および啓発宣伝の実施

（この内閣情報部には、「参与十人以内を置き、部務に参与せしむ（第四条）」という規定があるが、この時任命された内閣情報部参与はつぎの十人であった。小林一三、藤沼庄平、片岡直温、大谷竹次郎、芦田均、増田義一、野間清治、高石真五郎、緒方竹虎、古野伊之助）

だが日支事変が進むにつれ、もっと強力に国家的報道・宣伝の一元的統制、情報および啓発宣伝の統一・敏速化をはかる必要に迫られてきた。そこで、旧来の内閣情報部を廃して、外務省情報部、陸軍省情報部、海軍省軍事普及部、内務省警保局図書課の事務を統合して新設されたのが、情報局で（初代総裁は伊藤述史、次長は久富達夫）、政府はここに言論統制のための完全な機構を作りあげたわけである。

一方、新聞統合も進行しつつあった。八月一日富山県下の四日刊紙を統合して「北日本新聞」、十一月二十五日には宮崎県内の日刊九紙を統合して「日向日日新聞」（現在の宮崎日日新聞）が創刊され、和歌山県でも三月一日、第一次統制として県内の二、三紙を除いて「和歌山新聞」が創刊されている（翌十六年九月県下地方紙の全てを統合する）。そのほか新潟県では、秋に安井知事が県下日刊紙十六社を参集せしめて、新聞統合の止むべからざる所以を力説(注)、協力を求めているが、このような動きに便乗して、むしろ積極的に政府に協力し、主導権を獲得しようという新聞社もあった。昭和十五年十月なかば、全国地方新聞支社局会幹事から「新聞新体制について意見を内閣情報部へ具申して地方新聞の立場を認識させておけ」という知らせが全国の地方新聞社へとんだ結果、十二月までに久富情報官の手許へ具申された数が十七あったという記録が残っている。

なお、この年五月、ラジオ受信契約数は五百万を突破、また九月一日には、「大阪朝日新聞」と「東京朝日新聞」が、題号を「朝日新聞」に統一している。

(注)　この時、安井知事は、新聞統合の理念としてつぎの四項目をあげている。　一、新聞用紙の節約　二、言論の統一　三、防諜上の必要　四、新聞社従業員の質的向上

ついに太平洋で開戦
東日、日米決裂察知

ついにわが国は太平洋戦争に突入した。前年九月、日独伊三国同盟が成立して以来、日米関係は次第に緊張の度を加えてきたので、近衛文麿首相は野村吉三郎氏を大使としてアメリカに送り、三月八日から日米関係打開の交渉を始めさせた。四月ごろには、この日米交渉も一時、軌道にのったかにみえたが、独伊ソを訪問して帰国した松岡洋右外相が強硬に日米交渉に反対、六月には独ソ戦争がぼっ発したため、内外の形勢は一変してしまった。七月、日本軍が南部仏印に進駐すると、米英は日本の在外資産を凍結、ここにA（米）、B（英）、C（中国）、D（蘭）包囲陣が形成され、十月に現役軍人を首班とする東条英機内閣が成立すると、急速に開戦への道を突っ走ることになった。

國民新聞
日米英・西太平洋で開戦！
大本營陸海軍部發表
宣戰布告の大詔渙發せらる
首相・ラジオで全國民に呼びかく
詔書
皇軍疾風・先制の利を獲得す
ハワイ・シンガポールの
決死的大空襲を敢行
上海では英艦撃沈、米艦捕獲

太平洋戦争突入の記事
（12月8日付け国民新聞夕刊）

『帝国米英に宣戦を布告す
西太平洋に戦闘開始
布哇米艦隊航空兵力を痛爆

【大本営陸海軍部発表】（十二月八日午前六時）帝国陸海軍は今八日未明西太平洋において米英軍と戦闘状態に入れり

【大本営海軍部発表＝八日午後一時】

一、帝国海軍は本八日未明ハワイ方面の米国艦隊並に航空兵力に対し決死的大空襲を敢行せり

二、帝国海軍は本八日未明上海に於て英砲艦「ペトレル」を撃沈せり、米砲艦「ウエイキ」は同時刻我に降伏せり

三、帝国海軍は本八日未明新嘉坡を爆撃し大なる戦果を収めたり

四、帝国海軍は本八日早朝「ダバオ」「ウエーク」「グアム」の敵軍事施

設を爆撃せり』（夕刊朝日新聞　十二月九日＝八日発行）

ところでこの開戦の日時は、国家の最高機密であったため、極秘中の極秘だったのはもちろんである。だがただ一紙、この日の朝刊に日米交渉の決裂をにおわす、きわめて〃主観的〃な記事を出した新聞があった。それは毎日（東日）新聞で、同紙は五段見出しで『東亜撹乱、英米の敵性極る』『断乎駆逐の一途のみ、隠忍度あり一億の憤激将に頂点、驀進一路、聖業完遂』と一触即発の空気を紙面にただよわせている。

なぜ開戦が察知できたか。この記事の背景について、当時の東日政治部井上縫三郎副部長は「日米交渉の成行については各紙非常に頭を悩まし、妥結、決裂どちらにころんでもよいように予定記事が準備してあった。前日の七日は日曜日だったが、陸軍担当の栗原広美記者から、二、三まわってみたが、日米交渉は完全に行き詰まった、もうあの原稿を使ってもいいだろう、という情報がもたらされた。しかし大特ダネであるだけに、万一途中で検閲当局から差し押えられたら困る。そこで奥村喜和男情報局次長にあたると、事実がそうだという記事は困る、決裂以外に道はないという表現なら押えないようにしよう、と言うので、予定稿を主観的表現に改め、トップを飾る記事ができたのだ」と述べている。

新聞紙等掲載制限令　開戦になると、まず紙面では、この日の夕刊から天気予報が消え、外電もほとんど姿を消した（わずかに残ったのは枢軸側と南米中立諸国の発電だけ）。十二月十九日には、言論出版集会結社等臨時取締法が公布され、「戦局ニ関シ人心ヲ惑乱スベキ事項ヲ流布シタ」と認定された時は、たとえ本当のことであっても罰せられることになり、また行政官庁は「必要アリト認ムル時ハ」いつでも新聞の発行許可を取り消すことができることとなった。

東条内閣の日本的ファシズムともいうべき独裁体制の第一弾が放たれたわけである。

またこれより先き、一月十一日には「新聞紙等掲載制限令」が公布されていたが、これによって、内閣総理大臣（実際は情報局）に新たに記事差し止め権が認められたのは注目すべきことである。

新聞紙等掲載制限令

第一条　国家総動員法第二十条第一項ノ規定ニ基ク新聞紙其ノ他ノ出版物ノ掲載ニ付テノ制限又ハ禁止、同条第二項ノ規定に基ク新聞紙其ノ他ノ出版物ノ発売及頒布ノ禁止並ニ其ノ差押及其ノ原版ノ差押ニ付テハ本令ノ定ムル所ニ依ル

第二条　左ノ各号ノ一ニ該当スル事項ハ之ヲ新聞紙其ノ他ノ出版物ニ掲載スルコトヲ禁ズ

一　国家総動員法第四十四条ノ規定ニ依リ当該官庁ノ指定シタル総動員業務ニ関スル官庁ノ機密

二　軍機保護法ノ規定ニ依ル軍事上ノ秘密

三　軍用資源秘密保護法ノ規定ニ依ル軍用資源秘密

第三条　内閣総理大臣ハ左ノ各号ノ一ニ該当スル事項ニ付示達ヲ以テ新聞紙其ノ他ノ出版物ニ対スル掲載事項ノ制限又ハ禁止ヲ為スコトヲ得

一　外交ニ関シ重大ナル支障ヲ生ズル虞アル事項

二　外国ニ対シ秘匿スルコトヲ要スル事項

三　財政経済政策ノ遂行ニ重大ナル支障ヲ生ズル虞アル事項

第四条　前二条ノ制限又ハ禁止ニ違反シタル新聞紙其ノ他ノ出版物ノ発売及頒布ノ禁止並ニ其ノ差押及其ノ原版ノ差押ハ内閣総理大臣之ヲ行フ

第五条　本令中内閣総理大臣トアルハ朝鮮、台湾、樺太又ハ南洋群島ニ在リテハ各朝鮮総督、台湾総督、樺太庁長官又ハ南洋庁長官トス

こうして戦時中の新聞は、各種各様の記事差し止めによってしばられたわけである。

新聞共販制実施　新聞の販売界にも統制の嵐が吹き荒れてきた。十二月一日「新聞共同販売組合」が発足して各社、長い伝統をもつ専売制を廃止、全国いっせいに共販制（共同輸送、共同配達、共同集金）が実施されたが、こ

れにより各新聞の専売店は本社との取引を断ち、同一地域内の各店を統合して共同販売所を設けることになった。

また十二月になって「静岡新聞」（一日）、「徳島新聞」（十五日）が統合創刊されている。

《昭和17年》

統制団体「日本新聞会」の設立　『日本新聞会設立　会長に田中都吉氏　戦時下における新聞の新体制を確立すべくさきに公布された新聞事業令に基いて、かねて設立準備中の日本新聞会は、五日午後二時より日比谷公園松本楼に設立総会を開催、政府より指定された全国有力新聞社代表百余名および谷情報局総裁、奥村同次長、吉積第二部長、金井検閲課長など出席……定款ならびに予算を満場一致可決した。なほ東条首相は五日午後六時より首相官邸に……出席者一同を招待して晩餐会を催したが、席上日本新聞会の設立認可および会長として田中都吉氏を任命する旨の披露……東条首相より挨拶あり田中新会長の謝辞があって同八時散会した』（朝日新聞　二月六日）

戦時国内体制が進むにつれ、新聞界にも強く新体制の確立が要請されていたが、ここに統制機関としての日本新聞会が設立され、戦時下の言論統制機構は完成した。前にも見たとおり、政府は、昭和十五年十二月に、情報局を設置して、報道宣伝の一元的統制機構を作りあげていたが、これに対応して新聞界では十六年五月二十八日社団法人「新聞聯盟」（注1）を設立、言論報道の統制に関し、自主的に政府に協力する態度を示した。ところが九月、この聯盟の理事会に、政府側の参与理事から、全国新聞分布案（一県一紙制の強化）、全国新聞統制会社案（新聞事業の資本と経営の分離により、新聞経営の根本的改変を行なおうとするもの）が提出されたことから聯盟理事会は紛糾した（読売の正力松太郎、毎日の山田潤二、朝日の緒方竹虎が、新聞共同会社案に猛反対してこれをつぶした有名な話はこの時のことである）。

結局この妥協案としてでてきたのが、新聞事業令に基づく統制団体設立案で、その結果できた日本新聞会（注2）

は、当時の人々が「統制会」と呼んでいるように、協議機関であった「新聞聯盟」とは、明確に一線を画すものであった。

一県一紙主義へ　このようにして統制機構は整備された。七月二十四日には情報局が全国新聞社の整備統合方針（一県一紙主義）を発表、これによって、八月「西日本新聞」、九月「中部日本新聞」、十月「東京新聞」、十一月「北海道新聞」と「新潟日報」などの後の有力紙が統合により続々誕生したほか、長い伝統をもつ報知と読売が合併して「読売報知」となった（注3）。

なおこの年二月一日から、広告計算の単位が、行数計算からメートル法にきりかえられた。現在採用されている一センチ一段を単位として広告の量をはかるやり方は、この時から始まったものである。

（注1）この「新聞聯盟」は、古野伊之助の提唱によって作られた共同機関（自治的統制団体）で、従来の新聞社間の営利主義的自由競争の終止と、新聞界の国家総力戦参加体制の自発的確立を根本理念としていたが、まだこの聯盟の中には、「一県一紙の原則の下に新聞の整理統合を進め、さらにこれを全国紙や有力紙まで及ぼそうという政府の方針」に対抗しようとする意味も多分にあった。

理事長　田中都吉（中外商業）

理事　緒方竹虎（朝日）、正力松太郎（読売）、田中都吉・三木武吉（報知）、古野伊之助（同盟）、高石真五郎―後、山田潤二（毎日）、東季彦（北海タイムス）、一力次郎（河北）、森一兵（名古屋）、大島一郎（新愛知）、杉山栄（合同）、永江真郷（福日）

監事　福田英助（都）、山本実一（中国）

編輯委員長　高田元三郎（東日）

業務委員長　石井光次郎（朝日）

参与理事　奥村喜和男（情報局次長）、吉積正雄（情報局第二部長）、三好重夫（警保局）

（注2）会長　田中都吉（中外商業）、理事長　不破瑳磨太（電通）、理事兼編輯部長　岡村二一（同盟）、理事兼業務部長　浦忠倫《ただとも》（福日）

（注3）七月以前にも「島根新聞」（二月一日）、「神奈川新聞」（二月一日）、「熊本日日新聞」「京都新聞」（四月一日）、

「大分合同新聞」（四月三日）などが新聞統合の結果創刊している。ところでこの年の新聞統合は、昭和十六年十二月二十三日に公布された「新聞事業令」第四条、第五条によって一応合法的に行なわれたものだが、前年までの新聞統合は、何ら法的根拠もなく、県や特高の強制と、それに基づく自発的協力によって行なわれたものであることに注意しなければならない。

***古野伊之助**（明治二四―昭和四一）　三重県出身。大正三年国際通信社に入社、国際が新聞聯合になるとともに、岩永裕吉を助けて通信社の独立、電通・聯合の合併、同盟通信社の結成に力をつくし、岩永の死後、同盟の社長となる。戦時中は中央政界に協力、日本新聞会の設立や新聞統合に尽力する。

***緒方竹虎**（明治二一―昭和三一）　山形県に生まれ、福岡で育った。早大卒。明治四十四年「大阪朝日新聞」にはいり大阪通信部（後の東京通信部）勤務、以後一時大阪に移ったこともあるが、安藤鉄腸が政界入りして以後は、東京朝日の筆政、編集を監督、美土路《みどろ》昌一《ますいち》と組んで東京朝日の隆盛をもたらす。二・二六事件で東京朝日が軍に襲撃された時、びくともしないで単身これに応待した話は有名。昭和十九年退社して情報局総裁となる。戦後は政界にはいり、国務大臣、副総理となり、保守合同に力をつくし、自民党総裁代行を勤める。

***山根真治郎**（明治一七―昭和二七）　山口県出身で中大卒。「時事新報」「中央新聞」を経て「国民新聞」入社、社会部長、編集局長を勤める。一時退社、新聞学院長となるが、昭和十八年「東京新聞」発刊の時、編集局長を勤める。新聞法制の権威で著書も多い。

≪昭和18年≫

中野正剛の「戦時宰相論」で朝日発禁　この年一月一日の朝日新聞に、東条首相を怒らせた有名な中野正剛の「戦時宰相論」が掲載された。当時この企画を立案し、原稿依頼にあたった西島芳二氏は「太平洋の戦局は次第に逆転、勝った、勝ったの大本営発表に浮かれている時ではない、国内政治体制をもう一度検討してみる必要はないか、戦時内閣はいかにあるべきか、というような考えから新年企画として提案した」と語っているが、中野は、『諸葛孔明の前出師表を思い浮かべ、四十分にして書く。一文の趣旨は、東条に謹慎を求むるにあるのだ、と語っていた』と緒方竹虎は記している。

『戦時宰相論　中野正剛

誠忠・絶対に強かれ

国民の愛国熱と同化

……非常時宰相は絶対に強きを要する、されど個人の強さには限りがある、宰相として真に強からんがためには、国民の愛国的情熱と同化し、時にこれを鼓舞し、時にこれに激励さるることが必要である、カイゼルは個人として俊敏であった、されど各方面の戦況少しく悪化すると、忽ち顔色憔悴し、何時もの颯爽たる英姿は急に消え失せた、ヒンデンブルグ、ルーデンドルフは個人としては固より強かったに相違ない、されど彼等が真に強さを発揮したのは、タンネンベルヒの陣中、戦袍を煙硝の臭に浸して居た際である、全軍の総指揮権を握った刹那、彼等は半可通の専制政治家に顚落した……ヒンデンブルグとルーデンドルフとは、戦線の民衆即兵士と共にある時には強いが、国民感情から遊離し、国民から怨嗟せらるるに及びては、忽ち指導者としての腰抜けになってしまった……

盡忠の至誠を捧げよ

大日本国は上に世界無比なる皇室を載いて居る、忝けないことには、非常時宰相は必ずしも蓋世の英雄たらずともその任務を果し得るのである、否日本の非常時宰相は仮令英雄の本質を有するも、英雄の盛名を恣《ほしいまま》にしてはならないのである、日本の非常時宰相は殉国の至誠を捧げ、匪躬の節を尽せば自ら強さが出て来るのである……山崎闇斎の高弟浅見絅斎《けいさい》……の「靖献遺言」の劈頭には、非常時宰相の典型として諸葛孔明を掲げてゐる……彼が非常時宰相たるの心得は出師の表にも現はれて居る、彼は虚名を求めず、英雄を気取らず、専ら君主の為に人材を推挽し、寧ろ己の盛名を厭うて、本質的に国家の全責任を担ってゐる、宮中向きは誰々、政治向きは誰々、前線将軍はと、言を極めてその誠忠と智能とを称揚し、唯自己に就いては「先帝臣が謹慎なるを知る」と奏し、真に臣たる者の心だてを語ってゐる、彼は謹慎である、それ故に私生活も清楚である……彼は誠忠なるが故に謹慎であり、謹慎なるが故に廉潔である、

　　謹慎にして廉潔たれ

……彼は誠忠、謹慎、廉潔なるが故に百姓を労はりおきてを示し、赤誠を開き、公道を布き、賞する時には遠き者を遺《わす》れず、罰する時には近親に阿《おもね》らず、涙を呑んで馬謖《ばしょく》を斬ったが、彼に貶黜《へんちゅつ》せられた者も、彼の公平無私にして温情あるに感動し、彼の死を聞きては泣いて嘆息した、彼の信賞必罰は誠忠より発するが故に偏私なくして温情がある、孔明の強さは此辺から出発する……

　　天下の人材を活用

日露戦争に於て桂公は寧ろ貫禄なき首相であった、彼は孔明のやうに謹慎には見えなかったが、陛下の御為に天下の人材を活用して、専ら実質上の責任者を以て任じた、山県公に頭が上らず、井上侯に叱られ、伊藤公を奉り、それで外交には天下の賢才小村を用ひ、出征軍に大山を頂き、聯合艦隊に東郷を推し、鬼才児玉源太郎をして文武の聯絡たらしめ、傲岸なる山本権兵衛をも懼れずして閣内の重鎮とした、……桂公は横着なるかに見えて、心の奥底に誠忠と謹慎とを蔵し、それがあの大幅にして剰《あま》す所なき人材動員となって現はれたのでないか、難局日本の名宰相は絶対に強くなければならぬ、強からんが為には、誠忠に謹慎に廉潔に、而して気宇広大でなければならぬ。』

この原稿は掲載する前に検閲を受けた。危いと思われるものは事前に検閲を受けるのが、そのころの例だったからである。

執筆者といい、テーマといい、検閲当局は極度に神経をとがらせたが、一字一句の削除もなしに通った。人によっては、東条を激励する意味に解したくらいだから（尾崎士郎「文学者と政治家」東京新聞　昭和29・7・10）検

閲当局が無条件にパスさせたのも当然であろう。

だが東条は、この論文を読み終わるや自ら情報局を呼び出し、朝日新聞の発賣禁止を命じたのである（当時の縮刷版をみると、この記事は削除されて別の記事で埋めてある）。しかし新聞はとうに配達ずみで、せっかくの処分も効果はほとんどなかった。

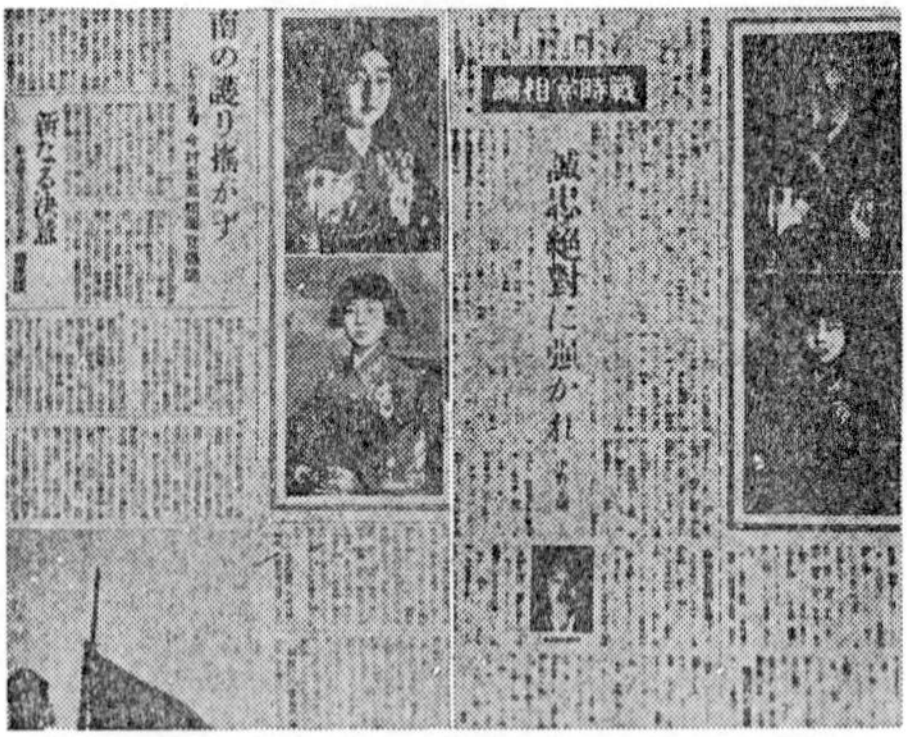

中野正剛の「戦時宰相論」を載せた朝日新聞
1月1日号（右）。縮刷版（左）には別記事

中野正剛は平生「いっさいを天皇と祖国に捧げん」と言っていたように、反東条ではあったが決して反軍でも反戦でもなかった。しかし東条にとって、中野の存在はまことに目ざわりなものだったに違いない。ついに東条は「中野はつねに政府に反対の言論行動をなしている。平時ならとも角、戦時においては、こうした言動は利敵罪を構成する」として十月二十一日、中野を検挙するに至る。だがいかに陰険な東条政府でも、中野を起訴する理由を見つけることはできず、二十六日釈放したが、自宅に帰った中野はその夜十二時、日本刀で割腹、自刃をとげた。彼の死の真の原因はなぞであるが、東条政府に対する壮絶な抵抗であったことだけは間違いない。葬儀は友人緒方竹虎が委員長となり、青山斎場で盛大にとり行なわれた。

この年には、一月一日から、東京日日新聞と大阪毎日新聞が「毎日新聞」に題号を統一したほか、十月十一日から従来、翌日付けになっていた夕刊の欄外日付けを、各紙いっせいに現行のような発行日付けに改めた。

『社告　夕刊の日付統一
従来、夕刊には発行当日の日付と翌日の日付とを掲げてをりましたが、本日から発行当日の日付だけと致します』
（夕刊朝日新聞　十月十一日）（注）

また用紙事情の悪化から、新聞の新規購読は十一月一日以後、いっさい不可能となってしまった。

（注）戦後、夕刊が復活した時、一時、発行日付けは、戦前のような翌日付けになっていたが、昭和二十六年十月一日再び発行当日付けに変更、現在に至っている。

＊中野正剛（明治一九―昭和一八）福岡県出身。明治四十二年早大卒業後、「東京日日新聞」に入社したが四か月で退社、「東京朝日新聞」にはいり、名文をうたわれ、憲政擁護運動では桂内閣打倒に筆陣を揮った。大正五年東京朝日を退社、「東方時論」の経営に参画、パリ講和会議に特派員として出席した。九年五月衆議院議員に当選、以後実際政治運動にのり出す。満鮮、中国を幾度か視察、頭山満に師事し、「九州日報」の社長を勤めるなど、思想的には革新右翼だったが、治安維持法に反対、陸軍機密費問題を摘発、翼賛選挙では、推薦を拒否して最高点で当選するなど当時の軍閥――とくに東条首相に敵対したため、東条の怨みをかい、最後は自殺においこまれる。思想と行動は異にしたが、中学以来、生涯、緒方竹虎と盟友であった。

《昭和19年》

〃勝利か滅亡か、竹槍では間に合わぬ〃

前年の二月、ガダルカナル島がアメリカ軍に奪回されて以来、日本軍は太平洋の全戦線で一歩一歩後退し始めた。この重大局面に対処するため、東条首相は二月二十二日の閣議の席上、国民の奮起を求める演説を行なった。

『皇国存亡の岐路に立つ
　首相・閣議で一大勇猛心強調』

毎日新聞はこの五段記事に続いて、できるだけ真相を国民に知らせようとして次の記事を掲載した。筆者は政経部の新名丈夫記者だった。

『勝利か滅亡か　戦局は茲まで来た

「竹槍では間に合はぬ」の記事を掲載した毎日（東京）新聞　2月23日付け1面

眦決して見よ、敵の鋏状侵寇……国家存立の岐路に立つの事態が、開戦以来二年二ケ月、緒戦の赫々たるわが進攻に対する敵の盛り返しにより勝利か滅亡かの現実とならんとしつつあるのだ、大東亜戦争は太平洋戦争であり海洋戦である……本土沿岸に敵が侵寇し来るにおいては最早万事休すである……

竹槍では間に合はぬ　飛行機だ、海洋航空機だ

……今こそわれらは戦勢の実相を直視しなければならない……ガダルカナル以来過去一年半余わが忠勇なる陸海壮士の血戦死闘にもかかわらず太平洋の戦線は次第に後退の一路を辿り来った血涙の事実をわれわれは深省しなければならない……敵が飛行機で攻めに来るのに竹槍をもっては戦ひ得ないのだ、問題は兵力の結集である……』（毎日新聞　二月二十三日）

だがこれを見て東条首相は激怒した。理由は、陸相としての立ち場からみて「この記事は海軍に好意的だ」という単純なものにすぎなかった。だがさらにこの日の夕刊に、

『一歩も後退許されず　即時敵前行動開始へ

現戦局、全国民に要請

正に帝国隆替の岐路に立つ……現戦面よりも早一歩たとも後退は許されぬ、この超重大戦局を超剋……するの途はただ一路、海洋航空兵力を急速に飛躍せしめよ、船舶を速かに大増産せよ』

と朝刊に追い打ちをかけるような記事が出たので、東条はますます怒った。さらにこの記事中の「一歩も後退許されず」というのは統帥権の侵犯であると抗議してきた。

この筆者は同じく海軍担当の清水武雄記者だったが、新名記者が海軍担当のキャップであったため、新名記者はいっそう陸軍ににらまれ、ついに海軍側の弁護や救済措置があったにもかかわらず、陸軍から懲戒的召集をうけるに至る（皮肉にもこの記事は、情報局、海軍当局には好評で新名記者は吉岡編集局長から特賞を受けている）。

資材欠乏、夕刊廃止　だが、国民に真相を知らせず、戦争当事者たる陸海軍が軍需資材の奪い合いで対立しているようでは、戦争も末期的状態に陥ったといわざるを得ない。新聞製作の資材もますます欠乏、全国の朝夕刊発行社は夕刊を休止することになった。

『社告……本社は今回政府決定による決戦非常措置要綱に即応すると共に併せて配給労務の節減をも期する為め日本新聞会の決定に基き、明六日より夕刊の発行を休止することになりました』（読売報知　三月五日）

新聞の用紙事情はこの後、ますます悪化、ついに全国の新聞は十一月から週十四ページ連日半ペラという最悪の事態に転落してしまった。

このような時に、県外紙の進出によってはげしい自由競争の舞台となっていた埼玉県に、郷土紙設立の気運が生まれ、十月十六日「埼玉新聞」が創刊されているのは注目に値するできごとである。

第八章　第二次大戦後の新聞の復興　昭和20年代

占領下の混乱から独立の回復へ　昭和二十年八月、日本の敗戦によって進駐してきた連合軍総司令部（ＧＨＱ）は、まず日本の軍事力の破壊と日本の民主化に全力をそそぐことになり、戦前の言論統制法規はつぎつぎと停止または廃止された。だが占領下という異常事態は、代わって占領軍の事前検閲を新聞界に課すことになった。さらに敗戦にともない戦争責任を問う声も高く、戦前の幹部は引退または追放によって社を去った。戦時中に活躍した『同盟通信』は十月末に解散、十一月一日新しく『共同通信社』と『時事通信社』が創立された。さらにＧＨＱは、言論の独占を破壊する目的で地方紙の助成と新興紙の育成をはかったため、二十一年には新興紙の創刊、復刊があいついだ。このような言論に対する制度的、政策的変化、ならびに戦後の経済的、社会的変動は、新聞界に種々の混乱をまきおこしている。

ところで、ここでＧＨＱの新聞検閲について簡単に触れておきたい。というのは、日本に進駐してきた占領軍の対日政策の実施が、日本の統治機構を利用する間接統治方式を採用したのに対し、新聞についての政策は、直接管理方式をとるという特色をもっていたからである。ＧＨＱの新聞検閲は、民間検閲局ＣＣＤ（Civil Censorship Detachment）の担当で、初め民間諜報局ＣＩＳ（Civil Intelligence Section）に所属していたが、昭和二十一年五月からＧ２（幕僚部第二部）に移った。これとは別に、民間情報教育局ＣＩＥ(注)も一般新聞統制を担当していたため、新聞は二元的統制をうけていた。

昭和二十年九月十日、ＧＨＱは五か条の報道取締要領を出したが（情報局第一部長、内務省警保局長の連名で通達）その内容は、つぎのとおりであった。

一、真実に反しまたは公安を害すべき事項を掲載せざること　二、日本の将来に関する論議は差支えなし、ただし世界の平和愛好国の一員として再出発せんとする国家の努力に悪影響あるが如き論議は取締るものとす　三、公表せられざる連合国軍隊の動静及び連合国に対する虚偽の批判または破壊的批判ないし流言は取締るものとす　四、当分の間ラジオ放送はニュース、音楽、娯楽番組に限られ、ニュース、解説、情報番組は東京のスタジオ製作に限られる　五、第一項に反するが如き報道をなしたる新聞その他の出版物に対しては連合国軍最高司令部はこれが刊行を停止することあるべし

続いて九月十九日、プレス・コードが日本政府に対する覚え書きとして発せられ、ＧＨＱの新聞取り締まり準則が定まった。だが、この事前検閲はかなりきびしいものであり、削除を命じた場合もその理由を明示せず、しかも検閲が行なわれていることを紙面で察知されるようなこと（余白で出したり、伏せ字で出すこと）はいっさい許されなかった。とくにＧＨＱが嫌ったのは、①連合軍の内政干渉が紙面に表われること、②マ司令部の政策批判③社会の暗黒面を暴露する記事などで、これは対外的に日本統治がもっとも平和的かつ順調に進行しているよう表明する政策によるものであった。④労働問題に関しても、争議にマ司令部が介入しているかのような印象を与えることを好まず、とくに米国の反共政策が明らかになった後は、いっそう制限が強化された。この事前検閲が制度的に緩和のきざしをみせ始めたのは、二十一年十一月二十五日（スポーツ・ニュース、海外市況、広告、気象記事がゲラ

検閲から大刷検閲となる）以降のことである。

昭和二十六年九月サンフランシスコで講和条約が調印され、日本は一応の独立を回復して国際社会に復帰することになった。このころから日本の国力も次第に回復し、新聞界も戦前の力をとりもどすようになった。

（注） Civil Information & Education Section の PPU (Press and Publications Unit) は、新聞出版の行政機関で、査察、監督、材料提供等を行なう。検閲には関係ない。

《昭和20年》

本土戦場化と新聞の〃持分合同〃　昭和二十年にはいると、いよいよ本土が戦場と化してきた。前年夏サイパンを占領した米軍は、ほとんど連日のように本土を空襲、三月十日には、東京南部が焼け野原となった。

『B29約百三十機、昨暁帝都市街を盲爆　大本営発表　本三月十日零時過より二時四十分の間B29約百三十機主力を以て帝都に来襲市街地を盲爆せり　右盲爆により都内各所に火災を生じたるも宮内省主馬寮は二時三十五分其の他は八時頃迄に鎮火せり』（朝日新聞　三月十一日）

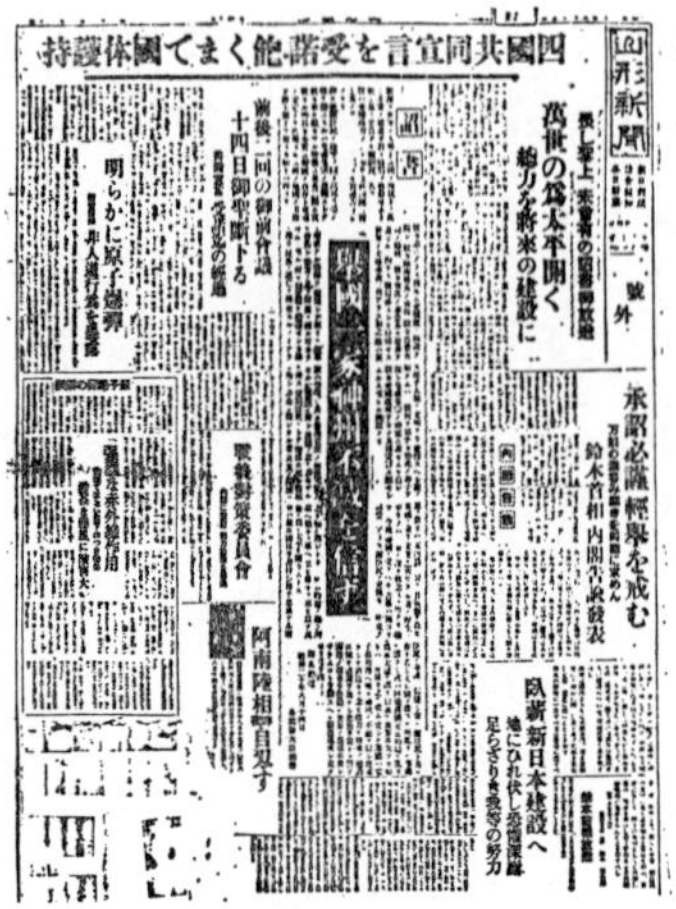
山形新聞
號外
四國共同宣言を受諾　能くまて國体護持
萬世の爲太平開く
總力を將來の建設に
詔書
承詔必謹輕擧を戒む
鈴木首相 内閣告諭發表
前後二回の御前會議
十四日御聖斷下る
明らかに原子爆彈
阿南陸相自刃す
新日本建設へ

題字下に中央三紙の題号を併記している山形新聞　8月15日号

十二日名古屋、十四日大阪、十七日には神戸が大空襲をうけて焦土と化した。だが制海、制空権を失っていた日本軍は、何らこれに対抗する手段をもち得なかった。

このように本土爆撃がはげしくなるにつれ、交通輸送機関もいつ途絶するかわからなくなった。そこで政府は四月一日、新聞非常措置要綱を実施、各県に移入している中央紙はその県の地元紙に委託の形式で合同吸収、どんな事態が起こっても新聞報道に支障がないような体制をとることにした。いわゆる〃持分合同〃といわれるもので、合併紙はその新聞の題号に、吸収した中央三紙の題号を併記して代替配布したのである（この持分合同は、戦後間もなく十月に解除となった）。

『謹告　戦局緊迫化に伴ふ政府の新聞非常措置に基き今回下記東京三新聞社は地方において頒布する新聞紙につき当該地方新聞社とそれぞれ持分合同を遂げ、来る四月一日附以降東京、神奈川、千葉、埼玉の一都三県を除く地域においては、各紙の題号を併記せる地方新聞を以て代替頒布することとしました、右は一に本土決戦を邀へんとする戦局の要請によるものでありまして事情御諒承の上、引続き御愛読を御願ひします

追て印刷設備その他の都合上、四月一日附を以て切替へ困難なる地域に対しては当分の間、東京において印刷せる新聞紙を頒布致しますが、準備完了次第順次地方発行紙へ移行します

昭和二十年三月廿九日

朝日新聞社
毎日新聞社
読売新聞社』（朝日新聞　三月二十九日）

三月には、学校の授業も一年停止となり、日本は全力をあげて戦争遂行にのぞんだ。

『決戦教育措置要綱　国民学校（初等）を除き、全国、授業を停止　向ふ一ヶ年増産へ　防衛へ

十八日臨時閣議で決定　即日発表』（朝日新聞　三月十九日）

だが五月に同盟国ドイツが連合軍に降伏、八月にはいるとアメリカ軍は世界最初の原子爆弾を広島、長崎に投下、さらにソ連がわが国に宣戦を布告するに及んで日本の力はつきた。ついに十四日、天皇は戦争継続論をおさえて、戦争終結を宣言することになる。

『四国共同宣言を受諾・飽くまで国体護持　畏し聖上、未曽有の詔書御放送

万世の為太平開く

総力を将来の建設に

畏くも　天皇陛下に於かせられては万世のために太平を開かんと思召され十四日政府をして米英支ソ四国に対し

ポツダム宣言を受諾するの止むなきに至った所以を御宣示あらせられ、特に全く御異例のことに属することながら十五日正午畏き大御心より大詔を御放送あらせられた、この未曽有の御事は拝察するだに畏き極みであり、われわれ臣民は唯々大詔の御旨を必謹誓って国体の護持と民族の名誉保持のため滅私奉公を誓ひ奉ったのである』（山形新聞　八月十五日号外）

敗戦・諸統制法規廃止と新しい事前検閲　かくて帝国主義国家、大日本帝国は消えさったが、敗戦という事態に直面した日本は、有史以来初めて外国軍隊の占領下におかれることになった。

ところで、日本に進駐してきた連合軍総司令部（ＧＨＱ）は、まず日本の軍事力の破壊と日本の民主化に力をそそぐことになった。だが、占領下という事態は、ことばの持つ意味が本来の機能を果たすような、そんななまやさしいものではない。

『新聞、言論の自由へ　制限法令を全廃

聯合国司令官「新たなる措置」通達

聯合国最高司令官は二十九日午前十一時三十分新聞並に言論の自由に対する新たなる措置と題するつぎの指令を日本政府に通達した。

一～六（略）

七……現行の平時並に戦時諸法令の各部分を撤廃する措置を講ずること、関係法令つぎの通り

（イ）新聞紙法　（ロ）国家総動員法

（ハ）新聞紙等掲載制限令　（ニ）新聞事業令

（ホ）言論出版集会結社等臨時取締法

（ヘ）言論出版集会結社等臨時取締法施行規則

（ト）戦時刑事特別法　（チ）国防保安法

（リ）　軍機保護法　（ヌ）　不穏文書取締法

（ル）　軍用資源秘密保護法　（オ）　重要産業団体令及び重要産業団体令施行規則』（朝日新聞　九月三十日）

かくして戦時下の言論統制法規はつぎつぎと停止または廃止されたが、かわって新聞は占領軍の事前検閲を受けることになる（東京五大紙は十月九日から）。

さらに敗戦にともない戦争責任を問う声も高くなった。このような嵐の中で、戦時中に活躍した同盟通信社は自主的に解散し、十一月一日共同通信社と時事通信社が創立された。

また新しい新聞の創刊、復刊もあいついだ。まず九月十五日「日刊工業新聞」が復刊したのに続き、戦前は非合法紙だった「アカハタ」が初めて合法紙として復刊（十月二十日）、十二月には「夕刊民報」「千葉新聞」（一日）、「室蘭民報」（八日）、「デーリー東北」（十五日）が創刊、「ラヂオプレス」が創立（三日）されている。情報局の廃止が決定したのは年も押し迫った十二月三十一日のことであった。

十一月一日にはまた「朝日新聞」が投書欄を拡張、戦後の民主化の線に沿って「声」欄を新設、同時にこの日、日本新聞聯盟（注）加盟各紙は、昭和十八年暮以来中止していた新聞の併読に応ずることを声明している。

『謹告　従来新聞紙は用紙不足のため購読者各位に御迷惑をかけてをりましたが、十一月一日より未だ購読されてゐない方を優先的になほ出来得る限り併読にも応ずる事になりましたから最寄新聞配給所へ御申込み下さい

昭和二十年十月二十六日

日本新聞聯盟

朝日新聞社』（朝日　十月二十六日）

（注）「日本新聞会」は、政府の新聞統制に協力する目的で作られたものだが、完全にその使命を達成した、として情報局総裁緒方竹虎は、新聞会を解散して昭和二十年三月一日「日本新聞公社」に改組した。敗戦後この「日本新聞公社」にかわって設立されたのが「日本新聞聯盟」である。

『日本新聞公社は言論の自由濶達を期するため東京六社地方六社の代表者より成る顧問の意見に基き定款改正の形によって九月末日をもって解散、新たに全国各新聞社の自治機関として社団法人日本新聞聯盟を設立し、十月一日より新発足した。

聯盟会長には毎日新聞社社長高石真五郎氏、同理事長には読売新聞社常務取締役務台光雄氏が決定し近く事務局長、配給局長も決定の予定である。新聯盟は従来の公社が官庁の補助機関的色彩をもってゐたのを払拭し、新聞社相互の自治により、新聞事業の向上発展を図らんとするものである。』（朝日新聞　十月十日）

この日本新聞聯盟は昭和二十一年十一月三十日解散した。

《昭和21年》

総選挙・飯米獲得　人民大会・新憲法

『けふぞ総選挙投票日！　棄権は国民の恥辱です　サア揃って投票所へ　民主主義議会の確立をめざす画期的の総選挙はいよいよ今十日……全国一勢に施行される……』（東京タイムズ、四月十日）

『全世界の女の話題　一挙に卅九名の婦人代議士出現』（同紙　四月十四日）

四月十日戦後最初の総選挙が行なわれた。この選挙は初めて婦人が男子と同等の選挙、被選挙権をもった画期的な選挙で結果は自由党が百四十一人で第一党、続いて進歩党が九十四人、社会党はそれより一人少ない九十三人を当選させた。社会党のこの進出と共産党が六人の当選者を出したことは支配階級にとっては大きなショックだった。保守党の内部でも解散前に多数を占めていた進歩党が激減し、保守派の中でも自由派とみられていた自由党が第一党を占めたことは、清新な婦人議員の大量進出とともに、国民の総意の向かうべき方向を暗示するものであった。

だが農地改革、労働運動の推進、財閥解体等の一連の民主化政策に希望を託しながらも、一般国民は戦後の食糧難とインフレによって窮乏のどん底にあえいでいた。この不満の爆発が食糧危機突破国民大会であった。

『飢える帝都に食糧メーデー
　上奏文を決議　廿五万大衆、街頭を行進

上奏文、わが日本の元首にして統治権の総攬者たる天皇陛下の前に謹んで申しあげます。私達勤労人民の大部分は、今日では三度の飯を満足に食べてはをりません……日本の人民は食糧を私達自身の手で管理し、日本を再建するためにも、私達人民の手で日本の政治を行はうと決心してをります……

人民の総意をお汲みとりの上最高権力者たる陛下において適切な御処置をお願い致します。

　昭和二十一年五月十九日

飯米獲得人民大会』（朝日新聞　五月二十日）

このような混乱の中で、第一次吉田内閣が成立し、三か月余の審議を費して十一月三日、日本国憲法を制定公布、ここに初めて新日本建設の礎石がきずかれたのである。

新興紙ぞくぞくと創刊・復刊

新聞界ではこの年、新興紙の創刊、復刊が続出した。これはＧＨＱの一連の民主化の方針に沿うもので、ＧＨＱは旧体制の破壊と言論の自由化の措置を、地方紙の助成と新興紙の育成によって達成しようとした。そこでこのようなＧＨＱの新聞政策を体して、用紙割当委員会も、新興紙に対して優先的に用紙の割り当てを行なったのである。

この年に発刊されたおもな新聞を列挙するとつぎのような多数にのぼる。

一月　時事新報（一日）荘内自由新聞（荘内日報）（十四日）
二月　大阪日日新聞（一日）、新大阪（四日）、東京タイムズ（六日）、西部水産速報（山口新聞）（十一日）、福島民友新聞（二十日）
三月　山梨時事新聞（一日）、日刊スポーツ（わが国最初のスポーツ専門日刊紙）（六日）、富山新聞（十一日）

四月　夕刊フクニチ、夕刊新九州（八日）、日本投書新聞（後の新関西）（十日）、サン写真新聞（十八日）
五月　夕刊岡山（後の夕刊新聞、現、岡山日日新聞）、石巻新聞（一日）、新北海（後の北海タイムス）（三日）、夕刊京都（十一日）、名古屋タイムズ（二十一日）
八月　中京新聞（一日）、世界日報（十五日）
九月　陸奥新報（一日）
十月　大和タイムス（現在の奈良新聞）（二十六日）
十一月　中部経済新聞、南海日日新聞（一日）
「日本新聞協会」が創立されたのもこの年七月二十三日である。

『新聞倫理の実践

新聞協会　指導綱領を確立

民主主義を信条とする全国新聞通信社が、日本再建に果すべき役割の重大性に鑑み、かねて新聞倫理水準の向上発展を主目的とする権威の機関「社団法人日本新聞協会」の設立を急ぎつつあったが、このほど諸準備を完了したので、二十三日午後一時、麹町区市政会館共同通信社で創立総会を開き、次のやうな日本新聞界の民主的憲章ともいふべき新聞倫理綱領を採択した……』（朝日新聞　七月二十四日）

当用漢字・新かなづかいの採用

また十一月には、当用漢字、新かなづかいが制定され、新聞界も率先してその採用に踏みきった。

『「新かなづかい」本極り

まづ教科書や官庁の文書に採用

さる九月二十一日国語審議会第十一回で本極まりになった「現代かなづかい」が、五日閣議決定のはこびとなり、近く内閣訓令としてその使用が国定のものとなる、実施の第一は教育上の使用で、教科書は全面的に新かなづかい

にかきかへられ、官庁の文書も一斉にこれを採用することになる』(朝日新聞　十一月六日)

『使える漢字を千八百五十字に制限

教育漢字も近く千字を選ぶ

さる五月八日の総会で葬られた常用漢字千二百九十五字がその後半歳の検討をへて「常用漢字千八百五十字」として生れかわり五日の国語審議会総会で正式に決った、「現代なかづかい」が閣議決定をへたと同様、この当用漢字表も近く閣議で承認し官庁での使用と各方面の使用を勧奨することとなるはずで、従来の標準漢字、常用漢字が単に〃目安〃を定めたに対し、これを〃国策〃として大幅にかつ強力にとりあげた点が目新しく漢字制限史に画期的な一線をひいたことになる……』(朝日新聞　十一月七日)

新聞界三大争議—読売・北海道・西日本　新聞の民主化運動や労働争議が高揚したのもこの年の特徴である。中でもとくに後の歴史に大きなかかわり合いをもったのは、読売争議と北海道新聞争議であった。

前年秋以来、各社では社内で戦争の責任を追及する声が高まり、幹部の交代があいついだ。読売新聞でも二十年九月十三日、論説委員ならびに編集局中堅幹部有志が、

㈠、社内機構の民主主義化、㈡、編集第一主義の確立、㈢、戦争中国民を誤導したる責任を明らかにするため主筆および編集局長の更迭、㈣、人事刷新、㈤、待遇の改善、共済組合の自治化、厚生施設の拡充

などの意見を正力松太郎社長のもとに提出したが、正力社長は、意見書の趣旨には賛成だが、主筆、編集局長の更迭は直ちに実行する意思がないと答えたため、社員有志は結束を固め翌十月二十三日社員大会を開いて「社長、副社長以下全重役ならびに全局長の即時総退陣要求」の決議を正力社長に提示した。正力社長は「戦争責任は諸君から云為《うんい》されるべきものでない」としてこの要求を拒絶、逆に「社を騒がせたものはその責任をとるべきである」として、中心人物とみられる鈴木東民、坂野善郎、山主俊夫、片山睿、長文連の五人に退職を申し渡したことから争議がおこった。

この時、組合は、ストライキ戦術をとった場合、占領軍に禁止されるおそれがあったので、編集・印刷両局を組合が管理するという戦術をとり世論の支持を訴えた。

『新聞への断罪はまず新聞をかくあらしめた政府機構、財閥、軍閥、法制、制度の変革即ち社会機構の全般的変革を先づ必須条件とするが、新聞それ自身としては特権階級と積極的に一体となり……統制、指導者組織などの全体主義の波を利用して社員の生活を犠牲にし、弾圧によって社員の筆を封じ、それによって自腹を肥した機関財閥の首脳部及びその手を清掃しなければならない。……即ち新聞従来の旧機構、旧制度を剔抉し、廃止し、社員の下からの全意志を組織化した新しい民主主義機構と制度とをもって民主化に徹底した紙面を作り上げることが絶対に必要である……』（読売新聞　二十年十月二十五日社説）

この争議は十一月にはいって双方から都労委へ提訴されたが、十二月にはいると正力は戦犯容疑者と指名され、十二日巣鴨拘置所に入所することになったので、急拠つぎのような条件で妥結した。

一、経営権、人事権は社側にあるが、社長と従業員代表者とを以て経営協議会を組織し、編集及び業務に関する重要事項を協議する

二、争議を理由とする社員の解雇は撤回する

三、正力社長は辞任し、持株中総株式の三〇％を越ゆる分は適宜処分する

四、後任は正力社長の推薦する馬場恒吾氏、事務は小林光政氏とする（高橋雄豺副社長、中満義親取締役、編集局長、務台光雄取締役は退社）

これが読売第一次争議だが、この結果、鈴木東民が編集局長となり、紙面製作の実権を握ることになった。

GHQ内の変化　ところが、第一次争議の時は〝日本の民主化〟という政策の下に、争議団側に支持を与えていたGHQ（とくに民間情報教育局）内部に変化が生じ、二十一年五月、民間情報教育局でも比較的進歩的と見られた局長ダイク准将と、桃色のレッテルをはられていた新聞課長バーコフは退任して、局長にニュージェント中佐、

新聞課長にインボデン少佐が任命され、保守的傾向を強くしてきた(注1)。

その結果、当時〃左翼的〃とみられていた「読売新聞」五、六月のいくつかの掲載記事がインボデン少佐の目にとまり、インボデン少佐は紙面の善処を要望することになる。馬場社長は「マ司令部の新聞管理方針にそうべく編集権確立の意図を表明し」鈴木東民ら六名(注2)の退職を求めたところから第二次読売争議が起こった。組合側はこれを生活権の問題として抗争、争議は深刻化したが、会社側は丸の内署員の出動を求めて編集局内の組合員を排除、インボデン少佐も「読売」にのりこんで占領下における新聞の在り方を説得した。その後、GHQ内部の対立（民間情報教育局と労働課）や国鉄労組の読売新聞輸送拒否などもあって、争議は紆余曲折を経たが、十月十六日になって次のように解決をみた。

『読売争議解決す

　　馘首を撤回　自発的退社

読売争議の調停は全炭書記長津々良、印刷出版松本両氏や社会党など度々試みられたが、いづれもまとまらず、去る五日から新聞ゼネストのため調停はいよ〳〵難かしくなってゐたが、……十五日会社側から争議団に対して争議解決の申込みがあり、双方歩み寄って妥協案を作成、十六日争議団側は全員の大衆討議にかけて受諾することになり、一方読売従組は執行委員会を開いて同案を承認、午後六時半増山、宮本両争議団代表と馬場社長の間で正式調印した。解決条件次の通り

一、六名の馘首は依願退社の取扱とし、退職金を支給す

二、三十一名の馘首は撤回する

三、犠牲は出さない

四、最低賃金を考慮する

〔諒解事項〕一、三十一名は自発的に退社する　二、争議中の給料、手当は支払ふ』（朝日新聞　十月十七日）

この読売争議は、北海道新聞争議(注3)、二十二年十二月の西日本新聞争議(注4)とともに新聞界の三大争議といわれ、後に「編集権」という概念を新聞界に定着させるきっかけとなった非常に重要な歴史的意味をもつ争議だった。

(注1) 『日本新聞協会十年史』八三ページ

(注2) 鈴木東民(編集局長)、坂野善郎(政経部長)、山主俊夫(整理部長)、志賀重義(論説委員)、片山睿(論説委員兼調査部長)、岩村三千夫(論説委員)の六氏

(注3) 社内民主化を要求して、二十一年一月に結成された北海道新聞従業員組合は、経営委員会を設けて二月二十一日から「経営管理」にはいり、新谷寅之助委員長が編集局長を兼ねて進歩的論説を展開していた。そこで六月、総司令部のインボデン少佐は北海道にとび、編集指導権、人事権は社側にあること、共産党機関紙であるなら用紙割当を削減する旨を力説、ただちに粛正すべしと要請、これにこたえて新谷氏ら五十三名の処分問題がおこったことから争議になった(二十一年十二月に終息)。

(注4) 二十二年の暮①七五〇万円の危機突破資金、②団体協約の再締結ほかを要求して闘争中の組合が、各紙面の一版制を強行、沈黙戦術による編集幹部との指揮連絡の拒否など組合員による「編集管理」の体制をしいて、十二月十三日以降約一週間にわたって、会社側をして「相当劣悪な紙面」といわせる新聞を製作するという手段をとった。これに対し会社側は、編集権侵害のかどで組合書記長谷川巌、西山新次郎氏ら五名を解雇処分に付した(被解雇者は地労委へ提訴したが、二十四年一月、双方協議の結果、一定の退職金を支給することで解決)。

《昭和22年》

二・一スト中止 新憲法の施行 敗戦にともなう混乱は、悪性インフレを助長し、加えて空前の食糧不足によって物価は日増しに急騰した。だが政府は総司令部の占領政策に振り回され、何らなすところを知らず、支配体制の維持にきゅうきゅうたるありさまであった。このような吉田内閣の政策に反抗して、官公庁職員を中心とした共闘十一組合は二月一日を期してゼネラル・ストライキを計画するに至った。だがこのような動きが、人民政府樹

立の方向にまで進むのを見てとったマッカーサー司令官は、日本国民が『困窮の現状において、社会的武器使用許さず』（読売新聞　二月一日）としてゼネスト中止の指令を出した。

『ゼネストを許さず
　マ元帥中止を指令す
総司令部渉外局特別発表＝マッカーサー元帥は卅一日労働者代表に対しスト中止を命令した旨十四時卅分渉外局から特別発表があった』（日本経済新聞　二月一日）

これを契機にして、アメリカの対日政策は大きな転回をとげるが、これは戦後の米ソの対立という国際情勢の変化を敏感に反映するものであった。

二十二年四月には、教育基本法、学校教育法（六三制）の実施、労働基準法、独占禁止法が公布され、新しい政治体制の下での種々の措置がとられたが、何といっても最大の出来事は日本国憲法の施行で、これによって戦後日本の進路は定まった。

『日本更生の門出――新憲法は施行された
　雨の中で記念式典　宮城前うずまく万歳
新憲法施行の日五月三日は雨と風に明けた……かつて明治憲法が施行されたその日、帝都は大雪だった、潔めの雪だ、幸先がよいと祝ったと伝えられるが、しからばこの雨は何を意味するか、この日尾崎翁は「この雨こそは新しい日本にとって天の戒めである」とかっ破したが式場にあがった群集の歓声は苦難の雲を突き破って晴れの日本を約束するかのようであった』（毎日新聞　五月四日）

教科書用紙確保に紙幅縮減　だが戦後の現実は、一般国民にとっても、新聞界にとってもきわめてきびしいものだった。とくに用紙事情の悪化は、教科書用紙の確保すらむずかしくなってきたので、新聞界では三月から三か月間週二回タブロイド版を発行し、その余剰分六百万ポンドの用紙供出を行なった。

『社告　今回日本新聞協会は児童教科書用に新聞用紙を提供することに決定しました結果、三月より向う三ケ月間、毎週日曜、月曜の二回、タブロイド版を発行することを申合せました……右紙幅縮減の趣旨を御了承下さい。
昭和二十二年三月五日　　朝日新聞社

日本新聞協会』（朝日新聞　三月五日）

そのほかこの年八月、十月には、言論報道関係の追放該当者が発表されたほか、「愛媛新聞」が十二月一日わが国初の新聞週間を開催、天皇が新聞記者と初めて会談するなど、種々の改革、変革が着々と進行している。

『天皇陛下記者と初の会見

新憲法施行の記念すべき日の前々日、偶然の機会から天皇陛下が日本の新聞記者と約三十分にわたってお言葉をかわされた、一昨年の暮、宮内省常勤の新聞記者たちが陛下に拝謁したことはあった、しかし陛下が平服の記者団とお会いになり質問の数々にお答えなさったのはむろんこれがはじめてのことである

〃炭鉱へも激励に〃　文化国家再建に御関心

五月一日、二重橋前の広場をうずめたメーデーの歌声も消えた午後、宮城内にはこの日も勤労奉仕隊が雑草むしりに従事していた、宮内省常勤の各社記者がこの作業を眺めていた

その時はからずも、庁舎から吹上御苑の文庫へお帰りになる天皇陛下がお通りがかりになった、記者らは一せいに最敬礼をした、陛下もガヤ〳〵話し合っていた記者たちをおみとめになって立ちどまられた、そしてつかつかと近づいてこられた

新聞記者にとって、まさに千載一遇の機会である、陛下を中心にたちまち円陣をつくった、何をおたずねしても何のこだわりもなくお答えになった

国民の真心に感謝　分類学で貢献したい　質素な服装で御満足　スポーツは何んでも　（藤井恒男）』

（朝日新聞　五月三日）

《昭和23年》

A級戦犯判決　日本を占領した連合国は、太平洋戦争の責任追及のため、戦争協力者の追放と、戦争犯罪人の軍事裁判という二つの方法で日本国民にのぞんだ。このうちA級戦争犯罪容疑者をさばいたのが、極東国際軍事裁判（東京裁判ともいう）で、昭和二十一年五月に開廷、約二年半の審理ののち、判決がくだった。

『世紀の断罪！　廿五戦犯に下る

東条ら七名絞首刑　　木戸ら十六名は終身禁固

世界注視のうちに二年半審理を尽した極東国際軍事裁判（A級）は十二月四百廿三回、判決第七日を最終日とし、世界人類の平和と文化の審判台上から歴史の犯罪者東条以下廿五被告に厳粛な断罪は下った……この瞬間旧日本の指導者たちには歴史の犯罪者としてのらく印が生々しく押され、同四時八分世紀の大裁判はその幕を閉じた』（日本経済新聞　十一月十三日）

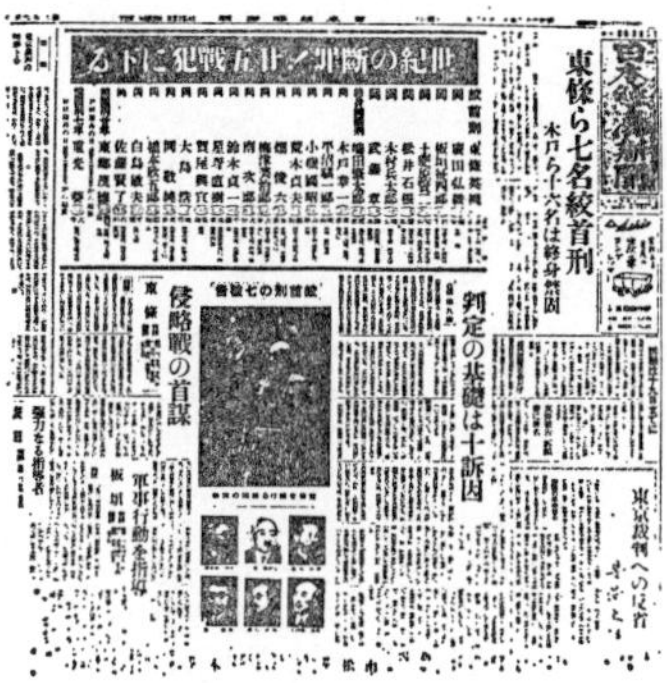
世紀の断罪！廿五戦犯に下る
東條ら七名絞首刑
木戸ら十六名は終身禁固
判定の基礎は十箇国
侵略戦の首謀

“東京裁判・世紀の断罪”を報じた11月13日の日本経済新聞

占領政策の転換　だが、このように旧勢力の破壊に力をそそいでいた占領軍の方針が、新しくできた戦後の体制維持に転換し始めたのがこの年の大きな特徴であった。日本経済の復興は遅々として進まず、労働攻勢はいぜんとして激しさを加えているのを見たマッカーサー司令官は、次第に労働運動の弾圧にのり出し、七月にはついに政府に書簡を送り、公務員の争議権、団体交渉権を停止させるに至る（政令二〇一号）。

ところでこのような一連の過程の中で、新聞界に新しくあらわれたのが〃編集権〃という概念だった。

『新聞の編集方針に労組の干渉不可

速に団体協約に明記

総司令部発表＝総司令部経済科学局労働課では三日同課の政策声明書を発表して新聞の労働関係に新聞綱領（プレス・コード）を適用することを明らかにした、声明書の要点は左の通り
一、安定した効果的な労働関係を成立せしむるためには、使用者、組合の双方が新聞および出版事業の編集内容を決定することにつき経営者が単一にして完全なる責任を有することを承認することが必要である、もし必要な場合は、この明白な文言をできるだけ早くすべての団体協約中に織込むべきである。
二、経営者はこれらの産業における使用人または組合員が直接間接を問わず実力を行使して編集方針または内容を変更し、または印刷物の発行または配布を妨害せんと試みるときは、これに対し適当な処罰を行う権利をもつ……』（朝日新聞　三月四日）

「編集権確保声明」　この声明をうけて、日本新聞協会では三月十日「編集権確保に関する声明」を発表、以後、編集権概念が日本の新聞界に定着することになる。

『新聞編集権の確保に関する声明
新聞の自由は憲法により保障された権利であり、法律により禁ぜられている場合を除き一切の問題に関し公正な評論、事実に即する報道を行う自由である。この自由はあらゆる自由権の基礎であり民主社会の維持発展に欠くことが出来ぬものである。またこの自由が確保されて初めて責任ある新聞が出来るものであるから、これを確保維持することは新聞人に課せられた重大な責任である。編集権はこうした責任を遂行する必要上何人によっても認めらるべき特殊な権能である。
一、編集権の内容
編集権とは新聞の編集方針を決定施行し、報道の真実、評論の公正並びに公表方法の適正を維持するなど新聞編集に必要な一切の管理を行う権能である。編集方針とは基本的な編集綱領の外に随時発生するニュースの取扱いに関する個別的具体的方針を含む。報道の真実、評論の公正、公表の方法の適正の基準は日本新聞協会の定めた新聞

倫理綱領による。

二、編集権の行使者

編集内容に対する最終的責任は経営、編集管理者に帰せられるものであるから編集権を行使するものは経営管理者及びその委託を受けた編集管理者に限られる。新聞企業が法人組織の場合には取締役会、理事会などが経営管理者として編集権行使の主体となる。

三、編集権の確保

新聞の経営、編集管理者は常時編集権確保に必要な手段を講ずると共に、個人たると、団体たると、外部たると、内部たるとを問わずあらゆるものに対し編集権を守る義務がある。外部からの侵害に対してはあくまでこれを拒否する。また内部においても故意に報道、評論の真実公正及び公表方法の適正を害しあるいは定められた編集方針に従わぬものは何人といえども編集権を侵害したものとしてこれを排除する。編集内容を理由として印刷、配布を妨害する行為は編集権の侵害である。』

事前検閲廃止　なおこの年には七月一日「沖縄タイムス」、八月一日「デイリー・スポーツ」が創刊、七月十五日には、新聞の事前検閲が廃止された。

『新聞の事前検閲廃止

【AP特約ラッセル・ブラインズ記】総司令部は十五日日本の大新聞十六社、大通信社三社に対する事前検閲を廃止した、しかし総司令部では事後検閲制度（注）によりこれらの新聞通信社の使用する記事の内容には引続き注視を怠らず、もしプレス・コード違反のあった場合は警告を発すべく従って発行停止ということもありうることである、その他の小新聞、通信社卅五社に対しては従来通り事前検閲が行われるが、民間情報局長ブラットン大佐によればこれらに対してもまた十日以内に事後検閲が適用されるはずで、この中には共産党機関紙「アカハタ」も含まれている……』（朝日新聞　七月十六日）

「新聞共販連盟」が解散され、各社、販売店と直接契約を復活したのが四月三十日、また十一月には、それまで転読を許されなかった新聞の購読調整が実施され、いよいよ新聞界も自由競争の第一歩を踏み出すことになる。

『読みたい新聞を自由に選択出来る

読者が読みたいと思う新聞が自由にとれるようになる新聞の購読調整はいよいよ十一月一日から実施、国民の〃知る権利〃が確保される……』(朝日新聞　十月三十一日)

今では秋の恒例行事となった全国新聞週間が始まったのも二十三年十月一日からであった。

『新聞週間の幕ひらく

秩序ある社会建設へ　全国新聞大会で決議

すでに十数年の歴史をもつアメリカと呼応して、第一回全国新聞週間が一日から花々しく開幕、その最初を飾って全国新聞大会が一日午前十時から港区芝浜松町日赤講堂で行われた、新聞社百三十社、通信社四社、放送協会一社の代表約三百名が参集、日本新聞協会伊藤理事長の開会の辞に始まり「言論の自由と公正を護ることによって、秩序ある正しい社会を建設する」むねの決議を採択、対日理事会議長シーボルト氏(ヘイデン氏代読)、民間情報教育局長ニュージェント中佐(インボデン新聞課長代読)、英代表部情報部長レッドマン氏、東京軍政部代表ホーリングスヘッド大佐なども激励とお祝いのメッセージを贈り、芦田首相の祝辞があって十一時五十分盛会のうちに閉会した』(朝日新聞　十月二日)

(注)　昭和二十四年十月二十四日、民間情報局(Civil Intelligence Section)民間検閲部(Civil Censorship Detachment)のPPB(Press Pictorial Broadcasting Division)副部長マッコーラーが日本新聞協会江尻進編集部長を招き、「事後検閲を廃止する。以後納本の必要はない。この指令は口頭で各新聞社へ伝達せよ」と指示、この指令は即日、共同通信を通じて新聞協会加盟各社へ伝達された。

《昭和24年》

三大怪事件—下山・三鷹・松川

昭和二十四年という年は、戦後の経済の転機を画す歴史的な年であった。前年末、経済安定九原則の指令をうけてインフレ収束にのり出した政府は、この年になってドッジラインの実行、民間企業の整備、行政整理などを含む一連のきびしい経済政策を強行した。これらの施策は、アメリカの対日基本政策の転換を背景にして実施されたものであったが、国民の犠牲の上にたって経済の安定をはかるものとして大きな抵抗をひきおこした。とくに十二万人という大幅な人員整理案をつきつけられた国鉄労組は、はげしい争議でこれに対抗したが、この間に起こったのがいわゆる下山、三鷹、松川の三大怪事件である。

『下山国鉄総裁消息を絶つ
　登庁の途中三越から
国鉄総裁下山定則氏（四九）は五日午前八時……自宅を乗用車（運転手大西正雄）で国鉄本庁に向い、途中丸の内千代田銀行本店に立寄ったあと日本橋三越本店に入ったまま行方不明となった、午後三時国鉄、運輸当局から国警本部、警視庁に捜査を願い出、当局は直ちに都内および近県に手配、捜査を行っているが、三越に入った以後の同氏の足跡はまったくナゾに包まれたままである……』（朝日新聞　七月六日）

『下山総裁、無残な死
　常磐線（綾瀬付近）で死体四散
五日あさ日本橋三越本店に入ってからあとプッツリ消息を絶っていた国鉄総裁下山定則氏は六日午前零時廿五分列車にひかれたバラバラの死体となって発見された……他殺、自殺いずれにせよ、現在の社会情勢から見て、同氏の死は各方面に多大のショックを与えている』（朝日新聞　七月七日）

『無人電車、街へ突進
　突如車庫から猛スピードで

昨夜三鷹駅の怪事件

昨十五日夜九時二十四分、中央線三鷹駅車庫から奇怪な空電車が突如猛スピードで走り出し、駅構内を突切って駅前交番その他の建物、電柱などを粉砕、死者十名、重傷者七名、軽傷七名（十六日午前三時現在）を出した、事件前後、同駅付近では幾多の疑わしいことがあったといわれ、国鉄、検察当局では、下山事件直後の惨事として殊に重視、直ちに真相究明に乗出した』（朝日新聞　七月十六日）

『東北線に第二の三鷹事件

旅客列車が転覆　三名死亡　集団的犯行か

【福島発】十七日午前三時九分、東北本線金谷川―松川間のカーブを青森発奥羽線回り上野行旅客四一二列車が進行中、突然機関車が車輪を上向きにして転覆、続く荷物車二台が大破、郵便車一台、客車二台が脱線し、機関車の下敷となった機関士石田正三（四八）、機関士伊藤利一（二七）は即死、同茂木正市（二三）も間もなく死亡、荷物車掌氏家寅蔵（四八）、乗客……三名が軽傷を負った、なお現場に急行した福島地検安西検事正と新井国警隊長は「計画的な列車妨害」であると共同発表を行なった』（朝日新聞　八月十八日）

これらの事件が起こると、すぐさまこれは国鉄労組や共産党のしわざだという宣伝が流れた。その後の調査や裁判の過程でこういううわさはまったく否定されたが、これによって労組の反対運動は完全に気勢をそがれ、かわって保守政権の長期支配体制が確立するに至ったわけで、事件の真相はいまだに不明であるが、この三事件が果たした政治的意義はまことに大きかったといわざるを得ない。

取材源証言拒否事件　新聞界では、この年わが国初の取材源に関する証言拒否事件が起こっている。これは松本税務署員の収賄事件に関し、二十四年四月二十五日被疑者逮捕以前にその事実を記者にもらしたものがあるとして、法廷でその者の氏名の公表を求めたところ、記者が証言を拒否したため刑訴法一六一条の証言拒否罪で起訴され、罰金三千円の有罪判決をうけたという事件であった。『証言拒否の判決に反論＝日本新聞協会が声明

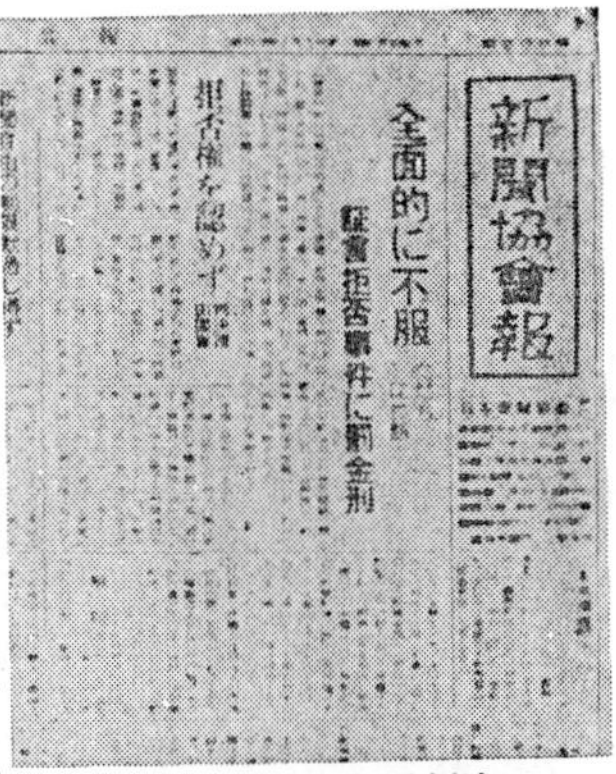

証言拒否事件有罪判決に抗議する協会声明を載せた新聞協会報10月10日号

〃秘匿権〃あくまで主張　憲法の精神を忘れた判決

新聞のニュース源に関する証言拒否事件で本社石井清記者は五日長野簡易裁判所から有罪の判決を受けたが、これに対し日本新聞協会では六日常任理事会を開き、七日「有罪の判決をうけたことは新聞の自由に重大な制限が加えられるものとして黙過できない。われわれはニュースの出所の秘匿権をあくまで主張する」と次のように声明した……』(朝日新聞　十月八日)

新聞界では、この事件を重視、起訴と同時に日本新聞協会が見解を発表するとともに裁判の過程でも、取材源秘匿の正当性を主張した。この事件は結局、最高裁にまで持ちこまれたが、二十七年八月六日上告棄却の判決がくだり、新聞側の権利は認められなかった。しかし新聞界では、その後も取材源の秘匿は新聞記者の最高倫理だとして、この原則を順守してきている。

センカ紙夕刊旋風　なおこの年二月一日「スポーツニッポン」(大阪)が創刊されたほか、十一月から朝日、毎日、読売をはじめ地方有力紙が統制外のセンカ紙で夕刊発行を開始、いわゆる〃夕刊旋風〃をまき起こすことになる。

『夕刊朝日新聞創刊　来る三十日から発行

朝日新聞社では十一月三十日(十二月一日付)から東京と大阪で新しく「夕刊朝日新聞」を発行することにしました。本社が夕刊発行を中止しましたのは昭和十九年三月でありますが、「ニュースは即日配達」の建前から、ここに新しく夕刊を発行して、読者各位の要望に答えたいと思います。

新しく発行される「夕刊朝日新聞」は現在発行している朝刊の「朝日新聞」とはまったく異った独立のものではありますが、朝日新聞社が持つすべての機構を動かして内外の政治、経済、あるいは、科学、文化などを確実に、そして敏速に捕えて報道するとともに、平易な解説記事やスポーツ記事を豊富に載せていきたいと思います。新しい夕刊の配達区域は、差し当り東京では東京都とその近郊地域に限ります。読者各位には「朝日新聞」と同様「夕刊朝日新聞」も御愛読下さるよう願います』（朝日新聞　十一月二十三日）

《昭和25年》

朝鮮戦争勃発とレッド・パージ　『朝鮮の内戦・全面戦闘に突入す　北鮮軍、急速に南下　京城へ40キロ、抱川も陥つ【ソウル（京城）特電（INS）二十六日発至急報】北鮮軍は二十五日午前四時、卅八度線三百四十キロの前線にわたって攻撃を開始したが、李（イー）韓国政府スポークスマンは同日「北鮮政府は二十五日午前十一時（現地時間）韓国政府にたいし宣戦を布告した」と発表した』（読売新聞　六月二十六日）

二十四年十月一日、中国大陸に中華人民共和国が成立して以来、アジアにおける自由主義陣営と共産主義陣営の対立は、次第に緊張の度を加えてきたが、ついに六月、朝鮮戦争がぼっ発、ここに両者の対立は火をふくこととなった。

在日米軍は直ちに韓国援助のため出動したが、隣国に起こった戦乱は、日本の国内にも大きな波紋を投げかけた。

まず『マッカーサー元帥は七月八日、吉田首相に書簡を送り、国内警察力と海上警備力の強化を許可……日本政府が七万五千名の国家警察予備隊と海上保安庁の現有保安力充実のため八千名を増員することにつき適当の措置を講ずること』（朝日新聞　七月九日）を指令した。現在の自衛隊はここに始まる。

同時に国内の〃赤色分子〃追放にも積極的にのり出した。すでに徳田球一ら共産党中央委員は六月六日、公職を追放されていたが、朝鮮動乱勃発の翌二十六日〃朝鮮問題で虚偽報道〃をしたという理由で「アカハタ」（注1）に三十日間の発行停止を指示、続いて七月には『アカハタ無期限停刊　マ元帥、政府に指令』するとともに『ほかの後継紙、関係紙についても……無期限発行停止の措置をとる』（朝日新聞　七月十九日）ことになった。

卅日間の発行停止
「アカハタ」を処断
朝鮮問題で虚偽報道
輪轉機など差押え
発行停止の処置終る
國外密航者は射殺
監視し対馬に韓國船
沿岸巡視を強化

「アカハタ」発行停止の報道（朝日新聞６月27日号）

つぎにきたのがレッドパージである。マ司令部は七月二十四日全国の新聞・通信社と放送協会に社内の共産主義分子の追放を指令した。

『報道界の追放は時宜を得た措置
　ニュージェント局長声明

総司令部三日発表＝総司令部民間情報教育局長ニュージェント中佐は新聞、放送界の赤色分子追放について次の声明を発表した。

日本の新聞発行者および日本放送協会経営者が最近その内部機構を再検討し、その結果現在ならびに潜在的な破壊分子の解雇を命じたことは時宜を得た勇敢な措置であるばかりでなく、一九五〇年七月十八日連合国最高司令官が吉田首相あての書簡で「共産主義が破壊と暴力の教義を宣伝するため公共の言論機関を利用する危険が明らかに存在している」旨を述べた書簡の主旨に全く合致するものである』（朝日新聞　八月四日）

当時の報道をみると、このレッドパージは経営者が自発的に行なったもののように書いてあるが、占領軍の命令であることを疑う者は一人もなかった。だがこの指令が当時の政府、権力側の意にそうものであったことだけは間違いない。

『政府も敬意　岡崎長官語る

岡崎内閣官房長官は三日、ニュージェント民間情報教育局長の声明に対しつぎのように語った。

日本の民主主義は、健全に発達することを熱望する。政府としては我が国の報道界が時に一部の極端な思想により中立不偏の立場がゆらぐことなきやをおそれてきた。今回新聞通信放送の責任者が、各社内における破壊的分子を解雇したことは政府の希望と全く一致するもので、勇断に対し深く敬意を表したい』（朝日新聞　八月四日）

不幸なことに当時、新聞労働者の組織も分裂していた。「全新聞」（全日本新聞労働組合）を極左主義とする有力単組は、続々「全新聞」を脱退、この年六月三十日「新聞労連」(日本新聞労働組合連合)を結成したばかりで、「全新聞」ほか一部のジャーナリストを除き、レッドパージに対する抵抗らしい抵抗はほとんどみられなかった。結成されたばかりの「新聞労連」はこの事件に対し、『便乗を厳重監視　対共特別措置と認定』(機関紙「新聞労連」八月二十日号)とするだけだった。しかし、人間を思想によって追放したこのレッドパージが言論人に与えた挫折感は深く、その言論史上に残した〃しみ〃は永久に消えさることがないであろう。

なおこの年には、一月に関西新報(現関西新聞)、南北海新聞(現苫小牧民報)、四月に栃木新聞、五月に電波新聞が創刊されたほか、第一回ボーン賞(注2)が、寺西五郎(共同通信)と高田市太郎(毎日)両氏に授賞されている。

(注1) 当時の「アカハタ」の発行部数は約二十四万といわれている。

(注2) 日米ニュースの交流に一生を捧げ、一九四九年八月東京湾で遭難したアメリカUP通信社(現UPI)副社長兼アジア総支配人マイルズ・W・ボーン(Miles W. Vaughn)の功績を記念して、日米両国の友人有志の基金で創設された賞で、国際理解増進に貢献したと認められる優秀な記事、論説等の執筆者に贈られる。一九六〇年まで日本新聞協会が選考にあたっていたが、基金がなくなったため、組織を改め、一九六三年からはUPIが資金を寄付(選考は日本側委員会)して今日におよんでいる。

《昭和26年》

講和条約及び日米安保条約調印　九月八日、サンフランシスコ講和条約の調印が行なわれ、日本は敗戦以来六年ぶりに、ようやく独立を回復することになった。だがこの講和条約は国内の「全面講和」「単独講和」の二分した国論を押しきって調印されたものだっただけに、その後の日本に大きな断層を生みだす原因となった。

『講和条約調印終る　署名四十九ケ国

新生日本へ拍手やまず

【サンフランシスコにて原特派員八日発】待望の対日講和条約調印式は八日午前十時十二分から日の丸翻えるオペ

ラ・ハウスで開かれ参加五十二ケ国のうちソ連、ポーランド、チェコを除く四十九ケ国（日本を含む）が調印し同十一時四十四分完了した。かくてここに五日間にわたった対日講和会議も予定通り終了し、日本は近く主権を回復し独立国となることが約束された。日米安保条約も午後五時から調印される』（読売新聞　九月九日）

とくに問題となったのは、吉田茂全権がサンフランシスコの米第六軍司令部で調印した日米安全保障条約で、「日本は独立の名は得たが、同時にアメリカの前線基地としての役割りをになうことになった」という批判がまき起こり、後の安保騒動の遠因となったのである。

ともあれ、講和調印は、わが国の国際社会復帰の第一歩であった。新聞界でもさっそく海外取材網の拡充にのり出し、「毎日新聞」は早くも十一日ニューヨークのUP通信内に支局を開設、佐倉潤吾特派員を派遣、「朝日」も十一月篠原武英特派員をニューヨークに派遣すると同時に、移動特派員を新設、欧州に熊本良忠、中南米に茂木政、東南アジアに和田斉の三氏を派遣している。

民間放送局の発足　わが国初の民間商業放送が出現したのも二十六年九月だった。

『CBC晴れのスタート　記念ショウにファン酔う

自由に羽ばたく電波に乗せて画期的な民間放送の第一声は一日朝名古屋の中部日本放送（CBC）と大阪の新日本放送（NJB＝現毎日放送）によって発せられた……放送開始第一日目の聴取者の感想は〝思ったより素晴しい〟というのが大部分で〝NHKにも負けない〟という心強い声もあった』（中部日本新聞　九月二日）

これらの民間ラジオ放送はいずれも『向う三年間ぐらいは赤字を覚悟で――といずれも悲壮？　な覚悟で発足した』ものだが、娯楽にうえた国民に歓迎され『一般に番組製作費や人件費が予想以上に金を食ったが、その反面広告主の注文の方も予定より好調……』で、年末には『黒字へあと一息』（朝日　二十七年一月十日）というところまでこぎつけている。「日本民間放送連盟」が発足したのも七月二十日のことである。

また五月一日には用紙割当局が廃止、新聞用紙の価格・配給の統制が全面的に解除され購読料も自由価格となった。十月一日には、全国の有力二十三紙が朝夕刊ワンセットを実施（これを機会に夕刊の発行日付けを従来の翌日付けから、また当日付けに変更）したほか、第一回の新聞文化賞授賞が行なわれている。

『新聞文化賞の栄え　馬場、板倉両氏へ
日本新聞協会ではわが国新聞文化の高揚に多年業績をおさめたものにたいし新聞文化賞を贈ることになり、第一回授賞者として馬場恒吾（前読売社長）、板倉卓造（本社会長）両氏を決定した、授賞式は本年度新聞週間第一日に名古屋市松坂屋ホールにおける新聞大会で行われる』（時事新報　九月三十日）

なおこの年六月十六日には「日本新聞学会」が創立されている。

＊**馬場恒吾**（明治八―昭和三一）　岡山県出身。明治三十三年「ジャパン・タイムズ」にはいり、大正三年「国民新聞」に移る。外報部長、編集局長、政治部長をつとめ、その間パリ講和会議の特派員となる。大正十三年「主婦之友」の石川武美が「国民新聞」の経営にのりだすや、同社を退社、以後文筆生活にはいり、人物評論、政治評論に光彩を放つ。敗戦後の昭和二十年、正力松太郎にたのまれて「読売新聞」社長となり、戦後の混乱をきりぬけ、日本新聞協会初代会長に就任する。いわゆる自由主義的言論人で、大正時代、普選案の成立に力をつくしたことは有名。

＊**板倉卓造**（明治一二―昭和三八）　広島県に生まれ、慶大卒後、海外留学を経て慶大教授となる。かたわら「時事新報」にはいり、社説を担当、福沢諭吉、石河幹明についで時事新報の論壇を主宰する。昭和十年退社したが、戦後、「時事新報」を復刊、社長、会長となり時事新報が「産経」に合同すると産経主筆となる。

≪昭和27年≫

破壊活動防止法と血のメーデー

『皇居前広場乱闘事件　警官数段に構えて待機　コン棒突入で乱闘始る――記者の見たありのままの記
第廿三回メーデーは全国各地に三百万の労働者を動員して堂々と行はれた。中央

"血のメーデー事件"を報じた
5月3日付け社会タイムス

メーデーの東京では終了後の午前二時半ごろ一部デモ隊が皇居前に行進、二重橋前広場で警官隊との間に大乱闘となった。これが附近の日比谷一帯に波及して多数の死傷者を出す事件となった』（社会タイムス　五月三日）

四月二十八日、日米講和・安保条約が発効したが、政府は独立をひかえて自衛力強化をはかり、それと併行して国内治安維持のため破壊活動防止法の制定を企てたため、一部国民の不安が、この血のメーデー事件となり、続いて吹田事件、各地の火炎ビン事件となって爆発したのである。(注1)

この破防法というのは、占領中の「治安取締は殆んどポツダム政令によっているから、講和後はこれを法律化しないと真空状態を生ずる。このため公安保障法、ゼネスト禁止、集会デモ取締、プレスコードの立法のほか、防諜法案をできれば批准国会に提出したい」（大橋法務総裁談二十六年九月十六日）という意図をもつものだっただけに、新聞界は強硬にこれに反対した。四月この法案が議会に提出されるや、文化人、大学教授などの知識人、労働組合も一斉にこれに反撃を加え、四月十二日、十八日の二度にわたって破防法反対の抗議ストが行なわれている。しかし議会は小部分の修正を加えただけで七月四日法案は成立してしまった。新聞界の反対も結局功を奏さなかったわけだが、当初の案を相当程度後退させ、法の運用に対して政府に慎重な態度をとらざるを得なくさせたのは、せめてものなぐさめであった。

この年の三月一日、社会党左派、知識人、労組の協力によって創刊された「社会タイムス」が、このメーデー事件の特集で存在を認められ、平常部数六万部にこぎつけたことは特筆に価する。

三社、共同通信脱退　そのほかこの年新聞界の話題として大きな波紋を投げかけたのは、朝日、毎日、読売三社の共同脱退(注2)と大阪読売新聞の創刊だった。

『安田読売代表取締役副社長、信夫朝日代表取締役、渡瀬毎日取締役の三氏は四日午後二時共同通信社を訪れ……三社代表者連名の文書により……退社する旨申入れを行い、同時に十月一日以降の配信を辞退した。退社の理由として三社は共同依存の範囲が急速に減少し、通信網拡充経費と共同分担金を調整することが緊急事となったことをあげている……』(新聞協会報　九月八日)

この三社脱退は、必然的に共同通信に依存する地方紙と、全国紙三社間の競争を激化せしめた。さらに共同脱退の結果、関西方面の通信網拡充に迫られた読売は、十一月二十五日大阪読売新聞社を創立して急速に関西方面の地歩を築きはじめた。このような動きは、十二月一日からの東京都内、京阪神地区の専売制実施とあいまって、猛烈な販売合戦へと新聞界を駆りたてることになった。

なお六月、日本新聞協会がブラッセルのFIEJ総会(注3)で加盟を承認され、また新しく創立されたIPI(注4)の第一回総会への出席など、日本の国際新聞界における活躍の基礎が築かれたのもこの年のことである。

(注1)　講和条約発効にともないプレス・コード、ラジオ・コードも失効し、かわって「アカハタ」が五月一日に復刊している。

(注2)　昭和三十二年二月一日から三社は外信のみ共同通信から供給をうけることになった。

(注3)　Fédération Internationale des Éditeurs du Journaux et Publications(国際新聞発行者協会)自由主義諸国の新聞発行者団体の国際的機関。一九四八年六月創立、本部はパリ。

(注4)　International Press Institute(国際新聞編集者協会)言論の自由が保障されている国のジャーナリストの団体。一九五一年五月創立、本部はチューリヒ。

≪昭和28年≫

テレビ時代開幕　新聞界にも影響　二月一日、わが国最初のテレビ局、NHK東京テレビジョンが開局、テレビ時代の幕がきっておとされた。この時のテレビ受信者数は八百六十六。これが五年半たらずの三十三年五月には百万を突破、三十五年に五百万、三十七年三月にはついに一千万の大台をこすとは当時だれが想像したであろうか（テレビ開局十五年目の四十三年一月には二千万をこえた）。

これはラジオ創始時代の普及状況にくらべてはるかに速い進展だった。大正十四年に開局したラジオの受信契約数が一千万をこしたのはテレビ開局の前年、昭和二十七年八月のことだったからだ。

ついで正力松太郎の日本テレビが同年八月花々しく開局した。

『日本テレビ放送網　華やかに開局式　式次第鮮かに映像　首相ら拍手のうちに祝辞

日本の民間テレビのトップを切ってきょう二十八日、本放送を開始した日本テレビ放送網（NTV）では同日午前十一時二十分から記念すべき開局式を行ったが、その初放送の映像は開局式そのものの模様をあますところなく伝える劇的な開幕であった』（読売新聞　八月二十八日）

この日本テレビは、NHKテレビと違い、商業放送だったので、視聴者の数というものが最大の問題だった。開局当時の受信者数はたった三千六百四十七にすぎなかったから、これでは広告効果があがるはずはない。〝無謀な企画だ〟という声が日本テレビによせられたのもムリのないことだった。この時正力社長は「受像機の数より見る人の数をねらう」という世界で初めての街頭受像機という企画を打ち出した。

この試みはまんまとあたり、ボクシング、野球、相撲の中継に街頭受像機の前は黒山の人だかりという現象を生みだした。だが創生期にはいろいろな悩みや珍事がおこるものである。

『一日六時間の放送時間のうち売れたのは平均一時間半で赤字の連続だった。CMにも金をかけることができず、書きなぐったテロップや幼稚な漫画アニメーションがチラチラゆれ動くというお粗末さであった。開局当日……日本の民放テレビの第一波が流れだす瞬間とあってだれもが緊張して見守るスクリーンに、正午の精工舎の時報が写しだされた。ところが、頭がでたと思う間もなく、画面は空白になってしまった。担当者が興奮してあわてたあげく、フィルムを裏返しにかけてしまったということである』（産経新聞　三九年一月六日）

このテレビの出現は新聞にもいろいろな影響を及ぼしているが、テレビ画面を新聞に利用するケースが、テレビ開局早々起こっている。これは三月三十日、皇太子外遊の時の出発風景で、ご乗船が午後三時十五分という夕刊締め切りぎりぎりの時間だったので、版の早い夕刊には間に合わなかった。そこで「朝日新聞」はNHKテレビの受像画面を写真にとり、時間ぎりぎりの夕刊に間に合わせたというもので「もちろん現在では珍しくないが新聞がテレビ画面を利用し始めた最初であろう」と日本放送史（下巻四百五十七ページ）は述べている。

新聞を批評するユニークな番組みとして注目を集めているNHKの「新聞を読んで」が始まったのも、二十八年四月十二日からであった。また五月五日から新聞休刊日が復活している。

＊正力松太郎（明治一八—昭和四四）　富山県出身で東大卒業後、内閣統計局、ついで警視庁にはいったが、警務部長の時、虎の門事件（大正十二年十二月二十七日難波大助が皇太子殿下の自動車に爆弾を投じた事件）の責任を負って退官、大正十三年二月「読売新聞」の経営にのり出す。以後、独特の創意と工夫によって、大震災の痛手にあえいでいた「読売新聞」を、朝日、毎日に並ぶ大新聞に育てあげた。とくに新聞界として忘れられないことは、彼が第二次大戦中、全国新聞一元会社案に身をていして反対、この案を撤回させたことである。戦後は電波界に目をつけ、わが国初のテレビを創設（日本テレビ）、マイクロウェーブの布設に貢献したことなど、日本の新聞放送界に大きな足跡を残した。昭和三十年以来、衆議院議員となり、原子力の平和利用にとくに力を入れ、国務大臣もつとめる。

≪昭和29年≫

〃ビキニ被災〃スクープが科学部設置の契機に　『邦人漁夫、ビキニ原爆実験に遭遇　23名が原子病　一名は東大で重症と診断

三月はじめからマーシャル群島で行なわれているアメリカ原子力委員会の一連の水爆、原爆実験の、その第一日目のさる一日にたまたま日本の漁船がそばにいて、爆発による降灰をうけ、その放射能に

“ビキニ被災”を報じた3月16日の読売新聞

よって全員火傷したまま大して重くも見ず十四日帰国。うち二名の船員が東大の精密診断をうけるために、灰をもって十五日上京、清水外科の診断をうけたが、一名は生命も危ぶまれる重症として直ちに入院手当をうけることになったが、他の船員は事の重大なのを気づかず、灰のついた服のまま同夜は焼津市内を遊び歩いている』（読売新聞　三月十六日）

この邦人漁夫のビキニ水爆実験被災は、日本のみならず世界をゆるがせた大ニュースだったが、このニュースをいちはやくスクープしたのが読売新聞焼津通信部の安部光恭記者だった。たまたま「読売新聞」ではこの年元日から、原子力の解説記事「ついに太陽をとらえた」を連載、読者から好評をかち得ていたが、この企画を担当した辻本芳雄次長がちょうどデスクだったため、焼津から、第五福竜丸の入港と船員が東大病院で加療するため上京、という通信をみて、これは……とピーンとひびいてすぐ取材活動を開始したという。当時の社会部長原四郎氏も「正月からの原子力の続き物がむずかしかっただけに社会部全体にそのほうの関心が強まっていたことがプラスになったのだと思う」と語っているが、この事件は、これからの記者には科学知識というものがいかに重要であるかを如実に示したものとして注目を集め、後に各社が科学部を設けるきっかけにもなったという大変重要な意味をもつスクープだった。

乱闘国会を攻撃・読者の投書激増　この年六月三日夜、衆議院は警察法案審議のための会期延長をめぐって乱闘事件をおこし、政局はまったく混迷に陥った。このような現状に対して朝日、毎日、読売三社は六月十一日「速かに政局を収拾せよ」と題する共同声明を発表、続いて全国各地の新聞もそれぞれ地域共同、あるいは単独で、同様趣旨の声明を行ない、各界に多大の反響をまきおこした。

一方、この事件を契機に、新聞やラジオへの投書も激増した。六月八日の朝日は三面をつぶして「石も叫ばん」を特集、毎日も十一日の二面に「乱闘国会をたたく」国民の声を特集している。そこでこのように増大する読者の声を背景に、中日では、九月から一ページの投書欄を新設、注目をあびた。

『本紙は「新聞は読者のものである」との趣旨から従来も朝刊社会面に「読者交歓室」を掲載、好評を博してきましたが、今回さらに拡充して毎月曜日朝刊第六面に交歓室を中心に紙面批判、本社への注文をはじめ読者の意見や作品を集録し〝読者による読者のための紙面〟として異色あるページといたします……』(中日　九月一日)。

また十月には初めて日本人記者の中国入国が許可され、訪中議員団に随行して朝日、毎日、読売、日経、中日、北海道、東京、共同、NHK、ラジオ東京の記者が訪中、同時に全日本婦人団体連合会の中国訪問に随行して読売の鷲尾千菊、共同の山主敏子両婦人記者も中国に入国した。「アサヒ・イブニング・ニュース」が創刊されたのはこの年一月二十日のことであり、十二月十六日には「新聞販売綱領」が制定されている。

第九章　新聞の発展期――戦前からの脱皮 〜昭和30年 〃48年

報道・製作・経営における質的変容　つづく昭和三十年代は、日本の新聞界にとって、歴史に残る一〇年となった。戦前の長い歴史をもつ新聞は、この間に完全な質的変容をなしとげたからである。

まず報道面では、明治の政論、大正の報道主義にかわって新しくキャンペーンによる言論の主張という形式が生まれてきた。キャンペーンという形は昔から存在するが、現代のキャンペーンは、言論主体が、自己の言論性を主張する新しい形式としてあらわれたものである。古い意味の新聞の指導性は、現代においてはキャンペーンという新しいコミュニケーション形式によって発揮されていることに注目しなければならない。その転回点が三十年代だったのである。

第二に技術面では、技術革新によって新聞製作工程が一変した。明治以来の植字活版工程は漢テレ、モノタイプの連動によって完全に機械化されてしまった。さらにファクシミリという送信手段の登場によって、二十年前には想像もつかなかったような新聞製作が行なわれるようになった。

経営面では、日本経済の発展にともない広告収入が増大した。新聞広告費はこの間に三倍以上の伸びを示し、長い間新聞経営をささえてきた販売収入と広告収入の地位は逆転してしまった。さらにこの広告量の増大は、紙面の上でも種々の問題を投げかけている。

このように、技術の進歩、経済の発達によって戦前とは全く一変してしまった新聞は、四十年代にはいってさらに新しくコンピュータの採用によって変転しようとしている。

だがここで問題となるのは、このような新聞界の変革を新聞人が意識の中にどのように受けとめているかということである。新しい技術や経営方式の変化に対応して、新しい管理、組織が生まれつつある。だが現象面の変化に対処するだけでなく、すすんでこのような時代環境の変化を（政治、社会を含めて）主体的に受けとめ、認識できるだけの意識の変革を現代の新聞人は成しとげうるであろうか。科学の進歩は相乗的に社会の変化をうながす。社会の進歩と人間の意識のアンバランスを止揚し、新しい記者像とコミュニケーション観を確立できるか否か、そこに新聞というコミュニケーション・メディアの運命はかかっているように思われる。

《昭和30年》

新潟日報、大火に類焼しながら活動　『けさ新潟市で大火　中心街総なめ　強風下に一千百戸を焼く　損害百億円　猛火延々七時間　台風二十二号が佐渡沖を通過後の一日午後三時十分ごろ、新潟市医学町新潟県庁分館（県教育庁）から出火、風速十五～二十メートルの強風下に火勢は急速にひろがり、……午前七時なお延焼中。新発田陸上自衛隊六百四十名、警察官七百三十名が出動、破壊消防に当っているが、市内各町に飛火しているので消火は困難をきわめている』（新潟日報　十月一日夕刊）

この大火で新潟市の中心街は灰じんに帰した。「新潟日報」では出火の報に急いで号外発行にとりかかったが、それより早く火は二階の活版工場へ燃え移り、続いて炎は同じ二階の編集局へも伝わり始めた。

自社も被災した新潟日報10月1日付け夕刊

『社告　今朝の新潟市大火に際し、本社もまた類焼の厄に遭いました。直ちに復興に全力を傾注するとともに、非常措置として長岡支社において朝夕刊を印刷、一日も休刊することなく全県下に配布することといたしましたが、当分の間ご迷惑をおかけいたすことと存じます……愛読者各位のご了承をお願いする次第であります。新潟日報社』

このようにして、朝刊四、夕刊二ページに減ページはしたものの新聞の発行は長岡支社で一日の休みもなく続けられ、さらに被災者救援のため、早くも三日には、県、日赤県支部と共同して〝新潟大火募金運動〟を開始している。「新潟日報」は三十九年六月の新潟地震の際にも、地震復興への強力なキャンペーンをはって新聞協会賞を受賞するといううめざましい活躍ぶりを示しているが、この大火の時も、本社類焼という災厄にあいながら、組織的かつ敏速な報道、援護活動を行ない、地元紙としての使命を遺憾なく発揮、称賛の声を集めた。

ＪＣＪの創立　ところでこの年二月には、日本ジャーナリスト会議（ＪＣＪ）が創立されている。

『日本ジャーナリストの自主的組織「日本ジャーナリスト会議」の創立大会が十九日午後五時半から東京日本橋東洋経済ビルで行なわれ……

一、真実の報道を通じて世界の平和を守る
一、言論、出版の自由を守る
一、世界のジャーナリストと手を握る

などの目的をかかげた規約を決め同会議議長に吉野源三郎氏、副議長に読売新聞外報部長小林雄一、光文社編集長神吉晴夫両氏を選出した』（新聞協会報　二月二十四日）

このようなジャーナリストの組織には、かつて昭和二十一年一月三十日に結成された日本ジャーナリスト連盟があったが、戦後の激動期に、その活動を永続することができなかった。これに対してこのＪＣＪは、十二月一日から機関紙「ジャーナリスト」を発刊、三十三年からは、年間でもっとも有意義な報道活動に、日本ジャーナリスト会議賞を贈るなど、進歩的なジャーナリストの団体としてユニークな活動を続け今日に及んでいる。

また十一月には、東京の「産業経済新聞」が、板倉卓造の「時事新報」と合同して、題号を「産経時事」と改めたほか、三月七日には、マスコミ倫理懇談会の設置が決定、二十四日に第一回の会合を開いている。

《昭和31年》

社会派キャンペーンの展開・親探し運動

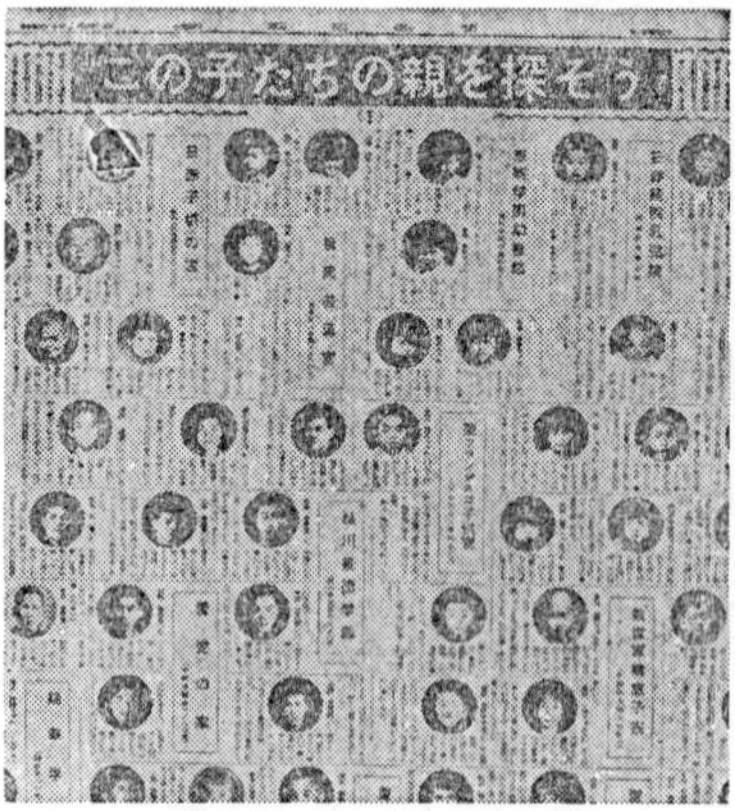
この子たちの親を探そう

“親さがし運動”を始めた
朝日新聞２月25日の紙面

『この子たちの親を探そう　親のわからない子のための〃親さがし運動〃が、いま全国的にはじまろうとしている。戦時、戦後の混乱のなかで、親を見失ったり親に置き去られた子は、まだ全国で五千人。これらの子を親の手へ返したいと、阪本兵庫県知事らの呼びかけで、各都道府県が力を合わせて手をつくすという。そこで本紙では、この運動を美しく実らせるため、全国の各保護施設などをめぐり、そこの子供たちの中から、とくに親を求めている子供たちのいたいけな顔を、少しずつまとめて紹介することにした。一人でも多く、一日も早く、気の毒な子供たちが温い親のふところへかえれることを願いながら……』

（朝日新聞　二月二十五日）

これが朝日の有名なキャンペーン「親探し運動」第一回のリードであるが、この運動は二つの面で大きな意味をもつキャンペーンであった。まず第一に、戦後十年を経過し、日本経済は復興から発展に転回、当時の人びとは神武景気の名のもとに「戦後は終わった」とささやき始めた。しかし戦争とか災害は、社会のもっとも弱い層――老人とかこども――にいちばん深刻な被害を与えるものである。その意味で、社会の救いの手が、やっとこどもたちにまで及んだということは〝戦後〟が本当に終わりに近づいたことを示す象徴的なできごとだったのである。

第二に、これが新聞の新しい形のキャンペーンの先がけとなったことである。従来新聞のキャンペーンというのは、政治問題とか、暴力、汚職などの社会悪に向けられるのが普通であったが、この運動以後、人びとの生活に結びついた社会派キャンペーンが各紙で展開されるようになるのである。

この運動は、春秋にわたって三十一回、二千四百九十二人のこどもを紹介し大きな成果をあげたため、「新聞の持つ機能を高度に発揮し新聞に対する社会的評価を高める上に寄与するところが少なくなかった」として昭和三十二年に設けられた第一回の新聞協会賞を受賞した。

写真電送で画期的実験　この年には、写真電送で二つの注目すべき実験が成功、新聞界の話題となった。

『カラー写真　桑港―東京間電送に成功　本社とＡＰ技術提携

本社は……三十一年の新春を飾る画期的な太平洋横断のカラー写真の電送に成功、パサデナで催されたバラ祭のけんらんたる写真を読者にお送りします。これまで大西洋横断のカラー写真電送は行われたことがありますが、約八千五百キロメートルの太平洋横断のカラー写真電送は史上始まって以来の歴史的快記録であります……』（中部日本新聞　一月四日夕刊）

もう一つは、同じ四日の「朝日新聞」朝刊に掲載された『プリンス・ハラルドの帯状浮氷群』の写真で、スンダ海峡以南からの写真電送の成功（南緯六三度三七分から送信）は日本で初めての快挙だった。

出版界では二月六日に「週刊新潮」が創刊され非常な注目を集めた。大正末以来わが国の週刊誌は、新聞社の独占的出版物だったが、この「週刊新潮」の成功をみて、他の出版社も競って週刊誌界にのり出し、〝週刊誌ブーム〟

を現出したことは周知のとおりである。

《昭和32年》

売春法汚職報道で記者逮捕　この年、売春防止法をつぶすために、全国の赤線業者の団体である全国性病予防自治会が、組織的に金を集めて政界にばらまいたという事件に関し、東京地検は〝全性幹部〟を贈賄容疑で逮捕すると同時に、収賄側の国会議員約十人の裏付け捜査を始めた。このような情勢の中で、十月十八日の「読売新聞」は、社会面トップで『売春汚職、宇都宮、福田代議士、収賄の容疑濃くなる』と五段見出しで大きく報道した。ところがこれを見た両代議士は、事実無根として名誉棄損の訴えを起こしたので、東京高検は、記事の筆者である立松記者の出頭を求めた上「取材源を明らかにしない以上、証拠隠滅のおそれがある」との理由で、同記者を逮捕した。

『取材源を明かさぬと　本社記者を逮捕

東京高検売春汚職めぐる告訴　　さる十八日付読売新聞朝刊に報じられた「売春汚職」の記事について、かねて宇都宮徳馬、福田篤泰両代議士から読売新聞社と東京地検ならびに検事総長を相手取り名誉棄損の告訴がなされていたが、この告訴を受理した東京高検では二十四日同記事担当の読売新聞記者立松和博社会部員(三四)を名誉棄損罪容疑で逮捕、同夜丸の内署に留置した。名誉棄損罪で取材記者が事情聴取を求められて出頭したまま逮捕されたということは一流新聞、雑誌では戦後はじめてのケースであり、全く異例のことである』(読売新聞　十月二十六日)

この事件は新聞界に大きな衝撃を与えた。

『報道機関は内外をあげて報道の自由を求めるために立ちあがった。日本新聞協会は二十六日午後、厳重な抗議文を東京高検岸本検事長に手交、司法記者会も不当逮捕だとして抗議文を突きつけ、新聞労連は「国民の知る権利を奪うもの」として闘う方針をきめ、東京駐在外人記者クラブも日本新聞協会の公式抗議文を支持する態度を決めた』(読売　十月二十七日)

売春汚職
宇都宮福田両代議士
収賄の容疑濃くなる
近く政界工作の業者を逮捕

売春汚職
捜査一応終る
宇都宮福田両代議士
事件には全く無関係
残るは九州地区だけ

記者逮捕の発端・10月18日の読売新聞（上）と捜査終結後12月18日の同紙

これは結局、東京地裁が二十七日「拘置の理由なし」として、検察側の拘置請求を却下したため立松記者は釈放されて一段落した。一方、売春汚職事件の捜査の結果、宇都宮、福田両代議士は事件に無関係なことが判明したため「読売新聞」は十二月十八日の社会面に、さきの報道とまったく同じスペースをさいて両代議士の名誉を回復する措置をとったので両代議士も告訴をとりさげ事件は完全に落着した。だがこの事件は、記者のニュースソース秘匿権の重大さを各界に示すとともに、個人の人権尊重、名誉棄損などの問題について、あらためて新聞界の反省を促したという点で大変重大な事件だったのである。

この年には、一月一日「千葉日報」が創刊されたほか、「朝日新聞」が一面を現在のような総合ニュース面に改革したことが注目される（毎日新聞は三十三年三月一日から実施）。

『社告　総合ニュース面新設　記事と解説を大拡充

……本社では六月一日朝刊からニュース面の大拡充を行い、まず第一面を総合ニュース面とし、政治、国際、経済、社会などのニュースから読者の関心が一番深いものを選び、この面に総合的に掲載することにしました……』

（朝日新聞　六月一日）

≪昭和33年≫

皇太子妃報道協定の重要な意味　『皇太子さまご婚約　ご自身でえらばれた正田美智子さん（日清製粉社長令嬢）　皇室会議で全員一致』（朝日新聞　十一月二十七日）――この年最大の話題はなんといっても皇太子妃決

定のニュースであった。この報道は、日本の新聞・放送界にとっても、大きくいえば歴史的な意味をもつ報道だったのである。

『皇太子妃取材　守られた報道協定

皇太子妃が決まった。全国の報道機関がいっせいに、そう報じ始めたのは二十七日ひる近くである。しかしこれより半月ほど前に、かなりの範囲の人びとが、正田美智子さんの名前を口にしていた。二、三の週刊誌、小新聞が、その人の名をいち早く掲載したからだ。だが他のすべての報道機関は沈黙をつづけた。なぜか。去る七月二十四日「皇太子妃に関する報道協定」ができていたからである……宮内庁の公式発表があるまでは、皇太子妃のことはいっさい書かない。この申し合わせの根本精神は、妃の候補者の人権尊重という一点につきる。こんどの問題では、第一に候補者の人権を守るために、いたずらに取材競争のドロ仕合をくりかえしたくないという報道機関の自制と、第二には、将来の皇后の選考をその過程において妨げたくないという報道機関の善意とを曲りなりにも大筋において守り通し得た……こんどの報道協定が、今後の新しい新聞倫理の樹立のための一つの礎石となれば幸いである』(朝日　十一月二十九日)

この報道協定は、東宮職参与の小泉信三氏の要請に基づいて、新聞協会の編集委員会が中心になって結ばれたものだが、民放連、雑誌協会、外人記者クラブをはじめAP、UPIなど在日外国通信社にも道義的協力を求めて実行された。その間、「週刊明星」、「週刊実話」、「日本観光新聞」など一部に漏れた事例はあったものの、一般紙や放送は終始協定の精神を守り続けた。この協定については、一部から、ジャーナリズムは〃尊いお方〃だけに良識を適用し、庶民にはこれを適用しないのではないか(図書新聞　十一月二十九日、ほか)という批判も出た。とくに九月一日に逮捕された小松川女高生殺しの少年犯の氏名を、東京の各紙が、朝日を除いてすべて〃凶悪犯という特殊な事例〃として公表したため、このケースと対比して問題となったわけだが、新聞界としては、この協定の成功によって大きな自信と教訓を得たことは否めない事実であった。

第一回新聞総合調査　たまたまこの時第一回の新聞総合調査が倉敷市で実施されていた。この調査は、朝日、毎日、読売、新聞協会が共同して部外の専門家の協力を得て実施したわが国最初の大がかりなマス・メディア接触調査で、日ごろ競争関係にある三社が積極的に協力し合って一つの目的を追究しようとした点でも非常に注目すべき調査だったが、この調査によると皇太子妃決定について、事前に週刊誌などで正田さんの名を知った者でも、その読者からは、ほとんど口頭でニュースは流れていないことがわかった。

これは『戦時中ならば新聞で報道しないからという〃うわさ〃は非常な勢いで伝わったものだが、現在では新聞やラジオで確認されないニュースはなかなか広まらない、それだけ新聞やラジオへの信頼感は高まっている』（朝日　十二月二十二日）ことを示す一つの例証となり、現代における新聞の責任について、あらためて反省をうながす契機ともなったわけである。

この年には一月二十五日「日本工業新聞」が復刊したほか、十月七日「新聞広告倫理綱領」が制定され、「新聞広告の日」が創設されている。

≪昭和34年≫

科学キャンペーンの先駆「ガン追放」　戦後の新聞が、戦前の新聞と異なる特徴の一つとしてよくあげられるのが記事の多様化ということだが、科学記事の社会面進出もその一つのあらわれである。この傾向が顕著になったのは、昭和三十年代にはいってからだが、その先駆的意義をもつ企画が、「山陽新聞」のガン・シリーズだった。

『ガン追放のために

結核が不治の病いといわれた時代は去った。これにかわって死亡率が第二位にのしあがったのが「ガン」だ。〃死神の矢〃とおそれられ〃文明病〃ときらわれるガンはその原因がわからないため新薬などによる決定的な治療の決め手はない。しかも……最後の一瞬まで苦しんだうえで息を引き取るという悲惨なものだ。だがこのガンにもたっ

ガン追放のために
六分間に一人死ぬ
みんなで戦いぬこう

ガン・シリーズ第１回を載せた山陽新聞５月10日号

た一つの光明がある――つまり「早期発見―早期治療」がそれだ。いまやガンとのたたかいは専門家だけでなく、あらゆる階層を含めて行なわれるのが世界的な傾向だ。岡山県でも各界が協力してガン追放に乗り出す……われわれもこれを機に、この人類最後の敵を追放するために、いろいろな角度からガンを取り上げた』（山陽新聞　五月十日）

従来とかく、むずかしく親しみにくいと言われていた医学記事を社会面で、しかもキャンペーン風にとりあげるというのは、まさに画期的な試みだったが、水野肇副部長（現医事評論家）をキャップとする山陽新聞社会部のこのねらいは見事に成功、読者の反響も大きかった。新聞報道に新生面を開いたこの連載は、業界からも注目を浴び、後に新聞協会賞を受賞することになる。

ファクシミリで紙面電送に成功

ところで、新聞の製作工程というものは、時代によって技術的な進歩はあったものの、大筋においては、明治以来旧態依然たるまま推移してきたというのが実情だったが、三十年代にはいってここに決定的な変革の波が押し寄せてきた。

『札幌で本紙印刷

世界新聞界に革命　最初のファクシミリ方式

朝日新聞社は、六月一日から、札幌でファクシミリ方式による朝日新聞の印刷、発行を開始いたします。これは東京でつくった新聞を、一ページ大のままそっくり電送して、札幌で印刷する方式で、したがって現地では、活版工程が一切要らなくなります。これは世界新聞製作上の大革命であり、〃あすの新聞の姿〃として、全世界の注目を集めている最新の装置であります』（朝日新聞　四月一日社告）

今でこそファクシミリで紙面を電送印刷している新聞は、世界にも日本にもかなり多いが、これは当時としては画期的な試みだった。先例としてはニューヨーク・タイムズが三十一年八月二十日から五日間サンフランシスコでファクシミリによる現地印刷を試みたことはあるが、これは単にためし刷りにすぎず、その後実験も中止してしまった。朝日は二十八年以来、この研究にとり組み、日刊紙として初めてその実用化に成功したわけで、この壮挙は世界的にも非常に高く評価されたのである。この年には、五月一日から、毎日も漢テレと全自動モノタイプの遠隔操作で、読売が漢テレ、ホーガンファックス、自動モノタイプなどの機械力を使って同時に札幌で印刷発行を開始したほか、一月十四日には「長崎日日新聞」と「長崎民友」が合併して「長崎新聞」を創刊、四月五日には朝日新聞と毎日新聞が日曜版の発行を開始、五月三日には「鹿児島毎日」(現在の鹿児島新報)が創刊されている。

《昭和35年》

安保改定強行採決　昭和二十六年九月に結ばれた日米安全保障条約の改定問題は、前年あたりから、日本国内の**流血の六月十五日**　大問題となっていたが、岸内閣は一月ワシントンで新安保条約、行政協定に調印するとともに、国内各層に疑念を残したまま、十分な審議もつくさずに国会で単独議決を強行した。

『自民党、新安保を単独可決

警官隊、国会内に入る　未明の本会議で　衆院〝会期延長〟も通す

国会は十九日夜、会期延長と安保新条約の衆院通過をめぐって最悪の事態におちいった。清瀬衆院議長は十九日夜一時すぎ、ついに警官隊五百人を国会内に入れて社会党の阻止態勢を実力で排除した上……社会、民社両党議員が本会議場に入らぬまま自民党議員だけで五十日間の会期延長を可決した。さらにこのあと二十日午前零時六分から本会議を開会野党議員全員と自民党の三木・松村派など反主流派の一部が欠席したなかで……一気に新条約を承認するとともに関係案件を可決した』(朝日新聞　五月二十日)

この政府、与党主流派の暴挙に対しては、野党はもちろん、全言論機関、国民、はては与党内部からさえ強い非難の声がまきおこった。「岸退陣」「国会解散」を求める声は国会を包み、全国的な運動に発展した。この怒りが頂点に達したのが、六月十五日夜の流血事件だった。

『全学連デモ、暴力化す　国会乱入警官隊と大乱闘

ついに死者出す　重軽傷八百八十人

全学連主流派は十五日夜国会講内で警官隊と衝突、これに右翼団体もからみ、ついに学生側に死者一人(女子学生)を出し、警官三百八十六人、学生四百九十五人が重軽傷を負い、学生百八十二人、右翼関係五十三人が逮捕されるという最悪の事態におちいった……

右翼の挑発が発端　この日の乱闘騒ぎは右翼の暴走車から始まった。午後二時十五分ごろ右翼のトラック一台が国会裏の第一議員会館前を埋めた全学連主流派の中へフルスピードで突入、デモ隊をはねとばしたことが発端となった。

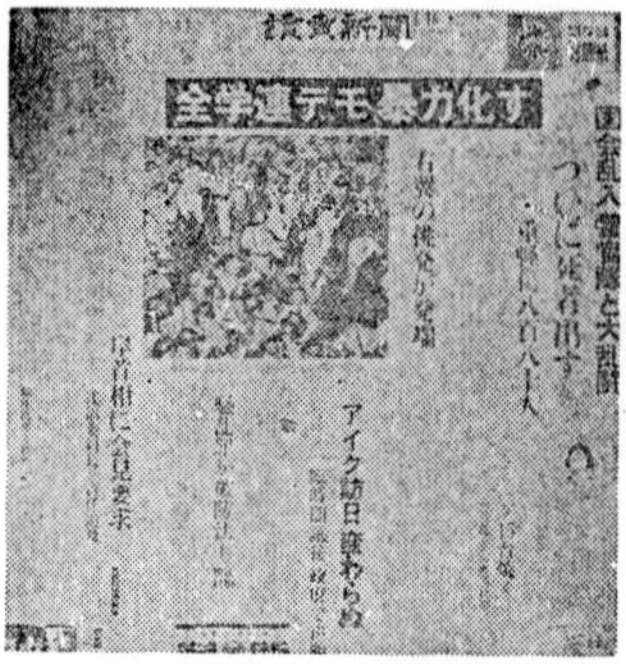
読売新聞
全学連デモ暴力化す

6月16日の読売新聞

（社会面）

また血をみた国会デモ

輸送車につぎつぎ放火　暴れる学生に警棒の雨

むごたらしいの一語につきた――。国会議事堂をめぐる全学連と警官隊の衝突は全学連の国会乱入で構内を流血の修ら場と化した。……この血みどろの乱闘は死者まで出す国会史上空前の不祥事となって深夜まで国会周辺を殺気立った空気で包んだ。

わたしはこの目で見た　にくしみの激突

デモ指導者にも責任　本田靖春記者』（読売新聞　六月十六日）

批判呼んだ新聞社の「共同宣言」

ここに至って新聞界は十七日「議会主義擁護、暴力排除」の共同宣言（48紙が掲載）（注1）を発表、政府もついにアイク訪日と参議院での議決を断念、安保新条約は参議院での議決を経ないまま、十九日午前零時自然承認されることとなった。

『安保新条約、ついに自然承認
安保新条約は十九日午前零時、全学連など安保阻止勢力のデモ隊が首相官邸や国会のまわりを埋め、岸首相らが首相官邸にとじこめられた異常なふんい気の中で、参院での議決を経ないまま、自然承認となった。
社党、不承認を宣言
　官房長官談話〃反対は一部分子〃
デモ、徹夜で国会を包む
　一般市民参加目立つ　三十三万を動員』（朝日新聞　六月十九日）

こうして安保は成立したが、この安保騒動が国民の間に残した断層は大きかった。安保反対運動に参加した国民は、深いざせつ感に襲われるとともに既成の政治、社会体制に強い不信感をいだくに至った。以後この分裂は、基地、ベトナム、沖縄、大学問題などことあるごとに露呈し、今日に至るまでナショナル・コンセンサスは生まれていない。

言論界もこの対立から無縁ではなかった。六月十七日の共同宣言一つをみても、新聞界の共同宣言で、これほど批判のまととなったものはいまだかつてなかったといってよい。

暴力団、毎日新聞社を襲う

もう一つ、言論界として見逃すことのできない事件は、四月に起こった暴力団の毎日新聞社襲撃事件である。

『暴力団、けさ本社を襲う　輪転機をとめる
　松葉会十数人　記事への腹いせ

二日未明、毎日新聞東京本社に松葉会幹部市橋利治（三〇）ら十数人が車で乗りつけ印刷場に乱入、用意してきた砂袋を投げつけ発煙筒をたくなどして輪転機三台を停止させる事件がおきた。三月十四日付夕刊の〝政治家の花輪ずらり〟(注2)という暴力団と政治家のくされ縁を報道した記事に対する不満から暴行ざたにおよんだもので、警視庁捜査四課では丸の内署と協力、暴漢のうち市橋ら三人を暴力行為等処罰に関する法律違反、威力業務妨害、建造物不法侵入などの現行犯で逮捕、逃走した十数人を手配(注3)した。こうした政治結社を装った暴力団はここ一年急増、当局でも悪質な集団に対しては強力な取締りを行う方針であるが、中央では新聞社が掲載記事のことで多数の暴力団に襲われたことは初めてのことである。』（毎日新聞　四月二日夕刊）

戦前ならいざ知らず、戦後、言論の権威が高まったといわれるようになって十五年、いまだに暴力をもって言論報道を左右しようとする動きがあることに世間は驚いた。同時に、一部の保守政治家と暴力団など反社会的な集団との結びつきがまたでてきたことに人びとは警戒の目を向け出した。言論界では、この事件を「大新聞社に加えられた単なる暴力行為として見のがすことはできない」として日本新聞協会声明を出したが、暴力排除の協会声明は、これが三度目(注4)であった。

なおこの年には、六月二十五日「新愛媛」が創刊、九月十日には、カラー・テレビの本放送が開始されたほか、共同通信社が五月一日から漢テレによる配信を開始（これが地方新聞の技術革新を促進した功績は大きい）、六月三日には「雅樹ちゃん事件」(注5)をきっかけに「人の生死に関するニュースの扱いは重大であるから、人質をとって金を取り引きする犯罪の場合は、あらかじめ捜査と報道側が話し合って報道の取り扱いについて注意する」との「誘かい報道取り扱い方針」が決められた。

日本唯一の写真新聞として、写真を中心に本文横組みという新しいスタイルで昭和二十一年四月創刊された「サン写真新聞」が『レンズにキャップをはめる日』の写真を最後に休刊したのも、この年三月三十一日のことだっ

（注1）『共同宣言』 六月十五日夜の国会内外における流血事件は、その事のよってきたるゆえんを別として、議会主義を危機に陥れる痛恨事であった。われわれは、日本の将来に対して、今日ほど、深い憂慮をもつことはない。

民主主義は言論をもって争われるべきものである。その理由のいかんを問わず、またいかなる政治的難局に立とうと、暴力を用いて事を運ばんとすることは断じて許さるべきではない。一たび暴力を是認するが如き社会的風潮が一般化すれば、民主主義は死滅し、日本の国家的存立を危くする重大事態になるものと信ずる。

よって何よりも当面の重大責任をもつ政府が、早急に全力を傾けて事態収拾の実をあげるべきことは言うをまたない。政府はこの点で国民の良識に応える決意を表明すべきである。同時にまた、目下の混乱せる事態の一半の原因が国会機能の停止にあることに思いを致し、社会、民社の両党においても、この際これまでの争点をしばらく投げ捨て、率先して国会に帰り、その正常化による事態の収拾に協力することは、国民の望むところと信ずる。ここにわれわれは政府与党と野党が、国民の熱望に応え、議会主義を守る一点に一致し、今日国民が抱く常ならざる憂慮を除き去ることを心から訴えるものである。

（注2） 二月九日に病死した政治結社松葉会会長藤田卯一郎氏夫人よねさんの葬儀に、保守党の議員、政治家の花輪がずらり並んでいたことから、『政治家の花輪ずらり　松葉会親分夫人の葬式〝くされ縁〟に批判』（毎日新聞　三月十四日夕刊）と、政治家とこうした団体とのくされ縁を批判した記事。

（注3） 十月三十一日、東京地裁は、この事件に関係した松葉会幹部ら二十二被告に全員有罪の判決を下した。

（注4） 第一回は、昭和二十四年九月十四日、大阪新聞記者が岸和田警察署内で取材中、密輸事件容疑者になぐられた事件がきっかけで声明が出された。当時神戸新聞に対する第三国人の強迫、本庄事件、京都の弁護士による記者強迫、銚子事件などこの種の暴力事件がひん発していた。第二回は、昭和二十六年二月八日、茨城県大子町署内で農協内部の腐敗事件取材中の茨城新聞記者が農協の監事になぐられ、また愛媛新聞記者が国会内で取材中、一自民党代議士になぐられるという事件が続発したため声明が出された。

（注5） 五月十六日登校途中の尾関雅樹ちゃんが誘かいされ、十九日乗用者ルノーの中で死体となって発見されるという事件が起こったが、これに対し「新聞が大きく書きすぎたため、犯人が追いつめられた気持ちになって殺されたのではないか」という非難の声がおこった。

＊**笠《りゅう》信太郎**（明治三三―昭和四一）　福岡県出身で、東京商大卒。大原社会問題研究所員を経て、昭和十一年

「朝日新聞」入社、論説委員、ヨーロッパ特派員となる。戦後は論説主幹として朝日の論壇を主宰、とくにサンフランシスコ講和条約から安保騒動に至る間、戦後日本の進むべき道について指導的言論を展開、各界に大きな影響を及ぼした。

≪昭和36年≫

人類の夢・宇宙飛行の実現　人間が宇宙を飛ぶ――人類の長年の夢が実現した。その意味で一九六一年という年は、宇宙科学の歴史において、長く記録さるべき年になった。

『ソ連、人間宇宙旅行に成功　地球を一周し着陸

【RP＝東京】モスクワ放送は十二日午前十時二分、臨時ニュースで……次のようなタス通信の特別発表を伝えた。

一九六一年四月十二日午前九時七分ソ連において地球をまわる軌道に世界最初の人間を乗せた第一号人間宇宙船〃ウォストーク〃が打ち上げられた。宇宙船「ウォストーク」の宇宙飛行士は、ソビエト社会主義共和国同盟の市民である飛行士ユーリー・アレクセービッチ・ガガーリン少佐である』（読売新聞　四月十三日）

一月おくれてアメリカも人間ロケットの実験に成功した。

『米、人間ロケット成功　15分間の宇宙旅行　シェパード中佐生還

大喜びのワシントン　〃宇宙競争の仲間入り〃』（読売新聞　五月六日）

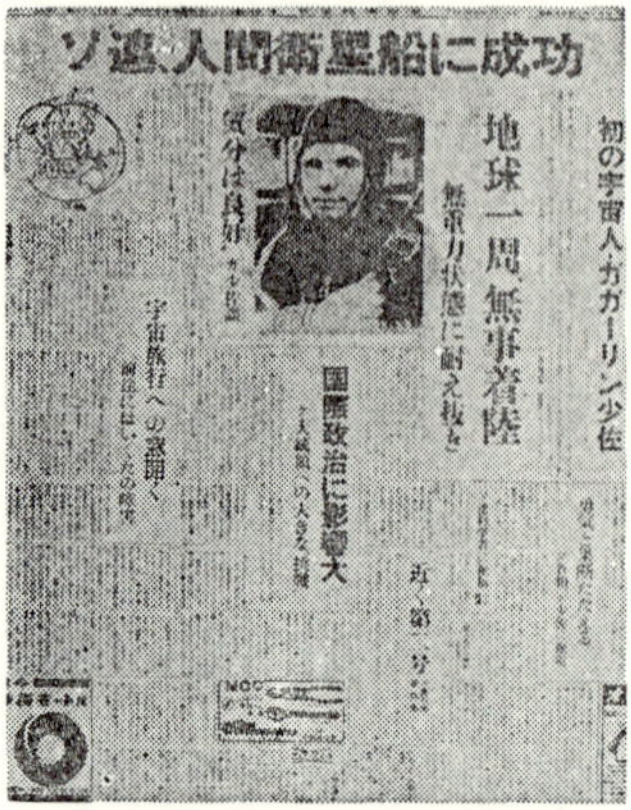
ソ連、人間衛星船に成功
初の宇宙人 ガガーリン少佐
地球一周 無事着陸
無重力状態に耐え抜き
国際政治に影響大
気分は良好

初の宇宙旅行の壮挙を報じた日本経済新聞4月13日号紙面

続いてアメリカが七月、グリソム大尉操縦の人間ロケット第二号の打ち上げに成功すると、ソ連も八月、チトフ少佐のウォストーク2号を打ち上げ、地球を十七周、二十五時間十八分飛行の後、回収に成功した。戦後の二大強国米ソの争いは、科学の分野でも火花を散らしたわけだが、地上の冷戦に比べてこれは何とさわやかな競争であったことだろう。世界の人びとはこの両者の壮挙に、かっさいの拍手を送った。

嶋中事件など　一方、国内では、中央公論社をめぐって言論の自由にかかわりをもつ事件が二つ起こっている。一つは嶋中事件（同誌三十六年十二月号に掲載された深沢七郎氏の「風流夢譚」は皇室の尊厳を冒とくするものであるとして二月一日、右翼の少年が嶋中鵬二社長宅を襲い、夫人を傷つけ、元雇人を刺殺した事件）、第二は同社発行の「思想の科学」十二月「天皇制特集号」廃棄事件であった。

これらの事件は〃暴力が言論を刺した〃という面で問題になるとともに、中央公論社が、右翼のテロを含む物理的、心理的暴力に屈したという点が大きな問題となり、この措置に抗議した著名な学者、評論家二十数人が同誌への執筆を拒否した。この事件は現在まで長く尾をひいているが、同社労組も社の姿勢確立を要求した結果、四十三年になって同社では「中央公論」七月号に「言論の自由について」と題し「言論の自由が社の存立の基礎条件であり、社業を通して言論の自由確立のために献身する」という過去の過失を認めた異例の〃謝罪文〃ともいうべき「社告」を掲げた。

一流通信社の大誤報　この年にはまた世界の一流通信社が大誤報を流すという事件が起こった。九月十八日、当時紛争中のコンゴ問題解決のためアフリカに飛んだハマーショルド国連事務総長が飛行機事故で殉職するという惨事が起こったが、この時、AP、UPI、ロイター、AFPは、この事故がなかったなら開かれる予定だったハマーショルド＝チョンベ会談について「ハ総長は十七日アンドラ到着後、ただちに空港でチョンベ・カタンガ州首相と会談」（ロイター）、「ハ総長は一時間以上にわたってチョンベ首相と会談した」（AP）などと報道、世界中に大きな反響と批判をまきおこしたのである。

〃キューバ危機〃で
新聞機能を再認識

『米、キューバを〃封鎖〃　ケ大統領が全米に放送　ミサイル基地確認　全船舶を臨検、武器を締め出し――【ワシントン二十二日渡辺特派員】ケネディ米大統領は二十二日午後七時全米向けテレビ、ラジオ演説を行ない「キューバがソ連の援助で核弾頭を装備できる射程二千キロ以上の中距離弾道ミサイル基地を設置した」と述べ「これはワシントンをはじめパナマ運河、ケープカナベラル、メキシコ市その他米東南部地方の諸都市、中米カリブ海沿岸諸国の都市を攻撃できるものであり、キューバの軍事力増強は攻撃的なものである。米国および西半球の安全防衛のため、こうしたキューバの軍事力増強は阻止しなければならない」と断じ、米海軍によるキューバ封鎖、国連監視団のキューバ派遣のための安保理開催を含む七項目の措置をとることを明かにした』（毎日新聞　十月二十三日夕刊）

この年、何といっても世界の人びとの心胆を寒からしめたのは、このキューバをめぐる米ソの対決だった。

キューバ封鎖はじまる
米艦、ソ連船へ接近
海空軍カリブ海に展開
米、危険水域を指定
米の措置、全面支持
平和解決を期待

"キューバ封鎖" はじまる
（朝日新聞10月25日号）

『緊張高まるキューバ封鎖　衝突の危険性も　近づいているソ連船』（読売新聞　同二十四日）

これに対しソ連は、二十三日「軍の休暇中止、ワルシャワ条約加盟国に警戒態勢」を発令したため、世界の目はキューバへ向かうポロタビア型ソ連船に注がれた。だがフルシチョフ首相は、ケネディ大統領の強い態度と、一触即発の危機をみて、二十四日ラッセル提案の巨頭会談に同意、ウ・タント国連事務総長が調停にのり出した結果、『ソ連〃攻撃的基地〃撤去を命令　「キューバ」でフ首相、ケ大統領に返書

国連管理の下で解体　米の〃不侵略〃を信じる

ケ大統領が歓迎声明　平和のため建設的な措置』（毎日新聞　同二十九日）となって危機は未然に防がれた。
ところでこのキューバ危機の一週間ほど、新聞の機能、役割りが再認識された時はなかったといってよい。ふってわいたような緊張に、世界がかたずをのんで見守る中を、人と電波は世界中を飛びかっていた。当時の世界はケネディ、フルシチョフという国際政治の二大立て役者を得て、国際外交に再び〃個人的な性格〃が加わってきたといわれていたが、ラジオもテレビもこのめざましい両首脳の対決を報道する機能をもちえなかった。もちろん雑誌、週刊誌のくい入る余地はなかった。ひとり新聞のみが、多数の海外特派員の目を使って、世界各地の生々しい反響を映し出すのに成功したのであった。

テレビの機能　ところでわが国にテレビ放送が開始されてから十年目にあたるこの年、テレビの受信契約数はついに一千万台をこした（三月一日、普及率四八・五％）が、このテレビが七月の参議院選挙で大変な威力を発揮することになった。
この時、参議院全国区で百万票をこす支持票を集め、最高点で当選したのが、何とNHKテレビの人気番組で名をうった藤原あきさんだったからだ。人びとは改めてテレビの影響力を見直すと同時に、テレビが政策、政見を争う各党立ち会い討論会でなくて、娯楽的要素の強い番組で、もっとも政治的に機能したことに対し深い関心をよせることになった。だがこの傾向が、四三年の参院選ではもっと強く発揮され、多くのタレント議員を生み出したことは周知のとおりである。

≪昭　和　38　年≫

戦後最大の炭鉱爆発・列車衝突　この年は、事故や遭難があいついで起こった悲劇の年だったが、なかでもすさまじかったのは、十一月九日土曜日に、つづけて起こった戦後最大の炭鉱爆発と列車衝突事故であった。

『東海道線（鶴見）で二重衝突　貨物と横須賀線上下電車
死者一三三、重軽傷一二六　貨物が脱線　突っ込み、三両が大破
【横浜】九日夜東海道線鶴見―横浜間の滝坂踏切で下り貨物列車の後部三両が突然脱線、となりの横須賀線上り線路上に転覆したところに、同線上り電車が衝突、さらにこの一両が発煙筒の合図で急停車していた同線下り電車の中央に突っ込むという二重衝突事故が発生した……。
三井三池で爆発惨事　戦後最大
死者二七〇人を越す　重傷二九三、軽傷四〇人
【大牟田・福岡】九日午後三時十分ごろ……三井三池鉱業所三川鉱の第一斜坑の途中で炭ジン爆発（同鉱推定）が起こり、死者、重軽傷者多数を出し……戦後最大の事故となった』（毎日新聞　十一月十日）
『東に西に大惨事
暗夜悲痛な叫び　黒い爆風、無残な三池鉱
破片、五百メートルも飛ぶ　遺体が……タンカでぞくぞく
三河島を、また二重衝突　血の枕木、うめき声
鋼鉄の車体ざっくり　切断の火花の下、ゆがむ顔』（同紙　社会面）
双方合わせて死者六百人をこえるというこの大惨事に、日曜日の全国各紙の紙面は、一様に悲しみと怒りの情でおおわれていた。
日米テレビ中継実験にケネディ暗殺　それから二週間たった二十三日の土曜日、通信衛星リレー一号を使って日米間初のテレビ中継の実験が行なわれることになっていた。勤労感謝の日とあって、人びとは休日の朝、米国から送られてくる予定のケネディ大統領のメッセージを待っていたが、そこに映し出されたのは世界を驚かす凶報だった。（現地時間二十二日）

ケネディ大統領暗殺の報道
（読売新聞11月23日夕刊）

『悲報とびこんだ初中継テレビ実験

日米間を結ぶ初のテレビ中継実験は「ケネディ大統領暗殺」の悲報をのせて実を結んだ。成功の喜びが悲報に打ち消されたような、複雑な気持で関係者はテレビの画面をみつめていた。

遺影を鮮明にうつして　刻々、悲痛な街を

……リレー衛星を使って太平洋に電波のかけ橋を渡すというはじめての試みは、二十三日午前九時二十六分みごとに成功した。しかし予定されたケネディ大統領のメッセージは送られてこなかった。そして二回目の実験が行なわれた八時五十八分からの十五分間は、ケネディ大統領暗殺の模様をニューヨークから伝えてきた……』（毎日新聞　十一月二十三日夕刊）

まさに同紙が続けて報じたように『科学の偉大なる成果を全国民に目のあたりにさせるこの初中継に、暴力が暗い歴史をいろどったニュースが伝えられるという悲痛な初実験であった』のである。

そのほか報道の問題としては、薬師岳で遭難した愛知大山岳部の遺体捜索に際し、各社がくりひろげた冬山の危険な取材競争について〃割り切れぬ取材合戦〃という反省の声（朝日新聞　三月二十八日）が内部から起こり、ニュース価値と取材の限度について、将来に問題を投げかけたことが注目される。

≪昭和39年≫

東京オリンピックに空前の報道規模　アジアで初のオリンピックがこの年、東京で開かれたが、このオリンピックは報道各社の取材の面でも空前の規模といわれ、報道オリンピック、放送オリンピックという言葉までとび

東京オリンピック開く
世界の心一つに
日本晴れ94か国参加

東京オリンピックの開会式は，“報道五輪”の幕あきでもあった（読売新聞10月10日夕刊）

出したほどだった。

『東京オリンピック開く

世界の心一つに　日本晴れ、94か国参加

第十八回オリンピック東京大会の幕は開かれた。史上最大の参加国は、一つであるべき世界の理想の姿を象徴して、行進した……オリンピックは若者の祭典である。行進は、その期待と信頼にこたえるように、力にあふれ、美しかった』（読売新聞　十月十日夕刊）

新聞界はこの東京大会のために、四年前のローマ大会直後から準備をすすめていたが、IBMの記録速報や、競技場からの模写電送の利用などの新しい機械報道システムのほかに、色刷りニュース写真を紙面で速報するなど、技術上の新方式をも紙面に導入して万全の報道を行なった。

放送界では、オリンピック放送のキー・ステーションとなったNHK放送センターに、NHKはじめ民放、海外の放送スタッフ（ラジオ四十三か国、テレビ二十か国）約三千人がくりこみ、完全な共同取材体制をとって、国内はもとより全世界に取材中継を行なった。とくに注目されたのは、通信衛星テルスター三号を使っての宇宙中継で、連日アメリカ、ヨーロッパに鮮明な画像を送信、大きな反響を呼び、以後のテレビ宇宙中継の実現に大きく貢献した。

なおこの時、オリンピック中継放送の全責任を負ったNHKは、スローモーションVTR、分解写真装置、電子記録装置ほか、各種の新しい放送機器を開発使用するとともに、高度の放送技術を駆使して放送にあたったため、その声価は世界中に広まり、一九六八年のメキシコ・オリンピックでも中継放送を担当することとなった。

新聞界は、この五輪報道のために巨大な資金と物量を投入してきたが、これを機会に、新聞界の力がレベルアップされた効果は大きく、この五輪報道が日本の新聞・放送界に与えた影響は、はかり知れないものがあったといってよい。

日中記者交換実現　さてこの年、懸案の日中記者交換が実現した。

『松村・廖会談で意見一致

記者交換〞六月メド　八人以内　一社に一人

【北京＝桑田特派員十九日発】中共訪問中の松村謙三氏は十九日午後、廖承志《りょうしょうし》中日友好協会会長と人民大会堂で会談……日中双方は新聞記者交換、貿易連絡員の相互駐在をいずれもこの六月を目標に実現することに意見が一致し、それぞれに関するメモが同夜十時に日中双方で同時発表された……』（朝日新聞　四月二十日）

日本と中国との間の新聞記者の交流は、視察団や貿易視察団などに臨時に随行する短期特派員という形では昭和二十九年ごろから行なわれてきた。しかし情報の交流によって両国民の相互理解を深めるためには、長期常駐の特派員を交換する必要があるわけで、この松村・廖会談の意義はすこぶる大きいものがあった。その後両者の交渉の結果、日本からは新聞・通信・放送記者九人、中国からは七人の記者が相互に派遣されることになり九月末、相互の記者が着任した。その後、この記者交換は種々の曲折を経て現在に及んでいるが、激動する中国の現状を視察し、報道する目として、日中国交が回復するまで北京常駐の日本人記者団の活動は非常に高く評価されていた。

またこの年四月十三日、西独のDPA通信社が「フルシチョフ・ソ連首相急死」の大誤報を流し、世界に大きなショックを与えている。

≪昭和40年≫

ベトナム報道で米高官ら日本紙非難　『米国務次官ら不当な証言　上院秘密聴聞会　ベトナム問題をめぐり、日本の新聞界にとってきわめて重視すべき事件が起こった。米議会上院は二十九日同外交委員会で四月七日行なわれた秘密聴聞会の証言記録を公表したが、これに出席したボール国務次官およびマッカーサー二世国務次官

米国務次官ら不当な証言

毎日、朝日両紙を非難

ベトナム策批判めぐって

率直な論評を歓迎

新聞報道は正確

アジアで正しい政策を

米高官，朝・毎両紙を非難
（毎日新聞４月30日号）

補（議会関係担当、前駐日大使）は、日本新聞界の米ベトナム政策批判にふれ、とくに毎日新聞、朝日新聞の名をあげて、両紙編集陣が共産主義に浸透されていると証言した。……これは想像を絶する発言である……』（毎日新聞　四月三十日）

この年二月から、米国は北ベトナム爆撃を開始、これにともなって世界には米国のベトナム政策批判の声が急激に高まってきた。たまたま佐藤首相の特使として東南アジアを回ってきた松本俊一氏が「軍事的手段によってベトナムで勝利をおさめられるとする米国の見解は疑問である」との報告を出したという報道が、米上院でとりあげられ、その過程で日本の新聞報道が問題になった。

非難をうけた両紙はすぐ「米高官の証言内容は、日本の世論と国民に対する重大な侮辱である」（田中毎日編集主幹）、「この証言は全く事実に反している。米当局と米国民は、率直にわれわれの友好的批判にも耳を傾けてもらいたいと思う」（鈴川朝日編集局長）と反論、各紙もこの不当証言を大きく扱ったので、米政府は困惑して「この言明は数年前の状況である」（四月三十日）との声明を発表、ボール国務次官も遺憾の意を表明（五月一日）したので、一応問題は落着した。ところが秋になってまた新聞非難問題が再燃した。

『片よったベトナム報道　ラ米大使日本の新聞を批判

【大阪】ライシャワー米大使は五日午後、大阪アメリカ文化センターで行われた記者会見でベトナム問題に触れ「日本の新聞はベトナム情勢について均衡のとれた報道をしていない」と強い不満を表明した』（朝日新聞　十月六日）

大森・秦記者を攻撃　この中でラ大使は、毎日新聞の大森実、朝日新聞の秦正流両記者の名をあげて攻撃した。これは両記者が十月、一般紙としては初めて北ベトナムに乗り込み、北爆の惨状を詳細に報道したことから起こった非難であった。両紙はただちに「事実に反した指摘」(朝日)、「一国の大使の発言であるから本紙は報道するが、報道のバランスは見る者の立ち場によって異る場合がある。とくに国際報道は長期的展開によって判断さるべきだ」(毎日)とはげしく反論した。

アメリカの北爆に対しては、カナダのピアソン首相やインドのシャストリ首相らまでが公然と反対の意向を表明、そのような国際世論の中で、孤立しているあせりが、このような報道批判となってあらわれたのだろうが、ロンドンのタイムズなどは、ジョンソン大統領を名ざしで批判しているにもかかわらず、一言もそれには口を出さず、日本の新聞にだけ非難の口を出す米国の態度に、割り切れぬ感情をいだいた日本人も多かった。

この年はほかにもベトナム問題をめぐって報道界はあけくれた。毎日が「泥と炎のインドシナ」を連載(一—二月)して好評を博し新聞協会賞を受賞したのを始め、NTVが「ベトナム海兵大隊戦記」(注1)の続編を、残虐すぎるという理由で放映中止して問題になり(五月)、東京12チャンネルが徹夜討論会「戦争と平和を考える集会」(注2)を中継中、公正を欠くという理由で中断した事件(八月)が起こったのもこの年のことだった。

新聞界ではこの年販売店の要望にこたえて四月から五月にかけて、全セット紙が日曜夕刊を廃止している。配達員の労務難が深刻になり始めた一つの徴候だった。

(注1)　昭和四十年五月九日、日本テレビ「ノンフィクション劇場」で放映された「ベトナム海兵大隊戦記」(第一部)は、茶の間に放映するにはあまりにも残酷シーンが多すぎる、という理由で、第二部、第三部の放映中止、十三日の再放送も中止となったが、この局の処置に対し、政府や米大使館から圧力があったためでないかとの疑いが世間に広がり「残酷すぎるのは現実事態、戦争そのものだ、圧迫におびえて自分の首をしめないでほしい」という声が広まり、マス・メディアの自己規制と社会的責任という問題がさまざまな観点から論議されることになった。

(注2)　昭和四十年八月十四日から十五日にかけて、東京12チャンネルが終戦記念特集としてナマ中継を試みた異色の徹夜討論会。第一部は桑原武夫、久野収、鶴見俊輔三氏司会のもとに各界の知識人、政党人を集め、〝ベトナム問題と日本の進むべき道〟が討論されたが、第二部〝戦中・戦後をふりかえる〟にはいった直後、司会の無着成恭氏の発言に

〃放送の公共性をそこなう誘導〃があったとして、ナマ中継が打ち切られたため（ビデオ・テープにおさめられた）その中止理由をめぐって、また録画を公開せよという声がおこって問題となる。

問題になった無着氏の〃公正を欠く〃という発言はつぎのとおり。「戦争に負けた時には、どうも天皇の力でいっぺんでおさまったらしいけれど、いま天皇の命令でまた戦争やるってば、あれとおんなじにやるかどうかとか、たとえば原爆を体験した人は、あの原爆はアメリカは正当といってるんだけど、本当に広島や長崎に落ちた原爆は正当であると考えられるかどうかとか、占領政策では戦犯という形でとりあげておきながら、ロウヤから出てきた人がどんどん総理大臣になったりしているのはどういうわけだとか、だいたいこういうことを、ワサビをきかせて話してほしいということなんです」（毎日新聞　八月十六日夕刊）

恐かつ、詐欺の容疑
決算委員の地位利用
田中代議士逮捕（朝日新聞８月５日夕刊）

《昭和41年》

政界の〃黒い霧〃にキャンペーン

『田中彰治代議士ら逮捕　恐かつ、詐欺の容疑　決算委員の地位利用　東京地検特捜部は、東京都港区元赤坂田中彰治代議士（六三）の恐かつ、詐欺容疑事件を内偵していたが、五日朝、同代議士とその長男、同所、株式会社田中牧場取締役、彰（三七）ら七人に対し同容疑などで逮捕状を請求、彰ら六人を逮捕、同代議士は東京・順天堂病院に入院しているため法務省の医師を派遣、診断の結果、取調べにたえうると判断、逮捕状を執行した』（朝日新聞　八月五日夕刊）

これが世間を騒がせた〃黒い霧事件〃の発端であった。調べによると同代議士は、衆院決算委員の地位を利用して、国有地払い下げ、その他をめぐって、かなりの恐かつ、詐欺を働いた疑いが濃く、地検では、国会議員、決算委員の肩書きを利用したまれにみる悪質事件として徹底的に追及を始めた。

ところが続いて、七月三十一日に成立したばかりの佐藤改造内閣の新閣僚の不祥事件がつぎつぎと暴露され、世論の猛攻撃をうけることになった。

まず九月には荒船運輸大臣が、事務当局に命じて十月のダイヤ改正の折り、選挙区の深谷駅に急行を停車させることにしたため職権乱用の非難をあび、さらにソウルで開かれた日韓経済閣僚懇談会に出席の際、民間業者を随行の形で同行した事実を社会党から追及されて閣僚のいすからおろされたのを始め、松野農林大臣は日加閣僚委員会に出席の後、観光旅行を日程にくみ入れ、かつ知り合いの民間人を同行、旅費も国費から支出していたことが明るみに出た。また上林山防衛庁長官は自衛隊幹部をひきつれて自衛隊機で選挙区にお国入りをし、かつその時、恐かつ事件で保釈中の人物を同行、その公私混同が衆院決算委で問題となり、山口衆議院議長まで、インチキ手形で問題となった東京大証社長の結婚仲人をつとめたことがあばかれて、十二月二日議長辞任においこまれるなど、政界の腐敗が一挙に明るみにだされた。各紙はいっせいにこの政界の黒い霧にキャンペーンをはったが、とくに毎日新聞社会部の黒い霧特捜班の活動はめざましく、この活動によって新聞協会賞を受賞している。

中国文化大革命　同じころ北京では中国特派員団が国際的注目を集めていた。

『北京街頭に文化革命のアラシ

　町名も一夜で塗替え　　少年紅衛兵が〃実力行使〃

【北京＝野上特派員二十一日発】二十日から二十一日朝にかけ北京の町を〃文化革命のアラシ〃が吹荒れた。台風の目は首都北京の中学生だ。彼らは……長安大街を一夜のうちに「東方紅大街」と改名し、北京の〃銀座〃王府井大街の名前も「革命大路」と変えてしまった。有名な王府井の東安市場も「東風市場」と変えられ、その他料理屋も時計屋も、洋品屋もクツ屋も、理髪店、薬屋も、ありとあらゆる店の看板の古い屋号は夜のうちにみんなにたたきこわされてしまった』（朝日新聞　八月二十二日）

文芸整風運動に始まった中国の社会主義文化太革命は「毛沢東中国共産党」を守ろうとのスローガンをかかげて

登場した紅衛兵の手で性格がまるで一変したようなはげしさを加えてきた。このような情勢の中で、人民日報や紅旗に代わって登場した新しいコミュニケーション手段、大字報（壁新聞）を取材源とする日本人特派員の活動は、東京から外国通信社を通じて全世界に伝えられ大きな反響をまき起こした。この功により、後にこの北京特派員団はボーン賞を受賞している。

《昭和42年》

年頭平和社説を世界各紙と交換　第二次大戦が終わって二十数年を経過したにもかかわらず、アジアの一角ではまだ戦火がおさまらなかった。とくに各国の報道人によって伝えられたベトナム民衆の悲惨な模様は、アメリカのベトナム戦争の目的に対して深い懐疑の念をいだかせずにはおかなかった。このような背景にたって、朝日新聞は年頭の社説交換を世界に呼びかけ、大きな波紋を投げた。

『世界五大紙が同調
　ベトナム和平をよびかけ
　　本社と年頭社説を交換
朝日新聞は年頭にあたり、ベトナム和平提言をふくみ、ひろく世界の平和に呼びかける社説をかかげた。本社ではこの社説の発表にあたり、平和の問題に対する世界の意見をきき、同時に新しい国際的な世論を喚起するため、本社社説を事前に世界の有力紙に提示して反応を求め、年頭社説の交換による平和の同時よびかけを試みた。

これに対して、英国のガーディアン、米国のニューヨーク・タイムス、フランスのル・モンド、ソ連のイズベスチヤ、インドのタイムズ・オブ・インディアなど有力紙五紙がこれに呼応する平和社説をかかげることに同意した。こうして本社の呼びかけはベトナム和平を焦点に世界の平和の道を求める国際的なプレス・キャンペーンの性格をもつものとなった』（朝日新聞　一月一日）

ついで朝日は五月八、九、十の三日にわたって京都で「世界主要新聞首脳会議」を開き、世界の平和をめぐって率直な意見交換を行なった。この会議に参加したのは、ニューヨーク・タイムス、クリスチャン・サイエンス・モニター（米）、ザ・タイムス、ガーディアン（英）、ル・モンド（仏）、タイムス・オブ・インディア（インド）及び朝日新聞であったが、『新聞は世界に平和をもたらし国際秩序を育ててゆくうえで、どんな寄与をなしうるか……新聞人同士の、国籍や体制の相違をこえての接触は、それぞれの国民の気持や考え方を理解しあううえで、堅苦しい政府間の接触とはちがった役割をはたしうるはずである……』という森恭三論説主幹の言葉にもあるとおり（朝日新聞四月六日）、世界の言論界の首脳が「話し合うことの意義」を認めて世界平和のために集まった意義はまことに大きなものがあった。

恵庭事件の
判決公判
憲法判断は回避か
通信線の解釈が問題
野崎兄弟の無罪は確実
恵庭事件判決に的確な見通しを示した北海道新聞３月27日号

ところで、報道面ではこの年、いろいろな話題や事件があいついでおこっている。まず三月二十七日北海道新聞は、恵庭事件の判決について「憲法判断回避」の見事な見通し(注)をたてて新聞界をアッといわせたほか、共同通信が十一月十八日にポンド切り下げ、つづいて十二月六日には近衛日記をスクープして注目を集めた。また六月二十六日に行なわれた史上初の世界テレビ中継「われらの世界」は世界十四か国のテレビ局が四つの人工衛星をつなぐ多元宇宙中継番組でその成功は、まさに世界を一つに結ぶ画期的な試みであった。

日本人記者の追放　だがこのような動きとは逆に、中国が、北京駐在の日本人記者を追放するという暗い事件もおこっている。

『中共、日本人三記者を追放　【北京十日共同】中国外務省新聞局の張芬彦副局長は十日午前……反中国報道を

したとの理由で毎日新聞の江頭数馬《えがしら》、サンケイ新聞の柴田穂、東京新聞の田中光雄（ブロック紙代表で所属は西日本新聞）の三記者の国外退去を求め、後任は考慮しないと述べた』（東京新聞　九月十一日）。続いて十月「読売新聞」に対し『読売新聞がチベット秘宝展を通じて悪質な反中国活動を行なったことにかんがみ、同紙が北京に特派員を送る資格を取り消すと宣告した』（読売新聞　十月十三日）。以後この四社および日本テレビ（民放代表）の記者の再入国は認められず、四十三年六月七日には日経の鮫島敬治特派員が拘留されるという事件まで起こり（四十四年十二月十七日釈放）、日中記者交換は緊張状態をはらみながら四十七年の国交回復に至ったわけである。

（注）北海道石狩郡恵庭町で、自己の所有地を自衛隊に接収されている民間人（野崎兄弟）が、その接収地にあった自衛隊の演習用通信線を切断したため自衛隊法違反で起訴された事件は、裁判所で自衛隊そのものの合憲、違憲をめぐって激しく争われていた。そこでこの裁判の経過を見る限り、わが国裁判史上、初めて「自衛隊（法）は合憲か違憲か」の判断が出されると判断した国民や報道陣は、こぞってこの裁判の成り行きに注目し、判決当日の札幌地裁には二百人をこす報道陣が集まった。

この時、北海道新聞社会部の取材班だけは、あらゆる情報を集め、過去の公判記録をたんねんに検討した結果「恵庭事件は、自衛隊法第一二一条を問題にしない限り、憲法判断は不要で、合憲、違憲を判断せず〃無罪〃という肩すかしの判決になる公算が大きい」という予報を出したが、二日後に行なわれた公判は、この判断がまったく正確だったことを明かにした。この功により、北海道新聞社会部の松井淳一、林武、佐藤邦昭三記者は四十二年度新聞協会賞を受賞している。

≪昭和43年≫

〃明治百年〃の年に体制の矛盾爆発

『きょう明治百年記念式典の日　きょう10月23日は、明治改元満百年の意義深い日です……明治百年を迎えるにあたり、謙虚な反省と広い視野にもとづいて明日を展望し、よりよい社会を築く決意を新たにしたいものです　総理府広報室』（朝日新聞　十月二十三日）

明治改元百年にあたるこの年、政府は各界に呼びかけて、維新の変革をたたえ、日本の近代化を祝う明治百年記念行事を推進した。だが政府のかけ声の中に『明治百年をただ過去の栄光をたたえ、現体制擁護に結びつけるお祭りとする』危険を感じとった国民は、素直に政府のかけ声には踊らされなかった。式典前後の紙面を見ても明治百年をたたえる国民の声は一つも見あたらず、政府の記念恩赦を皮肉る声のみが目についた。

『記念恩赦、わしはサシミのツマかね——明治百年』（朝日　かたえくぼ）これこそ官制明治百年に対する国民の痛烈な批判であった。

逆にこの明治百年を最高に利用したのは広告界で、前年からこの年にかけて、明治百年にひっかけた広告文がはんらんしたのが、この年の特徴だったのである。（注）

大学紛争の発端　この記念すべき年に、日本近代化の矛盾が爆発したのは歴史の皮肉であった。

『無期限のスト入り　東大医学部登録医制に反対

インターン制廃止に伴う登録医師制度に反対している東大医学部学生自治会は、二十九日から無期限ストにはいった。

なお病院側では「いまのところ大きな影響はないので、特別な対策はとっていないが、さらに四十一年と四十年青医連なども闘争に加わることになれば……何らかの対策を講じなければなるまい」といっている。』（朝日新聞一月二十九日夕刊）

第二社会面、二段見出しのわずか四段のこの記事から、後の大学紛争を予想しえた読者はなかったであろう。だがこの一年を通じて基地問題、沖縄問題、大学問題が紙面をにぎわしたが、とくに大学問題は、体制の矛盾の暴露とともに、言論の基礎をゆるがすような問題を人びとの前に提示してショックを与えた。

コミュニケーション信仰への挑戦　戦後二十年余を経て、言論の価値は不動の地位を確立したかのように見えた。ところが「話し合い」という共通の基盤を、大学、学生ともに認めながらディスコミュニケーションによって紛争が拡大していった経過は、現代の〝コミュニケーション信仰〟に対する一つの挑戦だったのである。

この百年の間、発展し続けてきた日本の新聞は、製作技術や普及の面ではたしかに世界一流の地歩を占めるに至った。しかし言論機関という面では、何ら進歩はなかったという見方もできる。人間の精神の発達というものは、そういうものかもしれない。そして言語を手段として社会に機能する新聞が、ことばの有効性を最高度に問われたのがこの時期だったわけである。

この年には、長い歴史をもつ「長崎時事新聞」が、経営難から「長崎新聞」に吸収合併され（八月一日）たほか、「新九州」新聞が十月三十一日に休刊している。

（注）「明治百年」にちなんだ企画広告の一例をあげると、つぎのようなものがある。

北海道百年の歩みとともに（北海道新聞）　馬から自動車まで（デーリー東北）
岩手の秘宝めぐり――岩手の百年　未公開の秘宝紹介（岩手日報）
ふるさとの再発見――歴史と文学（河北新報）　近代日本の百年　特集（毎日新聞）
明治百年暮らしの文化史（サンケイ新聞）　のれんは語る（スポーツニッポン）
明治百年グラフでみる女子教育の歩み（日本教育新聞）　しにせ訪問（新潟日報）
明治百年シリーズ（京都新聞）　財政百年特集（神戸新聞）　日本の老舗（日本経済新聞＝大阪）
「ナニワ」もの明治百年随筆シリーズ（大阪新聞）　明治百年（高知新聞）
長崎の明治百年企画（長崎新聞）　明治百年のエネルギーを発揮する業界十六社（熊本日日新聞）
優秀企業百社（大分合同新聞）　絵でみる「かごしま百年ごよみ」（南日本新聞）

合理化の動き　新聞界では、種々の合理化の動きが実を結び始めた。まず編集面では、長い間速報を競い合ってきた朝日、毎日、読売、日本経済、サンケイ、東京、東京タイムズの在京七社が八月一日から朝刊「最終版最終面の紙型取り時間を午前一時四十五分までとする」協定を結んだ。（注）この協定は、直接には販売店の労務事情を緩和するという販売上の要請に基づいて実現したものだが、これにより深夜勤務時間が短縮されるという編集面での合理化も進んだ。この降版時間の繰り上げは順次地方にもおよび、九月一日からは、大阪地区の朝日、毎日、読売、サンケイ、日本経済の五社と西部小倉地区の朝日、毎日、読売の三社、十一月五日からは名古屋の朝日、毎日、中日の三社が協定を結んでいる。

(注) 降版時間延長、あるいは「追いかけ版」「改造版」を発行できるのはつぎの場合に限られる。

1、重大ニュースが予想され、あるいは突発して七社間でその必要を認めた場合。

2、印刷途中において記事、見出しに重大な誤報、誤植を発見し訂正する場合。

以後この協定は堅く順守されているが、選挙開票時には解除される。また突発事故では、「よど号」事件(四五年四月)「円の変動相場制移行」(四六年八月)などの時に降版時間が延長されている。

製作技術面では、三月五日から佐賀新聞社が全面写植に移行した。これは日刊紙として初めての例だったが、この佐賀新聞社の成功が、わが国の新聞製作のコールドタイプ・システム化に果たした功績は大きい。

《昭和44年》

圧倒的だった 『人類、ここに月を踏む

テレビの臨場感 予定早め午前11時56分20秒

【ヒューストン=牛田特派員二十一日発】アポロ11号宇宙船で地球の束縛を脱し月面に到達したアームストロング船長は、予定されていた月面での休息時間を短縮、二十日午後十時三十九分三十五秒月着陸船前面のハッチを開いて、ポーチに立ち、同十時五十六分二十秒(日本時間二十一日午前十一時五十六分二十秒)左足から月の大地を踏みしめた。その第一声は「この一歩は小さいが、人類にとっては偉大な躍進だ」だった。』(朝日新聞 七月二十一日夕刊)

七月十六日の打上げ以来、二十五日の太平洋着水まで報道界はアポロ一色に塗りつぶされたが、とくに活躍したのはテレビで、まさに画面の臨場感が圧倒的強みをみせたイベントだった。

人類初の月面着陸の報道
（朝日新聞７月21日号夕刊）

『月面歩行、着水などの同時中継のとき、NHKには一日に千回近くも視聴者からの電話がかかった。いずれも「出演者が知ったかぶりをしてキザだ。おしゃべりが多い。黙って画面をみせろ」というもので、着水前、海だけを映しても仕方がないと考えてスタジオに切りかえたところ「なぜ切りかえたのか、海を映せ」という電話が鳴り放しだった』（新聞協会報　七月二十九日）

二十一日午前五時十七分の月面着陸成功のニュースを最初に知ったメディアも、テレビが八三・六％（同時中継三三・六％、他の番組五〇％）、人の話六・三％、ラジオ六・三％、新聞四・六％とテレビが圧倒的な威力を発揮した（NHK放送世論調査所＝東京二十三区調査）。

放送界の話題としては、三月一日からNHKのFM本放送が開始されたのに続き、六月二十三日の公職選挙法一部改正の結果、九月二十八日投票の徳島県知事選に、初めてテレビによる候補者の政見放送が実施され反響をよんだ。

「山梨時事新聞」廃刊　新聞界では、一月二十五日の日本経済新聞が朝刊で「イタリア、中国承認へ　数日中にも決定か」と報道、アメリカのUPI通信がさっそくこの記事を世界中に流した。すぐあとイタリアのネンニ外相が「中国承認」を言明、日経のスクープは世界的に注目を浴びたが、このニュースは政治部の清水雄輔、神末佳明記者の得た特ダネであった。

二月二十五日には、産経新聞社からタブロイドの「夕刊フジ」が創刊され、新しい形のアフタヌーンペーパーとして成功をおさめたが、他方、戦後の新興紙ながら二十三年の歴史をもって、独自の地歩を固めてきた「山梨時事新聞」が四月二日に解散した。この解散は、同社の主要株主である富士急行が、その所有株を対立紙である「山梨日日新聞」に譲渡したため、山梨時事系の販売店が動揺し、ついに三月三十一日を以て休刊せざるを得なくなった、という特殊な事情で廃刊に追いこまれただけに業界の注目を集めた。

テレビフィルム提出事件　また八月二十八日、福岡地裁が、博多駅事件（昭和四十三年一月）にからむ付審判請求審理に関連して、「その情況を撮映したフィルム全部」の提出を、NHK福岡放送局、九州朝日放送、RKB毎日、テレビ西日本の放送四社に命令、これに対しテレビ四局は「報道の自由と公正を守るため、テレビフィルムの提出に応じない」とこれを拒否したが、最高裁は十一月二十七日、全員一致の判断で「報道の自由は表現の自由を規定した憲法二一条の保障のもとにあるが、公正な裁判の実現というような憲法上の要請があるときは、ある程度の制約を受けることがある」としてテレビ四社の特別抗告を棄却した。（翌45年3月4日福岡地裁はテレビ四社からフィルムを押収した。）

この事件について報道界は、今後取材妨害多発のおそれがあり取材の自由に対する評価が不十分である、と強い不満を示したが、一方、一部読者の間から「マス・メディアが政治権力側の証拠となるような写真を提供することは避けなければならないが、今回の事件のように、力を持たない民衆側の証拠物件として、警察側の過剰警備の実態を明かにするため写真の提供を求められた場合は、すすんでその証拠を提供することこそ、マス・メディアが民衆の側にたつことではないだろうか」という批判が出されたことは、注意しておかなければならないだろう。言論の自由も歴史的条件によって変わるものである以上、従来の固定した観念だけでなく、違った角度からのアプローチで、その実態を考察し直すことが必要になってきている、ということをこの事件は教えている。

なおこの年の十一月一日、日本新聞協会、NHK、日本民間放送連盟の主唱で、日本最初のナショナル・プレスクラブ「日本記者クラブ」が創立されたのに続き、十二月六日「日本広告学会」が発足したことを付記しておきたい。

《昭和45年》

初のハイジャック事件とその教訓　『〃赤軍派学生〃日航機乗っ取り　乗客ら一〇〇人をしばる　韓国の金浦に着陸　北朝鮮行き強要したが

百余人の乗客を乗せた国内便の日航機が、三十一日、赤軍派を自称する学生たちに乗っ取られ、福岡空港から北に向けて飛行を続け、三十八度線を越えたが、途中、韓国空軍機に誘導され、ソウル郊外の金浦飛行場に降りた。同日午前七時四十分ごろ、東京・羽田発福岡行き日本航空三百五十一便、ボーイング727機「よど号」が静岡県富士山頂付近を飛行中、赤軍派と称する学生十五人が「北朝鮮富寧（プリョン）へ行け」と石田機長をピストル、日本刀などでおどした。同機長は燃料不足を理由に福岡・板付空港に着陸……乗客を降ろすよう説得を続けた。しかし一味は老人、女性ら二十三人を降ろさせただけで、午後一時五十八分、同機は乗客百十五人を乗せたまま離陸した。同四十七分、同機は北朝鮮上空にはいったが、米第五空軍から航空自衛隊にはいった連絡によると、日航機は平壌付近の上空で突然進路を南にとり、三十八度線を越えて韓国領空内にはいり、同三時十八分ソウル郊外の金浦飛行場に着陸した』（夕刊読売新聞　三月三十一日）

「これまでアメリカ＝キューバの航空機乗っ取りの〃メーン・ルート〃を除けば、中東および地中海沿岸諸国だけが本場と思われていたこの新型国際犯罪が東アジアまで伝染したことに、世界もビックリ」（夕刊読売　三月三十一日）したが、報道各社も初めてのケースとあって、その取材には大変な苦労を重ねた。まず平壌に飛んだはずの「よど号」が金浦空港に着陸するや、各社は百人をこえる記者を現地につめかけさせたが、国内取材と違い、海外渡航には予防注射、パスポート、ビザが必要で、これらの手続きをいかに早くするかに苦労した。とりあえず第一陣は韓国特派員の経験があり、ビザの切れていない記者、あるいは九日から韓国で開かれる予定だった、アジア開発銀行総会の取材のためにビザを手に入れていた経済部記事を送りこんだ社もあった（新聞協会報　四月十四日号）というが、初めての大規模な国際取材とあって連絡・送稿はもとより、乱れとぶ情報の確認に各社振り回されたというのが、この事件の教訓だった。幸い事件は、四月五日、乗務員とともに身代りとなった山村新治郎運輸政務次官が、無事ピョンヤンから帰国することによって一段落したが、国際化時代の波にのって、これ以後海外で日本人が巻きこまれる事件が続出し、海外で事件が起こるとともに各社、記者を直ちに現地に派遣するというケースがあいつぐようになる。そのような国際事件の取材体制を確立させる先例ともなったのが、この〝よど号事件〟だった。なおこの事件の報道に際し、昭和四十三年に結ばれた各社の降版時間協定を解除したが、これは突発事件では初めてのケースだった。またこの時の乗っ取り犯人たちは、その後、朝鮮民主主義人民共和国政府によって保護され、学習を受けているという噂がとんでいたが、昭和四十八年六月ピョンヤンを訪れた東京放送の宇田博報道局長らＴＢＳ取材陣がそのインタビューに成功、初めて彼らの生活と意見をテレビで放映し注目を浴びた。

増ページ競争本格化　新聞界では三月から五月にかけて、朝日、毎日、日経、読売が朝刊二十四ページ一連印刷体制に入るとともに、各社増ページ競争が本格化する。製作面ではまた紙面ファクシミリの採用があいつぎ、日本経済新聞（東京—北海道）、中日新聞（名古屋—金沢）信濃毎日新聞（長野—松本）に続き、朝日（東京—名古屋）、毎日も各本社を結んで実用化テストに入ったのが、この年の特徴である。また三月一日には、創刊以来、各界に話題をなげかけた大森実の「東京オブザーバー」（注）がついに休刊、同十六日には『エフエム東京』が発足している。

（注）　東京オブザーバー　昭和42年2月11日、大森実（元毎日新聞外信部長）が、①真実の追求、②国際ビジョンの確立、③正義と平和の維持を編集の基本方針として創刊した週刊紙。編集局長は「泥と炎のインドシナ」取材グループの小西建吉、写真は日本で初めてピュリッツァ賞を得た長尾靖、企画事業担当は小谷正一と元毎日新聞の選り抜きの社員を擁

し、国際報道に主眼をおくクォリティ・ペーパーとして学生やサラリーマンの人気を集め、一時は十数万の発行部数を擁したが、即売難、広告収入の減少から、次第に不振に陥入り、種々の打開策を試みたが成功せず、ついに一日付けの一五九号で廃刊した。

《昭和46年》

ニクソン・ショックおこる　『米、金交換を停止　ドル危機に緊急対策　輸入課徴金一〇%　賃金・物価90日凍結　対外援助10%減らす

【ワシントン十五日＝吉田特派員】ニクソン大統領は十五日午後九時（日本時間十六日午前十時）から全米向けのラジオ、テレビを通じて内外経済問題について演説し、①一時的に金とドルの交換を停止する②暫定的な一〇%の包括輸入課徴金を実施する③九十日間すべての賃金、物価を凍結する——など高まってきたドル危機に対抗するため思い切った措置をとることを発表した』（日本経済新聞　八月十六日夕刊）

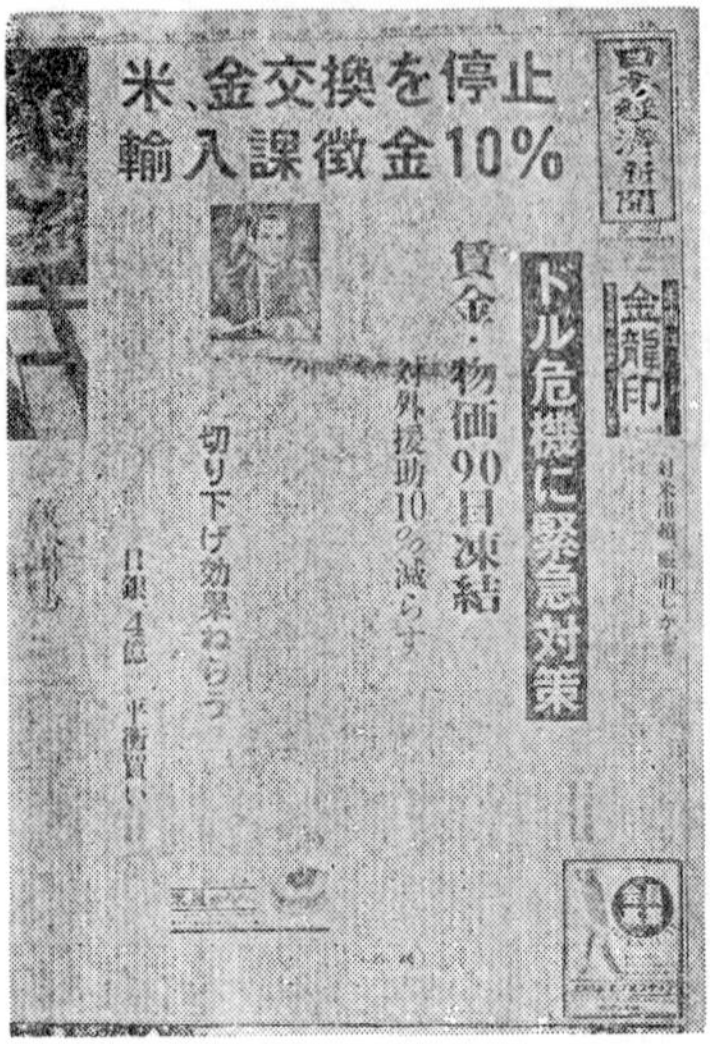
日本経済新聞
米、金交換を停止
輸入課徴金10%
ドル危機に緊急対策
賃金・物価90日凍結
対外援助10%減らす
切り下げ効果ねらう

ドル・ショックのニュース
（日本経済新聞8月16日号夕刊）

ちょうど一月前の七月十五日、ニクソン米大統領は突如、中国訪問を発表して全世界を驚かせたが、この金・ドル交換停止も、第二次大戦後の国際通貨体制の基盤をゆるがすものとして世界中にショックを与えた。

『円　変動相場に　実質的な切り上げ　外為市場　きょうから実施

水田蔵相は二十七日午後八時から大蔵省で臨時記者会見をし「最近の国際情勢にかんがみ、従来の外国為

替相場の変動幅の制限を八月二十八日から暫定的に停止する」との大蔵大臣談話を発表した。……これにより政府は昭和二十四年以来維持してきた固定相場制（単一相場制）を離れ、暫定的に変動相場制に移行することになる。……』（日本経済　八月二十八日）

以後、戦後最大の外交交渉といわれた通貨交渉が先進十か国の間で秘術をつくして行なわれた結果、『ワシントンのスミソニアン博物館本部で開かれていた十か国蔵相会議は十八日午後五時半（日本時間十九日午前七時半）戦後のブレトンウッズ体制確立後初めてドル切り下げを含む多国間通貨調整について歴史的な合意に達し、八月十五日のニクソン声明以来四か月余にわたる各国の利害入り乱れての激しい通貨交渉に終止符』（日本経済　十二月二十日）を打ち、円は一六・八八％切り上げ、一ドル三〇八円のスミソニアンレートが決まった。

このようにこの年は、いろいろな面で戦後の国際関係構造を変化させるような、大変重要な年になったわけだが、まず長い間緊張関係を保ってきた米中間の雪解けのきっかけとなったのが、四月に名古屋愛知県体育館で開かれた世界卓球選手権大会の会場だった。

米・中雪どけ「共同」のスクープ　四月七日「米国卓球チームが訪中を希望し、北京がそれをうけいれた」というニュースが共同通信社のスクープとして世界に流れると、米中関係は雪どけの洪水のごとくどっと流れ始め、同時に中国の国際社会復帰も急激に進展し始めた。七月のニクソン訪中発表に続き、十月には、中国の国連加盟が実現、翌四十七年二月のニクソン訪中、九月の田中訪中ならびに日中国交回復と続く。この流れの第一報を印した共同通信社の特別取材班（代表犬養康彦社会部長）には、日本新聞協会賞（編集部門）が授賞されたことを付記しておく。

ところで、米国のドル危機は、この後、国際通貨、金融情勢に大きな影響と変化をもたらすが、そもそも米国のドル流出の最大の原因はベトナム戦争だった。史上ベトナム戦争ほど国際的に悪評をかった戦争も珍らしいが、またこの戦争が、米国の精神と物質（経済）にどれほど頽廃と破壊をもたらしたか、はかり知れないものがあるといわれる。

ベトナム秘密文書暴露事件　このベトナム戦争の欺瞞を暴露したのが、ニューヨーク・タイムズのスクープ『米国防総省《ペンタゴン》秘密報告書』であった。このペンタゴン・ペーパーズは、マクナマラ国防長官の指示によってトルーマン、アイゼンハワー、ケネディ、ジョンソン四政権の三十年以上にわたるインドシナ問題の政策決定の軌跡を、おびただしい極秘公文書を駆使してまとめあげたもので、その内容はまさに衝撃的なものであった。

記事の掲載は六月十三日に始まったが、米司法省は直ちに掲載中止を要請、連邦地方裁判所より中止の仮処分決定が下った。ついで、ワシントン・ポストもこの報告書を手に入れ連載を開始したが、中止を求められたため、この問題は、国益と国民の知る権利、言論の自由の争いとして最高裁まで争われた。『米最高裁は三十日、同文書の新聞掲載禁止を求めた政府側の要求を却下する判決を六対三で下した。新聞のスッパ抜きにはじまったこの事件は、これを「国家の安全に脅威を与えるもの」として押えようとした政府と憲法修正第一条（言論の自由を保証）をたてに掲載の権利と義務を主張した新聞との歴史的対決に発展し、最高裁まで持込まれていたが、ついに最後の断は新聞側に勝利をもたらしたわけである。「極秘」と銘打たれていた政府の文書を何者かを通じて入手した新聞が、その内容を「国民の知る権利」の名において公開したことが最終的に認められたわけで、この判例が今後米国の政治、言論のあり方に及ぼす影響の大きさははかり知れないものがあろう』（朝日新聞　七月一日夕刊）。

ニューヨーク・タイムズ、ワシントン・ポストは直ちに連載を再開したが、この判決は、米国のみならず、わが国を含め世界各国に、大きな関心と反響をまきおこした。

北朝鮮をあいつぎ訪問　この年にはまた、朝鮮民主主義人民共和国へ、後藤基夫朝日新聞（東京）編集局長、高木健夫読売新聞記者らが入国して金日成首相と会見したほか、十月末の美濃部亮吉東京都知事の訪鮮に、毎日、読売、日本経済、新潟日報、ＮＨＫ、東京放送、日本教育テレビの七社の記者が同行するなど、朝鮮民主主義人民共和国への記者の入国が盛んになってきたこと、九月から十月にかけて行なわれた天皇陛下のヨーロッパご訪問に大取材陣が同行して種々の話題をなげかけた。

《昭和47年》

日中国交回復なる　『日本と中国いま国交　戦争状態終結きょう実現　平和友好条約締結に同意　歴史をひらく共同声明

【北京二十九日＝本社特派員団】日中両国の国交が二十九日正常化され、外交関係が樹立された。「日本国政府と中華人民共和国政府の共同声明」の調印式は、同日午前十時二十分から北京の人民大会堂で行われた。この共同声明は日本側の田中首相、大平外相、中国側の周恩来首相、姫鵬飛外相によって調印され、ただちに両国政府から

朝日新聞
夕刊
日本と中国いま国交
戦争状態終結きょう実現
平和友好条約締結に同意
歴史をひらく共同声明
日台条約は終了
大平外相が表明
永久不戦を誓う
不信除去へ努力を

日中国交回復成る（朝日新聞９月29日号夕刊）

発表された。共同声明は「前文」と「本文」の九項目で構成されている。前文ではまず復交交渉の焦点であった戦争終結問題について「戦争状態の終結と日中国交正常化という両国国民の願望の実現」という表現で決着をつけた。……ついで①日本は、過去の戦争責任を反省する②日本は中国の「復交三原則」を十分理解する③社会制度の相違にもかかわらず平和友好関係を樹立しアジアの緊張緩和と世界の平和に貢献する、との日中復交に関する両国の基本姿勢が格調高く表明された。』（朝日新聞　九月二十九日夕刊）

一九四九年十月一日の中華人民共和国成立以来二

十三年、「中国の代表は台湾政府」としてきた日本政府は、アジアにおける隣国との不自然な関係を清算し、待望の日中国交正常化をなしとげたわけで、北京からのテレビ中継を見ながら田中、大平外交の歴史に残る大きな成果と、国民は喝采をおくった。

沖縄密約漏洩事件　だがこの年はまた、政府と新聞が真っ向から対立した年でもあった。まず四月に〝沖縄密約漏洩事件〟が起こった。事件の経過は、沖縄返還交渉が大詰めを迎えた昭和四十六年六月、毎日新聞の西山太吉記者（外務省クラブキャップ）が、対米請求権問題にからむ秘密文書を、蓮見喜久子外務事務官から手に入れ、四十六年六月十一日「沖縄協定文まとまる」、十八日「請求処理に疑惑」、十月十日「日本、肩代わりの疑惑」の見出しで記事にしたが、政府は、文書の存在についても、交渉の経過についても否定し続けた。そのため西山記者は、政府の態度は国民を欺くものであり、なんらかの機会をとらえて事実を明かにする必要があると考え、資料を社会党の横路孝弘氏に渡し、横路代議士は三月二十七日、この外務省の電信文のコピーを証拠に政府を追求したため、日米両政府の密約として政治問題化した。驚いた政府はこの秘密電文の漏洩経路を調べた結果、このコピーは西山記者から渡ったものと断定、四月四日、警視庁は西山、蓮見両氏を国家公務員法第一〇〇条、第一一一条違反容疑で逮捕、取り調べの結果、東京地検は同十五日、二人を起訴したというもので、報道の自由と知る権利の問題として〝国家機密とは〟、〝国家公務員法を記者に適用できるか〟、〝取材の限界〟などが、国会、言論界を通じて大きな論争になった。ただこの過程において政府の欺瞞が明かになるとともに、取材側においても、個人的な男女関係を利用してニュースの提供を求めたのではないか、という〝私人としてのモラル〟と、ニュース・ソースの秘匿ができなかったという〝記者のモラル〟において世間の非難を強く浴び、新聞記者の社会的評価と品位を大きく傷つけたことは遺憾なことであった。この事件は四十九年一月三十一日、東京地裁で第一審の判決が下り「西山記者の行為は、手段はともかく、目的は正当であり、違法行為とはいえない」として無罪となり、報道の使命が高く評価された。だが控訴審（昭和五十一年七月二十日、東京高裁）では「西山記者の取材活動は、その手段や方法が妥当性を欠き国公法一一一条のそそのかしにあたる」として懲役四か月（執行猶予一年）の逆転判決となり、最高裁も五十三年六月一日上告棄却を通告、有罪が確定した。この決定は「報道のための取材の自由」の尊重を認め国公法の秘密とは形式秘でなく実質秘であるとの判断をとったことは評価されるが、記者の倫理上の問題を法律問題と直接結びつけ法律上の違法行為とした点で、識者の間からは強く批判の声が出された。

首相の暴言　第二は、佐藤栄作首相の退陣表明テレビ記者会見の席上起こった首相の新聞攻撃だった。

『新聞はきらい、話さぬ　首相　前例ない感情的暴言

佐藤首相は十七日午前の自民党両院議員総会における引退表明に続き、午後零時半から首相官邸で記者会見にのぞんだが、席につくや否や「偏向的な新聞は大きらいだ。新聞記者のいるところでは話したくない」と語気を荒げ感情をむき出しにしたまま、席を立った。』（朝日新聞　六月十七日夕刊）この『八ツ当りの幕切れ』（毎日　十八日）に国民はア然とした。『首相は支持率低下の一途の中で退陣、とりわけ「国鉄」「健保」が国会で流れた直後に、退陣を明かにしなければならなかった」（東京　十八日）無念さ、『過去八年間、マスコミ、とりわけ新聞報道でその政治姿勢や政策についてきびしく批判を受けてきたことに対するいらだちと権力的姿勢からの反発が爆発した』（朝日　十七日夕刊）のかも知れないが、テレビを通じて写し出されたこのハプニングは国民のひんしゅくを買い、野党はもとより自民党内からさえ非難の声が出る始末だった。同時にこの事件は『各国特派員の手でまたたく間に全世界にも打電され』（読売　十八日）狂気の沙汰と物笑いになった。

読売(大阪)に暴力団　年の終りになって十二月十二日の午後、読売新聞大阪本社四階の編集局に、山口組系佐々木組の暴力団員三人が乱入、古沢公太郎社会部長ら十一人に鉄棒で乱暴するという事件が起こった。これは同紙にのった「一流百社に黒い贈り物　山口組〝総会屋に転進〟作戦」（11月9日夕刊）「山口組泥棒集団に変身」（12月4日夕刊）の記事に腹を立てた組員が仕返しに殴り込んだというもので、言論に対する種々の暴力の危機を考えさせた一年だった。

金大中氏事件と読売の報道

『金大中事件　情報部機関員が関係　韓国政府筋が認める　李情報部長ら引責か

【ソウル支局二十二日発】　韓国政府筋は二十二日、金大中事件に韓国中央情報部（ＫＣＩＡ）機関員が関係していた事実を初めて認めた。これは韓国捜査当局による、金氏の韓国入国ルートの捜査から浮かび上がったもの……』（読売新聞　八月二十三日）

野党新民党の大統領候補として一九七一年、朴正煕大統領を相手に善戦した金大中氏は、その後、米国と日本を往来しながら朴政権の独裁を非難、とくに七二年十月の非常戒厳令以後の〝維新体制〟には強い反対声明を出すなど、海外で反朴運動を続けていたが、この金大中氏が八月八日の白昼、東京九段の「ホテル・グランドパレス」から突然姿を消し、十三日の夜、ソウルの自宅前に「目隠しされたまま帰宅」するという奇怪な事件が起こった。このミステリーめいた事件に、初めはいろいろな推測がとびかい、果ては金大中氏の自作自演説まで出る始末だったが、金氏がソウルに現われてから、ＫＣＩＡ犯行説が非常に強くなってきた。この時、韓国情報部員が事件に関係していることを確信をもって断定、報道したのが、読売新聞ソウル支局だった。

読売新聞
情報部機関員が関係
金大中事件
韓国政府筋が認める
李情報部長ら引責か
金氏は反国家罪
主権問題避け得ず

金大中氏事件でＫＣＩＡ犯行説を報道した読売新聞８月23日号

この記事を見て怒った韓国政府は、直ちに記事の全面的な取り消しを要求したが、読売新聞社は「記事内容には確信がある」と拒否したため、二十四日、韓国文化公報省は、読売支局の閉鎖を命令、甲藤《かっとう》信郎、島元謙郎、浅野秀満三特派員を国外退去させた。

だが韓国政府が、政府機関介入説をどんなに否定しても内外の疑惑はとけず、さらに真相究明の国内、国際世論の高まりもあって、日本政府は、「真相判明まで日韓閣僚会議の延期、対韓経済援助の停止」を決定した。さらに日本側の捜査で、事件に在日大使館の金東雲一等書記官らが関係していることが明かとなったため、日韓関係の悪化や世論の動きを憂慮した韓国政府は十一月一日『金東雲駐日韓国大使館一等書記官の容疑を認め、免職処分にすることを発表、政府はこれを「評価する」という二階堂官房長官の談話を発表し……一応結着がつく形となった。韓国の金鍾泌首相はこれに伴い二日来日、田中首相に道義的責任に基づく〝謝罪〟をする』（読売　十一月二日）とともに十二月三日『韓国内閣が総辞職、李厚洛ＫＣＩＡ部長更迭　外相、駐日大使も更迭』（読売　十二月四日夕刊）して〝一連の責任〟をとることにした。

読売新聞の初期の報道は、全く的確だったことをこの経過は示している。

（注）　読売新聞は前年の47年9月8日にもソウル支局の閉鎖と甲藤信郎支局長の国外退去を命ぜられているが、これは9月7日発売の別冊『週刊読売』（チュチェの国―朝鮮）の内容が韓国国民をひぼうするものとして問題になったものだった。この時は、同社が公式に謝罪の意を表明したため、李揆現文化公報部海外公報館長が12月5日「読売のソウル支局再開を許可する」と発表、解決している。

水俣判決下る　ところでこの年の末の『天声人語』はつぎのように書いている。『昭和四十八年の閉幕を前に、この一年を振り返ってみたい。ちょうど大みそかの借金取りのように、積年のツケが殺到した年だった。浮かれ浮かれた揚げ句のツケを払い切れず、年を越さねばならぬという思いが強い。公害のツケもたっぷりときた。三月の水俣判決を最後に四大公害訴訟の判決が出そろったが、どれも企業の責任をきびしく責めるものだった。石油不足は年末になって、日本列島をショック症状に追い込んだ。石油の上に咲き乱れる日本という「ひよわな花」の、あだ花ぶりがさらけ出された』（朝日新聞　十二月三十日）

まさにこの年は一九六〇年代以後の成長と繁栄政策にショックを浴びせかける年になった。

『水俣病裁判　患者側が全面勝訴　チッソの責任断定
　熊本地裁　九億三千万円払え

【熊本】　公害の原点といわれ、富山のイタイイタイ病、新潟水俣病、四日市ゼンソクに続いて全国四大公害病訴訟をしめくくる水俣病訴訟も原告が全面勝訴した。熊本県・不知火海沿岸に多発した有機水銀中毒の患者、遺家族百三十八人がチッソ株式会社に十五億八千八百二十五万円の損害賠償を求めた水俣病判決は、二十日午前九時三十五分から熊本地裁民事三部で言い渡され、斎藤次郎裁判長は「水俣病の原因はチッソ水俣工場の廃水。チッソには不法行為（民法七〇九条）が認められる」と原告側の主張をほぼ入れ……』（読売　三月二十日夕刊）た。しかし「裁判は終わったが、問題は終わったわけではない」という各紙の論調は、今後に残るこの問題の深刻さを示すものであった。

石油ショックおこる　つぎに秋も深くなって、突如起こったのが石油危機と、石油不足にともなう物資の欠乏だった。

『石油を武器に戦え
　アルジェリア呼びかけ

【アルジェ十二日ロイターES＝時事】　アルジェリア政府系紙「アル・ムジャヒード」は十二日、サウジアラビアとペルシャ湾岸産油国に対し、石油を含むあらゆる手段を用いてイスラエルとの戦争をやり抜くよう呼びかけ「産油諸国はアラブ世界の将来をかけたこの大規模な戦争で、石油を武器に使用することを考えるべきだ」と強調した』（日本経済新聞　十月十三日夕刊）

十月六日中東戦争がぼっ発すると『世界的にエネルギー危機が深刻化する中で石油の日本への安定供給が危なくなる恐れが強くなってきたため、政府は緊急時における〝石油配給制〟の導入などの強力な抑制措置を盛り込んだ緊急立法を成立させ新年度の四月から実施する方針』（毎日　十月八日一面五段）という観測も一部にあったが、政府、財界はむしろ『備蓄は55日、石油供給心配ない　通産省資源エネルギー庁当局によると紛争がさらに拡大した場合には産油国側が対イスラエル援助をやめさせるため、石油供給量の削減をちらつかせて、米国などをけん制する可能性もあると……しているが、わが国への石油輸送に対する直接的影響は当面ほとんどないとの見方をとっている』（日経　十月七日）としていた。

ところが『石油輸出国機構（OPEC）加盟のペルシャ湾産油六カ国は十六日、クウェートで石油価格引き上げのための会議を開き十七日朝、原油公示価格を即時バーレル当たり三ドル六五セントに引き上げることに決めた。これは現行公示価格に比べ二一%の大幅値上げ』（日経　十月十七日夕刊）に続き、

『アラブ、石油減産決める

中東戦争へ〝武器〟行使を強化

毎月5%ずつ削減

OAPEC友好諸国は優遇

【ベイルート十八日＝奥田特派員】中東戦争についに石油が巻き込まれた。クウェートで開かれたOAPEC（アラブ石油輸出国機構）閣僚会議は十七日夜（日本時間十八日朝）、米国と他のイスラエル支持国に対する石油供給を直ちに五%削減することで合意』（日経　十月十八日夕刊）その結果『石油業界が最も憂慮してきた供給の不安感は一段と高まり、わが国でも石油消費規制と真剣に取り組む段階にきた』（同紙）のである。

第四次中東戦争は、二十二日、エジプト、イスラエルが国連安保理決議を受諾、十七日ぶりに停戦に向かったものの、イスラエルが国連決議にしたがってパレスチナ占領地域から撤退するまで、アラブ諸国は、石油戦略を継続する方針を堅持しているため、全世界の政治、経済、社会、外交に深刻な波紋をまきおこし、日本にも国民生活や産業界に大きな打撃を与えた。

マスコミ産業の危機　新聞界でも石油危機にともなう新聞用紙の大幅生産削減で、十二月から減ページを余儀なくされ、このため新聞界はかつて経験したことのない深刻な経営危機に直面することになった。

『石油危機、新聞経営に打撃　広告収入半減の社も

戦後例のない大幅な減ページは新聞各社の広告収入、販売収入の両面に直接、間接に大きな影響を及ぼそうとしている。今回の大幅減ページでは各社首脳とも「ニュース、解説など一般の記事面を優先する」との基本姿勢を打ち出しているため、新聞用紙の供給削減が二五％に達した場合、これに伴う新聞各社の広告収入の減少率は三、四〇％程度になることは避けられない情勢となっている。

一方、新聞用紙の供給削減とともに用紙の購入価格が上昇を続けており、来年四月には用紙の購入価格が一連(四千ページ分)千六百五十円から千九百円に引き上げられることが決定的である。この結果、供給削減による新聞用紙の購入費の負担減を用紙コストの急騰が食ってしまうというのが実情で「広告収入の激減と用紙など資材費の高騰が新聞経営にとってダブルパンチとなる」との見方が支配的である。

新聞各社の経営内容はこのところ順調な増収ペースをたどってきたが、来期は軒なみ赤字に転落しかねない情勢で経営合理化の徹底と広告料金の引き上げで局面打開をはかり、なおかつ生ずる欠損には、購読料の引き上げを検討せざるを得ないとの声が高まってくる見通しである』(日本経済新聞　十二月四日)

放送界でも、電力節減のため深夜テレビの自粛をはかることになり、四十九年一月七日から、東京放送、日本テレビ、フジテレビ、日本教育テレビ、東京12チャンネルの五局、関西の朝日放送、毎日放送、読売テレビ、関西テレビの四局は、深夜放送を中止することになった。

このように中東戦争に端を発したエネルギー・ショックは、新聞、放送界に深刻な打撃を与えているが、この用紙危機は、出版界にも、また関連産業としての広告業界にも深刻な波紋をなげかけるなど、突如としておこった企業危機にマス・コミュニケーション産業界が振り回され、成長と繁栄の上にあぐらをかいてきたその経営姿勢があ

らためて問い直されたというのが、この年の特徴であった。

その他新聞界では、七月一日から各紙、国語審議会が答申した新しい「当用漢字音訓表・送りがな」を採用、十一月一日からは、東京ニュース通信社が、朝日、毎日、読売、日本経済、東京の五紙に「ラジオ・テレビ欄」を一括製作、配信し始めている。

第十章　新聞の転換期　〜昭和61年〜〃49年

《昭和49年》

ニクソン大統領が辞任　『米、政治混迷に終止符　国益に最善尽くした　盗聴事件、悪い点あったが

【ワシントン八日＝森本特派員】　ニクソン米大統領は、八日午後九時ホワイトハウスの執務室から十六分間、全米向けテレビ・ラジオを通じて演説し、「米国の利益を優先させるため、九日正午を期して大統領職を辞任する」と発表した。大統領は米国を分裂と混乱に陥れた政治スキャンダル、ウォーターゲート事件に足をとられ、議会による弾劾と国民の辞任要求の声に抗し得なかったわけで、米国の大統領が、このように在任中に辞任したのは、建国二百年を二年後に控えた米国の歴史上、初めてのことである。……』（読売新聞　八月九日夕刊）

一九七二年の大統領選挙を前にして、六月十七日、民主党全国委員会本部に侵入した五人が逮捕された。八月一日「犯人はニクソン再選委員会から資金を受け取っていた」とワシントン・ポストが暴露すると、ジーグラー報道官らは「お粗末なジャーナリズム」とワシントン・ポストを酷評、選挙ではニクソン大統領が圧勝した。ところが

翌年になってワシントン地裁はウォーターゲート・セブン全員に有罪と判決、上院も特別委員会を設置して調査を始めると、ニクソン大統領がこの事件に拘わっていた上、もみ消し工作を行った事実が判明、ついに世論、議会、司法の真相追及の前に退陣を余儀なくされたのである。

この権力の不正を暴いたのはワシントン・ポストの若手記者ウッドワードとバーンスタインだったが、ホワイトハウスの、プレスことにワシントン・ポストに対する攻撃は猛烈を極めた。だが同社は二人の記事を社説や関連記事でもりたて事件の厚い壁に挑戦した。この同紙の功績にたいし、一九七三年のピューリッツァー賞が与えられている。

全く同じような政権交替が日本でも起きた。当時の田中首相についてはかねてから金権的疑惑、スキャンダルが噂されていたが、十月十日に発売された「文芸春秋」十一月号に掲載された立花隆の「田中角栄研究―その金脈と人脈―」が契機となって、田中首相に対する疑惑、批判が噴出、第二次田中内閣は改造僅か十五日目の十一月二十六日、田中角栄首相が辞意を表明、世論の前に退陣に追い込まれた。

だが同じ世論の力で権力者を退陣させたといっても、日本の新聞人の心の中には苦い反省の思いが込められていた。「文芸春秋」にあらわれた田中金脈については、政治記者なら一度は聞き、または書いた内容だった。それにもかかわらず政治的に大きな効果を発揮したのは新聞の報道ではなくて雑誌の論文だった。政治を監視する新聞記者が長い自民党政権の秩序に慣らされて、数だけの支配に政治の帰趨を追い求め、政治をみつめる国民の変化に目が向かなくなっていたことを如実にしめした事件だったからである。

販売競争と価格差競争　新聞業界は、前年からのオイル・ショックによる狂乱物価、景気後退の影響で、経営状態が極度に悪化、そのため多くの社が七月一日から購読料を大幅に（朝夕刊セット紙で一一〇〇円から一七〇〇円に六〇〇円）値上げした。この五五％という新聞史上かつてない値上げは、その後の新聞経営のみならず販売競争にもさまざまな影響を及ぼした。一つは全国紙、地方紙をとわず新聞間の格差があらわれ、業績の優劣がしだいにはっきりしてきたこと、第二は価格差が発行部数に大きく作用したため、ほとんどの新聞が値上げ後、部数を減らすか増減なしという中にあって、定価を据え置いた「東京新聞」は六月の四八・六万部から十一月には八三万部と七割も部数を増加した。以後、価格差競争が業界の関心の的となり、五十三年の購読料改定は三月に「朝日」はじめ十七社、六月に「毎日」はじめ十一社、十月に「読売」はじめ十七社と〝さみだれ改定〟になっている。

全国紙三社の中でも「読売新聞」が全国一の発行部数を獲得するに至ったのもこれ以後のことであるし、一方「毎日新聞」は業績悪化から五十二年十二月、経営の自主再建を図るため、新聞発行など営業にあたる新社と負債の清算にあたる旧社に分離、経営の再建にのりだすことになった。（六十年十月、その成果があがり、再び新旧両社は合併した）

編集面では、夕刊の降版協定(注)が、朝日、毎日、読売、日本経済、サンケイ、東京、共同の在京七社間で成立、三月十五日から実施された（朝刊の降版協定は、昭和四十三年八月から実施）。これは首都圏の販売店の労務難から、新聞の店着時間を早めてほしいとの要請によって実現したものである。

（注）最終版の紙型取り時間を午後一時三十分までとし、そのチェックは午後二時二十分平河町発共輸便への積み込みで行う。最終版降版後は追いかけ、改造をはじめ特別な版はつくらない。

この協定は各地区でもその実状に応じて実施され、大阪では午後一時五十分、北海道では道外ニュースは午後一時三十分、道内ニュースは午後二時（以上東京と同じく十五日から）、西部では北九州、福岡とも午後二時四十分で三月二十五日から実施されている。

この協定の解除、延長は朝刊の場合と同じく、号外ものに準ずる大ニュースに限っているが、八月三十日昼過ぎにおきた三菱重工ビル爆破事件では在京社、大阪、北九州地区とも降版時間をそれぞれ一時間延長している。

日本記者クラブ賞　また日本記者クラブ賞（一年間の取材、報道、評論活動を通じて、ジャーナリズムの職業倫理ならびにジャーナリストの社会的地位の向上に貢献した個人を対象）の第一回授賞者が、筆一本四十八年の記者生活を送った長崎新聞の松浦直治論説室顧問（元朝日新聞＝大阪＝記者）に決定、五月八日に表彰されている。

《昭和50年》

地方拠点印刷の始まり　昭和四十年代は、いろいろな面で地方紙が力をつけた時代だったが、五十年代は全国紙がお互いに競争しながら、将来への新しい試みを展開した時代と見ることができる。その第一歩が一月二十五日から開始された朝日新聞の弘前市における現地印刷発行であった。

中央の有力紙が全国に普及しているというのは、日本の新聞界の特徴の一つだが、この全国紙の泣き所は、輸送に時間がかかるためニュースの鮮度が落ちることと輸送難であった。その解決は分散、拠点印刷しかないが、従来は（幾つかの地方本社発行を除き）コスト、経済性の面でなかなか実施が困難であった。

朝日新聞は弘前の陸奥新報社に印刷を委託、東京本社からのファクシミリ送信によって約十万部を印刷、青森、岩手、秋田三県に（二十六日付け紙面から）配布を始めた。つづいて読売新聞、毎日新聞も青森市に新工場を建設、三月二十五日（二十六日付け紙面）から印刷発行を開始した。三紙がでると系列のスポーツ紙、日刊スポーツ（三月二十五日弘前）、報知新聞（三月二十六日青森）、スポーツニッポン（四月一日青森）も現地印刷を開始、日本経済新聞も八月一日から弘前市で印刷を始めた。

以後三社は、六十一年に読売、毎日が福島、朝日が仙台に（この時はサンケイも）出るまで地方発行は行っていないが、この分散印刷にいちばん熱心だったのは日本経済新聞で、五十五年十月に名古屋、五十八年四月に松本、五十九年四月に広島、六十年四月に仙台、六月新潟、十一月高松、六十一年四月に金沢、六十二年三月静岡、十月岡山とつぎつぎに拠点を設置、新聞の新しい発行態勢の確立に先鞭をつけている。

同様の試みは地方紙にも現れた。従来でも配布エリアの広い北海道新聞や信濃毎日新聞などでは本社から紙面を電送し、二か所以上で印刷していたが、仙台の河北新報は八月十一日付け紙面から一関市の岩手日日新聞社にレーザーファクシミリ方式で紙面を電送印刷して、青森、岩手の両県に配布を開始した。

中部読売の廉売　販売界で波紋を投げたのは三月二十五日に創刊された中部読売新聞であった。同紙は朝刊十六ページで月五〇〇円という低価格で市場に参入したため、この価格をめぐって、差別対価、不当廉売の疑いがあるとして、公正取引委員会が調査にのりだし、「審決があるまで八一二円以下で販売してはならない」との申立書を提出した。同社は五月一日から購読料を八一二円に改定、その後公取は審判を開始したが、五十二年十二月に「一か月一千円以下で売ってはならない」との同意審決がだされ、同社はその旨社告、廉売問題は解決した。しかしこの事件は以後、価格差競争を煽る一因となると同時に、地方紙と全国紙の間に根深い対立、不信感を植え付けるもととなった。

前年八月三十日の三菱重工ビル爆破につづく一連の企業爆破事件の犯人グループが五月十九日の月曜日早朝に逮捕された。このニュースはサンケイの見事なスクープで、この年ただ一件、新聞協会賞を受賞しているが、このスクープで注目されたのはそのニュース性の高さもさることながら、報道に対する配慮であった。つまり書くに当ってはは捜査の妨害にならぬよう充分注意しなければならぬ。そのため、一、記事掲載は東京、大阪の朝刊最終版とし、配達時間を二時間遅らせる。二、電波に早朝からのらないように全放送各社への配達を遅らせる。三、被疑者の氏名は仮名とし、住所を削る、なぜ苦労して割り出した名前を書いてはいけないのか、という声もあったようだが、氏名を書くと容疑者の知人が知らせる可能性もある、と削ったようだ。「深夜に販売局員が召集され、販売店に指示と確認が行なわれた。新聞史上例のない遅配大作戦であった」と福井惇警視庁キャップは書いている(「新聞研究」昭和50年10月号　43ページ)が、この報道倫理が高く評価されたわけである。

また広告面では、この年初めて新聞広告費が媒体首位の座をテレビにゆずった。電通の統計によると年間の総広告費は一兆二三七五億円、四媒体の内訳は、テレビが四二〇八億円、新聞が四〇九二億円、雑誌六七〇億円、ラジオ六〇二億円で、新聞広告の不振は案内広告の不振、カラー広告の衰退が響いたものだが、以後テレビの優位は揺らいでいない。

《昭和51年》

号外発行あいつぐ　速報はラジオ、テレビと言われるようになってから久しい。かつては速報の花形といわれた号外も時代遅れのようにいわれているが、時と場所によってはまだまだ有効な速報媒体であることを如実にしめしたのがこの年であった。ロッキード疑獄捜査が進むにつれ、有名人の逮捕があいついだ。大物の任意出頭、逮捕が昼間であれば、勤め人や外出中の人が第一報に触れるのは街頭か他人の話しによるほかないわけだ。

六月二十二日「丸紅」の大久保利春前専務が逮捕されると、朝日は夕方五時ごろから号外を発行、新宿、銀座、東京駅と横浜で配布、大阪本社でも「よど号」乗っ取り事件以来六年ぶりに大阪、京都、神戸で号外を発行した。七月八日「全日空」の若狭得治社長が逮捕されると、毎日、読売はともに四本社で正午から号外発行、十三日「丸紅」の桧山広前会長の逮捕でも正午過ぎから毎日、読売（ともに四本社）、東京新聞が号外を発行した。朝日（東京）、毎日の号外発行は、四十九年の三菱重工ビル爆破事件以来、読売は四十八年七月の日航ハイジャック事件以来のことだった。

だが何といってもピークは七月二十七日の田中角栄前首相逮捕で朝日、毎日、読売は統合版地域にも号外を空輸して配布するなど、部数、エリアとも前例のない大がかりなもので、日本経済、東京新聞の在京紙をはじめ地方紙も二十四紙が号外を発行した。この日はまた夕刊が爆発的に売れ、東京では正午ごろから平常の三～四倍の部数が売り切れたという。その後も都内では、八月二十日に佐藤孝行元運輸政務次官逮捕で毎日、翌二十一日には橋本登美三郎元運輸大臣の任意出頭、逮捕で朝日、毎日、読売、東京新聞が午後一時ごろから号外を出した。このロッキード事件では、また各紙がそれぞれスクープを競いあったのが注目される。

号外といえば、九月九日午後五時の北京放送は、毛沢東主席の死去を伝えた。この大ニュースに約一時間後には、朝日、毎日、読売、東京の号外がターミナル・ステーションを中心に配られた。夕刊配達時とて販売店の応援を頼めず、総務の人まで駆り出して配った社もあったというが、「英文の号外はないか」という外人もあったそうだ。

囲碁・将棋名人戦の奪い合い　新聞の囲碁・将棋欄の愛読者の数は、全体からみればそう多くはない。しかしこのファンというのは非常に固い、熱心な読者である。そこで全国紙はもちろん有力地方紙には必ずと言ってよいほど囲碁・将棋欄がある。この名人戦の棋譜掲載をめぐって全国三紙の間で争奪戦が起こったのがこの年であった。

新聞の棋譜掲載がいつごろから始まったか、正確には断定できないが、将棋に関してはまず詰将棋が明治十四年七月十七日の「有喜世新聞」にあらわれている。指将棋は、明治三十一年二月六日の「時事新報」に載った小野五平（十二世名人）対多賀常容からとされており、同年「国民新聞」「萬朝報」も指将棋を掲載した。実力名人戦が始まったのは昭和十二年だが、この時から、毎日新聞社（阿部真之助学芸部長）が日本将棋連盟と話し合い棋譜を連載することとなった。だが二十四年に第八期名人戦が終わった後、契約金の増額をめぐって対立、名人戦の棋譜掲載は朝日新聞社に移ったのである。

だが三十五期の名人戦を終え五十一年度の契約金（五十年度一億一千万円から三億円に増額要求）をめぐって連盟と朝日新聞社の話し合いが決裂（朝日　七月十一日）、名人戦は三十六期から毎日新聞社に復帰する（毎日　九月十四日）こととなり（契約金二億円）、毎日新聞は王将戦と名人戦の二大棋譜を独占することになった。

このトラブルには遠因があった。朝日新聞は一月三日に「囲碁名人戦いよいよ本紙に／三月一日から棋譜掲載／最高称号を争う／将棋名人戦と併せて……」という社告を掲げた。この囲碁名人戦は昭和三十六年誕生から読売新聞が主催してきたものだが（契約料二七五〇万円）、四十九年十二月以来、契約金で交渉が難航、日本棋院は朝日新聞に移行を決定した（契約料一億一千万円）。そこで読売は新たに「囲碁史上空前の大型棋戦贈る／最高棋士決定・棋聖戦」（五十年十二月二十四日社告）を発表、この契約料がその上をゆく一億六千万円と言われたため、碁のタイトルがそれなら将棋界最高の名人戦は二億円、順位戦一億円の計三億円という将棋連盟の要求になった（東

京新聞　七月十三日）と言われ、三社の名人戦争奪をめぐる〝苦い対局〟となったわけである。
この年には五十年六月に倒産した日本海新聞社を引き継いで設立された新日本海新聞社により五月一日から日本海新聞が再刊されたほか、新聞界待望のプレスセンター・ビルが七月三十一日東京に完成、新聞関係諸機関が入居するとともに、十月一日からはフォーリン・プレスセンターも同ビル内にオープンして、外国特派員のサービスに当たることになった。

《昭和52年》

海外で現地印刷開始　『在外邦人に読売新聞　ニューヨークで現地印刷……東京で発行する読売新聞と同じ朝夕刊の最終版の紙面を七月一日から現地で印刷、ニューヨーク市とその周辺の在留日本人にお届けすることになりました。……きょうの読売新聞を翌日にはニューヨークで読めるように……読売新聞の朝夕刊最終版の鮮明な清刷りを羽田空港から毎日空輸し、現地でオフセット印刷、朝夕刊セットで発行するもので、購読料は一か月十九ドル、即売一部七十五セントです。』（読売　六月二十九日社告）
海外移住者の多いアメリカ西海岸、ハワイや南米の一部都市では戦前から日系邦字紙が発行されているが、日本商社の海外進出などで、在外邦人が増えるにつれ、日本国内の詳しいニュース（とくに子弟の教育問題の解説など）への要望が次第に高まりつつあった。そのため海外への新聞輸送を一手に引き受けているＯＣＳ（海外新聞普及株式会社）の仕事は拡大しつつあったが、日本の新聞をそのまま海外で発行するというのは画期的な試みだった。この試みは、採算的には合わないが、新聞のイメージとか将来の読者を確保できる点ではメリットがあったし、購読者にとっては、購読料の点ではあまり利点はなかったが、ニュースの鮮度の点で非常に魅力があった。
その後、「英文日経」が五十五年六月にニューヨークで、五十八年十二月にはサンフランシスコで印刷を開始した。六十一年になると、朝日新聞社が、一月一日から紙面をインド洋上の通信衛星経由でロンドンへ伝送、印刷して、欧州主要都市、中近東、アフリカ各地へ送るという世界でも画期的な国際衛星版の発行を始めた。朝日はさらに英国から大西洋上衛星を使ってニューヨークへ紙面データを伝送、十月一日から北米でも国際衛星版の発行を始めた。読売新聞も同じ六十一年九月一日からロサンゼルスで現地印刷を開始、十一月一日からは、太平洋上空の通信衛星を利用してニューヨークで、従来より一日早い衛星版（十二月一日からはロサンゼルスも）を発行することになった。

韓国、読売記者に退去命令　『【ソウル四日＝共同】韓国政府は四日午前、読売新聞ソウル支局の設置許可を同日付で取り消し木村晃三特派員に対し「最短時間内に国外退去するよう」通告した……』（読売　五月四日夕刊）この措置は、「朝鮮民主主義人民共和国を訪問した為郷恒淳編集局長が、金日成主席を極度に称賛した」というので、韓国政府は一面社告を通じての釈明を要求してきたが、「読売新聞は、平壌放送の内容は事実と異なる。新聞で報道しないものを、社告で釈明できない、と拒否した」（朝日　五月四日夕刊）ためにとられた処置であった。読売ソウル支局は、金大中事件のスクープで四十八年八月二十四日、二度目の支局閉鎖を受け（五十年一月十日開設許可）、今回は三度目の閉鎖命令であった（五十五年一月十五日再開許可）。

そのほかこの年には、新聞界多年の懸案であった販売正常化問題で七月一日日本新聞協会加盟各紙が一斉に「販売正常化に関する共同宣言」を社告し、覚悟を読者に示した。しかし実効はあがらず、以後販売正常化が、五十年代の新聞界の課題となっていく。

《昭和53年》

電算機利用による新聞製作体系　日本経済新聞東京本社では、三月十三日付朝刊から紙面製作を同社の電算写植シムテム、アネックス（Automated Nikkei Newspaper Editing & Composing System）に全面移行した。新聞製作のＣＴＳ化はすでに地方紙では始まっていたが、大規模社の完全ＣＴＳ化は初めてであり、日経が、昭和四十二年九月に開発プロジェクトを社内に設けて電算写植システムの研究に取り組んでから十年余のことだった。この発想の独創性、経営層の決断に対してこの年の新聞協会賞が与えられた。

記者クラブに関する見解　第一線の取材にしめる記者クラブの役割、活動というのは、諸外国にはあまり見られない日本特有の制度である。記者クラブという組織は明治時代からあるが、これが真に制度として確立したのは、戦時中の昭和十七年六月、情報局の指導のもとに、日本新聞会が記者会規約を作成、記者の登録制度を実施し、情報統制のため、これを公認の発表伝達機関としてからである。

戦後GHQは、取材の自由の観点から記者クラブの門戸解放を迫ったので、昭和二十四年十月二十六日、日本新聞協会は「記者クラブに関する方針」を作成、記者クラブを親睦団体と位置付け、「取材上の問題には一切関与せぬこと」と規定した。だが実態は依然として変わらず、クラブでニュースの発表、取材が行なわれていたため、クラブにはいれない社、とくに外人記者からニュース・ソースの独占などとの不満がでるとともに、クラブを有志の社交団体と規定したため、（出先の取材協定やトラブルにたいして）本社の指揮、統制が有効に作用しないという矛盾も生じてきた。そこで何回も記者クラブに関する方針や統一解釈がだされたが解決しなかったため、従来の基準を補正し、クラブのより現実的な運営を計るため作成されたのが、新しい「見解」であった。

記者クラブに関する日本新聞協会編集委員会の見解

一　記者クラブは各公共機関を取材する報道各社の有志が、所属各社の編集責任者の承認を得て組織するもので、その目的はこれを構成する記者が、日常の取材活動を通じて相互の啓発と親睦をはかることにある。

二　記者クラブは取材記者の組織であることから、取材活動の円滑化をはかるため、若干の調整的役割を果たすことが認められる。ただし、この調整機能が拡大もしくは乱用されることのないよう厳に注意すべきである。

三　記者クラブの調整機能のひとつとしてのニュース協定については、「各社間協定以外の出先だけの協定は認めない」という昭和三十七年七月の方針、および協定行為に付随する違反・紛争処理等を定めた昭和四十五年十一月の方針を改めて確認する。

これにより、記者クラブに所属する記者は当該クラブに加盟する他社の自由な取材、報道活動を尊重し、いやしくもその行動を阻害もしくは規制するかのような協定・申し合せを行うべきではない。

四　取材源である各公共機関は、記者クラブ加盟社の記者であると否とにかかわらず、取材活動を行うあらゆるメディアの記者に対して、正確な情報を提供することが、その責務であると考える。この場合、記者クラブは、クラブ加盟社以外の報道機関と当該取材源との間における取材上の問題について影響力を行使する立場にはない。

五　同行取材については、昭和三十七年一月、および昭和四十一年五月に示した「同行取材に関する編集委員会の方針」を再確認し、今後とも必要不可欠の場合のほかはできるだけ自粛すべきである。

重要な同行取材（たとえば首相もしくはこれに準ずる要人の海外訪問など）で、記者クラブ加盟社以外の報道機関から同行の希望が出た場合、事情の許す限り、これが認められることが望ましい。

六　記者クラブは、一定の資格を有する外国特派員の取材について、可能な範囲で協力し、クラブ主催の形で行われる公式記者会見には参加を認めるなどの便宜を図るべきである。

七　各公共機関は記者室に、什器、備品、電話等を備えて取材・送稿の便宜をはかっている。これらの便宜供与は、当該公共機関を常時取材する記者の活動に対して行われているもので、記者クラブの組織に対するものではない。組織としての記者クラブは会費によって運営されるもので、取材源からはいかなる形においても特別の便宜供与を受けてはならない。また、取材活動に対する便宜供与といえども、必要最小限にとどめるべきであり、これが過度にわたり、報道機関に対する信頼を損うことのないよう留意すべきである。（昭和五十三年十月十四日　同六十年九月三日改正）

この「見解」は記者クラブを「公共機関を取材する報道各社の有志が所属各社の編集責任者の承認を得て組織するもの」と取材にかかわるものであることを認めた点で、二十四年の方針とはまったく異なる。建前だけでなく現実を認めたうえで、加盟各社はもとより、非加盟社の取材の自由を尊重しようとする画期的な方針といってよい。

マス・メディア宣言　この年十一月二十八日、パリのユネスコ総会で「平和および国際理解の促進ならびに人種差別主義、アパルトヘイトおよび戦争の煽動への対抗に関するマス・メディアの貢献についての基本原則に関する宣言」（いわゆるマス・メディア宣言）が採択された。この宣言は一九七〇年の総会でソ連が提案したのが始まりで、ソ連および第三世界諸国は同宣言にマス・メディアに対する国家の責任を強調する文言を挿入するよう主張、西側諸国はこれを報道の規制に結び付くと強く反対し、東西間で激しい応酬が繰り返されていたもので、結局西側の考えを大幅に取り入れた修正案で採択されたわけである。だがこの間の論議を通じて、南北の情報格差が世界中で大きな関心の的になるという効果もあった。

放送界では、テレビ音声多重放送が九月二十八日から日本テレビで、十月一日からＮＨＫ（東京、大阪）と読売テレビで始まったほか、山形放送がラジオ（九月一日から）とテレビ（十月二日から）で、わが国初の社説放送（けさの主張）を開始、放送各社の関心をあつめた。

≪昭和54年≫

日中記者交換拡大　日中記者交換は昭和三十九年に始まったが、文化大革命が起こると四十二年以後、反中国活動の理由で追放される記者が増え、四十五年九月にはＮＨＫの記者が滞在期限切れとともに再入国を認められず、共同通信も台湾の加盟するアジア通信社連盟を主催したとの理由で記者が退去を命じられた。だが関係悪化もここまでで、中国は同年十二月に日本経済と西日本（北海道と合同）の特派員の入国を認めたのに続き、翌四十六年十一月には枠外だが社会新報の常駐特派員を入れ、年末には共同記者の再入国を認めた。翌四十七年七月、読売が入国を許可され、五社五人（朝日、読売、共同、日経、西日本）態勢で九月の国交正常化を迎えた。

国交が回復すると四十九年一月政府間で記者交換覚書がまとまり、記者の枠が十一人に拡大したので、常駐社は従来の五社の他に毎日、NHK、TBS、時事と共同（増員）の十人となった（サンケイは中国側が申請を認めず）。その後ブロック紙や民放社から増員の要望が出されていたが、五十三年八月相互十四人に増枠、東京、北海道の新聞二社と日本テレビ、ついでテレビ朝日が記者を送ったが、さらに増員や新設を希望する社が多く、五十四年九月一日、枠を二十三人にすることが合意された。その後六十年六月には三十六人、六十一年四月には四十六人に特派員の枠は増員され、北京以外に上海、広州にも記者の常駐が認められることとなった。

芦田日記スクープとその改ざん　東京新聞は三月十二日付朝刊に『「芦田日記」を初公開』のスクープを掲載した。日記といえば四十二年十二月六日共同通信社社会部が「近衛日記」をスクープしているが、近衛文麿公の日記はこれまでさんざん捜し求められたが見付からず、無いと思われていたので大変な話題となり、加盟二十五社がトップで扱った。

これにたいし「芦田日記」は、戦後、外相、首相として憲法制定、戦後改革に当たった当事者の記録であるため戦後史研究の第一級の史料として注目を浴び、この「芦田均日記」（全七巻）は六十一年一月から岩波書店で刊行が開始された。ところがこの原本と比べてみると、東京新聞の報じた「芦田日記」には、一致しない個所のあることが判明した。たとえば憲法の戦争放棄を規定した第九条の二項に「前項の目的を達成するため」という文言が挿入されているが、この点に関し東京新聞の日記では、二十一年七月二十七日の項に「自衛権の行使は別であると解釈する余地を残したい、との配慮からでたものである」と記してあり、以後「憲法立案者が将来、自衛のための軍事力を持つことを考えていた」との定説の根拠の一つになった。ところが原本の日記には報じられた記述がなく、天候も異なる、ということからこの記事が七年後に関係者の間で問題になった。

東京新聞では社内に調査委員会を設け、この記事を取材、執筆した大久保昭三記者から事情を聞いた結果、原本にない憲法審議の部分など七十五行を付け加えていたことが判明した。そこで六十一年五月三十一日『東京新聞は五十四年三月十二日付朝刊の「芦田日記」報道で大きな誤りを犯しました。貴重な歴史資料に手を加えた取材記者の行為はもとよりそれをそのまま紙面に掲載した編集上の手落ちも重大であります。これらを深く反省し、一面でお知らせした措置を取った次第です』との報告を掲載、加筆部分を削除するとのおわびを一面で社告した。

「北方ジャーナル」の事前差し止め　法律問題では考えさせられる事件と判決があった。一つは、この年春の北海道知事選に出馬予定の五十嵐広三氏に対し、「北方ジャーナル」の小名孝雄発行人が「ある権力主義者の誘惑」と題する記事で、昼は人をたぶらかす詐欺師、夜は闇に乗ずる凶賊、などと悪口的な表現を書き四月号に掲載しようとした。五十嵐氏はゲラの段階でこの内容を知り、発売禁止の仮処分を札幌地裁に申請、同地裁はこの申請を認め二月二十六日、印刷、製本、販売禁止の仮処分命令を出した。小名発行人はこの仮処分に異議を申し立てたが、一、二審とも敗訴、最高裁も五十六年十月二日、発行人の上告を棄却した。

これと同時にまた小名発行人は「北方ジャーナル」の事前差し止めは違憲であると、差し押さえで生じた損害賠償の請求訴訟を提起、一、二審とも敗訴、上告した。最高裁大法廷は六十一年六月十一日「公務員または公職選挙の候補者に対する評価、批判等の出版物の事前差し止めは、原則として許されない」との判断を示したが、ただ「表現内容が真実でないか、または公益を図る目的のものでないことが明白で、かつ被害者が重大で回復困難な損害を被るおそれがあるときは例外的に差し止め請求が許される」として、「北方ジャーナル」の事前差し止めは例外として合憲と上告を棄却した。

言論の自由獲得の歴史からみても、出版物の事前の規制は強く排除されなければならない原則である。だがこの「北方ジャーナル」の場合は内容が悪すぎた。とは言えケースによっては事前の抑制が許されるという見方が示されたことは大変危険な判例だということができる。

取材源秘匿の判決　第二は、記者の情報源秘匿を初めて法的に認める決定が裁判所で下されたことである。この裁判は札幌の保育園の保母が、北海道新聞「保母が園児をせっかん?」（五十二年六月二十四日朝刊）の記事によって信用と名誉を棄損されたとして起こした民事訴訟の過程で、社側証人の島田英重記者が、反対尋問で取材源を明かすことを拒否したために起こされた裁判に対し、下されたもので、札幌地裁は五月三十日「新聞記者の取材源は民事訴訟法の職業の秘密に該当し、不公平な裁判を招来しない限り認められる」と決定、札幌高裁も八月三十一日、この地裁の決定を追認した。原告側はこれを不服として特別抗告したが、最高裁は翌五十五年三月六日却下を決定、取材源証言拒否を法的に認めた地裁、高裁の決定が確定した。取材源の秘匿は記者の職業倫理としてはすでに確立しているが、法律的にも確認されたことは喜ばしいことだった。だがジャーナリストが権力に対抗する場合には大事な権利でも、無力な一般市民が自己の権利を守るために戦っている時には、その権利を擁護すべく努めるのがマス・メディアの使命ではないだろうか。その点で北海道新聞の建部直文編集局長がこの判決にたいして「新聞記者に特権があるわけではなく自由な言論活動を守る必要から職業倫理として主張しているにすぎない。この点を厳しく自戒し、責任ある報道をしていきたい」と述べている（「新聞協会報」九月四日）のに注目したい。

新聞界では、三月十日付をもって大津市の「滋賀日日新聞」が休刊した。去る四十七年十月「和歌山新聞」が廃刊して以来、和歌山県に続いて滋賀県も全県をカバーする県紙を失ったわけである。また四月二日から日本航空、全日空が、国内便での夕刊無料サービスを廃止した。替わって日航では四月二十八日からNHKニュースのビデオを国内幹線でスクリーン・サービスし始めたが、経費節減のためとは言え羽田だけで約四千五百部の夕刊を積み込んでいた即売業者にとっては痛い措置であった（東亜国内航空も部数半減）。

《昭和55年》

CTS、オフセット化進む　『コンピューターで紙面製作　きょうから全面的に信濃毎日新聞社は、二十五日付から全紙面を他紙に先駆けて本社が開発したコンピューターによる「新聞編集システム」（コスモス）によって製作します。本日から鉛活字を一本も使わない紙面づくりとなり、電算機の特性を生かした超スピード処理、高度のデータ加工など効率的な製作によって、一段と鮮明、充実した紙面を目指して、読者のご期待に応えることができます。……　昭和五十四年十二月二十五日　信濃毎日新聞社』

前年末に信濃毎日新聞社は、約五年の歳月を費やして完成したフルページ出力可能な新聞製作システム「コスモス」(Computer Onlined Shinano-Mainichi Original System) 体制に全面移行したが、地方紙として初の試みに年頭から各社の見学があいついだ。比較的少額な投資で経営規模に応じた独自の製作体系をつくりあげた同社の経営努力は新聞界から高く評価され、この年の新聞協会賞を経営・業務および技術両部門で受賞した。

さらに九月には朝日新聞東京本社が新社屋移転を機に大規模電算製作システム「ネルソン」(New Editing and Layout System of Newspapers) による新聞製作をスタートさせた。

「鉛の活字にお別れ　あすから築地製作　使命終えた有楽町社屋

朝日新聞東京本社は、あす二十四日から築地新社屋に移転して新聞製作、発行をいたします。昭和二年三月に完成して以来五十三年間、ニュースを追いつつ歴史を記録し続けて来た有楽町社屋は二十二日の新聞製作をもって、その任務を終えました。築地新社屋ではコンピューターの大幅な導入で編集・組み版作業から活字を完全になくすこととなります。きょう二十三日付紙面は、朝日新聞東京本社が活字を使って発行した最後の紙面であります。新しい朝日新聞も引き続きご愛読下さい。　朝日新聞社」(九月二十三日朝刊)

電子と光の新聞づくりと言われたこの新しいシステムは同社が昭和四十年から研究を積み重ね開発したもので、世界の新聞界の注目を集め、五十六年度の新聞協会賞を受けた。一八七一年日本の新聞に鉛活字が採用されてちょうど百年、その新聞製作方法を一変する画期的な技術革新であった。

誘拐報道協定に新たな課題　三月五日長野信用金庫職員寺沢由美子さんが誘拐された。新聞協会加盟各紙は長野県警の申し入れで七日報道協定を締結、いっさいの取材、報道を自粛した。ところが報道協定に加わっていない「週刊新潮」四月三日号(三月二十七日発売)が『三週間も沈黙した「協定にしばられた」報道のジレンマ』と記事にしたため県警本部は二十七日午後、公開捜査に踏み切り、報道各社も報道自粛の協定を解除するという異例の事態になった。そこでこの後新聞界は誘拐報道協定の問題点を洗いだし、協定の期限の問題、犯罪が広域化した場合の対応、取材モラルの問題、さらには捜査当局や現場記者に、解釈の不統一、理解の不徹底があるとして、方針の趣旨を徹底することを申し合わせた。またこれまで協定制度の枠外にあった雑誌媒体は、この事件後、警察庁との話し合いを進め、七月新聞界の制度とほぼ同じ内容の方針を決定した。

《昭和56年》

核持ち込みの疑惑　『米、核持ち込み寄港　六〇年代から「日本政府も承知」
ライシャワー元大使が証言　空母や巡洋艦「安保条約では当然」
元駐日大使のエドウィン・ライシャワー米ハーバード大教授は、このほどボストン郊外の自宅で行われた古森義久毎日新聞記者とのインタビューで、核兵器を積んだ米国の「航空母艦と巡洋艦」が日本に寄港してきた事実を明らかにし「日本の政府は（核武装米艦艇の寄港、領海通航の）事実をもう率直に認めるべき時である」と語った。この発言は、一九六〇年（昭和三十五年）日米安保条約改定以来の歴代自民党内閣が「米国による日本への〝核持ち込み〟はない」と国民に説明し続けてきた公式見解を真っ向から否定するものである。……』（毎日　五月十八日）

核持ち込みの疑惑はすでに四十九年、ジーン・ラロック米海軍退役少将の核兵器持ち込みに関する議会証言が明らかになって以来(注)、国民の間に広く浸透していたが、駐日大使として一種の当事者であったライシャワー氏の発言は決定的なものがあり、以後日本への核抜き寄港を信じる国民は殆どいなくなったといってよい。このニュースで毎日新聞「安保と非核取材班」は五十六年度の新聞協会賞を受けている。

（注）　米議会におけるこの年九月十日のラロック証言は、共同通信社ワシントン支局のスクープだった。この功績にたいし大塚喬重支局長に一九七四年度ボーン国際記者賞、膨大な議会文書を精査してこの証言をいち早く発見、チームの信頼を高めた佐藤信行支局員に同協力賞が授賞されている。

新聞の文字拡大　「きょうから新字紙面　朝日新聞社は、きょう二十日付紙面から記事部分の文字を大きくしました。読みやすい紙面をめざしての三十年ぶりの改革です。

新字は、これまでより縦七・五％、横六％拡大し、字面面積は一四％大きくなっています。電算製作の利点を生かし、本社が独自に開発したものです。」（朝日　七月二十日）

新聞の活字は昭和二十六年に日本新聞協会工務委員会で一段十五字、十五段制と規格が統一されると、資材の規格もそれに統一されたため、以後一度も変更はなかった。だが眼の健康、老人の便利を理由に、朝日が文字拡大の方針を明らかにしたので、七月三日の工務委員会は十五段制のもとでの新規格文字の使用の試みを認めることを了承した。この三十年ぶりの文字拡大は読者に大変好評で、またたくうちに全国各社に広がった。また十月一日から「常用漢字表」一九四五字が告示され、新聞もいっせいにこの新しい表記に移行した。

W・ポストの自己批判　海外の話題だが、日本の新聞人にも深く考えさせる出来事がアメリカでおこった。

『特ダネルポはウソだった　ピューリッツァー賞を返上　黒人女性記者が告白

「ヘロイン少年は想像の産物」　ワシントン・ポスト紙が謝罪

【ワシントン十五日＝鈴木（康）特派員】……受賞者は同紙社会部のジャネット・クック記者（二六）で、昨年九月、ワシントンの黒人街に住む八歳の少年ジミーが、母親のボーイフレンドから毎日のようにヘロインを注射されているという衝撃的なルポ記事を……生々しい会話で書いた。当時ワシントンでは麻薬中毒が大量に広がり、社会問題となっていただけに、この記事は大きな反響を呼び、この十三日、ピューリッツァー賞を受賞した。

しかし、この記事を読んで驚いたワシントンのバリー市長が少年の所在を確かめようと追及したがわからず、ポスト紙に身元を明らかにするよう求めた。同紙は「ニュースソースの秘匿」を理由に拒んできた。ピューリッツァー賞受賞後同紙はこの記事を再掲したため問題が再現した。同紙のブラドレー編集主幹がクック記者にたずねたところ、十四日深夜になって「ジミー少年は存在しない」とクック記者は告白した。このため、同社のドナルド・グラハム社主が記者会見、「ポスト紙は十六日の紙面で読者に謝罪する」と頭を下げ、同賞選考委員会に返上を申し出た。……』(読売　四月十六日)

アメリカ新聞界で最も権威あるピューリッツァー賞受賞者、しかもウォーターゲート事件で高い信頼をかちえたワシントン・ポストの記者が書いた記事が、デッチあげだったという事件は人々を驚かせた。ポスト紙はすぐこの原因の調査にかかり、十九日の紙面に四ページ全部を割いて第三者による調査の結果と勧告を公表した。同報告は一、関係した編集責任者すべてが疑問を徹底的に追及しなかった管理体制の不備、二、編集者、デスクの記者への信頼の行き過ぎ、三、クック記者の個人的資質、強い野心とウソつきの技術、四、社内での記者同士、各部間の激しい競争、功名心、それを刺激する賞に原因があったと指摘した。「ジャネットの世界」と題したこの報告は、ポストが中立的立場から紙面を批評するオンブズマンとして契約しているビル・グリーンがまとめたものだが、「自社の虚報を徹底的に解明し、信頼回復を図ろうというポスト紙の勇気ある態度」(読売　四月二十一日)は人々の称賛をあつめ、また日本の新聞人に、アメリカの新聞社の記事審査制度、オンブズマン制度に目を向けさせる一因となった。

八月一日から朝日新聞夕刊一面下の天気欄に、気象衛星「ひまわり」の撮影した雲画像の写真が掲載され始めた。「ひまわり」が活躍を開始したのは五十二年からで、テレビではすでにお馴染みの画像だったが、新聞もこのころから、楽しくためになるお天気記事に工夫をこらしはじめている。また十月一日から「東京12チャンネル」が「テレビ東京」に改名した。

《昭和57年》

共同の大スクープ　「北京の東側消息筋によると、ソ連共産党のブレジネフ書記長は十日夜、死亡した。発表は日本時間午後五時にタス通信を通じて行なわれるという」午後四時二十一分(日本時間)、けたたましいチャイムの音とともに、共同通信のフラッシュが全国の新聞社、放送局に流れた。国内ではテレビ東京の四時二十六分を筆頭にテレビはテロップで速報し、号外が飛んだ。英文では四時二十六分に配信、AP・ダウジョーンズ、AFP、APが東京発の至急報で打電した。前日の十日、ソ連の国営テレビが何の予告もなく番組を変更、要人死亡の噂が流れていた。共同の塚越敏彦北京特派員はこのスクープについて『「衝撃の日、一九八二年十一月十一日は文字どおり北京秋天の日だった。……昼過ぎ本社外信部からソ連で要人死亡説。関係先に当たるとともに、ブレジネフの場合に備えて反響電の用意を」との連絡が届いた。「おかしいな、確か数日前の新聞に元気な閲兵姿がでていたのに、またガセネタかな」と、半信半疑のまま、これはと思うソースに当たってみた。中島支局長も何人かに電話で聞いていた。帰ってくる答えは否定的なものばかり……ところがさっきはそっけなく電話を切ったある東側ソースが「暇あるか」と連絡をとってきた。北京では電話でしゃべらないのが常識。あわてて約束の場所へかけつけた。「ブレジネフか?」「そうだ。昨日死んだ。心臓発作らしい」……これまでのつきあいから信頼のおけるソースであることは確かだが、これほどの重大事はそう簡単に信じるわけにはいかない。再確認しようとする私に……「タスがまもなく公式発表する」と付け加えた。北京で漏れているぐらいだからとっくにワシントンあたりから確認電が出ているものと考え……とって返し連絡すると「何ッ、本当か」デスクの興奮した口調に胸の鼓動が急に高まっていった……』(「新聞研究」昭和五十八年十月号　新聞協会賞受賞報告)

取材に厳しい制約が課せられている共産圏の重大ニュースをいち早くキャッチしたこのスクープは、支局ぐるみの独自の情報源作りという日常の取材活動が結実したもので、日本の報道界の実力を世界に示す出来事だった。

法廷のカメラ取材　ロッキード裁判が注目を集めているなかで四月二日発売の「週刊新潮」(四月九日号)に東京地裁で公判中の田中角栄被告の隠しどり写真が掲載された。法廷内写真取材は、欧米でも新聞との間で問題になっているが、日本では現在、法廷の秩序維持、肖像権などを理由に、一部の例外を除き事実上禁止となっている。新聞界では取材解禁を求め三十年余にわたり交渉を重ねてきたが、その間隙をぬうようにフリーのカメラマンが無断撮影して、雑誌に掲載されたもので、東京地裁の厳しい態度に新潮社の後藤章夫編集・発行人、福田文昭カメラマンが地裁を訪ね謝罪した。しかしフォーカスは翌五十八年十月二十一日号でも福田カメラマンのロッキード事件丸紅ルート公判の法廷写真を掲載、問題になった。

放送では十月初めにNHKのテレビ受信契約が三千万件を突破、また四月二十四日からNHK教育テレビで「今月の新聞を読んで」が始まった。

《昭和58年》

新聞販売の正常化　『新聞の正常販売にご理解を！　新聞ご愛読のみなさまへ　毎度新聞をご愛読いただきましてありがとうございます。新聞ご購読に関して、次の事項は法律で禁止されております。ご愛読のみなさまのご理解とご協力をお願いいたします。

①　新聞の無料配布
②　スポーツ紙の土・日曜日サービス
③　定価の割引販売
④　景品類の提供（優・招待券を含む）

昭和58年2月

朝日新聞社　サンケイスポーツ新聞社
サンケイ新聞社　スポーツニッポン新聞社
東京新聞　デイリースポーツ社
日本経済新聞社　東京中日スポーツ
毎日新聞社　日刊スポーツ新聞社
読売新聞社　報知新聞社（五十音順）

東京都新聞販売同業組合』

新聞も資本主義社会の商品である以上、販売競争は避けられない。したがって戦時統制下を除いて、新聞が常に激しい競争をつづけてきたのは当然である。だが戦後の販売競争には戦前とはかなり異なる特徴がある。

第一に戦前は東京、大阪などの中央紙の力が圧倒的に強かったため、中央紙同士の競争はあっても、地方紙対中央紙という競争はあまり目立たなかった（地方紙同士では政党系の違いによる対立の色彩が強い）。だが戦後は県紙レベルの地方紙が勢力をつけてきたため、全国紙同士の競争のほかに全国紙対地方紙という争いが加わってきた。

第二に戦前の競争は価格戦争、つまり値引き競争であった。この定価割れ販売がどんなに新聞経営を圧迫していたかわからない。戦時統制下に定価販売を制度的に確立した新聞界は、戦後は再販制度の適用を受けたため、値引き競争はなくなったが、かわりに景品付き販売競争が現れることになった。

第三に、新聞は政府の干渉をうけることを嫌うものである。だが戦後の共販制解体による猛烈な販売競争の結果、新聞界は「法律上の規制を受けることもやむを得ない」として特殊指定の適用をうけるにいたった（公正取引委員会、昭和三十年十二月二十九日付告示第三号「新聞業における特定の不公正な取引方法」即日実施）。そこで新聞の販売面のみならず経営面にも（定価改定の時など）、公取の調査、干渉が随時及ぶことになった。

だが特殊指定の適用を受けたものの、不公正な取引方法は無くならなかった。部数競争が激化するにつれ、発行本社の販売店に対する押し紙、読者に対する無代紙、拡張材料の使用は経営者、幹部の自粛申し合せにもかかわらずいっこうに減少しなかった。さらに読者からいちばん非難されたのは、販売拡張員の態度と拡張団であった。自ら要望して定めた法に違反する景品類の提供や強引な拡張団はどんなに新聞の権威を傷つけたか知れない。

特に昭和四十九年の大幅な購読料改定後、各社の発行部数は伸び悩み、しかも経済不況の長期化で広告事情は悪化したため、このままムリな販売競争をつづけていけば新聞社の経営基盤を揺るがしかねないとの不安が経営者の間に広がり、販売正常化の動きが真剣に討議された。その結果、昭和五十二年七月一日を期して日本新聞協会加盟新聞社は、一致した決意として「販売正常化に関する共同宣言」を紙面に掲載、特殊指定と公正競争規約の厳守、不公正な販売方法等の違反防止のため独立機関を新たに設置することを読者に宣言した。そこで新聞公正取引協議委員会では具体策の作成に乗り出し、五十七年六月末を期限として自主的に新聞販売の正常化を行うことを内外に明らかにした。

だが長年の積弊はなかなか改まらず、逆に読者の不信感を増大させることになったため、五十七年十二月十四日、公正取引委員会奥村栄一取引部長は、新聞公正取引協議委員会の大窪幸治委員長に「新聞販売の正常化について」指導・要請文書を手交するにいたった。新聞公正取引協議委員会では協議の結果、五十八年一月二十七日、「支部協議会を強化して販売店代表を参加させ、かつ違反処理の迅速化のため第三者の調査能力をもつ事務局を設置、さらに職業拡張員(団)に対する販売店と発行本社の責任を明確にする等」を公取に回答、これが以後、正常化対策の要となった。販売問題は各社の利害の衝突する問題だけに、その後も業界の一部ではトラブルがつづいたが、六十年になって一応正常化の効果はあがったとして、二月二十日に日本新聞協会加盟社(および中部読売新聞社)は「新聞の正常販売さらに徹底」の一斉社告を掲載、今後の努力を表明した。

読者と接することによりその態度でいちばん批判を浴びた新聞拡張員については、五十八年四月一日から新聞販売店発行の「新聞購読勧誘依頼証明書」を持つことになったが、さらに六十一年二月「新聞の訪問販売に関する自主規制規約」を作成、勧誘員は氏名、契約内容の明示のほか七日間のクーリングオフ期間を設け、六十二年二月からは新聞名、販売店名、ナンバーを記入したナンバープレートを着用することになった。

放送界では十月三日からNHKが東京、大阪放送局でテレビ文字多重放送を開始、海外の話題では、英国の新聞評議会が二月三日ヨークシャー・クリッパー(切り裂き魔)事件で、大衆紙「デイリー・エキスプレス」など六紙の札束取材(チェックブック・ジャーナリズム)に警告を発したほか、ドイツで四月二十二日雑誌「シュテルン」が発表したヒットラーの日記が偽物と判明、連載を中止し、ハイデマン記者と日記提供者クーヤウが逮捕されるという事件がおこっている。

《昭和59年》

有害図書規制

『国会でヤリ玉の少女雑誌　三誌すでに廃刊
二誌も「性路線」自粛　規制にたじろぐ出版社

少年少女向け「有害図書」を法律で規制しようという動きが、このところ自民党を中心ににわかに強まってきた。中でも〝標的〟とされたのは、「まるで、性欲講座」と国会でセックス記事のどぎつさを指摘された少女向けの雑誌だが、この激しい動きに、これら雑誌は早くも二誌が休、廃刊を決め、他の二誌も「自主規制」の方針を打ち出した。政治権力がふりあげたこぶしに、出版社側がたじろぎ、首をすくめた形。……

「有害図書規制」の火付け役となった自民党の三塚博・政調副会長が、二月十四日の衆院予算委で、「こんな雑誌を小中高校生が読んでいるとは、極めて憂慮すべき事態」としてとりあげた少女雑誌は、主婦の友社の「ギャルズライフ」(公称四十万部)、飛鳥新社(編集)の「ポップティーン」(同三十五万部)、近代映画社の「エルティーン」(同八万部)、学習研究社の「キッス」(同二十六万部)、平和出版の「キャロットギャルズ」(同三万部)の五誌。

これらのうち、「キッス」と「キャロットギャルズ」は三塚氏がヤリ玉にあげた翌日の先月十五日に休・廃刊の方針を決めた。また、「ギャルズライフ」と、「ポップティーン」の二誌も、軌道修正の方向を打ち出し、例えば「ギャルズライフ」の最新号では、性関係記事は二ページしかない、という。……』(朝日新聞　三月十四日)

この年話題になったのが、有害図書規制から風俗営業等取締法(風営法)改正にいたる一連の〝行き過ぎ性風俗規制〟の動きであった。この背景には、昭和五十五年以来はねあがった青少年犯罪の増加があった。青少年犯罪は戦後混乱期の二十六年と高度経済成長期に突入した三十九年の二回激増した時期があったが、その後は横ばい状態がつづいていた。そこで社会環境の汚染が青少年犯罪の増加に結びついているとの発言になったもので、自民党は二月二十四日の役員会、総務会で法律制定を含む規制強化の検討にのりだした。出版物規制は表現の自由を規定した憲法の理念に明らかに反するものである。だが低年齢層向けの〃性を売り物〃にした露骨な雑誌には世論の反発も強く、実際に子供たちにゆがんだ性知識をふきつける悪影響も見逃すことはできない。したがって大上段に表現の自由を振りかざして規制に反対することは却って世間の反発、ジャーナリズムに対する不信をかい、言論の自由の基底を揺るがすことになりかねない。と言って法的規制を容認することは絶対にできない。望まれるのは世論の力、読者の批判と出版界の自浄努力である。

このような声を受けて出版倫理協議会（日本雑誌協会、日本書籍出版協会、日本出版取次協会、日本書店組合連合会で構成）は十六日、法的な規制には強く反発する一方、一部の青少年雑誌には行き過ぎがあると指摘、「業界の自浄能力が今日ほど問われている時期はない」として、「性情報は、少年少女の健全な育成に役立つよう取り扱ってほしい」と業界全体に自主規制を求める異例の訴えを、全出版社に送付した。

有害図書規制の立法化問題は結局、出版の自由とからんで反対の声が高く、かつ出版界の自主規制で実質的な効果はあがったとして立法化は断念された。だが「有害図書の法的な規制は、出版自由の危機」とか、規制の動きの「背景には性を罪悪視する古いセックス感がある」などと述べながら、政治権力の干渉にあうと、すぐ自誌の休廃刊や軌道修正の方向を打ち出す出版社の体質には、言論を説く出版人の資格など認められない。性の正しい知識を与えるというのは口実で、興味本位、金もうけの手段として性を売り物にしているにすぎない。さらにこの年、はんらんするセックス産業を規制し、青少年を取り巻く環境浄化を目指す「風俗営業等取締法改正案」が八月八日成立、六十年二月十三日施行され、盛り場などのわいせつな広告や看板などが姿を消した。

「日刊新愛媛」取材拒否問題　『県立高増設〃違法負担金〃を要求　松山市に自民県連　事実上県の意向？
盛んな誘致合戦の続く松山地域への県立高校増設問題で、〃県側〃が松山市に対して、地方財政法に違反する「県立高校建設事業費の一部市町村負担」を要求していたことが、十四日までに、関係者の話で明らかになった。……』

（日刊新愛媛　七月十五日）

この報道に対し県は、事実のわい曲であると訂正を申し入れたが、なんら対応を示さないとして、八月九日日刊新愛媛に対し取材拒否を通告した。日刊新愛媛はそこで十一月七日、愛媛県と白石春樹県知事を相手どり取材拒否の処分取り消しと損害賠償を求める訴えを松山地裁に起こすにいたった。公権力が言論機関の取材を拒否するということは、理由はどうあれ許さるべきことではない。その意味で、県の取材拒否解除（六十年十二月十八日通告）まで一年四か月以上もかかり、その間、日刊新愛媛が業界でやや異端視されていたこともあったが、言論界の同業他社がほとんど県の行為に対して、積極的な批判キャンペーンを張らなかったことは、責められねばならない。

そもそも日刊新愛媛とは、戦後宇和島で発行された南海タイムスと高知新聞南予版が昭和三十五年六月に合体、新愛媛と題して創刊された新聞で、高知新聞をバックにもつ宇和島のローカル紙であったが、五十一年三月来島ドックの坪内寿夫社長が買収、日刊新愛媛と改題、県紙としてスタートした（一万八千部）。五十三年六月から松山市に移転、低価格と坪内グループの支援をバックに愛媛新聞に対抗して部数を伸ばし、この年七月には二十五万部達成をうたっている。だが同紙の強引な販売戦略は同業他社の非難を浴び、また坪内社長の独特の企業経営は県内経済界や白石知事ら県政界との摩擦をうむに至った。こうした背景を持つ取材拒否事件だったが、造船不況による親会社の来島ドックの経営不振、取材拒否による広告の落ち込み、過剰投資などから六十一年十二月三十一日を以て廃刊に追い込まれた。日刊新愛媛の廃刊は、個人のカラーによる新聞の弱点を示すものだが、同時に権力の復しゅうが廃刊の一因になったことは、重大な課題を投げかけたものといえる。

放送界では国際電電が四月一日から太平洋上のインテルサットの予備衛星を使って米本土と二十四時間連続のテレビ中継が可能となるサービスを実施、このサービスを利用してテレビ朝日が米国の二十四時間ニュース局ＣＮＮと提携して定時番組の放送を始めた。

『事件報道と読者の目　これほどマスコミ批判が強まったことがかつてあっただろうか。

事件報道と読者の目

とりわけ事件報道と取材活動のあり方が厳しく問われた。

たとえば、週刊誌が火付け役となったロス疑惑報道では、人権への配慮の欠如が指摘された。取材陣が取り囲む中で惨事が繰り広げられ、その様子がそのまま茶の間に映し出された豊田商事会長刺殺事件では、「制止するのが市民の義務ではないか」という抗議が相次いだ。

そして、マス・メディアを脅迫の伝達手段に使ったグリコ・森永事件では、「報道機関は結果として犯人側に手を貸したことにならないか」という疑問が投げかけられ、航空機事故史上に残る大惨事となった日航ジャンボ機墜落事故では、犠牲者、遺族の心を逆なでするような報道、取材の過熱ぶりが問題になった。ひと言でいえば、マスコミには節度や市民感覚が欠けているのではないか、という叱責である。……』（朝日新聞　十月十五日）

この新聞週間の社説が述べているように、この年はマス・メディアによる話題、マス・メディアに対する批判があいついだ。

『豊田商事の永野会長殺害　自宅へ銃剣持つ2人組

窓ガラス割り乱入「法の追及は手ぬるい」

金の現物取引を装った強引な商法で問題になっている豊田商事の永野一男会長(三二)が十八日、大阪市北区にあるマンションの自宅に一人で閉じこもっているところを、ドアわきの窓ガラスを割って侵入した二人の男に刺殺された。多数の報道関係者が詰めかけているところで、警備の警察官がいない盲点を突いた形で行われた。犯人は現場で天満署員に殺人現行犯で逮捕された。……』（朝日新聞　六月十九日）

午後四時半ごろ報道陣のつめかける中で繰り広げられたこの惨事は、夜のテレビで繰り返し生々しく放映され、茶の間に大きな衝撃をあたえた。画面の残忍さに、視聴者から「もっとヒューマンな報道ができなかったのか」「記者は制止できなかったのか」などの疑問や意見、批判が新聞社、テレビ局にあいついだ。

日航機墜落事故　八月十二日午後七時ごろ、満員の乗客を乗せた日本航空のジャンボ機が墜落した。NHKは七時の定時ニュースで第一報を流したのにつづき、通常番組を七時五十分で中断し事故報道一本に切り替えた。この編成は視聴者の関心に応え、最高視聴率四五・七パーセントを記録した。同時に夜間で詳しい情報が入らない中で、搭乗者の名簿の放送を最優先したその報道態度は高く評価された。翌日になると民放各局も未明からヘリを飛ばして現場中継をつづけ、フジテレビが生存者の救出現場をスクープしたのにたいし、逆にNHKは九時から番組予定どうり甲子園の全国高校野球大会を放送したのには疑問が残った。

新聞も空前の大事故の報道に様々な工夫をこらしているが、とくに五百二十人という膨大な死者、奇跡的な四人の生存者の名簿確認と顔写真の収集に各社とも努力、たとえば読売新聞は八月二十四日に「墜落の日航ジャンボ123便　524人はこうして乗っていた」とシート別の乗客名簿を載せるとともに、乗客の住所別、旅行目的別の名簿を掲載している。だがこの墜落現場の破損された遺体写真を大きく、しかもカラーで掲載した写真週刊誌には批判の声があがった。写真週刊誌は、永野会長刺殺の際も生々しい現場の写真を掲載してひんしゅくをかったが、写真週刊誌に対する強い批判がまきおこるのはこのころからである。同時に事故でかけつけた遺族にマイクをつきつける報道陣の取材態度、また生存者を追い掛ける取材陣の姿が視聴者、関係者の反発を招き、非難の声が高まったことも注意して置かねばならない。

〃やらせリンチ〃テレビ放映　『女子中学生リンチ事件　TVマンに逮捕状

テレビ朝日の「アフタヌーンショー」が八月二十日に放映した女子中学生に対するリンチ事件を調べている警視庁少年二課と福生署は、九日までに、この番組を企画・担当した同局のディレクター(三三)に暴力行為の逮捕状を用意した。……』(朝日新聞　十月十日)

このリンチのシーンは正午からの一時間番組「激写・中学女番長・セックス・リンチ全告白」で放映されたもの

だが、このリンチは八月三日午後七時ごろ多摩川の河川敷で開かれた元暴走族仲間のバーベキュー・パーティで行われたもので、「協力謝礼十数万円　現金や接待〝やらせ依頼で〟」（毎日　十月十一日）が判明、非難の的になった。

この事件は過熱するテレビ局の視聴率競争がうみだした感覚の麻ひによって起ったものだが、視聴者の激しい怒りの声に、テレビ朝日の田代喜久雄社長が十四日のアフタヌーンショーに出演して謝罪するとともに、十八日限りでアフタヌーンショーを打ち切った。だが国民はこの事件によって、視聴率のためには報道をも娯楽化するテレビ界の体質に強い非難の目を向けることになった。

テレビ朝日といえば、六月二十四日、人気歌手の松田聖子と俳優の神田正輝の結婚式を独占中継して朝から夜まで十二時間も放映、九月二十七日にはまたも大関の若嶋津と歌手の高田みづえの結婚式を独占中継して、ともに視聴率では他局を圧倒した。だがこのような電波の使用に疑問を持つ者も多かった。チャンネルをあわせた視聴者も目ではイベントを追いながら画面に映る膨大な取材陣に軽べつの目を向けたり、一タレントの結婚式に交通規制がしかれ、学童が登校に回り道させられるという事態に異常な感を抱くなど、独占中継にはしゃぐテレビ局の画面とは逆にむしろイメージを下げる方に効果が働いたようだ。ヤラセ事件で視聴者のいっせい非難を浴びた背景には、このようなテレビ局の日常の姿勢に対する反発があったといってよいだろう。

九月十一日、連日テレビ、週刊誌をにぎわわせてきた三浦和義が逮捕された。去る五十六年、米国ロサンゼルスで妻一美さんがハンマーで頭を殴られ負傷した事件で、三浦は殺人未遂容疑で逮捕されたわけだが、このロス疑惑といわれた三浦報道をめぐっては、週刊誌、テレビの報道姿勢、とくに取材にあたった報道人の態度、ポルノ的興味をも含む三浦和義の人権問題など多くの問題が提起された。

数年前からアメリカの二大通信社の一つUPIの経営不振が伝えられ、経営者の交替が相次いでいたが、戦前からUPIと特約を結んでいた毎日新聞社では一月一日から英国のロイター通信社と写真配信契約を結んだ（Reuterが UPI写真部門を買収したため）のにつづき、十一月十四日米国のAP通信社とニュースサービス契約に調印（発効は十二月一日)、長年にわたるＵＰＩとの契約を打ち切った(昭和六十一年三月で回線利用契約期限切れ)。

《昭和61年》

戦後政治の総決算　『自民圧勝、最高の３００議席　社会は惨敗、85に　公明微減　共産横ばい　民社大幅後退　政局、首相に主導権　任期延長論も　参院でも安定多数』(朝日新聞　七月七日夕刊)

二十一世紀に向けた政治潮流を決める(毎日　七月三日)といわれた衆参同日選挙は六日投票が行なわれ、自民党が過去の記録を塗りかえる圧勝を果たした。秋の任期切れ退陣が予想されていた中曽根首相も、改めて政権の基盤を固め、国鉄改革、税制改革など戦後政治の総決算に乗り出すことになった。

だが六十二年予算に占める防衛費の一パーセント枠突破をはじめ、国家秘密法(スパイ防止法)制定の動きなど戦後民主主義を破壊しかねない危険な動きがでてきた。この国家秘密法案にたいしては、法曹界、労働、市民団体、書籍出版協会などが強く反対、自民党内の一部からも慎重論がでている法案である。だが新聞界では「いくつかの新聞が紙上で反対キャンペーンを展開した」(新聞協会報　十二月十六日)が、全体として反対の動きはでていない。戦後改革はあの大東亜戦争の教訓の上に築き上げられたもので、戦後政治の総決算もその基盤からはずれることは許されない。この意味で、朝日新聞が拡大投書欄で戦争をテーマに読者の体験、声を長期にわたって連載したのが注目された。一方原爆の日、終戦の日を迎える八月に新聞は約五十紙が社説、論説で平和への責任などを論じたのに比較し、例年と違い民放テレビではこの種の番組が激減、一本も放送しない局もでた。「民放の終戦放れはこうした番組がスポンサーに好まれない事情もあるが、語り継ぐ切実感が薄れてきたことや、すでに取材された題材が多くなったことにも関係がありそうだ」(毎日　七月二十二日夕刊)というのは重大な問題である。

日本経済の成長と生活水準の向上　国民の生活、意識面における中産階級化は、人々の関心をさまざまな方向に向かわせているが、その一つが財テクとマネーゲームといわれる。新聞は年明け早々、家庭向けの経済・金融情報を拡充する紙面刷新をおこなった。先陣をきったのは在京紙で、まず毎日新聞が一月八日から水曜朝刊に二ページの「マネーライフ」欄を新設、二十五日には朝日新聞が土曜夕刊に「ウイークエンド経済」を開始、二月になると読売新聞社が二十日木曜日に「読売家庭経済新聞」（週刊　月二百円）を創刊、中日新聞も夕刊の紙面大幅刷新とともに、金曜日に「夕刊けいざい」を掲載、二十四日からは日経が週刊経済統合版「Monday Nikkei―日本経済新聞月曜版」を創設した。（サンケイはすでに前年九月の夕刊の紙面刷新で主婦向けの「マネー面」を設けている）

新聞の発生には商業情報の伝達、獲得が大きな役割を果たしており、日本でも明治以来、新聞購読には株式情報が欠かせぬ位置を占めていたことを考えると、これまで新聞は経済情報の読者サービスにかけていた。その点からみてもこの各紙の経済情報が好評を博したのも当然であろう。

新風営法以後　前年二月の新風営法施行以来、盛り場のセックス産業は下火になったが、かわって伸びてきたのがデートクラブ、ホテトルであった。これらの産業は週刊誌、スポーツ新聞に広告をのせて客を誘引するものだったが、五十九年二月に福岡県警が、スポーツ各紙にデートクラブの広告をあっ旋していた広告代理店を検挙して以来、スポーツ紙は自主的に広告掲載を自粛していたが、広島では九州スポーツのみが市内のデートクラブの広告を長期にわたって掲載してきたため、広島県警は一月二十三日、広告代理店幹部とともに東京スポーツ新聞社九州代表らを、売春防止法と職業安定法違反ほう助の疑いで広島地検に書類送検した。広告掲載によって新聞社員が検挙されたのは初めてのケースで新聞・広告関係者に衝撃を与えた。ついで一月三十一日警視庁保安一課は売春クラブの広告を扱った広告代理店五社を任意に取り調べるとともに、広告を掲載した日刊スポーツ、東京スポーツ、日刊ゲンダイの発行各社、レジャーニューズ社、週刊大衆（双葉社）、週刊実話（日本ジャーナル出版社）の六社の広告責任者に、今後「売春客寄せ広告」を掲載しないよう口頭で警告した。首都圏での警告は初めてだが、新聞、雑誌の広告チェックのあり方を含め今後の対応に問題をなげかけることになった。

写真週刊誌の過熱取材　年末になって『たけし軍団12人「フライデー」乱入』（毎日　十二月九日夕刊）事件が

起こった。コメディアンのビートたけしが知人の女性にたいするフライデー記者の強引な取材に腹をたて発行元の講談社へ九日早朝殴り込みをかけたというもので、講談社はじめ文芸春秋など写真週刊誌側は「対抗手段としては最低、言論には言論で対抗すべきだ」などとコメントしていたが、街の反応はむしろ写真週刊誌側にきびしかった。

写真週刊誌は五十六年十月に新潮社から「フォーカス」が発行されて驚異的な売上をみせた後、五十九年十一月には講談社が「フライデー」を創刊、これも大当たりしたため、六十年六月文芸春秋社が「エンマ」、六十一年十月に小学館がTOUCH、十一月に光文社がFLASHを発刊、写真週刊誌は〝戦国時代〟に入ったといわれ、激烈な競争をつづけていたが、芸能人の裏話や有名人のプライバシーを暴くその過熱した取材は人々のひんしゅくをかっていた。しかし週刊誌側は売れることは読者の支持があるからだと誤解していたようだ。

警察の調べがすすむにつれて、フライデー記者の暴言、乱暴など取材活動とは無縁な行動が明るみにでるとともに、こうした契約記者の焦りを使って、取材を強制していると見られても仕方がない雑誌社の態勢も問題になった。この事件は『フライデー事件　決着は法廷に　たけし傷害で起訴　契約記者も〝両成敗〟で　東京地検ともに「悪質な犯行」』(毎日　三月三日)となった。記者の取材行為が問題となって刑事責任を問われた例は過去に外務省機密漏えい問題で罪に問われた西山記者事件などがあるが、傷害罪に問われたのははじめてであった。

第十一章　新聞の役割の変化と課題

昭和62年～2000年

《昭和62年》

朝日新聞阪神支局襲撃事件　『本社支局襲い散弾銃発砲　西宮の支局　記者一人が死亡　一人重体　覆面男が二発

三日午後八時十五分ごろ、兵庫県西宮市与古道町、朝日新聞阪神支局二階の編集室に、こげ茶色の目出し帽で覆面した男が侵入、ソファで雑談中の記者三人をめがけていきなり散弾銃二発を発射した。散弾が犬飼兵衛記者（四二）と小尻知博記者（二九）の二人の手や腹などに当たり、小尻記者は四日午前一時十分に死亡、犬飼記者も重体。いっしょにいた阪神支局の高山顕治記者は、書類のかげになっていて無事だった。……犯人は一人で、何もいわずに編集室に入ってきていきなり持っていた散弾銃を二、三メートルの至近距離から二発発射。そのまま、入ってきたドアから逃げた。この間一分足らず、犯人は終始無言だった、という。』（朝日　五月四日）

言論人に対する直接的な暴力は、戦後になっても絶えなかった。新聞界は、直ちに暴力行為に対する強い怒りと抗議の意を表明、五月八日「暴力の威圧は断固排除」の日本新聞協会声明を発表したが、この前後の朝日新聞に対する襲撃事件ほど卑劣で不可解、不気味な事件はなかった。

一月二十四日、東京本社二階の窓に散弾二発が発射されているのが発覚、九月二十四日には、名古屋の朝日新聞社寮一階食堂に目出し帽の男が侵入、午後七時前テレビに散弾を一発発射、逃走中、隣のマンションの壁にも発砲する事件が発生、翌年になって三月十一日に、静岡支局の駐車場に目覚まし時計を時限装置にしたピース缶爆弾が紙袋に入れて置かれるなど無言の犯行が続いた。

事件のたびに犯人は「赤報隊」と名乗り「反日分子には極刑あるのみ……」という声明文を言論機関に送りつけたが、その正体は不明なまま時効となってしまった。

昭和天皇病状報道　「天皇陛下、腸のご病気　手術の可能性も　沖縄ご訪問微妙」（朝日　九月十九日）これが、以後約一年四カ月に及ぶ昭和天皇ご病状をめぐる報道の始まりとなった。宮内庁の徹底した秘密主義の中で、岸田英夫を中心とする朝日新聞の皇室取材班は綿密な取材を続け、二十二日の入院に先立ち確報として伝えた見事なスクープであった。歴代天皇で初めての開腹手術についても詳細に論じたこの「調査報道はこれまでの皇室取材・報道を一変させた」ものとして六十三年度新聞協会賞を受賞している。

この年、日本の新聞で初めて毎日新聞（東京発行）が八月三十日、読売新聞が十月二十五日に四万号発行を達成、記念号を発行している。

≪昭和63年≫

リクルート疑惑報道　この年の最大の話題は何と言ってもリクルート疑惑報道であった。発端はリクルートの川崎駅前進出をめぐって、小松秀熙川崎市助役にリクルートコスモスの非公開株が三千株譲渡され「公開で売却益一億円」（朝日　六月十八日）というスクープだった。この朝日のリクルート関連非公開株譲渡報道は、その後、自民党幹部から塚本三郎民社党委員長（三十日付）、さらには中曽根康弘前首相、安倍晋太郎幹事長、宮沢喜一蔵相らの秘書名まで登場（七月六日付）する事件に発展、リクルートの江副浩正会長は責任をとって六日辞任したが、事件はさらに政官界、経済界の幹部に波及、翌年四月には、竹下登首相までがリクルート関連からの資金提供を認めて退陣を表明するという「政治家と金」をめぐり日本の政界を揺るがす大事件に発展した。

朝日新聞のこの一連の報道は、捜査当局が立件を見送った事件を、横浜支局の山本博記者をキャップとする取材班が独自の調査で明るみに出し、世論を喚起したもので、まさに新聞社の調査報道の典型であった。この報道は一九八八年のＪＣＪ（日本ジャーナリスト会議）賞を受けたほか、八九年にアメリカの記者の自主的組織ＩＲＥ（調査報道協会）の表彰を受けている。

だが事件の波紋は報道界にも及んだ。このリクルートコスモス非公開株は日本経済新聞の森田康社長、読売新聞の丸山巌副社長、毎日新聞の歌川令三前編集局長にも渡っていたことが判明、森田、丸山両氏は道義的責任をとって辞任している。

またこの事件を国会で追及した楢崎弥之助衆議院議員（社民連）に、リクルートコスモス社の松原弘社長室長が五百万円を持参、数回にわたり「リクルートを助けてほしい」（毎日　九月六日）と贈賄工作ともみられる行動をとり逮捕された。この場面は受取を拒否した楢崎氏の依頼により、日本テレビがビデオに撮影していたため、東京地検は贈賄工作の証拠としてこの隠し撮りテープの未発表分を十一月一日に押収した。捜査機関が裁判所からの令状を得て、強制的に報道機関から証拠物を押収するのは異例なことで、日本テレビは、処分取り消しを求める準抗告を申し立てたが、棄却された。

紙面のカラー化　新聞制作面で注目されるのは、八〇年代に入って定着しつつあった印刷機のオフセット化で、この年、初めてオフセット輪転機が凸版輪転機を上回った。このような設備の更新は新社屋、新工場の完成と並行して進められることが多い。この前後、大規模社を中心に、分散印刷方式が進み、とくに前年からこの年にかけては首都圏で分散印刷工場の建設が相次いだ。これは最終版地域の拡大と、同時に九月のソウル五輪を控えて各社、紙面のカラー化を図ったことによるものとみられる。ソウル五輪を契機にカラー関係の画像処理設備の導入が進んだことも注目される。

≪昭和64年＝平成元年≫

昭和天皇崩御報道　『天皇陛下崩御　新元号は「平成」　激動の昭和終わる　天皇陛下は七日午前六時三十三分、皇居・吹上御所で崩御されたと、宮内庁は同日午前七時五十五分、発表した。……』（毎日　一月七日夕刊）

この記事は「在位六十二年歴代最長」「八十七歳十一指腸乳頭周囲がんで」など新聞によって副見出しに若干の違いはあったものの、ほぼ同じ表現で報道された。

昭和天皇の病状については昭和六十二年九月以来、一年三ヵ月余り報道が続けられたが、とくに昨年の九月十九日に「ご容体急変」の宮内庁発表があってから取材競争は激烈を極めた。この最後の報道をめぐっては、共同通信社が午前七時四十六分、天皇崩御をチャイム速報し「公式発表に約九分先立つこのスクープは世界中に流れ、日本のメディアより先に米国のテレビなどで報じられた」と『共同通信社五〇年史』は書いている。

この発表は、ちょうど朝の朝刊配達後だったため、全国の新聞社は直ちに号外を発行（新聞協会加盟八十三社で約二千万部―これは空前絶後の枚数といわれる）、放送各社はＮＨＫ、民放を含め、終日特別番組を組んで報道にあたった。だが明治天皇、大正天皇崩御の時は、新聞は全紙面を黒枠で囲い、市中でも歌舞音曲を慎んで哀悼の意を表明したものだが、今回は事情がやや違っていた。天皇崩御に伴うテレビ各局の特別編成番組が、七日、八日と二日間続くと、視聴者から「追悼番組をやめ通常に戻すべきだ」との苦情が殺到、そのためＮＨＫ、民放とも九日午前六時からほぼ通常の番組編成に戻している。

サンゴの傷捏造　『サンゴ汚したＫ・Ｙってだれだ』（朝日　四月二十日夕刊）

朝日新聞は、夕刊一面の「写八九」環境問題シリーズで、沖縄県西表島《いりおもてじま》のサンゴにつけられた傷を撮影、自然破壊の一例として報道した。ところがこの傷は、地元ダイバーの指摘で調査の結果、取材にあたったカメラマンが自ら彫り込んだもので、捏造写真であることが判明した。

朝日新聞社は指摘に対し、最初、撮影効果を上げるために落書きに手を入れたもので「本社取材に行き過ぎ」があった、というおわびを掲載（五月十六日）した。ところが地元の抗議で再調査の結果、落書きはカメラマンが自分でつけたものと判明、再度、二十日朝刊一面に「深くおわびします　自然保護を訴える記事を書くために、貴重な自然に傷をつけるなどは新聞人にあるまじき行為であり、ただ恥じいるばかりです……取材の二人は退社・停職、編集局長、写真部長を更迭」すると発表した。

この日の社説では「外部からの抗議に対する対処の仕方、問題の重大さに対する認識の不足、社内調査の甘さは本社の組織の在り方に問題があるのは確か、点検と対策を緊急に実行するほかない」と自省、さらに一柳東一郎社長も「今回の不祥事は単なる誤報の域を超えたものであり社としてのけじめをつけるために退任し、新しい社長のもとで読者の信用を回復する努力を重ねる以外にない」として辞任を表明した。

朝日新聞社ではこの後、事件の教訓を踏まえて、社内に記事全体の事前審査にあたる「紙面委員」（九月十五日）、社外の識者による諮問機関「紙面審議会」（十月二十日）、読者の苦情、意見に真摯に対応する「読者広報室」（九月二十日）の三つの組織を発足させ再発防止への対策としたが、以後このような組織は各社に広がっていく。だが「やらせ」の問題は、新聞・放送界を通じてその後も絶えていない。

行き過ぎ報道　六月一日、毎日新聞（東京）夕刊が「グリコ事件犯人取り調べ」と題し、捜査当局がグリコ社長誘拐事件（昭和五十九年発生）の犯人四人を取り調べはじめたと報じた。だがこの記事について同社では「捜査見通しについての取材に対しチェックが欠け、紙面の扱いについて行き過ぎがあった」として、十日の朝刊で「容疑者が間もなく逮捕されるような過剰な扱いになってしまった。遺憾であり自戒したい」と森浩一編集局長の署名入り釈明を掲載している。読売新聞も八月十七日夕刊で八王子の幼女連続誘拐事件について「宮崎のアジト発見」と特報したが、翌十八日朝刊に「取材、記事作成の段階での事実確認の甘さや誤解、記述の行き過ぎがありました。山小屋アジト発見、物証押収などは誤りでした」とのおわびを掲載している。

被疑者の呼び捨て廃止の流れが固まったのもこの年のことで、毎日新聞が十一月一日、呼び捨てだった刑事事件の被疑者の名前の下に「容疑者」の呼称をつけると社告、これに続き、朝日、読売、共同通信社なども十二月から呼び捨てをやめ、原則として「容疑者」を付け、肩書も併用することにした。放送界でも、NHKは昭和五十九年四月二日から「逮捕者については起訴以前は肩書または容疑者を使用する」方針を実施（フジテレビも）していたが、東京放送系列のJNNも十二月から呼び捨て廃止に踏み切っている。

《平成2年＝1990年》

ソ連、共産党独裁放棄　『ソ連、共産党独裁を放棄へ　複数政党制盛り込み

【モスクワ二日＝斎藤勉】ソ連共産党の拡大中央委員会が五日開幕するが、党中央委に近い有力ソ連筋が二日産経新聞に明らかにしたところによると、クレムリンはことし十月後半に予定されている第二十八回党大会までに「党の指導的役割」を自ら放棄する方針を固めると同時に、今回の中央委総会で、史上初めて「政治的闘争」との言葉を盛り込んで事実上複数政党制を容認する党の基本大綱案を審議することになった。』（産経　二月三日）

ゴルバチョフ政権のペレストロイカ政策を機に、東欧の共産党政権が相次いで崩壊する中で、ソ連共産党自体がどのように変革するか、全世界が注視していた中でのこの特報は見事な世界的スクープで、後に新聞協会賞、ボーン上田賞を受賞している。

この二月三日の各紙一面は、前日に行われた日本記者クラブ主催の五党首討論会で埋められていた。政党党首に

よる公開討論会は、昭和三十五年（自民、社会、民社の三党首）以来、三十年ぶりのことで、総選挙公示直前とあって内外の関心を集め、在京テレビ局は、テレビ朝日を除く全局が生中継を行った。以後、総選挙の前には、日本記者クラブで党首討論会を開く慣習が定着した。

ソ連、東欧をめぐっては、この年の前半に、激動する東欧諸国での取材・報道体制を強化するため、東ベルリン、ウィーン、ブダペスト、ベオグラード、プラハ、ワルシャワなどに支局を開設する報道機関が相次いだほか、十月二十一日の読売新聞は「日本人捕虜のソ連極秘資料入手」をスクープ、十一月九日には共同通信社モスクワ支局が、ソ連の新連邦条約草案を入手、新国名から「ソビエト」「社会主義」が削除され「主権共和国連邦」となることをスクープしている。

新聞界では、四月二日に日本経済新聞社が名古屋支社で夕刊発行（セット制）を開始した。これは二十一世紀の中部圏の国際的発展（国際空港の建設、愛知万博など）を見込んでのものだった。また前年、中国、四国で進んだ全国紙の分散印刷が九州に及び、この年五月から七月にかけて毎日・読売（鳥栖）、朝日（太宰府）が印刷を開始した。新聞の配送が鉄道からトラック輸送に変わるとともに、印刷工場も都市の中心部から幹線道路沿いに移っているが、九州地区では西日本新聞を含め、九州自動車道、長崎自動車道、大分自動車道の交差する鳥栖（太宰府）近辺に分散印刷工場が設けられたのはその典型的な例であった。

≪平成3年＝1991年≫

湾岸戦争おこる　イラクのクウェート侵攻（前年八月二日）に対し、米軍を中心とする多国籍軍は、撤退要求期限が過ぎた一月十七日、イラク軍への空爆を開始、湾岸戦争が始まった。午前九時発表とともに各社は号外を発行、テレビは特別番組を編成して戦争の報道に当たった。だがこの報道はこれまでの戦争報道とまったく違った様相を呈していた。

まず第一報はバクダットに残留していた米国のテレビABCとCNNが相次いで伝えたが、地上戦によらぬテレビの空爆の映像は「クリーンな戦争」をイメージさせ、戦争の悲惨さを見せぬという結果を生じた。第二に、米・多国籍軍側の取材制限は厳しく、米国防総省の代表取材や細かいルール規制、従軍記者の拘束などメディア管理が厚い壁となって報道陣の不満を呼んだ。一方、残留を許されたCNNのピーター・アーネット記者のイラク側からのミサイル被弾の映像なども同時並行的に全世界に流されたが、規制の事情はイラクも同じだった。この報道規制をめぐりアメリカでは、上院で公聴会を開いて、政府、報道側双方の証言を求めたほか、アーネット記者の報道はイラクの宣伝を助長するものとして帰国を要求するキャンペーンも起こっている。

日本人記者も一月三十一日のNHK柳沢秀夫特派員をはじめとして、二月になると新聞・放送各社の特派員が次々とバクダット入りした。戦闘は二十四日、多国籍軍が地上攻撃に突入すると、二十六日フセイン大統領はクウェートからの撤退を声明、二十八日午前〇時、多国籍軍はイラク軍への攻撃を停止、イラクも国連決議を受諾して戦争は終わるが、全国の新聞社では、地上攻撃開始の報に四十八社、戦争終結に四十一社が号外を発行している。

国内では、前年十一月から噴火活動を続けていた長崎県の雲仙・普賢岳で六月三日、大規模な火砕流が発生、地元の消防団、警察官ら四十三人が死亡したが、その中には毎日、読売、日本経済、NHK、テレビ長崎、日本テレビ、テレビ朝日、KBC映像などの十六人の報道関係者が含まれており、災害取材中の事故としては最大の惨事となった。

ゴルバチョフ大統領来日　ソ連報道が活発だったのもこの年の特色で、四月十六日来日したゴルバチョフ大統領には単独の国賓としては過去最高の八千人を超える内外の報道陣が集まった。十月十四日モスクワで行われた日ソ外相会談では懸案だったソ連特派員枠が五十人に拡大した。この日ソ報道関係者の定員枠は、昭和三十二年の国交回復とともに七社七人でスタートしたもので、その後、数次にわたり拡大し、この年一月に二十人から三十人になっていたものである（平成五年十月に七十五人に拡大）。十二月二十五日には共同通信社モスクワ支局がゴルバチョフ大統領辞任演説の草稿を事前に入手、国営テレビ発表（日本時間二十六日午前二時）の二時間前（二十五日午後十一時四十分）に「辞任を表明」と内外に打電した。

産経新聞が訃報欄の改革に取り組み「葬送」と「きょうの葬儀」を社会面で開始したのは三月二日からである。

≪平成4年＝1992年≫

皇室写真のお貸し下げ　皇室報道について、この年を挟んで二つの特筆すべき事態があった。

一つは皇室写真の撮影である。皇室写真は昭和三十四年の皇太子（現天皇）ご結婚以来、新聞・通信の代表として派遣されたカメラマンが、宮内庁嘱託の身分で撮影にあたるが、フィルムの所有権と保存は宮内庁に帰属、さらに宮内庁は撮影した写真をチェックして、図柄を指定することもあったという。問題が起こったのは平成二年六月三十日付けの朝刊各紙に載った「秋篠宮さまの髪を直される紀子さま」の写真で、二十九日のご結婚当日、嘱託カメラマン中山俊明（共同通信写真部）が撮影したものであった。宮内庁はこの髪直し写真について「記念写真以外はルール違反」と使用停止を要請してきた。東京写真記者協会は「これは一連の記念撮影の中の一枚で皇室を身近に感じさせるよい写真、取り消す必要はない」と要請を断ったため、宮内庁は嘱託カメラマンとの信頼関係が損なわれたとして写真撮影を拒否、以後、皇室写真は《お貸し下げ》となった。そこで新聞協会は宮内庁との協議に入った結果、この年一月から代表取材制に移行することになり、ブッシュ米大統領と天皇の会見から代表取材が実現した（実際は前年十二月二十三日の天皇誕生日も代表取材）。

第二は皇太子妃報道である。秋篠宮ご結婚以来、皇太子妃候補に対する取材合戦は過熱化してきた。そこで宮内庁の藤森昭一長官は平成三年七月新聞協会編集委員会に出席して、特段の配慮を要請した。これを受けて編集委員会は協議・検討の結果、二月十三日「人権・プライバシー保護の見地から皇太子妃候補者に対する報道自粛、節度ある取材」を申し合わせ、三カ月の協定を結んだ（日本民間放送連盟も同日、日本雑誌協会は三月六日から同様の協定を結んだ)。だが選考は進まず、宮内庁は五月と八月、続いて十一月に三度目の協定延長を申し入れたが、編集委員会は「報道の自由の観点から協定は限界にきている」として、期限を来年の一月三十一日までと短縮して延長を認めた。

この協定の結末は予期せぬことから起こった。翌五年一月六日の夕方、ワシントン・ポスト紙が、小和田雅子さんの名前を挙げて婚約内定を報じたことから外国通信社が報道に動き出した。そこで編集委員会は、午後八時四十五分協定解除に踏み切り、各社いっせいに報道に入ることになった。

皇室報道の協定についてはかねてから問題点が指摘されていたが、とくに今回は協定期間中、宮内庁が選考経過をいっさい報道側に説明しなかったこと、第一報が協定に縛られない外国報道機関に先を越されたことなど、重大な問題が含まれていた。したがってこのような協定を結ぶことは今後、非常にむずかしくなったと言えよう。

新聞界では、西日本新聞が十二月十六日から事件・犯罪報道に、警察発表だけに頼らず当番弁護士などから得た容疑者の言い分を掲載する「福岡の実験」を開始した。また戦後の代表的新興紙、福岡の「フクニチ」が四月十七日、「東京タイムズ」が七月三十一日付けで休刊したほか、愛媛新聞が「夕刊えひめ」を三月三十一日で休刊している。

《平成5年＝1993年》

ゼネコン　「仙台市長に1億円　ゼネコン4社首脳から事情聴取
汚職捜査　公共事業で裏献金　金丸蓄財捜査で浮上

……東京地検特捜部は大手建設会社4社が仙台市発注の公共事業をめぐり、石井亨市長側に現金1億円を裏献金していることを突き止めたようだ」(産経　六月二十九日)　東京地検特捜部の秘密保持の厚い壁を破ったこの特報は、その後の一連のゼネコン汚職捜査の発端ともなったスクープで、金権腐敗が地方政治にも深く根を下ろしている実態を伝えて世論を喚起した。さらに報道にあたっては、社会的影響や捜査への支障を考慮し、その日付や社名を伏せるなど強制捜査直前の報道の一つの在り方を示したものとして高い評価を受け、新聞協会賞を受賞している。

総選挙、テレビ朝日局長発言　この年は劇的な政治変革の年だった。七月に行われた総選挙では自民党が過半数を割り、社会党も惨敗したが、五五年以来続いた自民党政権が崩れ、日本新党の細川護煕を首相とする連立内閣が誕生した。この選挙では政治改革が争点となり、世論は候補者の改革への態度に関心を寄せ、新聞・放送もその関心に沿って報道したと言える。

ところがこの選挙関連の報道について、九月二十一日開催の日本民間放送連盟放送番組調査会で、テレビ朝日の椿貞良報道局長が「非自民政権誕生を意図し報道　総選挙、テレビ朝日局長発言」（産経　十月十三日）と報じられたことから、テレビの政治報道の公正さが政界で大きく取り上げられることになった。衆議院では、政治改革調査特別委員会が、放送法違反の疑いがあるとして二十五日椿元局長を証人喚問、逓信委員会も伊藤邦男テレビ朝日社長を参考人として招いて審議、郵政省は椿発言の録音テープを入手するとともに、十一月一日のテレビ朝日の放送免許更新に際し「発言に関連する事実関係によっては必要な措置をとる」と異例の条件をつけた。

報道の自由への権力の介入を招いたこの事件は、種々の問題を投げかけた。報道に対する放送人としての姿勢・責任感、私的・非公開の場における発言に対する対処の仕方、新聞の取り上げ方とその功罪、問題に対する配慮など、多くの論議を呼んだ。

かねてからその閉鎖性の典型として論議されてきた外国報道機関の記者クラブ加盟問題で、新聞協会編集委員会は六月十日「記者クラブ見解」を発表、報道の自由の原則、国際的な相互主義の観点から原則として正式加盟を認めるべきである、との方針を打ち出し、外国プレスのクラブ加盟が相次いだ。

《平成6年＝1994年》

松本サリン事件 六月二十七日深夜、長野県松本市の住宅街で、死者七人、重軽傷者約六百人を出した松本サリン事件が起こった。この異常な毒性をもつガスの発生に、長野県警は翌日、第一通報者の河野義行さん宅を家宅捜査し、薬品類数点を押収した、と記者会見で発表した。

翌二十九日朝刊各紙は「住宅街の庭で薬物実験⁉」「会社員宅から薬品押収　農薬調合に失敗か」「ナゾ急転隣人が関係　悲劇招いた除草剤作り　自ら通報　製薬会社に勤務歴」などと、疑問符つきながら通報者の農薬調合失敗説を大きく掲載した。河野さんは三十日、弁護士を通じて事件への関与説を否定、長野県警は七月三日、現場から神経ガスのサリンが検出されたと発表、新聞には、押収された薬品からサリンの合成不可能という記事も出たが、警察はなお河野さんへの事情聴取を続け、報道もいったん灰色としたイメージを払拭することはできなかった。

事件の真相が明らかになるまでには約一年がかかった。十一月に山梨県上九一色《かみくいしき》村のオウム真理教施設付近の土壌からサリン副生成物が検出され、翌七年三月二十日には東京で「地下鉄サリン事件」が発生した。警視庁は五月十六日オウム真理教の麻原彰晃代表を殺人容疑で逮捕、教団幹部の供述から松本の事件もオウム真理教の犯行と認定された。

この結末をうけて、長野県警は五月十二日河野さんへの遺憾の意を表明して謝罪、新聞・放送・出版各社は四月から六月にかけて、河野さんへの「おわび」を掲載（番組で謝罪）している。

この事件は、被害者の人権侵害問題は当然のことだが、報道姿勢にも大きな教訓を与えた。各紙は報道の経緯を詳しく検証して紙面に掲載するとともに、社説でも「河野さんにおわびする」（朝日）、「松本サリン事件と報道の反省」（信濃毎日新聞）などを掲載、反省として、取材にあたって、河野さんを疑っていた警察が主な情報源であった上、その確認、裏付けが不十分であったこと、さらに他紙にも同様の記事が掲載されていたことが報道の流れを形作ったと述べていた。

新聞社襲撃事件の多発　この年はまた右翼団体・暴力団員の新聞社襲撃事件が多発したのも見逃せない。四月には、一日、朝日新聞東京本社に右翼団体「大悲会」の会長代行ら二名が押し入り「戦後のマスコミの報道姿勢に抗議する」と幹部二名を人質に六時間閉じこもったほか、二十一日、名古屋本社の駐車場で右翼団体の男が火炎瓶を投げつけ、二十五日には同名古屋本社出入口に右翼の街宣車が突入、六月には三日、朝日新聞秋田支局に右翼団体の男が不法侵入、二十五日、大阪本社の通用口に右翼団体員が街宣車で突入、八月四日には、毎日新聞大阪本社の受付で、男がバール状のものをもって暴れ、九月二十二日には「サンデー毎日」の記事に不満をもった暴力団組員が毎日新聞東京本社で発砲するなどの事件が起こっている。

新聞界では「栃木新聞」が七月三十一日に廃刊したほか、「日刊福井」が「日刊県民福井」に改題している。

≪平成7年＝1995年≫

阪神・淡路大震災　一月十七日午前五時四十六分、阪神・淡路大震災が発生、神戸を中心とした兵庫県南部、震源地の淡路島に甚大な被害を与えた。地元の新聞・放送各社も壊滅的打撃を受けたが、神戸新聞は一日も発行を休まず、唯一のテレビ局サンテレビも孤島に近い状態になったポートアイランドから必死の放送を続けた。

社屋が倒壊した神戸新聞社では、京都新聞社の全面的協力を得て、十七日夕刊から記事・写真を京都新聞に送り、京都で神戸の整理部員が製版フィルムを作り、それを難を免れた神戸の製作センターに届けて印刷するという作業を続けた。この両社の支援態勢は、前年結んだ緊急事態の相互援助協定によるものだった。この危機対策を見て地方紙の間には、相互援助協定を結ぶ動きが相次ぎ、十二月現在で二十五グループが援助協定を結んだ。共同・時事の両通信社も五月に「緊急事態発生時における協力に関する覚書」を締結、全国紙は分散印刷工場への紙面伝送システムが破壊された際の、他本社管内の工場へのバックアップ回線の整備に乗り出した。

この震災では、神戸だけでなく在阪各社も、自ら被災した中で、被害状況、安否情報から生活情報、その後の復輿計画、被災者の精神面への影響まで幅広く提供し、住民から高い評価を得た。販売店の被害も大きく、輸送にも支障が出たが、配達不可能な分は、避難所で無料配布するなどの努力を続け、読者の要望にこたえた。

放送も対応は早かったが、一つ注目されたのは、地震発生前後のNHK神戸放送局内を撮ったビデオで、スキップバックレコーダー（SBR）がとらえた映像であった。SBRとは地震発生と同時にスイッチが入り、十秒前にさかのぼって録画できる技術で、NHK大阪放送局が開発、昨年から近畿管内の各放送局に設置していたもので、地震の映像を発生直前からとらえたのは初めてである。神戸、大阪のラジオ局は安否情報に、日本語・英語のバイリンガル放送とそれぞれの特色を生かした地域情報を流した。NHKがテレビで安否情報を流したり、FMラジオの安否情報を全国中継したのも初めてであった。

上位都市銀行の大型合併　「三菱・東銀対等合併へ　資金50兆円、世界一」（日本経済　三月二十八日夕刊）

これまでにも都市銀行同士の大型合併はあったが、日本を代表する上位都市銀行の三菱銀行と横浜正金銀行以来の外国業務の伝統を誇る東京銀行が対等合併するというこの特報は、戦後日本の金融制度が大きな転換期を迎えたことを象徴するスクープである。

官官接待　「道監査委事務局　東北へ一人、カラ出張　7万円水増し、パーティー券購入」（北海道新聞　十月二十一日）

この年八月、堀達也知事が「官官接待は必要」と発言したことから読者の批判が殺到した。北海道新聞では、情報公開条例に基づいて入手した文書を解析して、裏付け取材をするという調査報道の手法で、道庁の組織的な裏金作りの実態を暴き、報道各社の公費乱用報道の先導的役割を果たした。そのきっかけとなったスクープである。

十一月一日には、東京メトロポリタンテレビジョン（UHF）が開局している。

≪平成8年＝1996年≫

ペルー日本大使館人質事件　十二月十七日、ペルー・リマの日本大使公邸を武装左翼ゲリラが襲い、天皇誕生日記念レセプションに招待された各国外交官、ペルー政府要人を含む多数を人質にとってたてこもった。ゲリラ側は収監中の仲間の釈放を求め、事件が膠着状態になりつつあった三十一日、共同通信社の原田浩司カメラマンは、ゲリラ側の許可を得て邸内に入り取材、日本人人質や内部の様子を撮影、共同通信はこのスクープ写真を翌九年一月二日に配信した。報道陣がペルー政府の意向を無視して公邸内に入りインタビューを行ったことにフジモリ大統領は強い不快感を表明したと言われるが、人質の安否を世界が注目する中で、原田記者は、ゲリラのリーダーに取材を求めるメッセージを届け、取材が人質の安全や人質解放交渉への妨げにならないよう、またゲリラ側の宣伝に利用されないよう十分検討した上で取材に入った。この活動の評価は高く、翌年度の新聞協会賞を受賞している(同じような取材であったが、翌年一月七日、テレビ朝日系列＝広島ホームテレビ＝の記者が、公邸内に取材強行して拘束され問題になった。突撃取材といわれる行動は似ているが、取材に対する準備、報道への姿勢が問われる事例であった)。

記者クラブ制度論議　記者クラブ制度についてはこれまでも種々論議をよんできたが、行政側にも対応の動きが出てきた。二月になって鎌倉市は鎌倉記者会に、従来の記者クラブ制をやめ、より開放的な「広報メディアセンター」を設置すると提案、四月一日発足させた。これに対し記者会は、利用者の登録など、行政の情報管理の懸念があるとして話合いを続けた結果、六月五日までに記者会全加盟社が利用登録をすませることになった。

青森県では四月十五日、県政記者会に対し、記者発表資料を原則として行政資料センターで一般公開する方針を明らかにし、兵庫県では十一月十八日から県庁内のローカルエリア・ネットワーク（LAN）を利用し、記者発表資料の提供を始めた（翌年一月からはパソコン通信網やインターネットを利用して一般にも記者発表資料を提供)。

記者会への便宜供与をめぐってはこの後も各地でさまざまな動きが出てくるが、京都市が市政記者クラブの電話代や懇親会費を公金で支払っているのは違法として、返却を求められていた訴訟で、最高裁判所は九月三日「取材活動を保障するため、最低限度の便宜許容」として上告を棄却している。

新聞界では、二月一日から朝日新聞（国際衛星版）と日本経済新聞が香港で印刷を開始、四月一日には秋田魁新報社が、サンケイ・スポーツと提携して「さきがけスポーツ」を創刊した。放送界では九月十九日NHKと民放連が共同で放送倫理基本綱領を制定している。

国外では、五月二十日、ワシントン郊外アーリントンのフリーダム・パークに世界初の殉職ジャーナリストの記念碑が完成、世界の殉職記者の名九百三十四名（内日本人二十四名）が刻まれたほか、五月二十四日にFIEJ（国際新聞発行者協会）が名称をWAN（World Association of Newspapers＝世界新聞協会）に改称した。

《平成9年＝1997年》

北朝鮮による拉致疑惑　「北朝鮮亡命工作員証言『20年前、13歳少女拉致』　新潟の失踪事件と酷似　韓国から情報」（産経　一月二三日）

この年は、後に大きく動き出す北朝鮮拉致問題の節目の年だった。産経新聞は十七年前にも「アベック3組ナゾの蒸発　53年夏福井、新潟、鹿児島の海岸で　富山の誘かい未遂からわかる　警察庁が本格捜査　外国情報機関が関与？」（昭和五十五年一月七日）と大きく報道しているが、横田めぐみさんという名前を出したこの特報は日本の各界に大きな衝撃を与えた（同日発売の週刊誌「アエラ」＝二月十日号＝も「新潟の少女失踪事件で新証言　北朝鮮で生きている」を掲載）。

また北朝鮮への帰国者問題を、一九九一年から追跡し放映してきた大阪の朝日放送でも、報道部の石高健次記者が、北朝鮮の元工作員へ直接取材した結果、横田めぐみさんは拉致された可能性が高い、拉致被害者は二十人以上に上ると実証したドキュメンタリー番組「空白の家族たち―北朝鮮による日本人拉致疑惑」を五月三十日に放送した。
この両社の報道は粘り強い追跡取材の成果で、大きな反響を呼び、ともに新聞協会賞を受賞したが、北朝鮮が拉致の事実を認めるのは五年後の二〇〇二年のこと、両社の報道の的確さが証明されている。

記者クラブ制度の変更　記者クラブに関して十二月十一日に示された「新聞協会編集委員会の見解」は、これまでと決定的に違う性格を規定したものとして注目される。新聞界ではこれまで記者クラブの性格の基本は、建前上としても、あくまで「親睦・社交団体」であり、取材活動は付随的なものとされてきた。だがこの見解は「公的機関が保有する情報へのアクセスを容易にする取材拠点」と目的を明確に（変更）した。これは国民の批判に応えるものと言われているが、実態は取材方法・取材体制の変革を意味するもので、クラブ制度という取材方法は終わり、取材・会見場としての「記者室」が残ることになろう。二〇〇二年一月に「見解」はまた改定されるが、これは正に「記者室」の規定の改定であると考えられる。

放送界では六月十日、福岡放送がスポットCMを間引きしていたことを西日本新聞が報道、二十七日には金沢の北陸放送も、スポットCMを間引きしていたことを労組が暴露した。この予期せぬ不祥事に、信頼を覆された日本広告業協会は二十五日「放送確認問題特別委員会」を設置、日本広告主協会も七月三日、真相解明と再発防止策を検討する特別委員会を設置して対策に乗り出した。日本民間放送連盟でも七月十一日「CM取引検討特別委員会」を発足させ、真相究明と対策、民放の営業倫理の確立に努めることになった。両局は郵政省から厳重注意の行政指導を受けたほか、ビデオリサーチは十月一日からCM不正チェック体制を全国規模で強化した。ビデオ・リサーチはまた四月一日から個人視聴率調査（ビデオ・メーターによる）を開始している。

NHKと民間放送連盟が共同で設立した「放送と人権等に関する懇談会」（BRC）が業務を開始したのは六月十一日であった。

≪平成10年＝1998年≫

隼君　「二男奪ったダンプ　不起訴なんて　逮捕後わずか20日で東京地検、異例の決定

事故　つれない対応に憤り　審査会に申し立て」（毎日　四月二十四日夕刊）

これが、以後三年にわたるキャンペーンの始まりだった。前年の十一月二十八日、東京世田谷の小学校二年生片山隼君が通学途中に「ひき逃げされ死亡」（毎日新聞夕刊）した。青信号で横断歩道を渡っていた事故にもかかわらず、東京地検は二十日後に、逮捕した運転手を不起訴にし、担当副検事はその直後に異動して話も聞けない、という母親の手紙を読んで江刺正嘉記者が取材を開始した。その結果、交通捜査のずさんさ、問題点が浮かび上がり、隼君事故の再調査、裁判となり、不起訴の運転手は一転して有罪判決を受けた（十二年五月）。この間、紙面では「交通事故被害者は最大多数の犯罪被害者であり、その対策を充実させることが、犯罪被害者の救済につながる」との視点から連載企画「クルマ社会を問う」を開始（平成十一年四月十八日から翌年四月まで随時掲載）した。この一連の報道は、犯罪被害者保護法の成立、不起訴記録の公開、自賠責保険の改革などの成果をもたらしたと高く評価され、新聞協会賞を受賞している。

和歌山カレー　「事件前にもヒ素中毒　和歌山薬物混入　地区の民家で飲食の2人

毒物混入事件　県警、関係者聴取へ　毛髪からヒ素検出」（朝日＝大阪　八月二十五日）

七月二十五日夜、和歌山市園部地区の夏祭りでカレーの毒物混入により住民四人が死亡、六十三人が入院する事件が起きた。最初は食中毒とみられていた事件だが、その後の鑑定でヒ素中毒とわかり、犯人像も動機も不明なまま住民たちは震え上がった。その間、和歌山県警は、保険金詐欺容疑で捜査していた林真須美、健治夫婦を十月四日に逮捕、その後の調べで真須美被告がカレー鍋に亜ヒ酸を混入したとして十二月二十九日、殺人などの容疑で起訴した（健治被告は詐欺罪）。

この事件ではまた、閑静な住宅地に長期にわたり多数の取材・報道陣が集まり、付近住民や事件関係者を異常な

環境に追い込んだとして批判を浴びた。和歌山地裁の小川育央裁判長は一審判決の中で、一連の報道で被告側に与えた被害は「一種の私的制裁に近いものがあった」と指摘した。さらに事件の公判で和歌山地裁が、民放テレビ番組の録画、編集したビデオテープを林真須美被告の供述証拠として採用したことをめぐっても論議を呼んだ。

九月一日、産経新聞が北京に中国総局を開設した。産経新聞は、昭和四十二年に反中国報道を理由に国外退去命令を受けて以来、三十一年ぶりに常駐特派員を置くことが許可されたわけである。これまで唯一、台北支局を開設していた産経新聞が、北京を中国総局とすることによって「一つの中国」の原則にかなうものと認められたわけである。これをみて、報道各社は次々に北京支局を中国総局に改称して台湾取材に乗り出し、十一月から共同通信、朝日、読売、日本経済新聞、時事通信、十二月にはNHKが台北支局を開設している(毎日新聞は翌年三月、東京=中日新聞は七月)。また戦後の新興紙として、長く北海道民に親しまれて来た北海タイムスが九月三日に休刊した。

≪平成11年=1999年≫

初の脳死臓器移植　二月二十八日から翌日にかけて、臓器移植法施行後、初の脳死臓器移植が高知赤十字病院で行われた。脳死判定前の二十五日夜、NHKが七時のニュースで第一報を流すと、各社が病院に殺到、報道は過熱気味に推移したため、家族、病院、厚生省が報道側にプライバシーへの配慮を強く要請した。一方、厚生省記者会は二十七日「移植医療は完全な公開で行われるのが原則」とする申入書を厚生省に提出、医療の透明性確保とプライバシー保護の両面で課題を残した。五月十二日に慶応義塾大学病院で二例目の脳死移植が行われ、多くの社が朝刊で第一回脳死判定を報じたが、毎日と産経は第二回の脳死判定後まで待ち夕刊で報じた。六月十三日には宮城県の古川市立病院で三例目の脳死判定が行われたが、事故によるケースは初めてで、事故発表とプライバシー確保に問題が残った。四例目は二十四日、大阪府吹田市の千里救命救急センターで脳死判定が行われ、読売、日本経済、東京新聞は第一回判定実施を朝刊で、朝日、毎日、産経は脳死確定後、夕刊で報道した。厚生省は臓器移植専門委員会で情報開示の在り方について審議した結果、二十九日、公表は当面、第二回脳死判定終了後を原則化するとの方向を示した。

警察不祥事報道　注目されたのは、時事通信が九月二日に送信した「警察内部で集団暴行　部下らに短銃威嚇や手錠　七人を処分　公表せず」をきっかけとする神奈川県警の一連の不祥事である。松永努社会部次長は「当初、県警の対応は完全否定、紙面をもたない通信社にとってキャンペーンで追及していくのは容易ではないが、他社も支援するように当局を追及してくれたのは有り難かった」と言っているが、元巡査長が押収したネガフィルムで女子大生を脅迫していたというのは、毎日と神奈川新聞のスクープだった。時事通信はさらに十月三十一日に「元警部補の覚醒剤使用疑惑で犯人隠避か証拠隠滅の容疑で立件を検討」、十一月三日には「元警部補の関係先からの覚せい剤発見を握り潰していた疑い」を他社に先駆けて配信した。これら一連のスクープは「警察組織の閉鎖的な体質や腐敗を暴き、全国で相次いだ警察批判、不祥事報道の端緒となり、警察刷新会議が設置されるなど警察改革に結びついた」ものと高く評価され新聞協会賞を受賞している。

販売面では、販売競争の正常化に中心的に取り組んできた新聞公正取引協議委員会に、初めて販売店代表が加わることが四月に決定され、新聞社側と販売業者がともに新聞公正取引協議会を構成して、販売の正常化と業界の発展に取り組むことになった。

九月三十日茨城県東海村の民間ウラン加工施設で、日本初の核燃（臨界）事故が起こり、作業員や周辺住民が被ばく、各社は現場に近い地域への新聞配達を見合わせた。とくに屋内退避した半径十キロ以内の地域では、翌一日の朝刊が配れないか、大幅に遅延した。自然災害時を除いて新聞が配達できなかったというのは初めてのことではなかったろうか。

一月四日、日本写真新聞社が業務を停止、二月一日に中央公論社が読売新聞社の傘下に入った。五月七日には情報公開法が成立している（二〇〇一年春施行）。

≪平成12年＝２０００年≫

旧石器発掘捏造事件　『旧石器発掘ねつ造　宮城・上高森遺跡　調査団長の藤村氏　自ら埋める「魔がさした」認める

日本に七十万年以上前の前期旧石器文化が存在したことを証明したとして、世界的に注目を集めている宮城県築館町の上高森遺跡で、10月22日早朝、調査団長である東北旧石器文化研究所の藤村新一副理事長が一人で誰もいない現場で穴を掘り、石器を埋めるところを毎日新聞はビデオ撮影し、確認した……』（毎日　十一月五日）

藤村氏は数多い遺跡で石器を発掘し日本の旧石器史の最古記録を塗り替え、上高森遺跡は高校の日本史教科書にも一九九八年から記載されていたが、この捏造発覚で、わが国の前期旧石器時代の研究は根底から見直されることになった。

発覚の経緯は、疑惑情報を得た毎日新聞北海道支社の報道部が、取材チームを編成して八月末から二カ月間、藤村氏の動静を追い、北海道新十津川町の総進不動坂、上高森などで写真・ビデオ機材による裏付け取材に成功、本人も捏造を認めたもので、全国の遺跡の検証作業や歴史教科書の書き換えにも繋がった大スクープであった。

高知県やみ融資究明　「県が12億円やみ融資　特定協組救済に　制度隠し予算流用」高知県が特定の協業組合、南国市の縫製協業組合「モード・アバンセ」と高知市の「土佐闘犬センター」を救済するため低利の融資制度を新設し、予算を流用して公金を融資した上、その事実を隠蔽していたことを、高知新聞は三月一日の朝刊で特報、以後翌年七月六日まで長期にわたり調査報道を続け、「黒い陽炎　県やみ融資究明の記録」を企画連載した。取材の発端から第一報まで三年、その追及の中で特定の団体幹部や県政に深く食い込んだ特定人物の威圧的言動に、県幹部が無限的に譲歩を続ける図式が判明した。県議会は百条調査特別委員会を設置して徹底調査を続け、元副知事らの背任容疑での逮捕、起訴にまで追い込むことになる。このキャンペーンは、県政の裏面を抉るとともに、全国の自治体に警鐘を鳴らした優れた調査報道と新聞界でも高く評価されたものである。

「二十一世紀を迎え、日本新聞協会の加盟社はあらためて新聞の使命を認識し、豊かで平和な未来のために力を尽くすことを誓い、新しい倫理綱領を定める」として、六月二十一日、新しい新聞倫理綱領が制定された。二〇世紀を終わるに当たって、新聞界が最後に残したものである。新聞倫理については、戦前から心ある先人がつねづね後輩新聞人に語り継いで来たものである（福沢諭吉が時事新報に残した言い伝えなどが知られている）。だが新聞界全体の統一的綱領ができたのは、昭和二十一年七月の新聞倫理綱領からで、日本新聞協会は、この「新聞倫理綱領を守ることを約束する新聞、通信、放送事業者」で構成する（定款第六条＝入会資格）団体である。倫理を守るために作られている業界団体というのは他に例がないと思う。今回の新綱領は、旧綱領の基本的精神を受け継ぎながら、時代に合わせて、字句・表現を改定するとともに、人権の尊重を特記し、言論、表現のみならず販売や広告までを視野に入れた綱領にしたところに特徴がある。

言論報道機関に対する世間の目が厳しくなっていることに対処し、毎日新聞は十月十四日「開かれた新聞」委員会を創設、十六日から読者からの意見の受付を開始したが、以後このような外部の意見を聞く組織が次々と各社に設置されていった。

福島民報と福島民友が三月三十一日で夕刊を廃止、十月四日には、大正十二年以来の伝統をもつ写真週刊誌「アサヒグラフ」が十月十三日号をもって休刊した（臨時増刊号はシドニーオリンピック号で休刊）。

第十二章(付)　通信社の発達

通信社形成の三特徴

幕末、日本に新聞があらわれてからすでに百年以上を経過している。初期の新聞は——外国の発生期の新聞と同じく——海外ニュースで紙面を埋めているが、これらはすべて、海外から船が港にはいるたびに、そのもたらすニュース、新聞に材料を得て作られていたものである。明治になって東京を初め全国各地に新聞が輩出してくるが、これらの新聞のニュースは、国内記事が主で、国外のニュースは、横浜で出た英字紙からとったものが多かった。地方の新聞のニュースは、その東京の新聞のニュースをさらにまた写したものであった。

日本に最初に外国ニュースを供給したのはロイターで、一八七一年（明治四年）に長崎と横浜に支局を開設したと言われているが、これも日本の新聞社に直接ニュースを配信するものではなく、横浜在留の外人商社ならびに個人に、上海に来た同社のニュースを配布していただけのようである。

だが、これに目をつけたのが「時事新報」（明治十五年創刊）で、横浜のイギリス商人と交渉し、非常な努力の末に、同文の配信をうけることに成功し、続いて「東京朝日」、「大阪朝日」、「東京日日」、「大阪毎日」、「国民新聞」その他が「時事新報」と交渉して、共同でロイターのニュースを購入するようになる。年代はずっと下って明治二十年前後のことである。わが国に初めて近代的な通信社があらわれたのもこのころで、今から八〇年ほど前のことであった。以後、日本には大小数多くの通信社があらわれまた消えて、今日に至っているが、初めに、戦前の日本の通信社の形成に大きな影響を及ぼした三つの特徴について触れておきたい。

第一は、初期の通信社は、なんらかの意味で政党、政派と結びついて誕生し、発展してきたことで、この傾向は、新聞の場合と同じく、昭和の初期まで残っていること。

第二は、通信社の経営が広告代理業の経営と結びついて行なわれていたものが多く、第二次大戦前までの通信社は、一部を除いてほとんど、通信と広告の兼営で行なわれていたこと。これは、地方紙にとっては、ニュースの配信と同時に広告を得る便があったことと、通信社にとっては、通信料と広告料を相殺して通信料の滞納を防げる便があったからである。

第三は、以上のような傾向をもつ国内通信社とは別個に、ナショナル・ニュース・エージェンシーという新しい理念をもつ国際的通信社の必要が、国家的見地から要請され、これが、国家の保護を背景に、在来の国内通信社を打倒、吸収して、国家代表通信社の地位を獲得するに至ったこと。以上の三つが基調をなして、日本の通信社を興隆させ、また衰退させていったのである。以下、日本の通信社の歩みを、六つの時期に分けて概観してみよう。

通信社の創生――明治20年〜25年

この時期は、日本に初めて通信社が出現した時期である。ちょうど明治二十三年の国会開設を含むこの時代は、政府と自由、改進の民権派の政争がはげしくなっていた時期でもあり、言論、報道機関の役割りは、非常に重視されていた。このような時代を背景に成立した初期の通信社は、いずれも（ごく一部を除いて）なんらかの政治的意図をもって作られたものであった。だが、当時はまだ日刊新聞が十分に発達しておらず、通信網も不完全（電話は明治二十一年から用いられていたが、加入者の募集を開始したのは二十三年で、交換業務が始められたのは同年十二月十六日から。鉄道も東海道線が全通したのは明治二十二年、山陽線は明治二十七年に開通、無電が実用に供されるのは日露戦争以後）だったため、経営は苦しく、社内紛争や政治的対立から間もなく解体したり、衰亡に陥ったものが多い。つぎにこの時期にあらわれたおもな通信社をあげておこう。

外国の例を見ても、通信事業は商業通信から始まる例が多いが、明治二十年（一八八七）六角政太郎という人が『東京急報社』という相場専門の通信業を始め、大阪の堂島から江戸橋電信局に打電してくる米相場の高低を、急報社の社員が受けとり、川向こうの蛎殼町へ手旗信号で速報し、また米相場の動きを文章で通報して顧客をふやしたと言われている。これが日本における商業通信の元祖で、後に社の業績が不振に陥り、一時解散したが、木村政次郎がうけついで事業の経営にあたり、明治三十七年に合資会社商業通信社となり、大正八年に株式会社と組織を変更し、昭和十二年十二月、株式会社『日本商業通信社』（同盟通信社の子会社）に吸収合併されるまで続く。

『時事通信』の創設　ついで明治二十一年一月四日、わが国における最初の近代的通信社『時事通信社』が三井の益田孝によって創立された。これは清浦奎吾（第一次伊藤内閣の内務大臣山県有朋の下で警保局長をしていた）のきも入りでできた御用機関で、政府の代弁的論説や各官庁の発表文書、出先記者がニュース交換所で手に入れた社会のできごとなどを新聞の編集資料として各社に提供したものであった（一般希望者にも配布）。だがこの時事通信社は社内の紛争、政治的対立から、三か年足らずで休業状態となった。

そのほか、このごろできた通信社のうち、おもなものをあげておくと、明治二十三年一月十日、矢野文雄（郵便報知新聞社長）によって創設された『新聞用達会社』（改進党支持）、同年十一月清浦奎吾が警保局の機密費で創立した官営通信社『東京通信社』、明治二十四年一月漆間真学が伊藤博文の支援を得て設立した『日本通信社』などがある。

このうち『東京通信社』は、政論を主に、各官庁の発表ものを流し、経済や社会問題は全く取り扱わなかったが、明治二十五年五十嵐光彰が社長に就任してから次第に政府機関の色を薄くして業績をあげることに専念した。大正にはいって、政友会の代議士山口恒太郎の経営に移るが、山口は十三年、匿名組合に改組して広告代理業や写真通信を開始、昭和十六年まで存続した。全盛期は日清〜日露戦争の前後十数年で、日露戦争の時は参謀本部や陸軍省の上層部と密接な連絡をとり、戦況ニュースは他社より数時間も早く入手したため、新聞社はこれによって号外を発行したといわれている。

『日本通信社』は最初、政府発表の公文書だけを各新聞社に流していたが、次第に政治、経済、外交、教育、宗教、社会のできごとも通信するようになった。当時たまたま、皇室の動静を通信したところ、各社がこれを非常に歓迎したので、以後「雲上録」「宮廷便り」という特別欄を設けて連日皇室ニュースを流すようになった。これが宮廷通信の元祖である。

この通信社は明治三十九三月、韓国統監府が開庁され、伊藤博文が統監に就任するとともに京城に支局を設けているが、これは日本の通信社の海外進出の初めである。その後大正中期ごろまで盛況を続けるが、宮廷通信専門の『千代田通信社』の出現（大正二年）などがあって、漸次衰え、昭和十五年に解消した。

当時の海外における通信界の様子をみると明治二十三年（一八九〇）、ロイター（英）、アバス（仏）、ウォルフ（独）の三社協定の期限が満了したが、新たに一〇年間の新協定を結び、ロイターは東亜全域、アバスは南米全域のニュース独占配布権をにぎった。

有力通信社の誕生——明治25年〜大正3年

この時期は、『帝国通信社』の創立に始まり、三十年代の半ばには『電報通信社』が誕生、いわゆる有力通信社の発生期である。この当時の通信社もまだ政党・政派の系列からは抜けきらないが、日清、日露の両戦役を経て、読者のニュースに対する関心、要望は非常に高まり、それが通信社の飛躍的発展をもたらす契機となる。海外電報が重要性を増し、日本の通信社が外電と契約を始めたのもこの時期である。

『帝通』の創立　まずこの時期の通信社としては、明治二十五年五月十日に創立された『帝国通信社』（以下帝通と略）をあげねばならない。帝通は『新聞用達会社』と『時事通信社』が合併してできたもので（竹村良貞社長）、内地の政治、経済ニュースを地方へ送信することを目的としていた。だが、この『帝通』は、設立の経緯からみてもわかるように、改進党の機関通信として登場、同党の主義、主張を宣伝したので、政府は、『帝通』に対しては極端な弾圧を加え、しばしば発行停止を行なっている。だが前にもみたように『東京通信社』は、政論や各官庁の発表ものを主に流していたため、各社ともニュース報道については必然的に『帝通』に依存せざるを得なくなり、契約新聞社も『東京通信社』と伯仲するほどに成長した。

明治二十年代の後半、一時内紛から竹村社長が退き、精彩を欠いた時期もあったが、明治三十年社内の総意によって竹村が再び社長に復帰してからは、社業も順調に推移し、日露戦争ではさらにいっそうの発展をとげ、おくれて出てきた『日本電報通信社』と並び、わが国の二大通信社として新聞界を分け合うことになる。

そのほかこの当時の通信社で特色のあるものをあげておくと、明治二十六年五月五日、博文館主の大橋佐平によって設立された『内外通信社』がある。当時日本にはいっていた海外電報は、横浜の英字紙ジャパン・デーリー・メールのロイター特電だけで、日本の新聞はこのメールの電報を翻訳して転載していた。そこで大橋は、直接外電の契約を結ばねばならないと考え、横浜のロイター代理店と交渉して直接契約に成功、通信社を創立したものである。

だが当時の国民にはまだ外電に関する関心が低く、一時はかなり名声を博したものの（契約新聞社八〇社）収支つぐなわず、明治三十年博報堂の瀬木博尚に無償で譲渡してしまった。その後はめざましい発展はなかったが、地方新聞相手に堅実な経営を続け、戦後も文芸ものに主力をおいて地方紙に通信の供給を続け、昭和三十年四月博報堂に吸収されるまで続いている。

三十年代にはいると、『自由通信社』『独立通信社』『朝野通信社』などが創立されている。『自由通信社』は三十二年二月十一日星亨が自由党の主義主張を宣伝するために創立したもので、政治ニュースを主に、広告、出版などの業務を兼営した。星亨が横死した後は、西園寺公望が主宰し、自由党（後に政友会）の全盛期――とくに原敬内閣時代には通信の威力を発揮した。第一次大戦がおこった時には、わが国最初の「英文通信」を創刊し好評を博したが、政友会が政権を離れると次第に衰え、関東大震災で大打撃をうけ、日華事変当時は広告代理業を営むにすぎなくなっていた。

そのほか自由党機関としては明治三十二年に『明治通信社』、政友系としては明治三十九年一月、菊池武徳（政友会代議士）によって『朝野通信社』が政友会の主義主張を宣伝する機関として創立された。一方、これらの政党政派を背景とした通信社とちがって、外交問題を専門とする『独立通信社』が明治三十六年五月、財部元次郎（萬朝報記者）によって創立された。これは文字通り厳正中立をモットーとし、外交、軍事、政治ニュースを、東京で発行する新聞社に提供したものだが、財部は小村寿太郎外相と懇意だったため、つねに外交問題では光彩を放っていた。

『日本電報通信社』の創立　このように、いろいろな通信社が誕生している中で、もっとも注目すべきは『日本電報通信社』の創立であった。

これは明治三十四年七月一日、光永星郎が広告代理業『日本広告株式会社』の併設機関として創立したもので、最初は『電報通信社』と称し、権藤震二が担当していた。当時『帝通』は断然頭角をあらわして、地方紙に通信を送っていたが、内地の政治、経済ニュースのみを扱い、外国電報までには及んでいなかった。そこで、外電吸収の道をふさがれていた地方紙は中央の早出の新聞の記事を切り抜いて、それを暗号で送っていたような状態だった。

この時出現した『電通』は、ロイターと契約して、東京のみならず地方各紙に提供するとともに、内地通信では社会部材料の収集で特色を示した。

だが当時の地方新聞の実情は、今日では想像もつかないほど貧弱なものだった。

光永星郎の談によると、宇都宮の下野新聞に通信の勧誘にいった時、「通信はもらうが、その代わり、月五円以上の広告を必ず入れる一札を入れてもらいたい」といわれる始末(当時の通信料は月五円)、名古屋に行くと、名古屋の四社は連合して『帝通』から月三五円で通信をとり、月番を設けて四社に分かち、さらにこれを岐阜、三重の新聞社に転売、四社は結局無料で通信をとるばかりか、号外ものは四社のみで占有していた、という状態だった。

したがって光永がなんのバックもなく、通信社を創立するには非常な困難があった。光永は日清戦争の時、福岡日日新聞(現西日本新聞)に従軍記を送っていたこともあり、個人的関係から福日とは非常に縁が深く、また『日本広告株式会社』を作る時も、福日が全面的にバックアップしていた。だがその福日すら最初は『電通』の通信を相手にせず、『帝通』を採用している。当時福日は超一流の地方紙であったが、この福日が『帝通』を断わって『電通』一本やりとなったのは明治三十九年からである。

この年、光永は、新たに資本金二〇万円で『日本電報通信社』を創立して『電報通信社』を買収合併し、翌四十年八月、『日本広告株式会社』をこれに合併した。また四月には京城に支局を開設、六月二十一日にアメリカでUPが創立されるや、ただちにこれと契約(七月)するなど、めざましく業務を拡張(明治四十二年七月、国内枢要の地五四か所に常設通信員を設置)、このころから帝通とならんで通信界に不動の地位を占めるようになる。

なお、『電通』は、特別な政治的色彩をもって創立されたわけではなかったが、光永の個人的関係、とくに板垣退助、野田大塊らとの親密さや、民政系の『帝通』に対抗して勢力を伸ばした関係上、その契約新聞社には政友系の新聞が多く、一般に『電通』は政友会系とみられていた。

この当時の通信界の様子を概観しておくと、明治三十年代中ごろでは、東京に近い相当名の知れた新聞でも、まだ電話機の設備がなく、『帝通』からニュースが送られるころを見はからって郵便局に行き、電話口でその要領を速記して編集局に持ち帰るという状態だった。しかし日露戦争が終わって通信の需要がふえるころから、次第に報道用通信、電話の規則も整備されるようになった。

明治三十九年六月には、至急通話制度（料金は二倍）が設けられ、市外専用電話も七月から認可された。四十年には予約新聞電話規則が制定、四十一年五月から夜間通話制度も設けられた。また新聞電報規則も四十年一月に実施され「新聞電報は、電報取扱時間にかかわらず取扱う。料金は、普通新聞電報は五十字までごとに二十銭（一般の約$2/5$）、予約新聞電報は普通新聞電報料の三割五分引きという低額にする」こともきめられた。それでも当時の電信・電報の量というものは「日本における新聞通信社で、最も電報なり電話なりを使用しているのは、日本電報通信社で、その予約電報は六区間毎日五千字、予約電話はその区間十一か所で、通話料は約五十通話に達し、殆んど、全体の$1/3$を占めている」（明治四十一年十二月電通創立七週年式典で逓信省小松謙二郎通信局長が述べた談話）程度であった。

対外通信社の登場——大正3年〜15年

以上のような発達をとげて、わが国の通信界は、『帝通』、『電通』の二大通信社の対立時代にはいったわけだが、その通信はほとんど国内だけで、外電を直接扱っていたのはUPと契約していた『電通』だけ。それも当時のUPはまだ世界的な通信社ではなく、アメリカの一小通信社に過ぎなかったから、世界のニュースを知ろうとすれば、どうしてもロイターと結ぶより方法がなかった。そこで朝日、ジャパン・タイムズ、時事新報などは、上海から横浜にくるロイター電を特約してとっていたが、当時のほかの新聞はとても通信料を払う余裕などなく、しかたなく横浜の英字紙ジャパン・メールにのったロイター電を数日おくれて翻訳、転載している始末だった。

『国際通信社』の設立　このような時に、国家的見地から通信事業に目を向けるひとりの人物があらわれた。その人物とは、明治四十二年八月、日本から渡米実業視察団が派遣された時、団長としてアメリカを訪れた渋沢栄一で、アメリカにおいて日本に関する記事が質、量とも貧弱であること、かつ、悪意に満ちた通信すらあることを知って、日本に対外的通信社を設立する必要を痛感して帰国した。

つづいて四十四年、極東旅行の途中、日本に立ち寄ったAPの総支配人メルビル・ストーンが「日本が独立を全うするためには、まず第一に国家代表通信社《ナショナル・ニュース・エージェンシー》をもたなければならない」と説いたことから、対外通信社設立の機運は熟してきた。

このころ、米国カリフォルニア州では、猛烈な排日事件がおこっていたが、この事件がきっかけとなり、大正三年二月、日本と海外諸国との相互理解と親善関係を増進する目的をもって、牧野伸顕、渋沢栄一、樺山愛輔ら有力者の唱道で『国際通信社』が設立されることになる。代表社員は樺山愛輔、八十島親徳、総支配人は、もとAPの東京支局長ジョン・ラッセル・ケネディであった。

だが当時の世界の通信界は、ロイター、アバス、ウォルフにニューヨークAPを加えた四社にがっちりにぎられ、ニュース収集、配布の独占地域を定める協定が結ばれていた（極東はロイターのテリトリー）。したがって『国際通信社』を設立したものの、現在のように諸外国の通信社と勝手に契約することなどは到底できず、ロイターを通して海外ニュースを得る、つまり、日本国内でのロイターのニュース配布権を獲得したにすぎず、発起人たちが期待したような対外ニュース輸出機関という構想とは似ても似つかぬものだったわけである。（注）

（注）　新通信社がロイターに支払う通信手数料だけでも月二〇〇〇円、それに対し『国際』が各新聞社から受け取る購読料金も、全部で二〇〇〇円余りにすぎなかった。したがってそれ以外の経費はすべて赤字で、この赤字は外務省の補助金によってまかなわれていた。

『国際』が生まれる以前は『電通』も『帝通』もともに上海からロイター電の転電をうけていた。だが『国際』がロイターと正式契約を結んだため（ロイターなど世界通信社連盟加入社と競争関係にある通信社と契約を結んでいる社には、ロイター系の通信社は通信を供給しないという契約があった）『電通』のＵＰとの契約が問題になり、ついに『電通』は『帝通』との関係からＵＰをとりロイターを捨てることになる。

このように、『国際通信社』は、当初のねらいとはかなり食い違ったものになってしまったが第一次世界大戦という日本の国際舞台への登場を背景に、外国に日本の新聞界の目を向けさせた功績は無視することはできない。

『東方通信社』　もう一つこの時代の通信社で注目しておきたいのは『東方通信社』（宗方小太郎社長）である。『東方』も『国際』と同じく対外広報活動の必要から大正三年十月一日、上海に創立されたもので、中国におけるドイツの排日活動に対抗するために作られたものである。当時、中国はロイターの活動地域になっていたので、『国際』が中国にニュースを送り、配布することは禁ぜられていた。

初め『東方』のニュースは、日本の宣伝通信社だというので容易にうけつけられなかったが、日華関係のニュースが多くなり、また『東方』も中国の主要な各地に支社、支局、通信員をおくようになってから次第に重視されるようになってきた。だが第一次大戦が終わると国際関係は非常に複雑になってきたので、政府内部に強力な広報機関と対外通信社を設けようとの声が起こり、対華広報活動を強化するため、大正九年八月一日、『新東方通信社』を組織、本社を上海から東京に移した。（『東方』の財政は、外務省が年間四五万～五〇万円の助成金を出し、そのほか電報料の名目で時々一〇万円ぐらいを支給していた。）

さて、当時、国内の通信界では『帝通』と『電通』がしのぎを削っていた。まず外電をみると『国際』の海外電報は、東京と大阪の新聞に対しては『国際』が直接配布していたが、地方紙に対しては、『帝通』が一手にこれを配布していた。『帝通』はさらに、大正十三年、ドイツのナウエン放送の独占権を獲得、また、フランスのボルドーの無電放送を受信、昭和二年にはアメリカのＩＮＳとも特約を結んで外電網を充実した。

他方『電通』は、UPとの同盟関係をますます強化する一方、積極的に中国大陸の通信網を拡充、中国主要都市に対しては、くまなく通信網を敷設、また、パリ講和会議、万国労働会議やワシントンの軍縮会議には、上田碩三通信部長らを特派してこれに対抗した。

日本の通信社が本格的に特派員を派遣しだしたのはこのころからであり『電通』がニューヨーク、ロンドン、パリ、ベルリンに支局を設置したのも大正十年から十一年にかけてである。また国内の新聞社に対しては、大正十一年、同報電話を架設、大正十三年には東京・福岡間に初の私設長距離専用線を設置するなどしてサービスにつとめた。

通信自主権の確立——『聯合』の成立から電聯合併まで

以上のように大正期を通じてわが国の通信社は発展してきた。だが外電に関する限りは、わが国はロイターの属領たることを逸れず、『国際通信社』も初期の目的たる国家代表通信社の資格に欠けていた。ここにあらわれたのが岩永裕吉であり、岩永は古野伊之助とともにわが国の通信の独立のために力をつくすことになる。

岩永は大正十二年、支配人ケネディに代わって『国際通信社』を主宰するようになるや、まずロイターとの不平等条約を打破することに全力をあげた。そしてついに『国際』は三万ポンドの代償を支払い、ロイターを日本のニュース市場から完全に撤退させ、日本領土はすべて『国際』の独占的ニュース市場として経済通信とともに自主的ニュース配布権を獲得するのに成功した。続いて岩永は大正十四年モスクワに行き、ソ連国営のロスタ通信（現在のタス）と対等の通信契約を結んだのである。

次になしとげたのが、『国際』の組織変更であった。当時の『国際通信』は毎月赤字続きであった上、このような組織では到底通信の自主権を確立することができないと考えた岩永は、APのような、新聞社の共同機関による通信社の設立を各界に説いた。

その結果、大正十五年五月、報知、東京日日（現毎日）、東京朝日、中外商業（現日経）、国民（現東京）、時事新報、大阪朝日、大阪毎日八社の共同機関としてできたのが『日本新聞聯合社』（昭和二年に新聞聯合社と改称）で、これは『国際通信社』と『東方通信社』を合併して成立したものである。

この『聯合』の成立によっていちばん打撃をうけたのは『帝通』であった。前にもみたように、従来の『国際』の外電は、『帝通』を通して地方各紙に流されていたが、『聯合』は昭和二年四月、『帝通』との外電供給契約満期を機会に『帝通』への外電委託契約をとりやめ、地方新聞二十数社に直接外電を供給することを決定すると同時に、国内ニュースも自力で収集配布するという画期的な方針を定め、五月一日から実施した。

この期に及んで、外電のつながりをもたず政党との縁も絶ちきれず、ついに時代に立ちおくれた『帝通』は急速に衰亡の一途をたどり、昭和四年破産の宣告を受ける羽目におちいる。

一方『聯合』も国内ニュースの収集を始めたものの、すぐ組織の弱体を暴露したので、昭和三年四月、地方有力新聞社二九社を説いて「全国地方新聞聯盟」を組織させ、『聯合』との間にニュース交換契約を結んで、全国重要ニュースの取材網を完備することとなる。

さらに『電通』におくれはしたが、昭和四年東京—神戸間に専用電話線を開通させ、翌五年には同報電話で商況通信を開始している。

一方、『電通』はますますその地歩を堅め、大正十五年の末には航空部を新設、昭和三年には、朝日、毎日と同時に東京—大阪—福岡間に写真電送機を設置、秋の京都における御大典の模様を写真伝送したのを初めとして、内外重大事件の写真速報に好成績をあげるなど、目ざましい活躍を示している。

なおこの時期の国際的動きとして注目しておきたいのは、国際連盟の援助の下に大正十五年八月初めて世界の通信社代表会議がジュネーブで開かれ、日本から頭本元貞（聯合）、老川義信（電通ドイツ駐在）の両氏が出席していること、昭和二年八月には新聞専門家会議がジュネーブで開かれ、日本からは伊達源一郎（聯合）、上田碩三（電通）、上野精一（大朝）の三氏が出席、「欧米大陸とアジア諸国との通信の改善及び料金の低減並びに新聞後廻電報の創設案」（上田碩三提案）、「虚偽の報道掲載差控方勧告案」（上野精一提案）などを提出、いずれも本会議で可決確定していることである。

もう一つ注目すべきことは、日本の通信社が長年の懸案であったロイターの束縛を脱して、初めて通信の自主権を確立するのに成功したことである。従来『聯合』はロイターから従属的取り扱いを受けており、APやアバスとの契約もロイターを通じないで直接に契約することはできなかった。昭和八年APの総支配人ケント・クーパーの来日を機会に岩永は聯合・AP間のニュース交換契約書に調印、それからロンドンのロイター本社に乗り込んで、ロイターと対等の契約を結ぶことに成功、英国以外の地域でニュースを取材、配布する権利を獲得した。

国策通信社の興亡——電聯合併から同盟解体まで

ところが、このように日本の通信社が対外的にも対内的にも独立を完成しつつあった時期に、時局はだんだん変わりつつあった。

昭和六年の満州事変ぼっ発を機に、陸軍、海軍、外務三省の情報関係代表者は、欧州大戦後の国際的宣伝情勢、国内における新聞通信社の現状、無線電信電話放送の発達にともなう技術的統制、とりわけ満州事変以後のわが国の対外的立場等について意見を交換した結果、電通、聯合を一つにした大通信社をつくること、その方法としては、全国の新聞社通信社を糾合し、政府、新聞、通信界一体となってこの計画を推進せしめるという根本方針を採択するに至った。

だが、この電聯合併問題は難航した。とくに『電通』側の有力紙、福岡日日を筆頭に、北海タイムス、河北、名古屋、新愛知、中国新聞、中国民報など、日本新聞聯盟、土曜会を中心とした有力地方紙はこの企てを言論統制としてこぞって反対した。中央紙の中でも言論の一元化を心配する人びとの中には反対の声が強かった。しかし国策はいかんともすることができず、昭和十一年一月一日、『新聞聯合社』は解散して『同盟通信社』が発足、六月一日にはついに『電通』も通信部を『同盟』に引き渡し、『同盟』の広告部は『電通』に合体することで、電聯合併問題はけりがつき、以後『同盟』は国策通信社として軍国日本とともに敗戦への道を歩むことになる。

この『同盟』成立にあたり、広田弘毅外相は「通信社の仕事は由来公益的性質を帯び国家的使命を有している……政府はわが国の通信施設を国際的新聞通信事業のために最効果的に使用せんとする国家通信政策の目的からこの事業に多大の関心をいだくのであります」と語り、床次逓相も「国際政策上、わが国にも一大通信社を設立する必要のあることについては、私も全然同感でありまして、国策上本通信社の設立を希望してやまないのであります。わが国におきましては、何分日本電報通信社と新聞聯合社との二社が対立いたしておりますす関係上、ニュースの放送が重複するのみならず、内容に関しても結論が異なるため、対外放送の全能力が発揮するに至らぬの であります」と語っている。国論統一をねらった政府の意図が成功したわけだ。

通信社の威力は国力に比例するといわれているが、こうしてできた『同盟通信』は、緒戦の勝利で、日本の勢力が東南アジア、中国に伸びるに従って、そのエリアを拡大し、一時は国際的通信社として世界に雄飛した。

しかし、日本の国家、いや軍閥とともに発展した『同盟』は、敗戦によって軍閥がほろびると、自己もまたそれと運命をともにしなければならない宿命をになっていた。

戦後の再編成――『共同』と『時事』の共存

昭和二十年八月十五日の敗戦によって、日本に進駐してきた連合軍総司令部は、九月二十四日、「日本政府のニュース統制排除、各国の外電通信供給の自由、外国ニュース発行の自由、政府の助成機関たる『同盟通信社』の特権排除」を内容とする「新聞の政府からの分離」を指令した。これは『同盟』にとって致命的な打撃であった。即日古野伊之助同盟社長はGHQを訪れ、同盟解散の意志を表明した。

だが戦後の国内、国際情勢をみるとき、一刻も通信社がなくては、新聞は出してゆけない。さっそく新しい通信社設立の準備会議が、中央三社、ブロック社など、大手一四社の間で開かれたが、「新通信社に対する新聞側の要望は、『同盟』と全く異なる精神と態度をもつもの」というにあった。

かくて『同盟』は十月三十一日解散し、十一月一日から新しく、新聞社の組合機関として内外ニュースの供給を第一義とする社団法人『共同通信社』が発足した(当時の加盟社総数六〇社)。

同時にこのとき、『共同』は「新聞社および放送局を対象とする新聞通信を経営するをもって目的とし」、別に「一般購読者を対象とする時事通信、経済通信、出版事業などの経営を目的とする」株式会社『時事通信社』が設立された。旧『同盟』の業務は、『共同』と『時事』の二つの社に分離されたのである。

『共同通信社』の発展　戦後の『共同』の任務は、まず第一に、戦争中の鎖国状態から抜け出すために、外国通信社との通信契約を回復することだった。そこで十一月一日業務開始とともにAP、同十日にUP、翌二十一年一月一日にはロイターと契約を結んで新聞界の要望にこたえた。だが当時は占領下であった上、戦後の異常な世相、インフレなどの影響もあって、新しく発足した『共同』の歩みは決して容易なものではなかった。たとえば、ニュース速報一つをとってみても、二十三年一月の帝銀事件の際、第一報の出稿が午後七時の検閲時間を二五分過ぎたばっかりに、ニュースを手にしたまま一夜をすごすというひどい目にあわなければならなかった。

二十三年七月、GHQによるニュースの事前検閲制が廃止され、二十四年秋に夕刊が発行されるころから、新聞の自由競争もだんだんはげしくなってきた。一方、国際ニュースに対する一般の関心も次第に高まり、それにつれて外電受信語数も創立当初の一日平均一万五〇〇〇語から、二十四年には七万語、二十五年には九万語と飛躍的に増加していった。

さらに二十四年七月になって、初めて、自主海外取材が開始され、寺西五郎、つづいて岩永信吉、渡辺忠恕を短期特派させることに成功した。だが日本人による海外での自主取材への道は遅々として進まず、『共同』が海外に支局を設置できたのは、二十六年十一月ニューヨーク支局開設からであった。

このような状態の中にあって、『共同』のニュース活動に飛躍の機会を与えたのが二十五年六月二十五日に起こった朝鮮事変であった。事変の拡大にともない、この年十二月の『共同』外電受信語数は一日平均一三万語を記録、また中国軍の参戦で、『共同』の新華社ニュース受信が対外的にも大きく評価されることになった。

だが難局もあった。二十四年ごろからはげしくなっていた新聞の自由競争、とくに販売面での競争は、中央紙対地方紙という対立を生みながら全国に波及していったが、そのさなか、二十七年九月、朝日、毎日、読売三社が、『共同』を脱退するという事件が起こった。その理由は「三社はそれぞれ独自の通信網によって内外信を十分まかないうるので、共同に依存する範囲は急速度に減少した」それに対し「三社の分担金は膨大で、利用度に応じた分担金制度なども考えられたが、うやむやに終わった」というものであった。当時三社の分担金は月額一八〇〇万円で総収入の二五パーセントにあたり、『共同』の存亡にかかわる一大危機であったが、戦中の新聞統合による一県一紙体制で、かなりの地力をたくわえてきた地方紙は、この減収分を負担金の増額でカバーすることを了承、『共同』はピンチをきりぬけた。

この三社脱退は、中央紙対地方紙の対立をいっそう激化させる一方、地方紙の連帯感を急速に強めることになった。三社の方も、内信はともかく外信面においては『共同』脱退によりかなり不利になったことはいなめない。ついに三十二年二月から外信とスポーツ記事・記録は『共同』の配信を受けるようになる。

このような危機もあったが『共同』は二十六年から、新しく発足した民間放送に対するニュース・サービスを開始、二十七年から海外支局を拡充、特約外国通信・新聞社も大幅に増えた。とくに四十年代以降、日本の経済力が向上するとともに国際的地位が高まり、『共同』の受信、発信力が強まり、国際的取材力も強化された。一九六七年十一月のワシントン支局による「ポンド切り下げ」、北京支局による七九年二月の「中越軍事衝突」と八二年十一月の「ブレジネフ・ソ連共産党書記長死去」の世界的スクープなどはその現れである。

加盟社に対する通信設備も三十年代後半から飛躍的に伸びた。三十五年の漢字テレタイプに始まった技術革新は、その後の通信技術の革命的変化・進歩により一変した。国際通信網では平成元年二月に東京—ロンドン間にデジタル国際専用回線が開通、翌二年にはニューヨーク—ロンドン間の専用線が開通して、地球一周の国際デジタル専用線ループが完成した。四年十二月には長年の五輪報道への実績が評価され、IOC報道委員会への参加が認められ、十年一月の長野冬季五輪には大会公式通信社として協力した。加盟社への記事配信では、七年十月に電子編集システムが全社的に完成、八年には衛星デジタル回線で全国の放送局にニュースを届けるラジオ・テレビ総合システム「スターネット」が四月に運用開始、六月には、写真、グラフィックの送信が、総合画像システムの運用によりスピード・アップされている。

二〇〇二年現在、世界の主要都市約四十に海外支局を置き、提携外国通信社も四十数社に及んでいる。『共同』を構成する加盟社は、全国の日刊新聞およびNHKの六十社。ほかに民放関係の契約社百三十三社、ネット契約社五十三社、準社員社の朝日、毎日、読売など新聞十社が、『共同』の配信を受けている。

『時事通信社』の歩み　前にもみたように、『同盟』が解体した時、その事業と人員の一部を引きついで昭和二十年十一月一日に設立されたのが、現在わが国の二大通信社の一つ、株式会社『時事通信社』である。

『時事』が『同盟』から引きついだ資産は、各種活版通信、英文通信、「世界週報」の発行権と一七〇〇連の用紙割り当てだった。当初『同盟』の古野伊之助は、『同盟』を解散して『共同』と『時事』に分ける時、両社共存共栄するため、その業務活動の領域を定めたわけだが、当初の実情について長谷川才次氏は「終戦後、経済界などというものは実在していなかったのだから、時事通信社はニュース商品を売るマーケットを持ち合わせなかった。社長の話ではニュースをただで共同通信社からもらえばいい、専用線も支社局もただで使わせてもらう仕組みだということだったが、かまどを分けてみると、そうは参らない。しかも長年習い覚えたマス・メディアへのサービスは封じられているのだから、創業当時から六、七年間、私どもはほとんど食うや食わずの辛酸をなめました……。こういう不自然な取り決めは実行できないので昭和二十四年七月十四日、私が共同通信社の常務理事松方三郎さんのところに出かけて、円満な話し合いの結果、覚え書きを解消したという次第です」と語っている。

その結果、『共同』からの『時事』に対する外電およびニュースの供給は停止され、一方『時事』は、九月から全国新聞社に対する「特別通信」と「時事メール」の供給を始めた。

そして従来からの連絡通信網の強化をいっそう進めるとともに、昭和二十六年九月、対日講和条約が成立すると本格的に対外特派員の派遣を実施した。外国通信社との関係では、二十一年八月UPと経済通信の独占契約を結び、二十四年十二月にはAFPと一般ニュース契約、二十七年一月にはロイターと、日本における経済通信独占の契約を、二十八年一月にはAFPとも同様経済通信独占の契約を結んだ。

だが二十年代の終わりから三十年代にかけての経済不況は、『時事』の業績にかなりの打撃を与えた。この危機を経営の合理化、施設の機械化、生産性の向上によってのりきった『時事』は、三十二年「世界の動きを日本へ、日本の声を世界へ」という標語を決定、ナショナル・ニュース・エージェンシーの体制確立を目ざすことになった。そして三十三年には資本金を一億円に増資、三十四年から一般ニュースを火曜会系一一社に配信、有線、無線の連絡網を全国に張りめぐらすとともに、三十九年四月から、本格的に新聞、ラジオ、テレビへのサービスにのり出した。

これについて長谷川社長は「当時、通信社は一つで十分だとか、一つしか育たないといった意見が、かなり強かったのですが、私は独占の上に居眠りするのはよろしくないと考えておりますので、なんとかしてAPとUPIのような競争を実現して、お互いに切磋琢磨するようなことにしたい……共同通信が完璧なサービスというので、漠テレその他の施設に金をかけておりますが、時事通信はあくまで簡素に、ファクス一本やりで、お安くお願いする……共同通信社の報道ぶりがいわゆる進歩的傾向を示しているとすれば、時事通信社は健全な保守主義に立脚するというあんばいで、両社、車の両輪のように報道界に貢献する、これが私どもの理想なのです」と語っているが、初め三五社を対象に開始したこのマス・メディア向けサービスはその後順調に発展し、一九七四年一月現在全国の新聞、放送など一〇九社と契約配信している。

ところで、創立以来、時事通信社の責任者として運営にあたってきた長谷川才次代表取締役が昭和四十六年六月、退陣した。

これは長谷川代表の政・財界寄りの態度、現行憲法の破棄と教育勅語の復活を唱えるようなその姿勢(注)に対する反発が高まると同時に、その前近代的労務対策に対する不満が爆発したためであった。

『四十三年七月、取材部門を中心に時事通信労組(小原紳一郎委員長・二百六十人)が結成されて以来、賃上げ、通勤交通費支給要求などをめぐって労使が対立、とくにことしにはいってから、組合が若手記者の不当配転阻止を正面にかかげたのをきっかけに一月から五月半ばまで労使交渉の道も閉ざされ、組合は〝長谷川体制打倒〟を要求して、三月二十六日、四月二十八日の二回、二十四時間ストを実施、会社側がピケ破りに管理職を動員したため暴力事件が発生、警察が出動する騒ぎもあった。五月二十九日に開かれた株主総会でも報道姿勢をめぐって組合側から質問が出されて議事が混乱した。これらの事態から取締役会は「社内秩序に責任がもてなくなった」と総退陣を決めた』(毎日新聞　四十六年六月二日)

(注) たとえば政府が時事画報社(時事通信社の子会社)に編集を委託している『フォト』(昭和46年1月1日号)で長谷川氏は現行憲法を「一夜漬けのチャンコ鍋憲法」と攻撃。これが三月十八日の参議院予算委員会で問題となり、山中貞則総務長官の陳謝問題をひきおこした。

この後、七月十七日の臨時株主総会で新役員を選出、佐藤達郎福岡支社長を代表取締役に選任したが、この紛争も「三十六年間にわたって持っていた古い体質の是正」（佐藤代表）とみれば経営近代化の一過程といってよいだろう。

六十一年には「時事通信金融証券情報システム（MAIN-Multi-Access Information Network）」を開発、二月から為替相場情報をリアルタイムでビデオ画面に表示するオンラインサービスを開始した。以後「MAIN」の商品名で順次、情報内容や端末機器を追加した後継機を投入している。平成元年にはマスメファックスを完全に有線化、商況・商品ニュースをビデオディスプレー化するなど実務情報サービスの改善、充実に乗り出し、十年にはインターネット利用の「時事水産情報」サービスを開始、十三年には、インターネットに総合ニュースサービスである「JIJI Web」のサービスを開始している。

二〇〇二年現在、海外支局三十、特約外国通信八。ファクシミリ、ボイス、インターネット、電光ボード、印刷媒体などを使って、経済、商況などのほか一般ニュース、各種専門通信を多様な読者にサービスしている。

あとがき

本書は「新聞協会報」(日本新聞協会発行)に昭和四十二年一月一日から四十四年二月二十五日まで、百回にわたり連載した「紙面百年」をまとめたものである。この連載は『明治百年にあたって、過去一世紀にわたる日本の歩みを新聞紙面を通じてふりかえり、あわせて新聞自体の発達の跡もたどってみよう』という狙いのもとに『明治、大正、昭和三代におよぶ政治、経済、社会記事の中から、興味あるものを年ごとに選び、一回ほぼ一年の割りで連載』(第一回まえがき)、一回ごとに読み切りのつもりで執筆したものである。したがって「新聞通史」というより「紙面通史」とした方が、まだ内容にふさわしいかもしれないが、当初、「現代ジャーナリズム出版会」から出版するときには、できるだけ、新聞関係の事項を補足したつもりである。

その後一九七四年と一九八七年に一部改訂し、昭和四十四年から四十八年、四十九年から六十一年までのできごとを加筆したが、今回はさらに二十世紀最後までの平成の新聞界の主要なできごとを加えて増補四訂した。

ドイツの歴史家レオポルド・フォン・ランケは、歴史の評価は五十年たたないと定まらない、と言っているが、あらためて振り返ってみると、平成の新聞界の動きは、放送、雑誌、ニュー・メディア、インターネットの発展とからんで、新聞史上どう評価されるか、非常に興味をもって見られるところである。だが、明治三年十二月八日に創刊された横浜毎日新聞が鉛活字を導入して(同紙は当初から全面的に鉛活字を採用してはいないが)以来、新聞製作に欠かせなかった活字が、二十世紀で消えつつあるという現象は、新聞史上永遠に残る出来事である。もっと大きく言えば、グーテンベルク以来の革命といってよいかもしれぬ。

日本の新聞は十九世紀の後半、幕末に誕生したが、明治に入って以来、新聞は日本の近代化に大きな貢献を果たしてきた。二十世紀は、情報が人びとの行動の指針となり、世界を動かした時代と言われるが、その中心となったのが新聞であった。だが二十世紀後半になってテレビなどの電波メディアが現れ、ラジオを含めた放送が、事件などの速報の主流を占めるに至った。さらに二十世紀末になると、インターネットを使ったパソコン、携帯電話などの新しい通信機器が、人びとの情報受容に大きな役割を果たすようになった。

だが、人間、社会を導く思想・言論・情報媒体としての機能・役割は、活字メディアに課せられた責務と考えられる。ただその任務を果たす力は、ジャーナリストとしての人間の資質、使命感、能力にかかっている。今日、ジャーナリズム教育、記者教育の必要性が反省を込めて語られるのも、ジャーナリズムの衰退に危機感がもたれているからではなかろうか。報道機関の組織、制度とその効率如何もさることながら、記者個人の観察力、分析能力、技能が、紙面や番組の良否を決めていることは古今東西を通じて変わらない。

本書の改訂は、新泉社の小汀良久代表の要請によってできたものである。当初の出版社が出版活動を停止したとき、発行を引き継ごうと申し入れてこられ、その後、三訂、四訂をと薦められた故小汀良久氏ならびにその遺志を継いで活動されている新泉社および竹内将彦氏にとくにお礼を申し上げるしだいである。

二〇〇三年三月

春原昭彦

◎参考文献

日本新聞発達史（小野秀雄）
大正十一年　大阪毎日新聞社

日本新聞史（小野秀雄）
昭和二十四年　良書普及会

明治時代の新聞と雑誌（西田長寿）
昭和三十六年　至文堂

日本新聞広告史（中根　栄編）
昭和十五年　日本電報通信社

新聞小説史稿（高木健夫）
昭和三十九年　三友社

すきな道（宮武外骨）
昭和二年　半狂堂

文明開化（宮武外骨）
大正十四年　成光館出版部

通信社史
昭和三十三年　通信社史刊行会

新聞史話（内川芳美）
昭和四十二年　社会思想社

新聞紙法の制定過程とその特質（内川芳美）
昭和三十一年　東京大学新聞研究所紀要五号

日本出版警察法制の歴史的研究序説（奥平康弘）
昭和四十二年　法律時報四月～十二月号

三代特ダネ読本
昭和三十年　文芸春秋十月臨時増刊

太平洋戦争（家永三郎）
昭和四十三年　岩波書店

日本の歴史・下（井上　清）
昭和四十一年　岩波書店

地方別日本新聞史
昭和三十一年　日本新聞協会

新聞五十年史（伊藤正徳）
昭和二十二年　鱒書房

明治大正史・1　言論篇（美土路昌一）
昭和五年　朝日新聞社

本邦新聞史（朝倉亀三）
明治四十四年　雅俗文庫

西日本新聞社史
昭和二十六年　西日本新聞社

山陽新聞八十五年史
昭和三十九年　山陽新聞社

北海道新聞二十年史
昭和三十九年　北海道新聞社

読売新聞八十年史
昭和三十年　読売新聞社

共同通信十五年の歩み
昭和三十六年　共同通信社

報知七十年　昭和十六年　報知新聞社
河北新報社小史　昭和二十七年　河北新報社
東奥日報と明治時代　昭和三十三年　東奥日報社
東奥日報と大正時代　昭和四十一年　東奥日報社
中国新聞六十五年史　昭和三十一年　中国新聞社
大阪毎日新聞五十年　昭和七年　大阪毎日新聞社
毎日新聞七十年　昭和二十七年　毎日新聞社
朝日新聞重要紙面の七十五年　昭和二十九年　朝日新聞社
朝日新聞社会面でみる世相75年　昭和二十九年　朝日新聞社
読売新聞から見た日本文化の80年　昭和三十年　読売新聞社
愛媛新聞八十年史　昭和三十一年　愛媛新聞社
名古屋新聞史　昭和十年　名古屋新聞社
日本放送史・上下　昭和四十年　日本放送出版協会
島根県新聞史　昭和三十年　山陰新報社
日本新聞協会十年史　昭和三十一年　日本新聞協会
日本新聞協会二十年史　昭和四十二年　日本新聞協会
新潟日報二五年史　昭和四十二年　新潟日報社
中部日本新聞二十年　昭和三十七年　中部日本新聞社
山梨日日新聞九十年小史　昭和三十八年　山梨日日新聞社
四国新聞六十五年史　昭和三十年　四国新聞社
高知新聞五十年史　昭和二十九年　高知新聞社
日本経済新聞九十年史　昭和四十一年　日本経済新聞社
The Japan Times ものがたり　昭和四十一年　ジャパンタイムズ社
東日七十年史　昭和十六年東京日日新聞社・大阪毎日新聞社
山形県新聞史話　昭和二十四年　山形新聞社

大阪の新聞（福良虎雄）
昭和十一年　岡島新聞舗
北国新聞社六〇年小史
昭和二十九年　北国新聞社
神戸新聞五十五年史
昭和二十八年　神戸新聞社
秋田魁新報八十年の歩み
昭和二十九年　秋田魁新報社
王子製紙社史（成田潔英）第一巻〜四巻
昭和三十一〜四年　王子製紙社史編纂所
日本速記八十年史
昭和三十八年　日本速記発表八十周年記念会
通信今昔（山口　修）
昭和三十九年　柏書房
電信電話事業史・全七巻
昭和三十四〜五年　電電公社
岩永裕吉君
昭和十六年　同盟通信社内伝記編纂委員会
八火伝
昭和二十五年　日本電報通信社
三代言論人集・全八巻
昭和三十七〜八年　時事通信社出版局
村山龍平伝
昭和二十八年　朝日新聞社
上野理一伝
昭和三十四年　朝日新聞社
五十人の新聞人
昭和三十年　日本電報通信社
明治の政治家たち・上下（服部之総）
昭和二十五、二十九年　岩波書店
山縣有朋（岡　義武）
昭和三十三年　岩波書店
新聞人北野吉内
昭和三十四年　北野吉内追悼録刊行会
新聞に生きる（福田恭助）
昭和四十二年　東京社
後藤清郎伝
昭和四十一年　岩手日報社
中野正剛の生涯（猪俣敬太郎）
昭和三十九年　黎明書房
十大先覚記者伝（太田原在文）
大正十五年大阪毎日新聞社・東京日日新聞社
廿一大先覚記者伝（久保田辰彦）
昭和五年　大阪毎日新聞社
幕末明治新聞全集（明治文化研究会編）
昭和九〜十年　大誠堂
新聞集成　明治編年史（明治編年史編纂所編）
昭和十一年　林泉社
明治文化資料叢書　拾弐巻・新聞篇（西田長寿編）
昭和三十五年　風間書房

新聞総覧（日本電報通信社編）
明治四十三～昭和十六年版　日本電報通信社
日本新聞年鑑（新聞研究所編）
大正十三～昭和十六年版　新聞研究所
日本新聞年鑑（日本新聞協会編）
昭和二十二年～'02／'03年版　電通
新聞資料（日本新聞資料協会編）
昭和三十四～四十二年　日本新聞資料協会
朝日人（朝日新聞社報）
毎日社報
総合ジャーナリズム研究・三、五号　東京社
東天紅（東京大学明治新聞雑誌文庫所蔵目録）
昭和五、十、十六年
共同通信社50年史
一九九六年　共同通信社
朝日新聞社史
明治編（一九九〇年）
大正・昭和戦前編（一九九一年）
昭和戦後編（一九九四年）
資料編（一九九五年）　朝日新聞社
読売新聞百年史
昭和五十一年　読売新聞社
読売新聞発展史
昭和六十二年　読売新聞社
読売新聞百二十年史
一九九四年　読売新聞社
毎日の三世紀　上・中・別巻（毎日新聞一三〇年史刊行委員会）
二〇〇二年　毎日新聞社
追及——体験的調査報道（山本博）
一九九〇年　悠飛社
日本新聞協会三十年史（昭和五十一年）
〃　四十年史（昭和六十一年）
〃　五十年史（平成八年）　日本新聞協会
新聞協会報（週刊紙）　日本新聞協会
新聞研究（月刊誌）　日本新聞協会

日刊紙の発行部数(2)

	朝刊	夕刊
中国新聞	748,827	79,302
日本海新聞	169,752	
山陰中央新報	175,765	
島根日日新聞		※ 30,077
山口新聞	※ 88,980	
日刊宇部時報		※ 52,300
防長新聞	※ 16,465	
徳島新聞	256,768	52,228
四国新聞	206,012	
愛媛新聞	319,798	
高知新聞	234,115	147,542
西日本新聞	849,798	183,112
佐賀新聞	135,225	
長崎新聞	198,742	
熊本日日新聞	387,590	98,314
大分合同新聞	249,378	249,300
宮崎日日新聞	238,389	
南日本新聞	404,013	26,802
鹿児島新報	30,964	
南海日日新聞	23,709	
沖縄タイムス	204,025	204,025
琉球新報	201,729	201,729
八重山毎日新聞	※ 14,761	
宮古毎日新聞	※ 16,150	
サンケイスポーツ	※1,367,734	
東京	※ 815,215	
大阪	※ 552,519	
報知新聞		
東京・北海道	626,972	
大阪	※ 435,211	
中部	※ 151,200	
西部	※ 176,200	
日刊スポーツ		
東京	※ 999,623	
大阪	※ 511,534	
名古屋	※ 67,076	
北海道	※ 160,238	
西部	※ 248,952	
スポーツニッポン		
東京	879,742	
大阪	※ 612,142	
西部	※ 298,661	
東京スポーツ		※1,274,150
中京スポーツ		※ 278,050

	朝刊	夕刊
大阪スポーツ		※ 432,050
九州スポーツ	※ 440,350	
道新スポーツ	※ 135,875	
さきがけスポーツ	25,233	
デイリースポーツ		
大阪	※ 576,514	
東京	※ 398,552	
The Japan Times	56,417	
Shipping and Trade News	※ 15,000	
日刊工業新聞	※ 521,738	
日本工業新聞	※ 389,708	
電波新聞	※ 298,000	
日本繊維新聞	※ 124,000	
日本海事新聞	※ 55,300	
水産経済新聞	※ 61,000	
日本農業新聞	388,615	

「全国新聞ガイド」2003年版（日本新聞協会発行）による
発行部数は2002年１－６月のＡＢＣ報告の平均部数
※印は、自社公称部数

日刊紙の発行部数(1)

	朝刊	夕刊
朝日新聞	8,321,934	4,003,570
東京本社	4,539,517	2,277,008
北海道支社	162,856	62,601
大阪本社	2,394,401	1,370,707
西部本社	786,046	139,396
名古屋本社	439,114	154,458
毎日新聞	3,962,233	1,672,713
東京本社	1,620,709	607,949
中部本社	173,891	54,701
大阪本社	1,427,118	874,205
西部本社	666,472	115,416
北海道支社	74,043	20,442
読売新聞	10,180,981	4,065,203
東京本社	6,119,138	2,480,343
北海道支社	255,652	76,474
北陸支社	119,768	6,131
中部支社	183,782	
大阪本社	2,582,234	1,388,287
西部本社	920,407	113,968
日本経済新聞	3,073,927	1,662,739
東京本社	1,815,761	961,824
大阪本社	796,389	485,548
名古屋支社	200,319	144,467
西部支社	200,409	70,900
札幌支社	61,049	
産経新聞	2,024,783	639,767
東京本社	817,235	
大阪本社	1,207,548	639,767
東京新聞	633,848	319,961
夕刊フジ（東京・大阪合算）		※1,559,000
内外タイムス		※ 410,000
北海道新聞	1,233,178	713,358
室蘭民報	※ 60,300	※ 60,300
十勝毎日新聞		90,700
釧路新聞	※ 63,600	
苫小牧民報		※ 60,680
東奥日報	262,962	258,593
陸奥新報	※ 53,500	
デーリー東北	105,758	
岩手日報	231,069	230,808
岩手日日	※ 58,700	
河北新報	509,850	121,946
秋田魁新報	265,279	265,279
北羽新報	※ 32,420	
山形新聞	213,929	213,906
荘内日報		※ 22,500
米澤新聞	※ 23,420	
福島民報	303,015	
福島民友	196,074	
いわき民報		※ 17,100
茨城新聞	118,101	
常陽新聞	※ 84,000	
下野新聞	312,783	
上毛新聞	301,717	
桐生タイムス		※ 18,333
埼玉新聞	※ 162,167	
神奈川新聞	232,251	
千葉日報	※ 188,285	
山梨日日新聞	209,484	
静岡新聞	737,014	736,782
信濃毎日新聞	475,021	54,182
長野日報	※ 75,400	
南信州	※ 22,800	
市民タイムス	※ 66,428	
中日新聞	2,738,583	716,360
名古屋タイムズ	※ 146,137	
中部経済新聞	※ 94,700	
東愛知新聞	※ 51,300	
岐阜新聞	175,156	31,409
新潟日報	499,407	64,480
北日本新聞	230,203	29,912
北国新聞 富山新聞（朝刊）を含む	332,740	94,889
北陸中日新聞	109,867	11,661
福井新聞	204,828	
日刊県民福井	※ 40,346	
伊勢新聞	※ 106,452	
夕刊三重		※ 22,446
京都新聞	503,659	319,576
神戸新聞	557,295	262,684
奈良新聞	※ 126,324	
紀伊民報		38,357
山陽新聞	460,719	71,309
岡山日日新聞		※ 45,000

日刊紙の都道府県別発行部数と普及度

◎「合計」は朝夕セットを1部として算出した場合の，セット紙45紙，朝刊単独紙64紙，夕刊単独紙15紙，合計124紙の平成14年10月度部数。
◎世帯数は平成14年3月31日現在の自治省住民基本台帳による。

		発行部数	普及度	
		計	1世帯あたり部数	世帯数
合計		53,198,444	1.09	48,637,789
東京	計	6,271,055	1.12	5,597,805
	区制地区	4,637,431	1.18	3,939,397
	他地区	1,633,624	0.99	1,658,408
大阪	計	4,149,005	1.16	3,574,895
	大阪市	1,540,203	1.31	1,174,376
	他地区	2,608,802	1.09	2,400,519
北海道	計	2,270,178	0.92	2,464,894
	札幌地区	1,385,271	0.92	1,501,838
	旭川地区	331,275	1.04	318,124
	釧路地区	363,263	0.85	425,923
	函館地区	190,369	0.87	219,009
東北	計	3,619,342	1.08	3,358,480
	青森	535,938	0.99	543,009
	岩手	483,094	1.00	482,542
	宮城	816,970	0.97	839,484
	秋田	471,956	1.16	406,347
	山形	465,262	1.22	382,927
	福島	846,122	1.20	704,171
関東	計	11,793,546	1.10	10,745,253
	茨城	1,195,789	1.18	1,017,583
	栃木	821,887	1.20	684,669
	群馬	903,347	1.28	703,010
	埼玉	2,769,544	1.07	2,576,437
	千葉	2,473,082	1.09	2,277,249
	神奈川	3,629,897	1.04	3,486,305
	横浜市	1,512,594	1.05	1,441,916
	他地区	2,117,303	1.04	2,044,389
北陸	計	2,113,029	1.16	1,823,559
	新潟	864,980	1.09	796,825
	富山	446,156	1.24	361,145
	石川	489,067	1.20	408,676
	福井	312,826	1.22	256,913
中部	計	6,569,713	1.17	5,636,164
	山梨	357,654	1.14	313,041
	長野	922,354	1.21	761,702
	岐阜	824,256	1.20	687,089
	静岡	1,483,519	1.13	1,314,562
	愛知	2,981,930	1.16	2,559,770
	名古屋市	1,130,272	1.27	888,783
	他地区	1,851,658	1.11	1,670,987

		発行部数	普及度	
		計	1世帯あたり部数	世帯数
近畿	計	6,090,495	1.17	5,185,859
	滋賀	529,634	1.19	445,556
	三重	786,259	1.20	657,473
	京都	1,165,262	1.14	1,024,463
	京都市	677,366	1.13	598,360
	他地区	487,896	1.15	426,103
	奈良	729,650	1.41	515,811
	和歌山	465,299	1.15	404,897
	兵庫	2,414,391	1.13	2,137,659
	神戸市	767,985	1.22	630,796
	他地区	1,646,406	1.09	1,506,863
中国	計	3,279,205	1.11	2,945,614
	鳥取	265,703	1.25	212,529
	岡山	801,912	1.12	717,452
	広島	1,201,929	1.05	1,140,136
	島根	318,146	1.21	263,808
	山口	691,515	1.13	611,689
四国	計	1,642,720	1.02	1,614,392
	徳島	329,501	1.10	300,064
	香川	442,670	1.16	382,602
	愛媛	579,199	0.98	593,489
	高知	291,350	0.86	338,237
九州	計	4,863,331	0.93	5,210,082
	福岡	2,017,414	1.02	1,972,564
	佐賀	312,686	1.08	289,372
	長崎	519,721	0.89	582,875
	熊本	582,826	0.86	678,399
	大分	454,432	0.96	471,746
	宮崎	388,938	0.83	466,257
	鹿児島	587,314	0.78	748,869
沖縄		453,746	0.94	480,792
海外		83,079		

明治初期・中期主要紙年間総発行部数

	明治７年	８年	９年	10年	11年	12年
全　　国	847万	1590万	2898万	3345万	3768万	4861万
おもな新聞						
東京日日新聞	223万	293万	329万	327万	247万	243万
郵便報知新聞	206	214	239	207	231	242
朝野新聞	55	118	532	208	209	275
東京曙新聞	80	81	193	233	233	233
読売新聞	115	435	546	657	622	625
東京絵入新聞	9	103	185	219	244	431
有喜世新聞	—	—	—	98	255	255
かなよみ新聞	—	—	156	187	156	101
大阪日報	—	10	100	230	230	189
朝日新聞	—	—	—	—	33	242

（明治18年７月　内務省総務局「内務省統計書」中巻による）

	明治26年		
東京朝日新聞	1298万	中央新聞	575
都新聞	1110	自由新聞	524
萬朝報	908	東京日日新聞	487
大和新聞	736	読売新聞	485
郵便報知新聞	735	時事新報	478
中外商業新報	733	毎日新聞	378
改進新聞	717	国民新聞	339
日本	651		

全国新聞年間総発行部数は１億600万部（要保証金）

（明治28年１月「警視庁統計書」による）

索　　引

【あ】

【い】

【う】

【え】

【お】

【か】

【さ】

【し】

【す】

【ち】

【つ】

【て】

【と】

【な】

【に】

【ひ】

【ふ】

【へ】

【ほ】

【ま】

【ゆ】

【よ】

【ら】

【り】

【る】

【れ】

【ろ】

【わ】

著者略歴

春原昭彦（はるはら　あきひこ）

1927年，東京に生まれる。1953年，上智大学文学部新聞学科卒業。1955年，慶応義塾大学大学院社会学研究科修士課程修了。1954年，日本新聞協会に入り，調査課長，日本記者クラブ事務局長代理等を歴任。1976年，上智大学文学部教授。現在，上智大学名誉教授。

現住所　〒166-0001　東京都杉並区阿佐谷北6丁目47-14

四訂版 日本新聞通史

2003年5月10日　四訂版第1刷発行
2007年6月10日　四訂版第2刷発行

著者＝春原昭彦
発行所＝株式会社　新泉社
東京都文京区本郷2-5-12
振替・00170-4-160936　電話03-3815-1662　FAX03-3815-1422
印刷・萩原印刷　製本・榎本製本
ISBN978-4-7877-0308-8　C1036

「客観報道」とは何か

中 正樹著　A5判上製360頁　3800円（税別）

●戦後ジャーナリズム研究と客観報道論争　やらせ報道、偏向報道、人権侵害など、ジャーナリズムが問題を起こすたびに、「客観報道」はその要因として批判されたり、逆に理念として求められてきた。「客観報道」という言説から戦後日本のジャーナリズムを照射する。

●目次